고등학교
교육을
말하다

고등학교 교육을 말하다

초판 1쇄 발행 2022년 5월 13일
　　2쇄 발행 2022년 12월 2일

지은이 송영주
펴낸이 장길수
펴낸곳 지식과감성#
출판등록 제2012-000081호

교정 이혜지
디자인 정슬기
편집 정슬기
검수 김우연, 윤혜성
마케팅 고은빛, 정연우

주소 서울시 금천구 벚꽃로298 대륭포스트타워6차 1212호
전화 070-4651-3730~4
팩스 070-4325-7006
이메일 ksbookup@naver.com
홈페이지 www.knsbookup.com

ISBN 979-11-392-0475-9(03370)
값 18,000원

· 이 책의 판권은 지은이에게 있습니다.
· 이 책 내용의 전부 또는 일부를 재사용하려면 반드시 지은이의 서면 동의를 받아야 합니다.
· 잘못된 책은 구입하신 곳에서 바꾸어 드립니다.

지식과감성#
홈페이지 바로가기

고등학교 교육을 말하다

송영주 지음

그간,
고교 교육을 말하는
책은 없었다

교육정책과 대입제도의 실질적 현장인 고교
대입도 준비하지만, 성장도 보장해야 하는 고교
그 고교의 교육을, 현장에서 말한다

지식감정

특수학교, 언제까지 존재해야 하나

송영주

'여전히 특수학급 설치가 어렵습니다'라는 펼침막 문구를 들고 차별 없는 교육, 모두가 함께하는 통합교육을 요구하는 전국장애인부모연대의 외침이 지난 1월 초 한 신문에 소개되었다. '일반 학교에는 장애학생도 있습니다'라는 글도 옆에 보였다.

세상은 궁극적으로 정의롭고 바람직하며

방향이라고 본다. 이는 장애학생, 비장애학생 모두의 교육 효율성을 담보한다. 장애를 갖고 있다는 이유로 그들만의 교육을 받는 것은 바른 교육의 방향이 아니다. 반대로 비장애학생만 모여 교육을 받는 것도 긍정적이지만은 않을 것이다. 학교가 모든 학생의 교육을 위해 세부적인 시설을 구축하고 지원하면 된다. 이미 보건실, 상담실 등이 구비되어 있는 만큼, 여기에 '통합지원실' 정도를 추가하면 장애학생 교육이 물리적으로 어려울 것은 없다고 본다. 장애가 심하다면 그 지원에 필요한 시스템을 갖

있다. 하지만 연수 시간이 흘러, 특수학교 자체가 없는 외국의 사례에 공감하면서 깨달음을 얻었다. 모든 학생의 진정한 교육을 위해서라면 특수학교 운영은 바람직한 방향이 아니었다. 장애학생을 위한 전문적 교육 여건이 필요하다면 그 시설을 활용해 일반 학교에서 통합교육을 실시하면 된다. 다름을 그대로 인정하고 그 필요가 다양하다는 것을 이해하는 것이 학생 교육의 지향점이다. 일반 학생과 함께하며 장애가 극복되기도 하고, 장애학생과 어우러짐으로써 함께 살아가는 세상을 배우기도 한다. 특수학교 설립이 장애학생의 전문적인

수능시험의 변질, '그들만의 리그'

수능 인원은 활용성에 비해 크게 않는다. 통과의례적 수능 지원은 시 비율이 느는 이유이기도 하다. 의치한약 학과와 최상위권 대학 들은 경쟁적 고득점을 위해 수능에 더 할애하는 것에 과감해지는 풍 었다. 고교 4학년, 5학년이라는 말은 오직 수능 경쟁의 한 판을 대변다. 이렇듯 수능은 대입에서 최상생들을 확실하게 분리해내고, '그리그'를 위한 판을 벌이는 장이 된

이제 '대학에서 수학할 수 있는를 테스트하는 시험'이 아닌, 상의 실력 경기로 거의 변질되원에서는 오직 그들만을 대상

으로 하는 이 리그전에 고난도의 변별 문항을 포함시킴으로써 맞장구를 치고 있다. 이 고난도의 문제에 대하여 '공교육은 사교육을 따라잡지 못하고 있다'는 항간의 평가도 나오고 있다. 이번 수능 과학Ⅱ 문항 게 어려운 문상적'이라는 가를 주목해본예년(평이함)육과정을 운운하어낼 수 없는 문토가 있었는지도이라는 아름으로가 위해 법접하기거나 제도 개선을

끼리의 치열한 교는 것은 아니지 교할 것이다.

고교 중언이

고교학점제, 평등한 교육 수혜 가능한가

기고
송영주

1년 2월17일, 교육부는 고교학점합 추진 계획을 발표했다. 2021월23일, 각종 언론은 전국의 모든고를 대상으로 2023학년도 고등신입생을 대상으로 최초 학점제하여 2025년까지 고교에 학점영을 완성한다고 보도했다. 앞으022 개정 교육과정이 발표될 것이학교 현장에서는 당장 내년 9월께학년도 고1 대상의 3개년 학점제과정을 편성해야 한다.

교학점제가 시행된다는 논의가 진 지는 꽤 되었고 급기야 내년에제 교육과정 편성의 시점이 다가그간 교육부에서는 희망하는 학대상으로 연구학교, 선도학교, 준

다. 연구·선도·준비학교는 희망 학교에 한하여 일부만 시행해왔으므로 아직 교육과정 편성 연습과 충분한 고민이 안 된 학교도 많다. 현장의 교사들은 지금도 학점제는 도저히 시행할 수 없는 정책이라는 생각을 하고 있다. 교육부는 그간 이런 교사들의 문제점, 해결안, 대안, 우려 등에 대하여 적극적인 청취, 답변, 설득, 해소 등의 측면에서 매우 미진했다. 표면만 자주 꿰부가 할 일의 전부라고 보면 안 된다. 교육정책이 직접 학생 하나하나에게 영향을 주는 것이라면 이들을 직접 대하는 교사의 인식을 절대 가볍게 보아서는 안 되는 것이었다.

고교학점제 종합추진계획을 보아도 학교 현장에서 정작 궁금해하고 풀어주기를 바라는 부분이 면밀하게 해소되어 있지 않다. 학생들의 신청에 의한 과목 설강 시, 외부강사를 투입할 수 있다는 것이 답이 아니라 현 소속 교사들의 수업시수 확보와 미확보 시의 존재성이 그들에게는 함께 궁금하다. 학교마다 서로 다른 과목 교사들이 배치된 정규직 교육공무원 제도에서 적어도 매년 학생들의 과목 선택을 통한 교육과정 편성이 학교 운영과 구

프롤로그(Prologue)

이 책의 탈고는 2022년 3월이다. 그러니까 이 책에 담긴 교육적 얘기는 주로 2021년의 상황이 된다. 2021년의 교육적 상황은 그 이전의 긴 시간들을 토대로 마련된 것이니, 앞으로 변모할 교육적 방향도 2021년 교육을 토대로 마련될 것이다.

2022년 5월 10일에는 20대 대통령이 취임하여 새 정부를 열었다. 정부가 바뀌면 그간 추진되었던 많은 정책들이 검토되어 수정되거나 변경되어 왔다. 교육도 예외가 아니어서 학교교육 방향과 대입제도 개선이 어떻게 만들어질지는 아직 예측이 어렵다. 그간의 과정으로 굵직하고 커다란 교육정책의 시행을 코앞에 두고 있는 것들이 있어 관심이 많은 것은 사실이다.

중학교 자유학기제는 2016년부터 전면 실시되고 있다. '2022 개정 교육과정'은 2021년 11월에 총론이 발표되었고 2022년 10월에 고시될 예정이다. 고교학점제는 2023년 1학년부터 연차적으로 적용되어 2025년에는 모든 고교 학생을 대상으로 전면화될 것을 확정했다.

대입전형의 공정성 강화를 위해 수능전형을 상위권 대학 중심으로 40%까지 확대하는 방안이 적용되어 오고 있다. 2028 대입 개선안은 수능시험의 서술형 문항을 도입으로 준비 중에 있다고 한다. 이렇게 굵직한 교육정책이 현재 추진 중에 있다.

이 책의 중심 내용은 대입의 준비 단계로 인식되는 고교의 학교교육 전면이다. 교과수업 및 교육활동은 물론, 교육과정 운영, 고교학점제, 진로교육, 특수교육(통합학급), 다문화교육, 원격수업 등에 대한 내용을 담고 있다. 그뿐 아니라 최근의 교육 동향과 관련한 혁신 교육, 학생인권, 민주시민교육은 물론, 기초학력에 대한 생각도 담았다.

이러한 교육과정 운영이 마무리되는 학생부기록, 수능시험 준비도 빠질 수 없다. 궁극적으로는 교육과정 운영과 대입의 관계를 묻고, 대입제도가 현장의 학생과 교사에게 어떤 역할을 하고 있는가를 질문했다.

교육의 방향이 새롭게 모색되더라도 기존의 교육 현황과 분석은 그 향방과 지향에 가장 중요한 토대가 된다. 그런 이유에서 현재 추진되고 실제 학생들에게 적용되고 있는 교육 전반의 상황과 이해는 매우 중요하다. 교육 현장을 겪어 온 경험으로, 교육 현상에 대한 해석과 분석, 그리고 궁극적인 방향을 많은 사람들과 공유하기 위해서 이 책을 집필했다.

따라서 이 책의 독자는 우리나라 미래의 교육에 대하여 관심이 있는 모든 이들이다. 알아야 관심을 갖고, 알아야 의견을 말하고, 알아야 대안이 나오면서, 교육이 관심의 영역으로 들어갈 수 있다. 부모에게 있이 교육은, 가까이는 가정 내 자녀의 일이고, 널리는 우리나라 미래 인재에 관한 일이다. 모든 이들에게는 현재 자신의 삶도 중요하지만, 아이들을 사랑하는 만큼 그들의 미래도 적극적으로 열어 주어야 하는 책무가 있다. 학생들에게는, 자신들이 교육의 주체라는 점을 인식하고 현재의 교육 현장에 대한 바른 이해와 방향에 대하여 스스로 고민해 볼 권리와 의무가 있다.

이런 이유로, 필자는 현재 우리의 고교 교육이 어떤 내용으로, 어떤 방향성을 가지고, 어떻게 추진되고 있는지를 모든 이에게 알려 주고 싶었다. 그래서 이 책은, 학교에 대하여 현장감 있는 교육의 모든 모습을 보여 주는 내용으로 구성되었다. 구체적 범위는 일반계 고교에 집중되었고, 그런 이유로 대입제도와 전형의 특성, 학생부기록 등에 대한 내용도 빼놓을 수 없었다.

'교육 대한민국'이라고 할 정도로 우리나라는 '대입'을 목적지에 두고 유·초·중·고 교육이 지대한 열정으로 연결되어 있다. 개인의 욕구와 열망이 전체적 분위기가 되어 들썩거리는 것이 부동산과 교육의 문제가 아닌가 한다. 그렇지만 교육은 미래를 살아가야 할 아이들을 위해 장기적 플랜으로 가야 하고, 인간과 인격을 주조하듯이 아이들을 만들어 가는 과정이므로, 더 신중하게 접근해야 할 부분임을 놓쳐서는 안 된다. 그래서 모든 이들의 관심과 애정이 이 교육 문제에 더 깊게 다가오기를 바란다.

이 책은 교육이라는 특정 분야에 관한 것이므로, 약간의 전문성이 있고 일반적이지 않아 용어나 전개에서 약간의 무거움이 있을지 모른다. 크게 어렵지는 않을 것이나, 교육 현장에서 비켜나 있는 분들을 위해 필요한 기본 용어나 줄임 표현은 각주로 설명해 두었다. 더불어 전개의 무거움을 해소하기 위해 간혹 교직생활의 경험 사례를 넣으면서 쉽게 기술하려고 노력했다. 가벼운 에세이로 읽어 주기를 바라는 마음에서이다. 하나의 테마는 그대로 누군가와의 이야깃거리, 담소적 소재 등이 될 만할 것이라고 생각한다. 이 글이 단서가 되어 독자들의 다양한 의견, 분석, 비판 등이 확대되면 그것은 필자가 이 글을 쓴 목적에 부합하는 것이다. 관심은 거대한 형식을 취하지 않아도 된다.

　40년 가까운 교직 생활을 되돌아보면서 생각이 깊어지는 부분, 최소한의 책임감으로 다가온 부분들이 필자에게 집필 동기를 제공했다. 세상에 나온 책이지만, 독자를 거쳐 교육 현안에 대한 관심과 논의가 집중될 때 이 책은 진정으로 존재하는 것이다. 이 책의 집필 과정에서 함께 고민하고 의견을 준 많은 교직 동료들, 순수 학부모로서 다른 각도의 해석을 보여 준 주변 지인들께 감사드린다. 바쁜 중에도 이 글의 많은 부분들을 진지하게 읽고 예리한 조언과 토론을 해 준 동창생 친구는 참으로 고맙다. 고교 생활의 기억과 젊은 감각으로 글의 내용과 디자인 논의에서 적극적 의견을 준 딸에게도 지면을 빌어 고마운 마음을 전한다. 아울러 출판의 과정에서 독자에게 쉽게 다가가 편하게 읽을 수 있도록 노고를 아끼지 않은 정슬기, 이혜지 님께도 깊은 감사를 드린다.

2022년 5월
송영주

차례

프롤로그(Prologue) 6

CHAPTER 1 특별한 열정, 부모들의 자녀교육

01. 자녀교육 열정, 40년을 보다   14
02. 부모와 자녀의 세계   25
03. '진로'와 '진학' 사이   38
04. 다시 들여다보기, '부모와 학부모'   50
05. '고교다양화정책' 그 이후   63

CHAPTER 2 프로슈머(prosumer) 교육론

01. 프로슈머(prosumer) 교육론   78
02. 교육과정(curriculum)의 흐름과 학교교육의 변화   95
03. 진로교육과 자유학기제   106
04. '고교 교육'과 '대입' 사이   118
05. 사교육 현장과 향방성   128

CHAPTER 3 긍정적 교육가치와 쟁점들

01. 혁신학교와 혁신 교육   144
02. 학교자치와 민주시민교육   161
03. 인성, 인권교육의 방향   182
04. 또 하나의 인권 '기초학력'   197
05. 고교학점제로 가는 길   218

CHAPTER 4 학교교육 범주의 미래 교육

01. 대안교육, 전환교육을 어떻게 볼 것인가   236
02. 동행의 특수교육지원, 통합교육   250
03. 제2의 통합교육, 다문화교육   270
04. 온라인교육 시스템을 동반하는 학교교육   282
05. 성장교육을 위한 독서와 철학   300

CHAPTER 5 진화하는 교육 현장, 그 방향의 모색

01. 수업과 평가, 그 권한과 책임   320
02. 학생의 대입전형자료 제작자인 교사   331
03. 대입제도 개선 방향 모색   341
04. 교육공동체를 위한 학부모 역할   361
05. 지역 교육은 지역민이 만들어 간다   372

에필로그(Epilogue) 380

CHAPTER 1

특별한 열정,
부모들의 자녀교육

01. 자녀교육 열정, 40년을 보다
02. 부모와 자녀의 세계
03. '진로'와 '진학' 사이
04. 다시 들여다보기, '부모와 학부모'
05. '고교다양화정책' 그 이후

01
자녀교육 열정, 40년을 보다

나는 60년대에 초등학교(국민학교)에 입학하여 70년대 후반에 대학 생활을 시작한 세대이다. 어린 학생의 신분으로 초등학교를 경험한 것들은 거의 50여 년 전의 일이 된다. '40년을 보다'란, 대학 졸업 후 교직 생활을 시작한 이래 학교에서 일어나는 교육의 구체적 모습을 교원으로서 겪고 기억하는 것들과, 그에 대한 감회를 말한다. 비교적 연식이 있는 구시대 사람으로서 시대에 한참 뒤처진 고릿적 얘기를 풀어낼 것이라는 생각을 할 수도 있겠다. 교단에서 가르치던 시절에 학생들에게 어릴 적 얘기, 친구들과 놀던 얘기를 해 주던 기억이 불현듯 생각난다. 초등학교 시절, 학교가 파하고 집에 오면 방에 들어가기는커녕 마당에서 안방으로 가방을 죽 밀어 던지고 곧바로 골목으로 놀러 나가곤 했었다. 당시 집은 마당이 넓고 여러 세대가 방방이 모여 사는 전통 한옥이었다. 집에 오면 아이의 마음은 늘 엄마가 집에 있나 없나를 살피는 것이 우선이었다. 어두워지는 것도 모르고 골목 한 귀퉁이에서 놀다 보면 여기저기서 자녀들 이름을 부르면서 밥 먹으라고 혼을 내듯이 부르던 풍경이 떠오른다. 놀러 나가는 것을 이웃집 할머니가 대신 허락해 주면서 큰 인심의 대가인 양 부과했던 노동의 조건은, 요즘의 정서로 보면 말이 안 될 뿐 아니라 실감조차 할 수 없는 황당한 일일 것이다. 인근 야산에 가서 갈퀴로 마른 나뭇잎을 한 부대 담아다 놓고 가라는 조건을 바로 수행했는데, 함께 놀 요량으로 친구들도 얼싸절싸 같이 땔감을 모아서 집에 놓아두고 부리나케 나갔던 당시 시절의 편린들이 파노라마처럼 떠오른다. 이런 어린 시절의 얘기들을 하고 나니 한 학생이 제법 눈이 동그래져 갑자기 질문을 던진다.

"선생님, 조선시대에 살았어요?"

당시가 2011년으로 기억이 되는데, 고1 학생의 나이가 보통 17세이니 그 아이는 90년대생이었던 것으로 계산된다. 30년 정도의 시간을 앞서 산 사람의 생활상에서 얼마나 큰 격차를 느꼈으면 곧바로 '조선시대'라는 말이 튀어나왔을까? 그 아이가 들은 생활상의 차이는 아마도 역사 단위의 시대 간격이 되어야 맞을 것이라고 판단했을 것이다. 세상은 그렇게 상전벽해 되듯이 변해 왔고, 앞으로 겪어야 할 변화의 속도는 분명 예상을 훌쩍 뛰어넘을 것 같다.

■■■

점심시간이 되면 담임선생님의 점심 식사를 학교 앞 식당에서 큰 쟁반에 담아 배달하는 수고를 하도록 배정된 학생이 있었다. 그것이 인권 침해적 노고가 아니고, 선생님으로부터 특별한 대우를 받는 자로 선택된 자랑스러움이던 시대였다. 피아노를 잘 치는 매우 특별한 아이의 풍금 반주에 맞추어, 수업은 전폐한 채 오직 '새마을 노래'만 종일 연습하고 노래 시험을 보아야 했던 진풍경 속에서도 우리 부모는 자녀교육에 맹목적인 열정을 다 드러내었던 것 같다. 담임교사의 눈에 자신의 아이가 특별하게 발탁되고, 그 특별함을 다른 아이들 앞에서 보여 주는 행위에 대하여, 학생도 부모도 만족해하는 시대였으니까. 그러한 부모의 마음을 십분 담아서였는지 하루는 담임선생님께서 종례 시간에 이런 훈화를 하셨다.

"부모님은 고추씨를 팔아서라도 너희들을 가르치는 것에 목숨을 다 바친다."

이 말은 그 뒤로도 많은 선생님들이 우리의 공부를 독려할 때 심심치 않게 사용하는 단골 멘트가 되었다.

고추씨를 팔아서라도 자녀를 가르치는 것은 비단 경제적인 동원만 언급한 것은 아닌 듯하다. 자녀교육에 대한 열정을 총체적으로 이렇게 표현한 것이 맞다. 당시의 부모는 이유를 막론하고 자신의 자녀가 교사와 갈등을 일으키는 것을 용납하지 않아, 갈등이 유발될 상황에서 무조건 자식을 나무랐고, 이미 억울할 만큼 체벌을 당한 경우조차도 더 때려 주라고 담임선생님께 조아리기까지 했다. 물론 속마음은 아니겠지만 말이다. 그리고 꼭 자신의 자녀를 특별대접이라도 해 달라는 부탁인 듯, 그저 공부 안 하면 때려 달라는 추가적 멘트도 잊지 않았었다.

교육의 실태에 대하여 구체적 비판도 분석도 하지 않은 우리 과거의 부모들은 거의 대다수가 가난했다. 하는 일도 많았고 힘들었으며, 대가도 변변치 않았다. 항상 자녀를 보살필 시간도 없이 열심히 일은 하나 경제적으로 허덕여야 하고, 공부를 열심히 하라고 늘 말하고 격려하긴 하지만 뒷바라지는 역부족인 가난의 실정에서, 우리 부모들은 그 원인을 딱 한 가지 꼽았던 것 같다. 본인들이 배우지 못했으므로, 그래서 이렇게 고생한다는 귀결로, 자녀들에게는 적어도 이러한 가난과 고통이 대물림되지 않기를 소망하면서 어려웠던 고단의 세월을 이겨 냈던 것 같다. 그래서 내 자식만큼은 나중에 고생하지 않고 번듯하게 살기를 바랐고, 노동보다는 펜을 잡고 편하게 잘 먹고 잘 살기를 바라는 마음, 오직 이것 하나였던 것 같다.[1] 나중에 보란 듯이 잘 먹고 잘 사는 방법은 오직 배움이 있어야 하고, 학벌이 좋아야 한다는 것, 그래서 그 배움과 학벌을 자녀에게 거머쥐게 하기 위해, 못 배운 부모가 훌륭한 자녀 만들기로 선택한 방법이 바로 학교의 가르침을 잘 따르고 교사의 관심을 듬뿍 받아서 그저 공부 잘하는 아이로 키우는 것이 아니었을까.

■■■

고추씨라도 팔아서 가르친다는 말과 맥락이 통하는 자녀교육 열정은 지금도 이어지고 있다. 우리나라처럼 부모의 자녀교육 열정이 강한 나라가 또 있을까 할 정도로 대단하다. 그리고 이 교육은 오직 교과학습에 강한 초점을 둔다. 창의력, 잠재력, 문제해결력, 응용력 등 실력의 저변 형성과 발전가능성 구축의 학습은, 설득력은 있으나 도달을 즉시 확인하기 어렵고 실감도 덜 느껴지는 특성이 있다 보니 이 영역에 대한 현실적인 관심은 아직 미약한 면이 있다. 무엇보다도 성적의 구체적 숫

---

[1] 여기서 말하는 '노동'은 육체노동, '펜(pen)'은 사무노동을 말한다. 요즘에는 노사관계에서 사주로부터 임금을 받고 일을 하는 것을 모두 노동으로 보고 있으나, 60년대의 많은 부모는 육체노동만을 노동으로 보고 사무노동은 노동의 범주로 이해하지 않았다. 산업화 진행에 따라 블루칼라(blue collar)와 화이트칼라(white collar)의 대립적 구분에서 파생된 사고와 맥락이 통하는 부분이다. 적어도 그들의 삶에 육체노동이 많았으므로 그것을 기준하여 이런 표현이 당시의 부모들에게서는 많이 나왔다. 삶의 현장에서 고단한 육체노동에 대비하여 사무노동은 좀 더 편하게 보였겠지만, 그들에게는 그것이 이상이고 곧 희망이었던 것이다.

자가 많은 것들을 결정하는 우리나라에서는 이 교과 성적을 우선순위에 둘 수밖에 없다고 하니 말이다[2]. 다만 환경이 변하고 사회 문화적 수준이 향상되면서 구성원의 의식도 성장할 터이니 그 가치는 시간이 가면서 다양한 변모를 하겠지만, 자녀교육에 대한 열정만큼은 우리나라 국민의 DNA로 회자될 정도로 시공간과 관계없이 줄곧 이어지고 있다고 본다.

훗날 자녀가 잘 살게 하기 위한 가장 확실한 방법으로 부모들은 대학 진학을 꼽는 경우가 많은 것 같다. 이런 생각에 머무르는 부모들은 일단 대입을 성공과 등식으로 그릴 것이다. 그것도 상위 레벨의 대학과, 상위권 학생들이 점령하다시피 하는 의·치·한·약학과의 진학에 그 욕구를 반영하기도 한다. 게다가 그중의 일부는 이러한 대학 진학의 코스를 위해 중3 학생의 특목고, 자사고, 외고, 국제고 등의 진학에 특별히 공들이기도 할 것이다. 학생 본인의 진로성향과 학습 흥미에 의해 특목고를 목표로 하는 경우는 일찌감치 자신의 진로를 찾아 열심히 노력하고 도전하는 모습에 아름다움을 느낄 만하다. 그래서 더 열심히 도전하도록 돕고 지원하는 역할도 즐거운 마음으로 하게 된다. 그러나 아직 본인에게는 그러한 성향을 찾아볼 수 없지만, 부모의 욕구에 의해 움직여 가는 학생의 모습을 보게 되는 경우는 매우 안타깝고 허탈하기

---

[2] 2021.11.2.에 KBS에서 방영된 TV 예능프로그램 〈옥탑방의 문제아들〉에서 일타강사로 소개된 정ㅇㅇ의 초등학생 수학 선행학습 관련 사례는, 교과 학업에 대한 우리나라 부모의 교육 경쟁이 어느 정도인지 실감할 수 있는 발언이었다. 세계적인 장난감 블록 회사인 레고 코리아의 CEO가 "한국의 경쟁 상대는 한국의 교육시스템이다. 한국 학생들은 놀지 않는다"라고 말했음과 연계하여, 편안하고 심리적 안정을 얻는 놀이보다 당장 성적으로 안심을 얻는 교과학습 매진에 더 열성적인 우리나라 교육의 문제적 현실에 출연진 모두 동의하는 장면을 본 적이 있다.

까지 하다. 그 과정을 가까이서 보게 되면, 이 두 경우는 노력하는 과정에서 분명한 차이가 드러나기도 한다. 본인의 선택으로 노력해 갈 때는 목표치나 과정이 비교적 미숙하고 다듬어지지 않은 도전성이 있기 때문인지 과정도 허술하고 계획도 체계적이지 못하여 옆에서 도와주고 싶게 만드는 부분이 있다. 그래서 크고 작은 시행착오가 있고, 대체로 학교 교육을 통해 방법과 도전을 시도하는 경우가 많았다. 그러나 부모 주도의 계획하에 특정 유형의 고교에 진학하고자 하는 학생은 빈틈없이 만들어지는 계획적 코스를 쉼과 미적거림이 없이 매끈하게 가는 모습들이 보인다. 이 경우는 틈새조차도 교사가 끼어들기 어려움을 느낄 때가 간혹 있다.

■■■

성장은 본인 스스로가 이루어 가야 도달하는 것이라고 생각한다. 스스로 이루는 길은 반드시 시행착오와 판단 오류 등의 과정이 점철되기 마련이다. 그러나 줄곧 가거나 가속을 붙이기만 하는 것보다는 가다가 되돌아오고, 속도의 변화를 상황에 따라 달리하고, 경우에 따라서는 문제 상황을 직면하는 것이 진실하고 깊은 성장을 이루게 하는 힘일 것이다. 부모의 자녀교육 열정은 그 자체로 분명 훌륭한 면이 있다. 그러나 열정 그 자체보다 그 열정을 자녀에게 어떻게 쏟느냐가 더 중요한 것이다. 그 방법이 잘못되면 부모로서의 자녀교육 열정의 결과는 의도와는 완전히 빗나가기도 할 것이기 때문이다.

수십 년 전, 자식만큼은 이 가난으로부터 벗어나게 하기 위해 그저 학교생활을 열심히 하고, 선생님 말씀 잘 들으라는 말로 다독여서 충실한 학교생활로 내보냈던 그 부모는 오로지 자식에 대한 사랑의 마음만이 격려의 전부였던 것 같다. 훌륭한 사람에 대한 구체적 확정, 성공을 위해서 어떤 진로를 안내해야 하는지를 부모는 잘 모르지만, 애틋한 토닥임, 전적인 지지, 극진한 사랑을 주고, 자녀가 학교를 통해 주도적으로 나아가게 하는 것이 그 당시 부모의 자녀교육 모델이었던 것 같다. 그러나 요즘의 자녀교육은, 비록 모두는 아니지만, 일부 그 역할이 넘치는 부분을 드러내 아쉬운 세태를 보이기도 한다. 부모가 계획하고 부모가 진두지휘를 하는 자녀교육의 열정에서, 시쳇말로 자녀가 부모의 아바타가 될 수 있겠다는 위협이 느껴지기도 한다. 학교 시험문제의 정답 시비, 학교생활기록부 기록 내용에 대한 적극적 의견 제시, 각종 교육활동에 대한 실적 준비 등을 부모가 앞서서 하는 모습은 과정으로는 해냈다고 할지 몰라도 결론적으로는 크게 얻지는 못할 것이다. 자녀교육 방법의 최종 목적이 자녀의 내면적 성장은 물론, 세계를 향하고 세상을 헤쳐 가는 훌륭한 역량의 모습이라고 할 때, 적어도 부모 주도의 과정과 코스를 통해서는 이러한 것들의 온전한 성취를 기대하기는 어려울 것이다. 욕망이 클수록 부모가 직접 나서고 싶기도 하겠지만, 그 결과는 오히려 욕망과 멀어지는 자가당착적 상황이 되고 마는 것이다. 시대는 바뀌고 예전보다 부모들이 아는 것도 많고 힘도 많아졌겠지만, 자녀 사랑과 자녀의 행복을 꿈꾸는 부모의 근원적인 마음은 같을 것이다. 옛날의 부모는 힘이 없어서 그랬다 하더라도, 자녀 스스로에게 길을 찾고 직접 걸어가 보라고 내어 주면서 마음으로 응원하고 사랑으로 감싸줬던 그 방법이 진정 옳다. 자녀에 대한 근원적 마음이 같고 그것을 이루어 가도록 하는 열망이 강하다면, 그 목적 도달을 위해 접근 방법도 매우 신중해야 한다. 성장이 결코 다른 사람이 이루어 줄 수 있는 영역이 아니라고 본다면, 성장의 과정은 주어진 시간을 통해 본인들이 직접 부딪치고 해결하여 극복하는 것이 답일 것이다.

■■■

　부모가 원하는 대학에 들어간다고 해도, 대학 입학이 모든 결론을 가져다주지는 않는다. 입학 이후에는 그 분야를 스스로 헤쳐 가야 하고 진실한 열중과 도전이 또 필요하다. 그런데 열중과 도전에도 내공이 필요하다. 내공은 부딪침이 많고 거친 성장 과정에서 자연적으로 얻어지는 결과물임은 부인할 수 없을 것이다. 대학 생활의 길, 즉, 진로적합성을 통해 직업전문성으로 이어 가는 내공의 발현 속에서 자녀는 많은 진화된 역량들을 엮어 급기야 한 세계를 획득해 갈 것이다. 이렇게 큰 역량을 만들도록 지원하기 위해 부모에게는 부모의 꿈보다 자녀의 꿈이 중요하게 인식되어야 하고 스스로 얻도록 하는 길이 필요할 것이다. 간혹, 자녀를 위해 세상을 더 살아 본 부모가 그 해답 차원에서 대학을 정하고 코스를 만들어 부여한다고 말한다면, 그것은 자녀의 꿈을 부모가 대신 꾸어 주는 것이 된다. 본인이 꾼 꿈도 경우에 따라서는 흐려질 수 있을 텐데, 부모가 꾸어 준 꿈이 세월이 갈수록 선명해지고 그 선명도를 가지고 곤건하게 갈 수 있다는 보장을 할 수 있을까. 나중에는 부모가 그려 준 꿈을 버리고 본인의 새로운 꿈을 뒤늦게 꿀 수도 있을 것이다. 그래서 자녀를 향한 애정이 크면 클수록 부모는 자녀에 대하여 그 교육법이 그만큼 더 조심스러워야 한다. 그래서 부모에게는 적당한 거리에 서서 자녀를 바라보는 노력과 연습이 필요한 것이다.

■■■

 부모가 힘이 있다고 해도 자녀의 성공가도를 위해 직접적인 행위나 방향성을 정해 주어서는 안 되는 이유는 또 있다. 부모는 구시대 사람이므로 지금까지 겪어 온 과거의 시간으로 모든 판단을 할 수밖에 없다. 미래지향성을 예측한다고는 하지만, 부모에 내재되어 있는 많은 정보와 가치들은 과거의 경험을 많이 벗어날 수는 없을 것이다. 그리고 사람인지라 모든 부모는 자신이 뜻했으나 성취하지 못한 부분에 대한 아쉬움들이 있다. 간혹 부모가 하고 싶었으나 하지 못했던 것을 자녀에게 대리성취를 요구하는 것이 아니냐는 비판의 말들이 있다. 자녀의 미래를 부모가 직접 관여하는 사람들 중에 자신은 이러한 비판과 전혀 무관하다고 장담할 사람이 과연 얼마나 있을까 생각해 본다. 자녀는 분명 지금부터 미래의 방향으로 살아가야 할 존재이다. 자녀는 미래를 보고 판단하는 시야가 부모보다 더 넓고 진취적일 수 있다. 보고 배운 것들이 부모 세대와는 다르기 때문이다. 따라서 미래를 살아갈 자녀들에게 인생의 방향과 시간들을 부모의 낡은 시야와 가치로 가두어서는 안 될 것이다. 젊은 자녀들이 가지는 꿈과 접근 방법이 부모의 사고와 눈에 흡족하지 않을지라도 이는 구시대를 점철한 부모의 판단에서 느끼는 부족함일 것이고, 새롭게 살아갈 아이들은 오히려 스스로에게 부족함을 전혀 느끼지 않아도 되는지 모른다. 그리고 그 부족하게 보이는 부분이 또 하나의 공부의 과정이 될 수 있음도 간과할 수 없을 것이다. 그것이 바로 내공의 과정이 될 것이라는 말도 덧붙이고 싶다. 부모도 어렸을 때 현재의 자녀처럼 그 부족함의 과정이 있었기에 오늘날 완성된 모습이 되었듯이, 사랑하는 자녀에게도 그 부족함을 허용해 주어야 먼 훗날 모든 것을 잘 완성해 갈 수 있지 않을까 한다.

■■■

　인간의 삶은 개인과 가정(가족)의 행복이 또 가장 근간이며 핵심이다. 가정적 삶의 가장 순수한 욕망이 자녀의 성장과 행복한 미래에 있다면 부모가 자녀교육 문제에 적극적인 것을 막을 이유는 없다. 잘살든 못살든, 과거든 현대든 부모에게 자녀교육은 자녀를 행복한 삶의 길로 안내하는 꿈 실현의 한 방법으로 이해되고 있다. 그렇다면 당연히 부모는 길을 안내하고 자녀는 그 길을 감으로써 행복한 미래를 담보할 수 있어야 한다. 다시 말하면 인간의 순수한 욕망과 희망은 교육을 통해서 누구에게나 달성될 수 있도록 공평하게 열려 있어야 한다. 그 구체적인 방법으로, 학교교육을 통한 성장과 성공의 한 현실적 과정인 대입 관련 욕망에서도 그렇다. 이미 항간에 노출되었듯이, 자녀의 성장과 미래에 관한 욕망이 앞선 나머지, 제도에 반하는 불미스러운 반칙을 하거나 대다수의 부모들과 자녀들에게 상심을 안기는 사례는 더 이상 나와서는 안 될 것이다. 특히 대입전형 자료가 되는 자녀의 학교생활기록부 기록에 관한 부분에서, 교육 당국의 발 빠르고 합리적인 대응도 중요하고 학교에서의 대입 대응 역량도 큰 역할을 하겠지만, 이러한 병폐의 해결안으로는 무엇보다도 성숙한 학부모 의식이 더 중요할 것 같다. 온전한 자녀 교육과 그 과정을 통한 대입에서, 제도에 기반한 각자의 바른 의식과 역할은 온 국민의 교육적 소망을 이루는 데 핵심 역할을 하게 될 것이다. 다른 영역도 아닌, 가장 사랑스럽고 가까운 자녀를 대상으로 한 성장과 성숙의 교육 분야에서 가장 반교육적인 힘과 반칙으로 자녀교육을 거머쥐어서는 안 되지 않을까. 부모이므로 자녀를 대상으로 갖는 간절한 마음은 예나 지금이나 차이가 있을 수는 없다. 그래서 자녀의 성공을 위한다면 무엇이든 하고 싶고 할 수 있다는 욕구가 부모의 동일한 마음일 것이다. 그러나 부모가 해야 하는 것은 직접 가세하는 것이 아니라 지켜보고 응원하는 것이다.

　자녀를 진실로 성장시키고, 더불어 교육 사회를 함께 지킨다는 마음으로, 바르고 성숙한 학부모 의식을 바탕에 둔 자녀교육 열정이 절실하게 필요한 시점이다. 상전벽해와 같은 시대적 변화에도 불구하고 부모의 자녀교육 열정은 달라질 수 없다. 다만 부모는 그 역할 선을 넘을 수는 없다는 것이 사회적으로나 자녀교육으로나 매우 합당한 논리이다. 예전보다 많은 것이 주어졌고, 소위 능력도 뒷받침된 현대의 부모이지만, 많은 것들이 부족했던 과거의 자녀교육 방법이 오히려 오늘날의 교훈 역할을 하기도 한다. 발전하는 시대만큼이나 세련되고 성숙한 학부모 의식 고양으로 공평한 교육 여건과 미래 행복을 담보하는 자녀교육 열정이 지속되기를 소망한다.

02
부모와 자녀의 세계

자녀교육이 가정의 중대한 일이 되면서 많은 부모들이 가정사의 최고 우선순위로 자녀교육에 방점을 두는 일이 많은 것 같다. 열의를 쏟는 방법도 다양하지만, 그 열의와 자녀의 호응도는 다르다. 많은 것들을 포기하고 자녀교육에 올인하는 계획에 잘 따라주지 않는 자녀의 반응이 있다면 부모는 자녀의 그런 행동이 더없이 야속하기도 할 것이다. 단순하지만 매우 확실할 것 같은 자녀교육의 핵심 방법을, 아마도 공부를 잘하고 대학을 잘 가는 것으로 현재 대다수의 부모들은 규정할 것이다. 그러다 보면 자녀는 열심히 하라는 공부만 하면 되고, 방법은 부모가 알아볼 일이라는 위험한 결론에 도달하는 경우도 상당히 있을 것으로 본다. 부모의 정보력이라는 말도 있지만 이러한 경향이 위험한 이유는, 대입의 정보를 알아 가는 과정에서 어쩌다 소위 합격 노하우라는 것에 관심이 생기다 보면, 실력보다는 이러한 정보 맞춤으로 원하는 대입에 성공할 수도 있지 않겠느냐는 야심이 싹틀 수도 있기 때문이다. 물론 맞출 수 있는 것을 맞추어 간다면 알지 못하는 경우보다 훨씬 효율적인 대입을 치러 낼 수 있을 터이지만, 그 이상을 꿈꾸는 것은 우리의 규칙이 아니다.

자녀를 위한다는 학부모의 욕망이 선을 넘어 고교에서 만들어 내는 대입전형 자료인 학교생활기록부 작성에 직접적인 역할을 한 경우가 뉴스를 타기도 했다. 지금은 해마다 추가되는 숱한 규정과 지침에 의해 매우 다양한 일탈적 사례들을 커버해 가고 있으므로 반칙을 할 수 있는 여지가 매우 좁아졌다. 매년 지침을 업그레이드해 온 덕택이니, 그전에는 얼마나 조마조마할 정도로 고교를 둘러싼 반칙의 위험이 극심했을 것인가는 아마 충분히 짐작하고도 남음이 있을 것으로 안다.

고교 3개년 학업과정을 토대로 대입전형을 치르는 입시 방향은 매우 적절하고 타당성이 높다. 그러나 우수한 원론적인 방향성에도 불구하고 시행이 불안하고 공정성과 형평성을 훼손할 여지가 존재한다는 것은, 교육 당국이나 공정한 플레이를 치르는 수험생에게 많은 허탈감을 준다. 자녀의 대입을 두고 이러한 긴장 상황을 예측해야 하는 이유는, 이 시대 부모들의 사고, 즉 기성세대의 가치관에서 그 원인을 찾아보는 것이 가장 설득력이 있어 보일 것 같다.

■■■

1970년대 전후로 어린 시절을 보냈던 우리 부모들의 과거의 삶은 대체로 너나없이 겪는 가난의 세월이었다. 그들의 어린 시절을 가난의 경험과 추억으로 만들어 줄 수밖에 없었던 그들의 부모 세대는 가난에다 배움도 없는 삶이어서 '가난이 웬수(원수)'라는 한을 토하면서 사는 시대였다고 알고 있다. 그러나 그들 세대와 현재의 부모들 세대의 차이가 있다면 그것은 바로 '교육'이었다. 예전의 부모들은 가난과 척박한 삶을 사는 고통의 원인을 배우지 못한 데 두고 있었다고 했다. 그래서 그들이 자녀를 키우면서 가장 첫 번째로 달성시켜 주고자 했던 것은 배움, 즉 교육이었던 것이다.

당시는 이게 들어맞았다. 공부를 잘 시키고 좋은 대학을 보내니, 개천에서 용 나듯이 자녀들이 가난을 벗어나고 정말 훌륭하게 사는 모습이 보였던 것이다. 이들이 바로 현재의 부모 세대들이다. 이러한 과정을 살면서 현재 부모 세대들은 나름대로 삶의 가치와 방법을 터득했다고 자신하는 사람들도 있을 것이다. 현실적으로 명성 있는 대학이 행복한 삶의 카테고리를 부여했다고 판단하고, 부모는 가난에서 벗어나지 못했지만 자신들은 새로운 삶을 사는 신세계를 얻었음에 만족하기도 할 것이다. 이들의 자녀가 대입을 앞에 둔 이제는, 자녀의 훌륭한 미래의 삶을 부모로서 관여하면서 세계의 바른 방향으로 적극적 인도를 하고 싶은 마음이 나올 수도 있겠다. 그래서 좋은 대학, 명성 있는 대학에 자녀의 입학을 적극적으로 돕는 것이 타당하다고 생각하게 되었을지도 모른다.

■■■

우리나라는 상위권 대학의 서열이 유행어처럼 수험생 주변에서 암기되고 있다. 이 서열은 해를 거듭해도 바뀌지 않는다. 대학은 시대에 따라 학과조정을 하고, 특화 사업도 추진하면서 그 면모를 독자적으로 특징화시켜 간다. 그런데도 긴 세월 동안 그 서열이 바뀌지 않는 것은 아마 자연스러운 현상이기보다는 기성세대가 그 서열을 고착시키고 있는 것인지도 모른다는 생각이 든다. 고정된 목표만큼 달려가기 쉬운 것도 없을 것이니, 너도나도 동일한 목표를 두고 하는 게임처럼 그 서열화된 대학의 순위는 오히려 바뀌지 않는 것이 이들에게는 접근이 더 쉬울 수도 있겠다. 이러한 현상에 국가 위기가 조장될 수도 있다는 위험 경고까지 하면서 대학 서열의 교육 경쟁을 없애기 위해 몇몇 구체적인 대안들이 주장되기도 한다. 대학 평준화 논의부터 지역별 대학의 특화 정책, 대학 명칭의 개선 등 그 신박한 방안들이 학자와 연구진에서 나오기도 하지만, 이에 대한 반응은 이 교육의 위기의식을 운운하는 사람들이 무색할 정도로 바로 잦아들곤 했다. 오히려 이런 제안을 용납하기 어렵다는 목소리가 더 크게 나오는 상황이다.

■■■

이 시대의 똑똑한 부모들은 조금이라도 시야와 사고의 범위를 넓혀 진정으로 현명한 생각을 해 보아야 한다. 이들의 부모 세대와 자신들 세대가 시대에 따라 여건, 환경, 사회 등의 흐름이 달라졌듯이, 자녀들의 세대는 또 자신들의 시대와 판이할 것이라는 생각을 해야 한다. 자녀들이 왕성하게 활동하고 살아가는 시대는 현재 부모들은 생각하지 못하는 사고와 가치가 흐를 수 있다는 것을 짐작해야 한다. 그리고 자녀들은 이러한 미래 시대의 주역이 되어 살아야 한다는 것도 염두에 두어야 한다. 주역이 된다는 것은 주인공이면서 주도적인 판단과 역할을 스스로 해야 한다는 것도 포함한다. 자녀의 삶의 무대가 되는 미래 시대는 현재 부모들이 가진 사고와 가치, 의식과 방향성으로는 대처가 힘들 것이다. 적어도 미래를 살아갈 아이들은 거기에 맞는 패턴으로 움직여야 하는데, 부모가 자신의 현재의 삶에 적응했던 공식이 매우 타당했다고 해서 미래의 주역인 그들을 자신들의 낡은 가치와 카테고리로 엮어 만들어 주려고 하면 안 된다. 공부도, 우수한 대학도, 모두 현재 기성세대의 가치이고 논리이며 그들에게 맞는 방법론이지 않은가. 개천에서 용이 나듯, 꿈도 꾸지 못했지만 가난에서 벗어나 훌륭한 인재로 키워진 현재의 기성세대는 적어도 그 부모들에 의해 만들어진 조각상은 아니었다. 그 당시의 부모는 자녀를 내보내어 그저 열심히 하도록 격려하고, 할 수 있는 범위 내에서 최대한의 지지를 했을 뿐이었다. 중요한 것은 오늘날의 기성세대가 과거 부모로부터 받은 것은 오직 격려와 응원이었고, 정작 중요한 방향과 목표와 결정은 당시의 어린아이였던 그들, 즉 오늘날의 기성세대들이 직접 찾았고 길을 밟아 노력했다는 점이다. 그 가난했던 부모들이 자녀에게 직접 만들어 방향 지어 준 것은 아니었다는 것이 중요하다. 무지해서 그랬다고 하더라도 교육적으로는 알지 못했던 기성세대의 부모들이 사실은 지금의 기성세대들에게 큰 교육적 역할을 제대로 한 것이다. 지금도 교육의 원론은 바로 이 방향이다. 하고 싶은 것을 스스로 찾아서 본인이 노력하도록, 부모는 지켜보고, 도와주고, 지원하라는 교육적 원론 말이다. 기성세대는 이러한 교육을 받고 훌륭한 인물이 되었는데, 현재의 기성세대는 그 훌륭함의 기쁨과 확신에 매몰된 나머지 앞으로 크고 넓은 미래시대를 살아갈 자녀들에게 자신들의 구시대적 가치와 방향성으로 자녀를 만들어 미래 세상에 내보내려 하고 있다.

■■■

미래는 현재에 비해 매우 크게 달라질 것이라고 전망한다. 변화의 속도도 과거로부터 변해 온 시간의 흐름과 대비하여, 그 가속의 정도가 상상을 초월할 것이라고 짐작하고 있다. 그러나 그 실감은 매우 약한 듯하다. 마치 믿는 듯 믿지 않는 모습이라고 할까. 말은 그렇게 하고 이해는 하면서도 정작 행동적 대비의 힘은 매우 약하다는 뜻이다. 현재에 커다란 가치를 가지고 가장 중요한 것으로 인정되었던 것들이, 자녀 시대의 미래에는 완전히 뒤바뀔 수 있다는 실현성에는 의심이 있는 경우가 많다. 아마도 현재의 모습이 너무 생생하고 고착된 가치로 뿌리박혀 있는 이 시대적 현상에의 매몰 때문에 그럴 것이다.

  시대의 변화와 가속, 이는 기정사실이다. 세대 간의 삶을 주도하는 시대의 흐름은 거의 50년 전후로 짐작해 볼 수 있지 않을까 한다. 따라서 현재 기성세대와 그들 부모 세대의 절정기는 50년 전후로 비교해 보면 될 것 같다. 과거 1970년대와 현재 2020년대의 세대 간의 삶의 현장에서 많은 것들을 비교해 봄 직하다. 앞 장에서 언급했던 필자의 어린 시절은 1960년대 후반 또는 1970년대 초반의 생활상이다. 한 학생이 조선시대에 살았냐고 물었던 그 시대상에서 지금은 50년 정도가 지났다. 삶의 수준과 가치도 그렇지만, 현재 자녀교육에 맞물려 기성세대가 가장 관심 갖고자 하는 직업적 특성도 마찬가지일 것이다. 그러면 이제 방향을 현재에서 미래로 가서, 현재 기성세대 삶의 절정기인 2020년대와 미래의 2060년대 정도를 생각해 보자. 2060년대는 자녀들이 거의 50대, 60대가 되어 그 시대 삶의 주역이 되었을 것이다. 무엇이 바뀌고 무엇이 중요해지고, 삶의 특성은 어떠할까? 이 시대적 배경에서 미래의 주인공들은 삶에서 무엇을 가장 중요한 가치로 생각하고, 시대적 여건에서 무엇을 하면서 사는 것이 가장 큰 의미가 있을 것인가를 생각해 보아야 한다.

  그 시대를 자녀가 잘 살도록 하기 위해 현재 기성세대의 최고 가치로 자녀를 토닥토닥 만들어서 미래에 갖다 놓아도 정작 미래 시대에 가장 잘 맞는 모습은 아닐 수 있다. 부모가 공을 들였으니만큼 뒤처지지는 않을 수 있겠다. 그러나 분명 최상은 아닐 수 있다는 생각을 해 봐야 한다. 최악의 경우는 부모에 의해 완전히 조작된 자녀가 미래에 와서 아무 역할도 하지 못하고 좌절할 수 있는 경우도 간과할 수는 없다는 것이다. 결국 기성세대 부모가 그들의 가치 덕목으로 거의 조작하듯이 만들어 낸 자녀의 모습은 부모의 열망만큼, 투자만큼, 지원만큼을 보장하는 미래시대 맞춤형은 아니라는 것이다. 이는 자녀의 자율성을 도외시한 만큼 그 갭이 클 것으로 생각되기도 한다.

앞으로 생활의 모든 분야에 들어오는 인간역할의 대체인 AI는 그 존재 범위와 의미가 어느 정도일까. 인간과 함께 동료처럼 살아가야 할 비인간 AI와의 관계성은 또 어떻게 될 것인가. 의료, 서비스, 기술 등의 기능적인 면에서 인간이 신뢰성을 가지고 AI를 제칠 수 있을까. 아니 그 기능과 정교함을 대결하고자 하는 것이 가능하기나 할까. 삶의 패턴과 윤리는 또 어떻게 달라질까. 이들의 많은 가능성을 현재 기성세대의 가치와 경험으로 어떻게 대처할 수 있을지 의문이다. 중요한 것은 현재의 자녀들은 이러한 시대에서 호흡하고 발맞추고 이에 맞는 가치로 살아가야 할 존재이고, 그 미래 맞춤의 역량은 자녀가 오히려 기성세대 부모보다 훨씬 나을 것이라는 얘기다. 자녀는 현재에서 미래를 향해 살고 있는 존재이므로 구체적으로 구현되지는 않았으되, 그 내면적 역량의 바탕이 이미 과거로부터 현재를 살아가는 기성세대와는 분명 그 특징과 유형이 다르다고 생각되기 때문이다.

■■■

　많은 부분에서 부모와 자녀는 갈등관계를 갖고 살아간다. 이를 두고 흔히 세대갈등이라는 표현을 한다. 그러나 이 세대갈등을 풀어 보면 정확하게는 의식과 가치의 갈등이다. 의식과 가치는 살아온 여건과 환경, 즉 시대에서 오는 당연한 차이의 산물이다. 세대갈등이라는 규정에는, 부모 자녀 간의 정의적 갈등을 전제로 관계성 측면을 논의하면서 화합을 지향하는 의미의 맥락이 있다. 그러나 의식과 가치의 갈등이라고 하면 시대와 환경에서 오는 당연한 차이로 이것은 상호 간에 다름을 인정해 주어야 하고, 그 다름의 인정으로 발전의 재생산을 전제하는 표현의 맥락을 갖는다. 세대의 차이는 있을 수밖에 없지만, 표현을 세대차이로 하는 것과 의식과 가치의 차이로 하는 것은 그 맥락이 이렇게 다르다. 부모의 자녀교육 맥락에서 주의해야 할 것은 바로 세대차이라는 표현보다는 그로 인한 의식과 가치의 차이로 표현하여 그 의미를 읽어 내야 하는 것이다. 기성세대의 의식과 가치를 형성했던 과거 그들 삶의 시대와 현재 자녀들의 의식과 가치를 형성해 준 오늘날 자녀의 삶의 시대는 다르다. 시대가 다르므로 여건이 다르고, 보고 들은 것도 다르고, 주어진 수준에서의 미래지향성도 다르다. 이미 의식과 가치가 달라져 버린 세대 간의 이 두 주체가, 하나는 부모라는 이름하에 과거에 갇힌 사고로 자녀의 의식을 자꾸 과거지향성으로 끌어당기려 한다. 당연히 시대가 달라 많은 생각과 가치가 다를 수밖에 없는 자녀는 부모의 과거지향적 의식 세계를 이어받기 어려워한다. 부모를 부모로서 이해하는 것은 가능하나, 부모의 사고, 방식, 가치, 방향을 고스란히 이어받으라는 것은 용인하기 어려울 것이다. 인성이나 됨됨이의 문제가 아니다. 바탕에서 그렇고 태생에서 그럴 것이다. 부모가 보면 자녀의 반항과 갈등의 표출은, 알지 못하는 어린 아이가 시간을 열심히 꾸리기 싫어서 떼쓰는 정도로 보일지 모른다. 그러나 자녀가 비록 구체화시키거나 논리화시키지는 못해도 태생적으로 그들은 현재에서 미래로 가고 있는 것인지도 모른다.

■■■

지금까지는 부모의 자녀교육 열정에 대하여 그들의 시대적 차이를 전제로 논의해 왔지만, 이제 이로 인한 사회적 문제 발생으로 방향을 돌려 보자. 자녀의 미래를 담보하기 위한 부모의 자녀교육 열의가, 한 사회적 분위기를 형성하는 엉뚱한 영향력으로 나타나기도 하기 때문이다. 이는 부모의 교육적 열의가 자녀들을 중심으로 하나의 부정적인 사회현상을 유발하고, 이것이 국가의 장래에 어두운 풍토로 자리 잡게 하는 현상에 관한 논의이다. 부모의 자녀에 대한 열정이 미치는 영향력은, 장기적으로 보면 몇십 년 후의 시대로 자녀들이 주인공이 되어 걸어가야 할 삶의 공간이 되겠지만, 짧게는 바로 이어지는 대학 생활, 몇 년 이후의 졸업과 직업 선택 등이 그 결과로 나타나기도 한다. 어찌 되었든 **부모의 논리와 그들의 석극적인 개입** 덕택에 자녀가 훌륭한 대학을 나온 결과를 무시할 수 없다면, 그 짧은 시간 내에 보이는 부모의 교육 열정이 그 자녀에게는 고마움으로 느껴지기도 할 것이다. 역시 부모의 열정이 바로 자녀의 삶을 윤택하게 만들었으므로, 그것이 아니었다면 이 정도의 삶은 어려웠을 것이라는 판단일 것이다. 이런 사례는 조건이 어려워 그 정도의 혜택을 받지 못했던 자녀들에게도 따르고 싶은 부모 모델의 한 사례가 되기도 할 것이다.

그런데 이 정도의 결과를 보이기 위해 부모가 제공하는 교육적 열정이 보통 수준의 경제적 여건은 아니어야 할 것이고, 앞으로 자녀를 키워야 한다면 이 정도는 능히 해 줄 수 있는 부모여야 한다는 엉뚱한 판단으로 갈 수도 있다. 이러한 자녀의 판단은 결코 일부로 끝나지 않는 듯해서, 젊은 세대의 풍토로 등장하고 있다는 점에 더 큰 문제가 있다. 그것은 바로 결혼과 아이 낳기의 기피 현상이다. 돈이 없어 결혼을 못한다거나 자녀를 잘 키울 만큼의 경제력이 되어야 아이를 낳는다는 등, 돈과 교육의 등가적 사고를 유발하는 것이다. 부모로부터 받은 만큼 자신들도 그들의 자녀에게 해 주어야 한다는 부담감이 건강한 미래를 만들지 못하는 요인이 되는 것으로 파악이 된다.

우리나라의 출생률은 매우 저조하여, 심각하게 생각하기로 하면 거의 국가 위기 수준으로 대응해야 하는 상황에 처해 있음은 누구나 공감할 것이다. 인구 감소, 특히 학령인구는 거의 절벽처럼 떨어지고 있다는 실감 있는 분석도 나오고 있다. 국력의 원천적인 힘은 인구수에서 나온다는 것을 생각하면, 인구 감소가 모든 것을 좌우하는 국가 위기가 됨을 생각하게 하는 대목이다. 가까운 미래 10년, 20년 후만 내다보아도 인구 감소가 어떤 상태까지 갈 것인지는 예측 데이터로도 그 수준이 짐작가고 암담함을 충분히 느낄 수 있을 것이다[3]. 요즘 20, 30대 청장

---

[3] 인구 감소의 정도와 위기 수준의 예측은 평이한 판단과는 너무도 다르고 무섭게 다가올 수 있다. 한 일간지는 지금으로부터 18년 뒤인 2040년의 인구 전망을 통해, 고령층 증가로 인한 젊은 층의 부양비 부담, 생산연령인구의 축소 등으로 코앞으로 다가온 미래의 인구 감소 위기를 실감 있게 보도했다. 통계청에서는 장래인구추계를 5년마다 발표했으나 최근 인구 변화 상황의 심각성을 반영해 내년부터는 2년마다 발표할 예정임을 밝혔다. 〈18년 뒤 인구 절반만 일하고, 고령층은 2배로 는다〉(한겨레신문, 2022.4.15.) 참고.

년층은 비혼주의, 독신주의가 실제로 많다. 자녀의 이러한 비혼 주장에 공감하는 기성세대 부모들도 어느덧 상당히 늘어난 것 같기도 하다.

예상대로 문제는 바로 '교육'이다. 한 자녀를 낳아 제대로 교육시키는 데 필요한 비용을 계산하면 얼마가 나올까? 이 계산은 생각하기 나름이겠지만, 적어도 결혼을 포기하고, 자녀 낳기를 거부하는 그들은 분명 교육의 방법과 수준에 대한 카테고리가 단순하지 않을 것이고, 그 정도가 자기로 인해 생명을 얻는 아이에게 해 주어야 할 의무라고 생각할 것이다. 이들이 생각하고 있는 자녀 교육의 수준이란, 순수하게 자녀의 성장을 위해 부모로서 책임져야 하는 정도의 교육 수준은 적어도 아닐 것이다.

먹을 것은 없고 인구는 많아, '둘만 낳아 잘 기르자'라든가, 나중에는 '둘도 많다 하나만 낳아 잘 기르자'고 외치던 시대가 앞서 말했던 40, 50년 전이다. 그런데 지금은 안 낳아서 걱정이고, 하나라도 낳는다 치더라도 인구는 50% 감소이니 큰일 중에 제일 큰일이다. 심지어 이제는 아이 낳는 것을 포기하려고 하거나 아예 비혼을 선택하고 있으니, 앞으로의 절대 인구수는 어떻게 되어 갈 것이며 인구 분포는 어떤 모습이 될지, 국가 경제 형태와 균형은 어떻게 되어 갈 것인지, 상상만으로도 믹믹할 수밖에 없다. 사녀교육, 특히 대입에의 열망과 적극적 관여가 자녀들의 가치관에 혼란을 주거나 건강한 삶의 방향성에 의도하지 않은 문제를 안겨 주면 안 될 것이다. 엉뚱하면서도 현실이 된, 교육과 인구의 문제, 이는 자녀 교육 열정이 파장이 된 사회 문제임이 분명하다.

부모의 자녀에 대한 열정은, 미래를 살아가는 자녀의 미래 적응력과도 상관성이 있지만, 그로 인해 자녀의 가치관 변화와 사회 문제 발생에도 충분히 관여가 되는 부분이 있다. 장기적이든 단기적이든, 자녀를 향한 부모의 태도와 행동 방식은 자녀 세대의 삶의 여건과 환경에 매우 큰 영향을 주고 있음이 고려되어야 한다. 지나친 것은 지나침 이상으로 커다란 부정적 맥락을 그려 갈 수 있음도 충분히 인식되어야 할 것이다.

■■■

우리나라는 우리 자신들이 평가하는 것보다 훨씬 더 선진국이라는 말이 들린다. 우리나라의 수준을 우리가 과소평가하고 있다는 뜻으로 하는 말들이다. 우리나라가 어느 수위의 선진국인지 정확히는 모르겠으나, 국제적 위상과 경제, 문화의 수준이 이제는 세계적인 이목을 잡기에 어렵지 않을 것이라는 자부심은 당연히 가질 수 있을 것 같다. 이러한 수준에 맞게, 우리의 의식과 교육적 욕망을 바꾸어야 한다. 지금은 옛날처럼 고생만 하고 어렵게 살았던 시대는 아니므로 서열 우위 대학의 대열에 끼어야만 먹고사는 것이 아니다. 삶을 영위하는 발판의 시대가 다르고 그 위에서 어떤 생각을 가지고 어떻게 살아야 하는지가 분명 세대별로 다르다. 키운다는 것은 부모가 자신의 바운더리(사고와 가치의 영역)에서 자녀를 나가지 못하게 가두는 것이 아니라, 자녀가 자신의 삶을 위해 생각하고 펼쳐 갈 수 있도록 날개를 달아 주어야 하는 것이 아닐까. 그 날개조차도 부모가 생각해서 만들어 낸 것이 아니어야 한다. 부모는 전혀 알지도 못할 삶의 여건에서, 자녀 스스로 고안한 방법으로 만들어 내고 조작하는 날개로 날아갈 수 있게 보호해야 한다. 그렇게 부모와 자녀는 서로 간의 역할을 분리하고, 그 분리된 역할에 충실하면 될 것 같다. 이는 부모와 사회, 그리고 정부가 함께 노력해야 할 일이다. 교육정책도 그렇게 나가야 한다. 부모의 큰 그림은 자녀의 세계를 그들에게 그리도록 자유스러운 기회를 주는 것을 포함한다. 그래야 자녀들은 자신의 색깔을 찾아 디지털화된 세상, 빅 데이터에 학습된 AI와 공존하여 인간의 존재감을 가지고 살아갈 역량을 스스로 구축해 갈 것이다. 이러한 현실은 지금처럼 자녀에게 기성세대의 우월한 조건을 물려주고 싶은 마음이 간절한 상태에서는 이루어질 수 없다. 분명 시간은 필요하겠으나, 조금이라도 이 시간을 단축할 수 있도록 기성세대의 쫓기지 않는 편안함과 내면의 성숙이 필요할 것이다. 교육을 고민하고 앞서서 챙기는 교육 당국은 대한민국 자녀들의 미래지향적 삶을 보장하는 방법으로 대입제도 등 교육정책을 더 선진적으로 펼쳐야 할 것이다. 힘 있는 기성세대가 먼 미래를 향해야 할 교육에 코앞의 욕망으로 제동을 걸거나 요청을 해서도 안될 것이다. 그리고 현재를 위한 이들의 욕망을 수용하기보다는 미래인인 자녀들의 미래 시대 발판을 위해 견고한 교육의 틀을 마련하는 데 큰 역할을 해야 할 것이다.

03
'진로'와 '진학' 사이

고교생 자녀를 키우거나 학생을 가르치다 보면 가끔 직접적인 질문으로 훅 들어오는 것이 있다.
"대학은 꼭 가야만 하나요?"
질문의 동기와 의미의 강도가 구체적으로 어떠한지는 몰라도 이는 입시 중심의 학교교육 피로도에서 표출되는 경우인데, 일단은 이해가 된다. 대한민국 모든 국민이 알고 있듯이, 직업계열 고교와 대안학교를 제외한 모든 고교에서의 교육은 오직 대학 진학에 포커스를 맞추고 학생들을 거의 쥐어짜다시피 공부를 시켜 오고 있으니, 공부를 하다가 이런 질문이 불쑥 솟구치는 것도 이해할 만은 하다. 학교 프로그램과 계획에 따라서 대학으로 가는 길의 지독한 과정들을 밟자니 개인적인 성향, 특성, 꿈들을 망라하여 거의 획일적인 공부가 전제되어야 하는 압박 현실이 매우 버거울 것이다. 긴 시간을 잘 지탱하고 나면 찾아와 준다는 장밋빛 대학의 목표도 이 회의를 끝까지 잠재워 주지는 못하는 것 같다.

■■■

　학교는 대략 10년, 20년 전보다 많이 민주화되었고, 학생이 주체가 되는 방향으로 바뀌었으며, 학생 인권 의식도 매우 확산되고 깊어졌다. 그러다 보니 아무리 학생들을 위한다 해도 교사가 예전처럼 아이들을 설득해 가며 획일적이고 강압적인 학습 분위기는 만들지 못한다. 그러함에도 희망적 미래를 걸고 대입 열망을 지향하는 한, 여전히 고교는 교사의 독려와 학생의 자발성이 반복적으로 교차하며 대학입시를 향해서 달릴 것이다. 전체 학생이 거의 의무적으로 동참했던 방과 후의 자율적 학습활동은 참여 학생 수가 대폭 줄고, 진행 과정도 들쭉날쭉 진득하지 못한 과정을 감수하면서, 그래도 어렵게 대입을 위한 고교 특유의 교육활동은 지속되고 있다. 물론 대도시는 이제 더 이상 학교에 이러한 방과 후의 과정은 남아 있지 않고 학생들은 정규 과정만 끝나면 하교를 하는 것으로 알고 있다. 아마도 대도시는 방과 후 과정을 학교에 의존하지 않고 개별적 계획으로 역시 대입을 위해 더 큰 투자로 노력하고 있을 것이다. 대한민국의 고교는 대입을 위해 각기 방법은 달라도 방과 후 학습이 하루 일과의 제2라운드로 맹렬하게 움직이는 곳임은 누구도 부인하지 못한다.

　시대의 변화에 따라 학생들이 선호하는 영역이 달라지고, 대학도 전공 학과의 개편을 시도해 간다. 게다가 대입전형의 방법도 다양해서 대입 준비가 단일하지 않다. 그래서 대입을 준비하는 과정은 결국 개인적인 선택이 중요하다. 그런데 아직은 모든 학생이 학업역량 기반의 경쟁을 벗어날 수가 없으니, 어찌 보면 대입전형의 다양화란, 말 그대로의 다양화가 아니라 기본 학업역량을 바탕에 두고 추가되는 다양화인 것이다. 한창 젊음이 있고 하고 싶은 것이 많은 고교 학생들은, 그 열정으로 충만해야 할 시기에, 몇 겹으로 요구되는 대학입시를 위해 대입과 관련이 없는 개성의 발산과 즐거운 몰입은 한동안 접어 두어야 하는 아픔도 있다. 이에 고교 생활이 궁극적으로는 자발적 결정에 따른 것이지만, 간혹 대입이라는 족쇄와 같은 현실에 회의와 갈등을 동반할 수밖에 없을 것이다. 이상과 소망은 다른 곳에서 손짓을 하고 있으나, 미래를 담보로 하는 대학입시가 결코 녹록지 않은 길로써 감성과 개성을 접어 둔 채 이성적인 자율성을 발휘하도록 강요하고 있는 것이다.

■■■

'대학은 꼭 가야만 하나요?'라는 질문을 교사로서 꽤 자주 듣는다. 이 질문은 지금으로부터 훨씬 이전에도 있었다. 고교 학생들의 생활은 거의 대입과 직결된 과정들이므로, 그 과정이 쉽지 않아 앞만 보고 달려야 하는 삶에 충분히 지칠 수 있음을 안다. 그래서 열심히 하면서도 곧잘 이런 질문들을 하곤 했었다. 그러나 이 동일한 질문이 과거와 지금은 그 해석이 좀 달리 된다. 과거의 질문은 현재의 질문과 비교했을 때, 곧이곧대로 언어적 의미 그대로의 의도가 컸다. 대학을 갈 것인가 말 것인가. 즉 대학 자체가 선택지가 되어, 대학을 졸업한 삶과 그것을 거치지 않은 삶으로의 선택 또는 대학 포기 쪽으로의 의미가 컸던 것 같다. 그런데 요즘 학생들의 질문 의미는 더 많은 내용을 내포하고 있어 보인다. 공교육을 통해서 각급학교에 '진로교육'이 도입된 이래 학생들은 진정으로 본인이 하고 싶은 것, 흥미가 있는 것, 적성검사에서 높은 점수를 얻은 것, 관심 있는 것을 찾아가며 그것들에 대하여 당당하게 자기를 찾고 이해하며 나름대로의 꿈을 키우는 학생들이 많아졌다. 그래서 이 아이들의 내면적 갈등이 질문으로 표출된 것은 단순히 학교에서의 교육과정 소화가 힘들다는 표현만은 아니다. 진정으로 자신이 선택하고자 하는 진로의 길에 있어 대학이 꼭 필요한지에 대한 진지한 상담적 요청이 과거 학생들에 비해 많이 반영되어 있는 것이다.

흔히 겉으로 드러나는 부정적 행동 표현에 대하여는 대체로 포기, 후퇴 등으로 해석을 해 버리는 경우가 많다. 예를 들어 '밥 안 먹어', '운동 안 해', '모임 안 가', '대학 안 가' 등의 발언을 들었을 때 듣는 사람은 먼저 긍정적 행위의 당위성과 적극성, 진취성 등을 전제로 듣기 때문에, 이런 발설에 대하여 당연히 해야 할 것에 대한 포기 또는 부정의 행위를 과감하게 선언하는 것으로 이해할 수 있다. 즉, 이러한 발언에 대해 '하지 못함' 또는 '안 함'으로써, 후퇴와 포기를 받아들인다는 적극적인 의미로 해석하는 경향이 있는 것이다. 물론 선택하지 않음으로써 포기를 하고, 그래서 포기가 포기로 끝나고 마는 경우가 많겠지만, 오히려 남들처럼 따라 하지 않고 스스로 포기라는 적극적 선택을 하는 것은 한층 더 진지하고 다부진 야심의 선택이 될 수도 있다. 진정한 하나를 선택하기 위해 그 하나에 도움이 안 되는 것들을 버리거나, 범위를 넓히지 잃기 위해 과감히 나른 하나를 버리는 행위는, 자기중심적 결정에서 매우 타당하고 힘 있는 선택일 수 있다. 요즘 아이들의 '대학은 꼭 가야만 하나요?'에는 아마도 이렇듯이 진로를 적극적으로 겨냥한 내면적 정리 과정이 바탕이 되어 있을 수 있다. 자신은 분명 명확하게 선택과 집중을 위한 판단으로 혹독한 대학입시 중심의 학교 교육과정 속에서 조금은 벗어나야 할 것 같고, 어느 정도는 독자적 노선을 타야 한다고 생각했을 것이다. 하지만 이 시대의 학벌지향적 특성과 부모의 열망 어린 조언, 대다수 친구들의 움직임, 선생님들의 가르침 등을 종합했을 때, 선택과 집중을 위한 자신의 독자적인 판단과 결정이 진정으로 옳은 것인지 분명 갈등이 올 것이다. 자신은 아직 사회에 나가 보지는 않았으나, 하고 싶은 것을 하라는 진로의 방향성, 하고 싶은 것을 해도 굶지 않는다고 조언하는 미래성이 자신의 결정 방향에 힘을 가세하고 있다. 게다가 앞으로는 일자리도 줄고 디지털 온라인 세계가 올 것이며, AI가 보조 이상으로 능숙하게 일 처리를 전담하는 시대를 살아가야 하므로, 미래에는 적성과 흥미에 맞지 않는 일을 하는 사람은 자리를 잡을 수 없다는 전문가들의 이론이 자신의 결정 방향에 대하여 설렘을 주기도 한다. 그렇지만 선뜻 선제적으로 통상적인 대학입시의 길을 놓고 독자노선을 가는 것이 쉬운 결정은 아닐 것이기 때문에, 선언에 앞서 갈등은 당연히 있을 법한 것이다. 그래서 선택과 집중을 전제로 토로하는 말이 요즘 아이들의 '대학은 꼭 가야 하나요?'가 될 수 있는 것이다.

■■■

이런 질문을 받으면 부모, 교사, 사회는 어떤 답을 주어야 할까? 답을 하는 사람의 이력, 직업, 관계, 철학에서 다르게 나올 수 있을 것이며, 또 한편으로는 그 질문을 하는 학생에 대한 판단 조건과 맥락적 상황 등에 따라서도 다르게 나올 것이지만, 대체로 단순한 즉시즉답은 나오기 힘들 것이다. 그러나 묻고 답해 주는 관계에 극명한 차이가 있다. 질문자는 미래를 살아갈 아주 젊은 학생이고, 이상적인 비전을 가져야 할 대상이며, 적어도 새롭게 논의되는 미래 시대와 미래 교육의 시대를 살아가야 할 학생이다. 반면, 답변을 주는 사람은 과거 패턴으로 교육을 받아 왔고, 그러한 과정에서 이미 과거의 방식으로 무엇인가를 성취해서 현재에 서 있는 사람이다. 게다가 이론적인 미래 시대의 특성은 어떤 면에서는 추정일 뿐 불확실성을 가지고 있음을 부정할 수 없다. 더구나 교육하는 사람으로서는 미래를 살아갈 젊은 학생들에게 하는 조언이 간혹 매우 무섭고 책임감이 느껴지는 경우들이 있으므로, 그 불확실성에 대하여 어느 정도까지 신뢰하고 단호하게 말할 수 있을지가 참 어렵다.

학교에서 학생들을 직접 가르치는 사람으로서 이에 대하여 좀 진지하게 말하고 싶다는 생각을 많이 가져왔다. 미세하고 구체적인 여건 및 조건 차이를 내려놓는다면, 적어도 지금 이 시점에서는 대학은 가급적 가는 방향으로 조언을 해야 하지 않을까 싶기도 하다. 이는 대략적인 공통성으로 말하는 것으로, 절대로 개개인의 특성 및 조건을 무시하거나 모두에게 반드시 이렇게 말하라고 하는 것은 아니라는 것을 부연한다. 보편적 차원에서 대학을 가는 것이 좋을 것이라는 답변의 이유는 진로와 자기 영역의 전문성에 대한 상대적 자격이라고 표현해 보고 싶다.

우리나라는 아주 오래전부터 자녀교육에 너나없이 매우 열정적이고 부모의 인생 경험을 토대로 배움에 대한 희망적 담보력이 매우 강한 편이다. 그래서인지 거의 맹목 수준의 교육 헌신의 역사를 만들어 오면서 현재는 실속이 있든 없든 이미 학력(學歷)의 인플레이션 속에 갇히고 말았다. 당연히 학력(學歷)보다는 학력(學力)이어야 마땅하겠지만, 인플레 되었다는 학력은 안타깝게도 학력(學歷)을 말하는 것이다. 이 학력(學歷) 속에 정도의 차이는 있겠으나 진정한 학력(學力)도 배어 나오는 경향이 있으므로, 그 학력(學歷)이 전혀 실질적 도움이 안 된다고 말할 수도 없다. 현재 우리나라에서는 직업이나 특정 자격에 학력(學歷)이 기본 조건이 되는 경향이 많기 때문에, 이러한 기본적인 자격 조건을 뛰어넘으면서 진정한 학력(學力)의 소유자로 인정받기 위해서는 진실로 자신을 어필하는 힘이 특별하고 매우 강해야 한다. 정부에서는 이렇게 보편화된 학력(學歷)과 철저하게 서열화된 대학 중심 시대에 이러한 부정적 현실을 불식하기 위한 특단의 대책도 시도하고 있다. 신입사원 채용 시 출신 대학에 대하여 블라인드 전형을 한다거나 아예 서류에 대학교 이름을 작성하지 않도록 하는 노력을 시도하는데, 이는 매우 고무적인 일이다. 지원 자격에 대학의 수학 과정이 필요한 경우, 서류에 대학명 대신 전공 계열 및 학과명을 작성하도록 하는 방법을 취함으로써 선발 시 참고할 수 있는 전문 과정 학습 이력을 평가에 참고하기도 한다. 이는 대학의 서열을 없애는 것이지 대학 수학 여부를 아예 없애는 것은 아니므로, 지원자의 전문성 또는 진로적합성으로 그 판단을 전환하는 것으로 볼 수 있다. 그러나 대학을 가지 않았음에도 대학 수학 과정 이상으로 전문적 영역에서 실력과 경험을 갖춘 진정한 실력자를 위하여, 그 자체로 전문성과 진로적합성을 진지하게 인정받을 수 있는 다양한 선발 과정들이 더 다양하게 요구된다. 학벌보다는 실력이 필요하다는 보편적 인식과 그러한 전문 영역에서의 역할이 확대되어 가면서 아마도 갈수록 내공이 쌓인 전문성을 평가받을 방법들이 더 보편화되기를 기대해 본다.

■■■

고등학교의 진로교육은 관심 있는 진로 분야에 대해 기초적인 접근과 체험을 해 본 후 대학에서 적성과 흥미에 맞는 계열이나 학과를 찾아 공부하도록 다방면으로 돕고 지원하는 것이 타당한 방향이다. 그래서 대학은 성적 중심의 진학보다는 진로에 맞는 학과를 찾아갈 수 있도록 최대한 그 길이 열려 있어야 한다. 아직까지 우리나라의 현실은 순수한 진로 성향이나 적성을 기준으로 대학이나 학과를 선택하기보다는 총체적인 대입전형 성적 우위 순으로 대학과 학과의 선택이 허용되고 있는 것이 사실이다. 대학 선택의 조건이 자신의 열정과 방향에 조금이라도 더 근접한 곳이거나 지역적으로 선택의 이유가 있는 곳, 또는 특정 학과의 전통성과 교수의 전문성이 자신을 중심으로 매치되는 곳이 되는 대입 풍토가 하루빨리 이루어지기를 소망한다. 나아가 이런 방식의 대학 선택으로 이 시대의 대입 트렌드가 만들어지기까지도 기대해 본다. 지금까지 이에 대한 논의가 없어서 아직 이러한 시대를 만나지 못한 것은 분명 아니다. 구구절절 다양한 입장과 이유가 있고, 현재의 상황에서 개개인의 원하는 방향도 있을 터이다. 타당한 방향이지만 아직은 물꼬를 트기가 어려운 많은 여건도 있을 것이다. 진정으로 이러한 대입의 패턴과 구조가 언제 가능해지고 실현될 것인가의 기대는 교육만이 아닌 여러 각도에서 함께 풀어야 할 공동의 복합 과제일 것이다.

 학령인구가 급감하고 대학은 신입생의 정원을 채우기가 쉽지 않아, 학생이 대학을 가지 못하는 것이 아니라 대학이 학생을 데려오지 못해 문을 닫아야 할 것이라는 대학의 위기는 벌써 성큼 다가왔다. 그러나 대학이 학생을 맞이하지 못하고 대입 경쟁력이 없어질 것이라는 전망은 액면 그대로의 현실적 의미는 별로 없다. 왜냐하면 수도권 집중인 우리나라에서 지방대는 사라져도 수도권 대학은 서열 순으로 지금도 그 경쟁력이 막강하기 때문이다. 이러한 풍토가 길게 지속되면 안 되겠지만, 이제는 대학을 가는 것이 문제가 아니라 어느 대학을 가느냐의 문제로 선회하게 될 상황이 올 것도 같다. 누구라도 대학은 갈 수 있지만 거의 모든 사람이 동시에 원하는 대학은 갈 수는 없으므로, 원하는 대학은 재수, 삼수를 해서라도 가야 한다는 다양한 이유를 가지고 있는 사람들이 아직도 많기 때문에 대입 경쟁은 여전히 불붙고 있다.

그러나 조금이나마 다행인 것은, 성적 중심 자료를 가지고 대학의 문을 두드리는 경향이 사라지지는 않았지만, 예전보다는 학생의 적성과 흥미, 노력, 취향, 의지 등이 평가되는 부분이 점차 늘어나고 있다는 점이다. 학생들은 누구보다도 더 빨리 이러한 방향을 능동적으로 수용하여 자신을 계발하고 있으며 부모도 이러한 성향을 이해하고 지원하는 정도가 계속 늘어 가고 있다. 여기에 대학만 통째로 서열화되지 말고 대학의 특장점을 살려 특정 계열, 특정 학과 중심의 위상을 살리는 속도가 더 빨라졌으면 하는 바람이 있다. 지방 대학도 지역적 특성을 반영한 특색을 살리거나, 고유한 계열과 학과 특성을 중심으로 학과의 명성을 만들어 그 위상 중심으로 대학이 속히 재편되었으면 하는 바람이다. 이렇게 되어야 대학 자체의 서열이 사라지고 개개인의 타고난 특성과 소질을 바탕으로 하는 진로 차원의 진학이 될 것이며, 명실상부한 중등교육(고교)과 고등교육(대학)의 맥락이 바로 꿰어지는 바람직한 교육 시스템의 정착이 전망될 수 있을 것이다.

■■■

대학의 입학전형을 분석해 보면, 무늬만 수시이고 실제는 정시, 즉 수능성적으로 학생을 뽑겠다는 의도가 교묘하게 숨어 있는 대학들이 있다. 학생과 부모가 선호하는 대학들이 더 그렇기도 하다. 수시전형에 수능 최저등급 조건을 기본 자격으로 걸고 있는데, 이 조건이 쉽지 않다. 극단적으로 말하면, 수능 최저를 맞춘 학생들만을 대상으로 놓고 보면 선발이라는 경쟁 상황이 거의 없어지는 경우도 있다. 이는 수시, 즉 학생부전형이 아니라 실제로는 수능전형이 되고 마는 것이다. 피상적으로는 누구나 쉽게 지원하고 다양성을 근거로 소질과 적성이 맞는 학생은 웬만하면 들어갈 수 있는 것처럼 보이나, 실제는 그 전형 방법이 쉽지 않고 경쟁력 앞에 무릎을 꿇어야 하는 전형 설계를 대학은 곧잘 만들어 놓는다. 더 깊이 들여다보면, 대학은 과거 다년간의 자료와 현재 고3의 각종 시험 결과를 분석하여 수시전형의 수능 최저를 어느 정도로 걸었을 때, 지원자의 몇 퍼센트가 기준을 맞출 것인가를 미리 계산하여, 적정 비율의 예측으로 수능 최저 조건을 건다. 게다가 한 사람이 한 번에 수시원서 6장을 쓴다는 것도 감안하여 해당 대학의 선호도까지 고민한 결과로 입학전형의 최종안을 만들어 낸다. 결국은 거의 수능성적이 수시전형의 당락을 결정하도록 하는 전형 설계로 전형요강을 마무리하는 대학들이 있는 것이다. 이런 이유로 특정 대학의 수시전형 설계안에 대하여 이의를 제기한 적이 있었으나, "우리는 실력 있는 학생을 뽑고 싶고, 그것은 너무 당연한 것 아니겠느냐, 실력 있는 학생은 학교 교과 내신보다는 수능성적이 좋은 학생이더라"라는 말의 답변을 들었던 기억이 있다. 이런 사례도 옛날 일이고, 지금은 그래도 학생부전형을 통해 온전한 수시 선발을 제대로 하는 대학들이 비교적 늘어나는 추세에 있으니, 대학도 시대에 맞춰 진화를 하고 있다는 생각은 든다.

대학은 확실히 미래지향적이고 전문가의 고민이 있는 집단이다. 특정 학과가 사라지고 다른 학과가 신설되는 것을 보고, 역시 발 빠르게 미래를 대비하고 나아가야 할 앞날을 매우 잘 짚어 낸다고 감탄한 적이 있다. 그래서 학생들에게 대학의 신설학과를 주목하라고 안내한 적도 있었다. 입학하면 4년에서 6년 후에 졸업하여 전문영역으로 나가는 자격을 얻기 때문에, 시대가 획획 바뀌듯이 빠르게 변화하면서 미래사회로 가는 것을 염두에 두면 신설학과의 6년 후, 10년 후의 미래는 역시 준비된 자의 것이라는 생각이 든다. 그런데 학생들과 부모들은 아직 실수요자를 찾지 않는 준비 단계의 신설학과에 대해서는 관심이 없다. 적성에 맞는다는 가정하에 관심을 가져 보라는 권고에조차도 오히려 서운해 하는 경험을 꽤 했다. 치고받고 경쟁에서 이기는 묘미를 가지고 현재 가장 핫(hot)한 학과를 점령했다는 쾌감이 미래 가능성을 거머쥐었다는 야심보다 더 크다는 것인지, 지금도 진학지도의 한 아쉬움으로 회상되는 장면이 기억에 있다.

■■■

대학을 가지 않고도 충분히 자신의 뜻을 충분히 이룰 수 있다거나, 대학 진학보다는 먼저 해야 할 일이 구체적 계획으로 잡혀 있다면 당연히 대학은 가지 않아도 되고 당장 진학하지 않아도 좋다. 그러나 목표는 있으나, 목표를 이루는 과정에서 당장 다른 곳으로의 시간 투자가 필요한 상황이 아니라면 자신의 진로를 이룰 수 있는 곳을 찾아 대학에서 수학하는 것은 현 시점으로는 진로의 꿈을 이루는 데 가장 첩경이 될 것이라고 본다. '대학은 꼭 가야 하나요?'라는 질문을 단순히 학교교육을 따라가기 위한 피로도와 강박감을 벗어나지 못해서 나오는 질문이라고 보지 않고, 진지한 선택적 고민에서 나오는 질문이라는 전제로 이렇게 조언하고 싶다.

 이 시대, 대한민국이라는 공간에서 살고 있는 한, 우리는 큰 테두리 내에서 많은 것들을 공유하는 조직원, 구성원으로서의 삶을 살고 있으므로 이 방식이 가장 보편적이고 실패가 덜한 길이 될 것이기 때문이다. 우리나라 교육이 어떤 맥락에서는 고등학교가 그에 적합한 교육과정을 독자적으로 운영한다기보다 대학을 가기 위한 적극적 준비기관으로 전락했다는 말을 온전히 부인하기가 어렵게 되었고, 대학은 거의 대다수의 학생들이 진실로 사회에 나가 자신의 특성과 역량을 살려 진정한 전문인이 되기 위한 가교적 단계가 되었기 때문이기도 하다. 만약 유럽처럼 우리의 대학이 대학교육이 필요한 사회적 영역에서의 필수 이력을 위한 선택적 학습기관이 되어 있다면, 대학 선택에 매우 신중성을 기하고 꼭 필요한 경우만 대학의 교육과정을 거쳐야 하겠지만, 현재의 우리나라에서는 대학을 가는 것이 보통이고 오히려 대학을 가지 않는 것이 신중한 선택이 되는 상황이다. 그래서 사회생활을 매우 잘하고 있는 누군가가 사실은 대학의 이력을 밟지 않았다고 했을 때, 사뭇 그 사람에게 자신감이 느껴지고 존경스러운 느낌마저 갖게 되는 것은 이제 독특한 반응은 아닌 것 같다. 대학은 선택이되, 대학 자체보다는 진로와 적성이 토대가 된 학과를 찾아서 적극적이고 진지하게 진학하는 대입 풍토가 되기를 다시 한번 소망한다.

04
다시 들여다보기, '부모와 학부모'

가정을 가지고 처음으로 부모가 되려는 순간부터 우리 인생의 최대 목표는 자녀를 잘 키우는 것이 된다. 아울러 부족함 없이 하고 싶은 대로 하면서 자랄 수 있도록 뒷바라지를 최고로 하겠노라 건강한 다짐을 한다. 자녀를 키워 가면서 겪는 힘겨움과 갈등, 마음같이 되지 않는 부분들에 대한 구체적 경험이 아직 없기에, 부모로서 자녀에 대해 할 수 있는 최선과 이상을 그대로 꿈에 담는다. 가장 진실한 마음으로, 가장 인간적인 소망으로, 오직 자녀에게 '행복' 자체를 선물하고자 마음의 준비를 하는 것이다. 남부럽지 않은 아이로 키울 것, 가장 행복한 아이로 키울 것, 부모가 강요하지 않고 스스로 꿈을 찾아갈 수 있도록 도울 것, 자유로운 존재가 되도록 할 것, 부모 자식 간에 서로의 존재가 고맙고 든든한 관계가 되도록 만들 것 등, 자녀를 앞에 놓고 가장 행복하고 근원적인 마음의 계획을 제법 체계적으로 세우기도 한다. '개구쟁이라도 좋다, 튼튼하게만 자라다오'라는 광고 문구가 이러한 부모의 마음을 함축적으로 대변했을 것 같다는 생각이 든다.

■■■

　그런데 이러한 아이만을 위한 사랑, 희생, 헌신의 마음들이 아이를 주인공으로 놓고 아이 편에서 하기보다는 오히려 부모의 입장에서 부모의 판단으로 아이에게 이렇게 해 주겠다고 다짐하고 있는 것은 아닐까 생각해 본다. 아이의 행복이라면 진정으로 아이가 행복을 느껴야 한다. 그런데 부모가 자신이 살아온 과정과 경험을 토대로 설정한 행복의 가치 기준을 가지고 아이에게 행복을 만들어 주겠다는 계획이 많다. 그러면 아이는 오히려 부모의 수준과 가치에 도달하기 위한 또 하나의 수단이 되어야 할 수도 있다. 그 행복 가치 내용에 대한 부모와 자식의 일치 여부, 가치 기준의 시대적 상이성 등은 고려되지 않은 채 오직 구시대를 살아온 부모의 기준에서 부모의 옛 삶을 완성하기 위한 장대한 계획은 아닌지도 생각해 보아야 할 것 같다. 가장 예쁜 아이를 만들기 위해, 아이의 활동성을 고려하기보다는 멋지고 아름다운 거울 속의 완벽한 아이를 위해 부모의 눈으로 옷을 골라 입히고 만족스러워하는 모습, 남들보다 앞서 지식을 획득해 주고 그럼으로써 돋보이는 아이의 모습을 보고서는 결국 부모가 만족하는 것은 아닐까? 이렇게 만드는 고된 과정을 능히 견디어 부모의 행복과 만족을 완성해 줌으로써 아이가 부모와 한가지로 행복함과 만족감을 느낀다고 생각하는 부모의 모습, 지금은 아이가 따라가기 힘들어도 먼저 세상을 살아 본 부모가 부모 자신만큼, 아니 자기 자신보다도 더 극진한 사랑을 자녀에게 쏟아부어 주고자 하는 여러 가지 키움의 행위들에 대하여 부모는 스스로를 과감히 용서하곤 한다. 그들은 또, 지금은 힘들어도 나중에는 분명 이러한 부모에게 아이가 고마워할 것이라는 장담과 확신까지 한다. 그것을 감내하고 버티어야 하는 것은 아이인데도 말이다. 무엇보다도 최종 판단과 만족 여부는 아이 자신이어야 한다. 아이에 대한 충만한 사랑의 모습들이, 자신의 욕망을 버린 채 아이의 행복만을 위하는 사랑이자 '부모' 그 자체에게서 나오는 모습인지를 객관적으로 고민해 보는 연습이 필요하다.

■■■

누구보다도 훌륭한 아이를 만들어 주기 위해 혹독한 사랑법을 실천하고 있는 부모가, 이를 저항하고 거부하는 아이에게 늘 하는 말들이 있다.
"너는 세상을 아직 살아 보지 않아서 모른다. 다 너를 위한 것이다. 너 잘되면 네가 좋지 내가 좋은 것이 아니다. 우선 편하자고 노력하지 않으면 나중에 후회하고 남보다 못하게 산다. 나중에 불행하면 되돌릴 수 없고 그렇게 키운 부모를 원망한다."
이런 말들은 대한민국 부모라면 아마 많이들 해 보았을 것이다. 만약 너도나도 이런 말들을 해 보았다고 인정한다면 이것은 대한민국의 부모의 특징이고 대한민국의 교육 풍토라고 말할 수 있지 않을까? 하지만 이쯤 되면 아이 입장에서 적어도 본능적이고 다른 어떤 것도 초월한 순수한 사랑의 부모는 아니지 않을까 생각해 본다. 세속적인 성공과 부와 권력을 누리는 잘 사는 삶을 목표로 힘든 것을 굳이 감수시키면서까지 도달하도록 매섭게 하는 부모는 근원적이고 본능적인 '부모'의 역할은 아니다. 이건 성공을 위한 과정들을 훈련시키는 '학부모'의 역할이다. 부모는 비록 자녀가 모든 주변 사람이 비난하는 중대한 사회적 범죄자라 할지라도 따뜻한 근원적인 마음으로 어루만지고 밥을 걱정하며 상처를 감싸 주는 마음이어야 할 것이다. 성적보다는 충분한 수면과 건강을 얘기하고, 공부하는 시간보다는 알콩달콩 부모와 하루의 이야기를 주고 받는 즐거움으로 포근한 시간을 추구해야 할 것이다.

교육열이 강하다 못해 매서운 우리나라에서 부모의 이런 양면성을 일찌감치 읽어 내지 못했을 리가 없다. 예전부터 '부모와 학부모'의 차이를 정확하게 짚어 낸 논의가 회자되었으므로, 어느 때부턴가 부모에서 학부모로 전환된 모습을 스스로 비춰 보기는 어렵지 않을 것이다. 부모와 학부모의 차이는 말 그대로 '학(學)'이라는 글자 하나가 연결되어 있음에 있다. 즉, 자녀에 대한 부모의 인간적, 본질적 태도가 변질된 이유는 바로 '교육' 문제에 있어 보인다. 우리나라에서 교육은 흔히 출세, 성공, 권력, 부의 수단이거나 근접될 수 있는 것으로 인식이 많이 되어 있기 때문이다. 그래서 이미 자신이 그 경지를 이루었든 그렇지 않든, 같은 값이면 부모 입장에서는 자녀가 이 수준에 도달할 수 있도록 발판 정도는 만들어 주고 싶은 것이 자녀 사랑의 구체적 목표가 된 것이 아닌가 한다. 물론 그 목표와 방법론이 극히 심각한 정도에 들어간 사람들도 있을 터이다.

■■■

이러한 교육과 사회의 인식 틀에서 대한민국의 부모는 자연스럽게 많이들 학부모가 되어 간다. 교육적 관점에서의 부모는 인간 본연의 부모와는 많이 다르다. 목표 의식이 있고 사회적 가치의 존재로 만들어 내고자 하는 욕망이 있기 때문일 것이다. 부모의 마음이라면 아이가 괴로워하고, 힘들어하고, 외로움을 느끼고, 따뜻한 인간성을 상실해 가는 것을 결코 바라지 않을 것이다. 편안하고 푸근한 성정으로 살기를 바라고, 박애는 아니더라도 지나친 경쟁 논리에 빠지는 것을 경계하고, 세상을 사랑으로 볼 것이며 가장 소중한 것이 인간관계라는 것을 가르치고, 사랑과 관계 속에 삶이 녹아들도록 도울 것이다. 이런 것들은 아이가 세상에 태어나기를 기다리면서 가졌던 태교 당시의 마음과 같은 것이었을까? 최소한 아이가 본격적인 교육의 세상으로 들어가기 전까지 늘 가졌던 그 자체로 풍요로운 마음이었을 것이다. 그러나 출세, 사회적 위치, 품격의 가치를 아이에게 얹어 주려는 욕망에 부모의 소임을 결합하면서 부모는 아마 자신도 모르게 학부모의 길로 걸어가는 것이 아닌가 생각해 본다. 이 글을 쓰는 필자도 학부모의 길을 도외시하지 않았음을 고백하지 않을 수 없다. 그러나 그 관점의 결과로 보면 여력이 부족했다고 해야 할지 모르겠다. 아마도 통상적인 수준은 했을 것이라 돌이켜 본다. 어찌 됐든 자녀가 성장하여 도달점은 왔지만, 그 결과는 학부모 역할을 했거나 안 했거나 아마 거의 동일한 수준이었을 것이라고 생각한다. 허탈함도 아니고 후회도 아니지만, 굳이 그럴 필요는 없었다고, 그 당시를 회상해 보는 것이다. 대상을 멀리 두고 더 객관적으로 찬찬히 생각해 보면, 철저하게 부모로서만 아이를 바라봤다면 어쩌면 더 좋을 결과가 있었을까 하는 생각도 있다. 물론 남들보다 내 아이가 많이 이루어 내지 못해서 하는 말은 아니다. 학부모로서의 역할이 충분치 못했음을 자책하는 것은 더욱 아니다. 삶의 과정에서 가장 중요한 것은 역시 본질 이상의 것은 없다는 생각이, 이제야 정신이 나듯 떠오른다는 뜻이다. 부모와 자식의 관계는 오직 사랑이고 응원이고 포용이면 된다는 것을 새삼 깨닫는 것이다. 더 많은 극진한 사랑과 묵묵한 응원, 절대적 포용, 이런 것들만 주면서 한번 키워 볼 걸 그랬다는 마음으로, 다시 키운다면 정말 '부모'로서 자녀를 키워 보고 싶다는 마음인 것이다. 그러나 대부분의 부모는 진정 학부모 역할을 할 수가 없는 특별한 상황에 처하거나, 아니면 사고와 철학이 분명한 경우를 제외하고는 이렇게 어정쩡한 학부모가 되고 만다.

■■■

언젠가부터 긴 세월을 많은 가정들이 4인 가족으로 살아가고 있다. 그러다 세 자녀 가정이 늘어났고 간혹 네 자녀 이상의 가정도 있다. 항간에 세 자녀 이상을 둔 가정에 대하여 농담 삼아 부자라고 말하곤 한다. 자녀는 생활비를 따져 가며 여유가 있으면 더 낳고 없으면 덜 낳고 하는 것이 아닐 게다. 모든 것은 역방향으로 생각을 한번 돌려 봄 직한데, 다자녀 가정에 대한 역방향 사고를 해 본다면 자녀 수가 많을수록 부자와는 멀어질 수 있다. 물론 기본 재력이 애초부터 자녀 수를 논할 필요가 없는 가정은 제외하고 여담을 펼쳐 본다. 자녀가 많으면 그만큼 생활비, 교육비가 많이 들어갈 것이고, 그러함에도 자녀를 낳는 사람들은 돈을 모으는 것에 큰 뜻이 없어서 돈의 기쁨보다는 자녀에 대한 기쁨을 더 추구하는 사람이라고 할 수 있을까? 그래서 이들은 최소한 벌어서 부자가 되는 사람들은 아닐 것이다. 그런데 이러한 농담을 만드는 것도 아마 대한민국의 교육 사회의 특징이 아닐까 한다. 셋째 아이를 낳을까 고민해 보는 과정에서 교육비를 계산해 본다는 부모들이 있는데, 이는 농담이 아니고 실제였다.

고등학생의 두 자녀를 둔 부부에게 늦둥이 자녀를 가져 보는 게 어떠냐고 제안을 하며 편안한 대화를 이어 간 적이 있었다. 고등학생이면 거의 다 키워 어린아이가 그리운 듯 부부는 정말 솔깃해했고, 자녀 하나를 더 갖는 것이 경제적으로도 큰 무리는 없어 보이기도 했다. 그래서 아마 심사숙고를 했던 것 같았다. 그런데 결론은 '안 되겠다'였다. 이유를 물어본즉, 모든 것은 다 괜찮은데 교육비를 감당할 자신이 없다고 했다. 도대체 한 자녀의 교육비를 얼마로 계산을 해 냈는지, 현재 이 시대의 교육적 풍토, 부모로서 아이를 가르치고 키운다는 개념의 범위, 부모가 아이에게 해 줄 수 있는 목적지와 과정 등이 고민되었고 판단되었을 것이다. 물론 그들이 말하는 교육 지원의 수준은 그들 사고의 범주 내에서였겠지만, 아이를 더 낳아 키우는 교육비로 최소 2억을 얘기했던 것 같다. 지금으로부터 20년 전의 일이었으니 기억의 신빙성은 자신이 없다.

■■■

우리나라의 학부모는 자녀에게 특별한 교육의 과정을 총동원해 명문대에 입학시켜 주는 방법으로 잘 키워 내고자 하는 경우가 많은 것 같다. 교육에 경쟁이 없고, 교육기관이든 가정이든 모두 아이를 주인공으로 놓고 그들을 편안하게 교육한다고 알려진 다른 나라에서는 우리처럼 부모 대 학부모 관계의 '학부모'라는 단어는 존재하지 않는 것 같다. 애초에 '학부모'는 학교에 다니는 아이의 가정적 보호자 차원의 '학부형'에서 시작된 말이었겠으나, 최근에는 그 보호자가 자녀의 학업을 학교교육 이상으로 통제하고 관여하는 과정에서 긴밀한 관계로 재정립되어 간 말이 아닌가 한다. 물론 그 학부모는 자녀의 학교교육에도 일정 부분 관심을 갖고 관여를 하기도 한다. 그 역할이 요즘에는 제도적으로 양성화되어 오히려 진지해지기를 바라는 교육공동체 시대이기도 하다. 그러나 학부모는 교육 구성원이라는 공동체적 의미 외에, 자녀의 학업과 성공을 기획하는 역할로도 이미 사회화되었다.

학부모도 기본적으로는 부모이므로, 자녀 앞에 본성적인 부모의 모습을 전혀 감출 수는 없다. 그래서 학부모의 역할에도 스스로 갈등과 속상함이 있다. 자녀만 어려운 여건을 이겨 내야 하는 것은 아닐 테고, 이렇게 보면 학부모도 그 어려움을 견디는 고통이 크다고는 할 수 있겠다. 스스로도 참고, 자녀에게도 참고 이겨 내자고 설득해야 한다.

분명 자녀와 부모의 관계에서는 부모만 있으면 된다. 굳이 학부모라는 특별한 개념과 역할이, 부모와 대립을 이루면서 존재할 필요는 없다. 자녀들에게는 부모로부터 인간적이고 본질적인 사랑을 받았던 보살핌의 시절을 아쉽게도 잘 기억하지 못하거나 기억하는 부분이 많지 않을 것이다. 자녀가 철이 들어 인식하고 판단하며 자율적으로 무엇인가를 해 나갈 수 있을 시기에는 이미 부모는 학부모가 되어 버렸을 것이다. 더 좋고 훌륭한 방향을 위해서이지만, 학부모는 흔히 자녀에게 갈등하고 대립하고, 심지어 원망하는 대상으로 남을 수밖에 없는 경우가 많을 수 있다. 가장 원초적인 관계에서 모든 것을 초월해야 할 부모와 자녀의 관계에, 소중하고 아름다운 인간 본성의 기억보다는 기억하고 싶지 않은 것들만 남아 있으면 안 되지 않을까. 성공 사례도 있겠지만, 학부모라는 존재가 원인이 되어 매우 어려워진 안타까운 상황만 남게 되는 경우를 말하지 않을 수 없다. 이렇듯 사회화된 목표를 강하게 둘 때 자녀와 학부모의 관계는 목표에 도달하기도 전에 그 과정에서 소중한 많은 것들을 잃을 수도 있다는 것을 다시 말하고 싶은 것이다.

■■■

　예전에, 어느 학자가 우리나라 민족(국민)의 특이한 쏠림 현상에 대하여 그 이유를 '한반도', 즉 '반도'라는 지정학적 조건에서 분석한 자료를 읽은 적이 있다. 너무 오래돼서 그 학자 이름, 책 이름을 댈 수는 없지만 당시 그 내용을 읽고 공감과 동의를 했던 기억이 생생하다. 삼면이 바다로 둘러싸여 있는 지정학적 특성을 가진 우리나라 사람들은 본능적으로 대다수의 흐름을 같이 타지 않으면 생명의 위협을 느낄 수 있다는 심리적 논리로 설명을 했었다. 묘하게도 민족성, 국민성이라는 카테고리로 엮여 모두가 그 영향을 받는 것인지는 모르겠으나, 우리나라 국민이 생물학적 DNA를 공히 가진 것도 아닌데 쏠림 현상이 우리나라 역사 이래 하나의 성향으로 내려왔다는 것이다. 그리고 보니, 우리나라 특유의 부동산 문제, 교육 문제, 선거 문제[4], 그 외 단편적 흐름인 영화, 드라마, 스포츠, 연예의 유행은 물론, 최근의 백신접종에 대한 반응까지도 그러한 쏠림의 성향이 물결처럼 흘러가고 있음을 확인해 볼 수 있다. 물론 다른 나라들도 어느 정도는 쏠림과 경향은 있을 수 있겠다.

---

4) 선거 유세가 한창일 때, 부동표는 결국 예상 순위 1등인 후보에 보태지는 일이 많다. 소신껏 특정 후보에게 표를 주려고 했다가도 경쟁에서 질 것 같다는 생각이 들면 바로 1등 후보에 표를 보태는 사람들이 많다. 소신 부족을 전제로 그 행위의 심리는 공감할 수도 있다. 그러면서 흔히 나오는 말에 '이기는 편이 우리 편', '내 소중한 한 표를 사표로 만들 수는 없지'라는 말로 그 표가 흘러가는 행위를 합리화하기도 한다. 후보를 향한 정확한 판단보다는 쏠림의 배를 함께 타고 간다. 그것이 마음이 편하다는 얘기다. 그러다 어떤 계기로 다시 그 후보를 비난하는 상황이 발생하기라도 하면 그 비난도 역시 쏠림을 탄다. 그래서 그 후보에게 표를 던진 자기 손목을 끊어 내야 한다는 말도 곧잘 하며 그 기세에 동참한다. 환호시위, 반대 시위 등의 몇 가지 사례는 그 인파가 역사에 남는 일도 종종 있지 않은가. 이런 장면들을 보고 어떤 이는 우리나라 사람들이 정치에 관심이 많다거나 정치적이라고도 하는데, 이는 쏠림의 특성에서 설명하는 것이 더 설득력이 있을 것 같다.

그러나 이렇듯 도도한, 그래서 범국민적이고 나라가 들썩일 정도의 물결이 거세게 움직이는 것은 정말 독특하지 않은가.

대중 속에 묻혀 어깨가 밀리며 저절로 걸어가지듯, 자신도 모르게 부모에서 학부모가 되어 버린 이 세월은 쉽게 끝날 것 같지 않다. 정부의 정책으로 대입 등 교육제도를 손보고 눈에 보이는 문제점을 개선해 가면 긴 터널과 같은 교육 문제가 해결될 것도 같으나, 아직도 우리의 교육제도는 많은 원성과 함께 현상 유지를 하며 흐르고만 있어 보인다. 정책 입안자들도 역시 학부모로서 자신의 자녀와 함께 목표점을 향하여 열심히 달리고 있을 것이라는 것도 이해는 된다. 하지만 아무리 어려워도 마음이 있고 고민을 하면 방안은 나오게 되어 있다. 많은 부모가 학부모가 아닌, 부모로서 끝까지 자녀를 사랑으로 보살피고, 자녀 스스로 성장하는 시간을 아이들에게 되돌려 주기 위해서라도 소위 학부모라는 역할에서 벗어날 방안을 연구하고 적용을 시도해 보아야 한다. 교육의 대상은 자녀이고 자녀교육의 목표는 성장이므로, 교육의 방향은 부모가 인도하는 것이 아니라 자녀 스스로 길을 찾아 책임을 지고 성장할 수 있도록 아이들 입장에서 마련되어야 하지 않을까.

■■■

자녀교육에 대한 많은 이론과 교육 현실에 관한 매우 이성적인 조언들이 있다. 많은 부모들은, 자녀 스스로 깨닫고 길을 선택해 가는 것, 실패하고 되돌아올지언정 자신의 일은 자신에게 맡기라는 조언에 흔쾌히 동의한다. 하지만 바로 눈앞에 보이는 경쟁과 시간 앞에 부모는 다시 관여하고, 간섭하고, 인도하는 학부모로서의 역할로 깨어나곤 한다.

알면서도 안 되고, 이해하면서도 하지 못하는 것이 부모를 전제한 학부모인 것 같다.

한 연수에서 공감을 크게 받은 강의의 한 내용을 소개하고 싶다[5]. 그분의 강의 핵심은 자녀교육에 있어 학부모가 아닌 부모가 되는 길을 직접 겪은 사례였다. 흔히 사례 강의는 현란한 언어 표현으로는 따를 수 없는 깊은 감동이 있다. 강사님은 자녀가 한창 공부에 매진하고 좋은 성적을 거두어야 하는 중, 고교 시절부터 성인이 되어 가정을 꾸릴 때까지의 전 과정에서 철저하게 '과제 분리'를 해 온 사례를 소개하며 이것의 중요성을 역설했다. 부모에게는 부모가 해야 할 과제가 있고, 자녀에게는 자녀가 해야 할 과제가 있다는 것이다. 그러니 자녀가 해야 할 과제를 절대 부모가 하려고 하지 말라고 했다. 자녀가 중학교를 졸업하고 고교 진학을 할 때, 그간 했던 공부가 약해 가까운 지역의 고등학교를 가지 못하는 상황에서 자녀 스스로에게 이 문제를 해결하도록 하고, 그 해결 방안을 그대로 수용하는 것부터 듣기에도 많이 난감한 얘기들이 있었다. 자녀는 공부가 모자라 타 지역으로 통학을 하면서 성적은 더 엉망이 되어 가고 그래서 대학도 못 갔다고 한다. 하지만 부모는, 트럭으로 장사를 시작한 것과 그 이후의 숱한 과정마다 아들의 계획을 들으며 그대로 격려하고 응원만 해 주었다고 한다. 속이 편하지는 않았겠지만, 부모가 개입할 법한 선택과 결정의 순간마다 "너의 일이

---

[5] 관련 사례 및 '과제 분리'의 내용은 다음의 강의 내용에 근거했다(다만 이 사례는 아들과 사위의 이야기가 혼용되었을 수 있음).
〈효과적인 인성중심 교육과정 편성운영 방안〉, 「2018년도 제4차 중등교장 자격연수 학교 리더십과 교장의 역할」(201~212p), 이용훈, 한국교원대학교 종합교육연수원)

니, 네가 알아서 해라. 다만 말한 계획대로 잘 진행하라"라는 지지로 일관하면서, 그저 지켜보고 그 길에 힘을 주었다고 한다. 그런 과정을 겪고 고생고생하고 나니, 지금은 산전수전 다 겪은 능숙한 사업가로 성공해 있더라는 결론이었다. 교육은 부모의 관점으로 설정한 어느 위치와 직업으로 자녀를 갖다 놓는 것이 아니고 스스로 판단하고 결정하는 능동적인 자아로 만드는 것이 목표일 것이다. 처음부터 끝까지 부모가 계획하고 자녀는 따라옴으로써 만들어진 위치와 자리는 오직 거기에서만 끝날 것 같다. 그래서 다음 문제와 해결은 또 부모를 찾아야 하는 불상사가 생기거나 단단하지 못할 우려가 있는 것도 사실일 것이다. 부모와 학부모의 갈등에서 전등처럼 강한 빛으로 우리는 '과제 분리'라는 말을 떠올리고 부모로서의 행동을 다듬어야 할 것이다. 자녀교육에 관한 한, 더 큰 길로 가려고 노력해야 궁극적으로 자녀가 더 크고 넓은 길로 갈 수 있지 않을까를 생각하게 하는 교훈적인 이야기였다.

■■■

교육적 대상은 어린 학생들이라 사고의 영역이나 경험 및 세계를 보는 눈 등이 아직은 덜 여물었기 때문에 기성세대가 이들을 위한 교육체계와 정책을 합리적으로 마련해 주는 것은 당연하다. 그러나 그렇다고 해서 교육 수혜자인 학생들의 자율성과 선택, 의견 등은 고려하지 않고 기성세대의 정책입안자 선에서 모든 것이 결정되는 것은 분명 무리가 있다. 정책입안자도 역시 교육 대상자들을 부모가 아닌 학부모로서 바라보고 있는 것은 아닌지도 돌아봐야 한다. 이 학부모적 사고의 방향성에서 만들어진 교육정책에 대하여 개개의 학생들에게는 또 개인적 학부모가 가세하여 미래를 등에 업고 코칭을 하는 상황들이 실제 많이 있기 때문이다. 수동적 대상으로 놓인 아이들이 자신들의 뜻은 표명도 하지 못한 채 거대하고 동시에 세세한 학부모의 기획에 눌려 가는 형상이 지속되면 안 될 것이다. 이러한 교육정책에 묵묵히 잘 따라 주는 것과, 자기를 중심으로 자기 목소리를 내며 경우에 따라서는 반발과 갈등을 보여 주는 것 중 어느 쪽이 진정으로 성장하는 것인지 판단해 볼 일이다.

05
'고교다양화정책' 그 이후

　　　　　　　　　　　우리나라 학제는 초등교육 6년, 중등교육 6년(중학교 3년, 고등학교 3년), 고등교육 4년(대학교)으로 되어 있다. 초등학교와 중학교는 이미 의무교육이 되었고, 고등학교는 2019년 2학기 3학년을 시작으로 2021년부터는 고교 전 학년에 무상교육이 적용되었다. 의무교육과 무상교육은 동일 개념은 아니므로, 언어 내적 의미를 그대로 해석하여 이해하면 된다. 초·중학교의 경우, 도중에 학업을 중단하면 '퇴학'이 아닌 '유예'라는 말을 쓰는데, 이것은 이 학생들이 의무교육 대상자이기 때문이다. 반면 의무교육이 아닌 고등학교는 학업 중단에 대하여 '퇴학'이라는 말을 사용하고 있다. 따라서 초·중학교는 거주시 기준으로 시·도 교육청 규정에 의해 학교를 무시험으로 배정한다. 반면, 고등학교는 지원하여 합격을 받는 방식을 기본으로 한다. 평준화지역의 통합 전형인 경우 보통 '선지원 후배정' 방식으로 진학할 수 있으나, 지원자의 학교 선택권을 어느 정도라도 보장하기 위해 지망 순위나 거주지 기준이 혼합된 배정 방식을 적용하고 있다[6]. 고등학교는 기본적으로 지원과 전형의 과정을 거치므로 학교장전형이든 교육감전형(평준화지역 전형)이든 선발시험 또는 내신성적에 의한 전형평가 점수의 상대적 커트라인으로 선발한다. 고교 진학 시, 예전에는 이 커트라인에서 밀려 불합격자가 다수 발생했으나, 학령인구가 대폭 줄고 있는 지금은 성적으로 입학생을 선발한다고 해도 갈수록 탈락자는 줄어들거나 없는 경우가 많아지고 있다.

■■■

고등학교는 본인이 학교를 선택하여 진학하는데, 특정 학교 선택보다 사실은 고교의 유형 선택이 먼저이다. 크게 구별한다면, 직업전문계열, 즉 고교 졸업 후 바로 취업으로 이어지는 고교 유형과 일반계열, 즉 고등학교 교육과정을 마친 후 전공을 찾아 대학교에 진학하는 고교 유형을 선택하는 것이다. 부모들이 고등학교에 다녔던 시대의 용어로 이것을 단순화시키면 실업계와 인문계의 구분이 그것이다. 그 당시 학교를 다녔던 나이 든 중년 이상의 어른들은 지금도 고등학교 유형을 실업계와 인문계로 나누어 쉽게 이해하는 경향이 많다. 여기에 예체능고가 특기 중심 고교로 추가 분류되었다. 현행 기준으로 고교 유형을 정식으로 말하면, 마이스터고, 특성화고, 특목고, 자율고, 일반고가 있다. 앞의

---

[6] 고교 입학의 '선지원 후배정' 방식은 시·도 단위의 평준화지역에서 교육감전형을 실시하는 경우에 한한다. 그 외는 비평준화지역으로 각 학교 단위의 학교장전형으로 입시가 치러진다. 교육감전형은 흔히 어느 학교에 배정이 되든 통학의 교통수단이 보장된 도심권에서 일반계열 고교에 한하여 추진된다.

두 유형은 고교 졸업 후 취업을 지향하고, 뒤의 세 유형은 대학 진학으로 이어진다.

이러한 고교 유형은 2008년 출범 정부에서 새로운 정책의 도입과 함께 세분화한 것으로, 그 타당성은 아마도 고교 교육에 전문성을 도입하기 위한 것으로 이해된다. 즉, 직업교육 중심의 전문계 고등학교를 특목고인 마이스터고와 보통의 특성화고로 구분했다. 농업, 공업 등의 분야별로 수준급 직업교육 고교로 탄생한 마이스터고는, 졸업 후 내로라하는 기업체에 취직시키는 프리미엄 특성화 교육 과정을 실현하여, 수준에 합당한 전문 인력을 양성하고자 한 고교 유형이다. 초기에는 정부 차원의 야심 찬 지원에 힘입어 입학하는 학생들의 학업 역량과 학교의 시설 및 교육과정, 졸업 후의 직업 진로 등에서 대학 진학이 부럽지 않을 정도의 훌륭한 고교가 되도록 기획했다. 동시에 특성화고(마이스터고 포함) 학생들을 위한 홍보 차원의 TV 프로그램을 운영할 정도로 한때는 유독 잘나가는 학교 유형이었다.[7] 물론 정부의 정책이 다른 현재(2021년 기준)는 지원 여력이 그 정도에는 비할 수 없으나, 지금도 마이스터고는 이미 정착이 된 수준의 직업계고로 인정할 만하다. 당시 마이스터고를 이렇게 살린 여파로 특성화고의 질적 수준의 어려움이 있을 것 같아 특성화고에서도 특단의 대책이 강구되었었다. 즉 입학에 특별전형을 두어, 특정 직업으로 기계를 이어받거니 특별한 노력과 방향성이 확정된 학생에게는 입학에서부터 취업까지 제2의 마이스터고 수준의 특별한 지원을 아끼지 않았다. 사실 당시의 마이스터고에 진학하거나 서울권의 취업률 좋은 특성화고에 진학하는 학생의 학업 역량은 일

---

7) 당시 KBS TV 프로그램으로, '꿈의 기업 입사 프로젝트 〈스카우트〉'가 매주 1회 방영되었다.

반계 학생을 모집하는 학교에 결코 크게 뒤지지 않았다는 것이 중학교 교사들의 평가이기도 했다.

■■■

당시 정부가 고등학교에 손을 댄 것은, 고교선진화 사업에 따른 고교 다양화 정책이었다. 직업, 예체능, 일반(대학진학)의 세 가지 큰 계열로 구분해 놓고, 고교 입학부터 진로를 고민하여 선택하도록 했으며, 이러한 특성에 맞춰 고교 교육을 전문화하자는 취지였던 것으로 보인다. 무엇보다도 직업계 고등학교를 획기적으로 발전시켜 고교 졸업만으로도 전문성을 인정받아 바로 만족스러운 직업을 갖도록 길을 열어 준 것은 상당히 긍정적인 평가를 얻을 수 있다고 본다. 그 덕분이었는지, 중학교 졸업을 앞둔 학생들이 고교 졸업 후 직업이냐 대학이냐를 놓고 진로를 선택할 때, 직업계고에 관심을 가장 많이 두었던 때가 바로 그 즈음이었던 것 같다.

그와 더불어 대학 진학을 전제로 한 고교도 매우 많이 다양화되었다. 특목고, 영재학교, 국제고, 자율고, 일반고 등 여러 갈래로 고교 교육의 전문성을 기하면서 중학교 학생들이 고입을 앞두고 진로를 가장 크게 고민했던 때가 역시 그 당시였을 것이다. 특목고는 앞서 말했던 직업전문계열의 마이스터고를 포함해, 예체능계열의 예술고, 체육고, 과학계열의 과학고, 외국어계열의 외고, 국제계열의 국제고로 구성되었다. 과학고와 과학영재고는 서로 다르며, 외고와 국제고도 서로 다른 분야의 특목고이다. 자율고도 내부적으로는 자사고와 자율고로 구분되기도 했으며[8], 일반고 내에서도 자율학교 운영이 크게 표방된 학교에 대해서 일반인들은 자율고와 구별을 하지 못하기도 한다[9]. 중국의 춘추전국시대처럼 다양한 특성으로 나타난 당시 고교의 세분화된 유형과 그 구분은 전문 업무 분야가 아니고서는 온전히 이해하기 어려울 정도로 복잡했었고, 그만큼 고교가 유형별로 특징 있는 교육과정 운영을 시도했던 것을 알 수 있다. 이렇듯 당시는 분야별, 특징별 전문성을 인정하여 다양하게 고교 유형을 별도로 만들어 운영하게 하고, 그 나머지 학교들이 모여 일반고가 되었다. 교육과정 계열로 구분하면 직업계의 반대가 일반계가 될 수 있다. 그러므로 교육과정상으로 보면 과학고, 외고, 예체능고, 자율고 등 모든 학교들이 진학 중심의 교육과정을 운영한다고 볼 수 있다. 이것을 다시 세분화해서 특수목적 분야를 별도 인정한 것이 과학, 외국어, 예체능 분야 등이다. 그렇게 보면 자율고(자사고)는 특수목적 분야가 아니므로 일반고와 다를 것은 없으나, 교육과정 자율 운영권을 특별히 부여하면서 일반고에서 벗어난 특별 학교를 만든 것이다. 이들의 대우는 급기야 신입생 전형 시, 입학전형 시기 구분에서 전기고

---

[8] 고교다양화 정책으로 확산 또는 양산된 자율고는 정식 명칭이 '자율형사립고'이다. 이는 당시 자율형공립고와 공사립 면에서 대응된 개념이다. 자율형사립고가 양산되기 이전 시범운영을 한 전국단위 자사고는 애초 자립형사립고(자사고)였고 이후 모두 자율형사립고(자율고)에 포함되었다. 당시의 초·중등교육법 시행령과 교육부의 자기주도학습전형 지침에 의거, 사회통합전형 등과 관련한 부분에서 자립형사립고만의 특별한 운영 조항이 별도로 존재했었다. 2002년부터 2009년까지 7개교(민사고 포항제철고, 광양제철고, 상산고, 현대청운고, 해운대고(광역으로 전환), 하나고(광역))가 그 학교들이다. 이들의 명칭은 정책적으로 '자율고'임에도 불구하고, 일반인들은 자공고와 구별하여 '자사고'로 통칭하기도 하고 간혹 초기의 자립형사립고에 한하여 자사고의 명칭을 사용하기도 한다. 각주의 일부 내용은 〈자립형사립고와 자율형사립고 어떻게 다를까요〉(베리타스알파, 2012.12.26.)의 내용을 참고했다.

[9] 전국단위 모집 자율학교(일반고)로 거창고, 거창대성고, 남해해성고, 안동풍산고, 공주사대부고, 공주한일고, 익산고 등이 있다.

로 주고, 여기에 불합격한 학생을 다시 후기고에 지원할 수 있도록 했는데, 이는 그들의 입장에서 학교의 위상과 명성에 매우 중요한 일이었다.

■■■

고교 입학전형 시기는 전기고와 후기고로 나뉘어 있고, 전기고에 지원하여 불합격하면 후기고에 지원할 수 있다. 입학전형을 전기고에 넣어 준다는 것은 그만큼 학생 모집 수준부터 제도적으로 지원하여 양적, 질적으로 그 학교에 우선권을 주고 보장해 준다는 것으로 해석할 수 있다. 다시 말하면 제도 차원에서 학교의 위상과 운영을 보장받는다는 뜻이므로 이는 그 유형의 학교에 대한 교육정책적 방향이라고 볼 수 있다. 입학전형 시기가 이렇게 예민하므로, 일반고로서 자율학교 운영 지정을 받은 학교는 또 그러한 이유로 후기고 전형에서도 '앞선전형'을 따내기도 했다. 당연히 후기의 '앞선전형'에 지원하여 불합격하면 다시 일반고(자율학교 제외)에 지원할 수 있었던 것이다. 따라서 입학전형 시기는 곧 명백하고 철저한 고교의 서열화였다. 정책으로 만들어진 고교의 서열화였음을 부인하기는 어렵게 된 것이다.[10]

---

10) 당시 후기고는 일반고에 한정되었었다. '후기고 앞선전형'이란, 후기고 입학전형 기간 중 앞의 일정으로 전형을 마치도록 전형일정의 혜택을 허용한 것이다. '앞선전형'에 지원하여 불합격하면, 다시 보통의 일반고에 지원할 수 있는 제도였다. 현재는 이들 자율학교 일반고의 입학전형 일정을 보통의 일반고와 동일하게 진행하고 있다.
입학전형 시기가 곧 고교 서열화라는 사회적 문제점이 갈수록 드러나, 최근에는 이에 관련하여 입시 일정 조정이 조금씩 진행되고 있다. 외고, 국제고, 자율고가 먼저 후기고 전형 일정에 합류되었으며, 자율고 중 일부는 이미 일반고로 전환된 학교들도 많다. 다만 현재는 이들 외고, 국제고, 자율고를 후기고 입학전형 일정에 포함시키기는 했으나 전형 일정이 일반고보다 앞서 있어 후기고 내에서도 이들 학교는 신입생을 먼저 선발해 갈 수 있다. 모든 외고, 국제고, 자율고는 2025학년도에는 모두 일반고에 합류될 예정이다.

이러한 고교 유형별 전형시기의 규정은 조금 정리가 되었지만 지금도 여전히 전·후의 일정은 이어지고 있다. 그러다 보니 고교의 대표성을 가진 일반고가 갈수록 교육과정 운영이 어렵게 되어 가며 교육 현장의 불만이 쏟아지게 되었다. 모두는 아니지만, 전체적으로는 학생 수준이 앞에 있는 전형의 고교에 비해 당연히 딸릴 수밖에 없는 이치이기 때문이다. 일반고의 요구는 고교 입학전형 시기를 단일화해 달라는 것이다. 그래야 동일 수준의 선택지로 놓고 학생들이 고교 유형을 본인의 진로 성향과 적성에 따라 제대로 선택할 수 있지 않겠느냐는 취지이다. 정부는 일반계고의 이런 요청의 이유와 타당성을 모르지는 않을 터이지만, 이 입학 시기의 단일화는 지금도 해결하지 않은 채 일반고에 많은 예산을 투입해서 소위 '일반고 역량강화 사업'을 꽤 강도 있게 추진하는 방향으로 가고 있다. 직업계고 입학이 다른 이유로 소외되지 않고 진로 선택을 확실하게 보장해 주기 위해 정책적 차원에서 이들의 전형 시기를 앞에 두는 것은 불가피한 일인지도 모르겠다. 그런데 특목고, 자율고의 입학전형 시기가 모두 전기전형이었다. 심지어 일반고임에도 자율학교 운영으로 명성이 있는 학교는 후기 일정에서도 앞선전형을 주었으니, 마지막에 전형을 하는 순수 일반고의 교육이 원천적으로 어렵고, 그 교육적 결과도 그들 고교를 따라잡기는 역부족일 수밖에 없다는 주장이 많았다. 정확히 말하면, 그 고교에 지원하는 학생들 수준이 직업계고는 진로 성향이 일반계고와 구별되니 차치하더라도, 과학고, 외고, 자율고 등은 일반고와 동일하게 대입 목표 고교인데, 이들에게 학생들을 먼저 선발해 가라는 것은 학생들을 수준별로 먼저 뽑으라는 뜻이 된다. 그래서 특수 분야에 대한 특별한 학생 수요라는 것을 잊어버린 채 과학고, 외고, 국제고는 물론, 자율고까지도 엘리트 학생이 다니는 학교 유형으로 인식되어 그 흐름과 성향이 확산되어 버린 것이다. 그러다 보니 대입에서 특목고나 자율고 출신 학생들에 대한 학종[11] 평가가, 타당한 근거를 내세우기는 하나, 대체로 우수한 평가를 받게 되어 있다고들 말하고, 대입에서 특혜를 받는 고교 유형으로 서열이 안착되는 상황도 발생하게 된 것이다. 게다가 과학고든 외고든 그 고교의 전문 분야에 대한 특수목적이라는 본질은 어느덧 까맣게 잊어버리고 좋은 대학을 가기 위한 훌륭한 레벨의 고교로 자리매김했으니, 외고에서 의대를 진학해서는 안 된다는 개선책의 추가는 당연한 뒷수습이었다.

이렇듯 고교다양화 정책은 수평적인 다양화가 아니라 고교의 서열정책이 될 수밖에 없었다. 특히 일반고에서 보면 입학하는 학생의 인원 충족과 재원성(우수학생 유치)의 문제라는 분석도 나온다. 그러니 학교 유형이 곧 서열이 되었다는 정책 결론도 무리는 아닐 듯싶다. 물론 시작 단계부터 그런 의도를 포함하지는 않았겠지만, 시행 방법과 결과가 이렇게 귀결되고 말았다. 교육 현장에서 비교 우위를 지향하는 방법은 경쟁이고, 그 경쟁에서 이기기 위해서는 경쟁적 교육이 요구될 수밖에 없다. 서열화로 정착된 고교다양화정책을 바라보는 대상은 중학생이다. 그 고교를 목표로 일찌감치 일부 중학생은 자의 또는 타의로 입시 공부에 몰입해야 할 학생들이 있다. 고교생의 대입 경쟁도 커다란 문제인데, 이 고교다양화정책이 중학생들의 고입 경쟁의 장을 만들어 버린 것을 부인할 수는 없을 것이다.

---

11) '학생부종합전형'의 줄임말.

■■■

    이제 이러한 고교다양화 정책은 많은 논란과 함께 수정되고 있다. 하지만 고교선진화니, 고교다양화니 하는 정책적 명칭은 사라졌으나, 고교 다양성의 실제성은 어느 정도 유지된 채 내부적인 손질이 진행되는 것 같다. 수정의 계기는 특정 부류의 요청과 비판에서만 시작된 것은 아닐 것이다. 우리나라의 교육을 논할 때 가장 심각한 것은 경쟁과 사교육의 문제이다. 경쟁과 사교육은 하나는 원인이고 다른 하나는 부득이한 대응 전략으로서, 이 둘은 반드시 세트를 이루면서 우리나라 교육을 지금까지 비정상적으로 끌고 가고 있다. 교육에서의 경쟁은 흔히 대입 과정에서 긴 세월 동안 사라지지 않고 있다. 물론 고교다양화정책이 굳건했을 때는, 중학교에서 특정 학생에 한정되기는 했지만 고입 경쟁에 따른 사교육이 심각했다. 그중의 일부는 특목고, 자율고 진학을 위해 초등학교 때부터 준비하기도 했다. 더 심각한 것은, 특목고, 자율고를 가야 하는 이유로 일부 학생이 대학 진학을 잘하기 위한 중간 단계 확보라고 답하니, 너무 놀라운 일이 아닌가. 이런 정도라면 학생 자신의 자의는 아닐 것이고, 아마도 그 학생을 끔찍이 사랑하는 사람이 그 아이의 장래 계획을 크게 세운 이유가 아니었을까 한다. 교육 당국에서도 이러한 분위기는 이미 감지되었기에, 특목고, 자율고, 외고를 대상으로 입학전형의 공정성과 객관성 담보를 위해 입학전형 사교육영향평가를 의무화하고 이의 관리 감독을 강화했다. 중학생이 본인의 의지로 고입부터 탄탄히 준비한다고 하더라도 그 나이에는 더 넓게 다양한 섭렵과 교과 이외의 경험들이 필요한 시점일 터이므로, 대견함의 박수보다는 안타까움이 먼저 느껴지는 면도 있다. 개인적 차원의 주관적 판단일지는 모르지만 말이다.

■■■

　대입전형 방식의 수시 학종평가는 말 그대로 종합적 정성평가이다. 항목별 객관적인 점수가 산출되는 것이 아니고, 전체적인 안목에서 학생부기록의 항목별 연계, 구조 특성에 따라 입학사정관이 종합적인 평가를 내리는 것이다. 특목고와 자율고의 학생부는 교육과정의 편성이 다르기 때문에 학교명을 블라인드 처리해도 바로 이러한 고교의 자료임이 바로 노출될 수밖에 없다. 일반고에서는 배우지 않는 전문 과목 이수가 많을 것이기 때문이다. 이는 당연히 진로적합성 부분에서 유리한 평가를 받기에 충분하다. 그리고 성적 결과를 떠나 그러한 과목들을 섭렵하고 노력해 온 시간들의 의미도 충분히 계산될 수 있다. 이렇게 평가되는 것을 두고 특목고나 자율고에 유리하게 전형했다고 말해야 하는지는 잘 모르겠다. 자료에 나타난 대로 평가했고, 그래서 그 평가는 당연한 우위의 결과가 나온다. 한편, 특정 유형의 학교이기에 이미 정해진 평가일 수 있다는 점에서는 형평성을 논할 수 있음직도 하다. 그리고 대학의 입시요강을 조금만 깊이 들여다보면 모집단위별 세부 전형방식의 어떤 것들은 특목고 학생을 위한 것, 이것은 과학고 및 영재학교 출신 학생용, 이것은 외고, 국제고 출신 학생용 등이라고 판단이 되는 것들이 있다. 이 그룹에서 일반고 학생들이 그들과 동일하게 경쟁되지 않는 것은 다행이라고 볼 수도 있겠다. 그러나 이들에게는 숫자가 적은 그들끼리만 경쟁할 수 있는 별도의 기회가 주어지고 있다는 해석도 배제할 수 없는 점이 있다. 이렇듯 고교다양화정책은 지금은 축소되어 가고 있지만, 아직도 그 정책의 결과는 중학생의 고입 경쟁을 유도하고, 결국 대입의 유리함으로 이어지고 있는 실정이다. 지금은 고입 경쟁이 예전에 비해 많이 사라졌지만, 그래도 그 길을 가고자 하는 타의적 결정의 어린 학생들이 존재하고 있다는 것을 무거운 마음으로 보아야 할 것이다.

　이러한 이유로 진보성향의 교육감, 모든 학생이 역량 이외의 이유로 차별을 받아서는 안 된다고 생각하는 많은 교원과 일반인들은 우수 학생 교육이 된 자율고는 더 이상 존치할 수 없다는 주장을 강하게 내비치기도 했다. 자율고는 확실히 특목고에 비해 그 탄생의 타당한 근거가 미약한 것이기는 했다. 특수목적 분야에 대한 지원 정책도 아니어서, 일반고와 다름이 없음에도 굳이 교육과정의 자율적 운영을 열어 주는 특혜성을 주면서, 입학전형도 전기로 주었던 것이기 때문이다. 급기야 교육감이 그들의 평가 권한을 통해 이들 자율고를 지정 취소하려는 의지가 큰 이슈가 되면서 갈등이 컸고 이로부터 자율고의 운명이 사실상 흔들리게 되었다. 그러나 새로 양산된 자율고가 아닌, 예전의 자립형사립고(자사고)는 자율고 내에서도 예외적 특징이 있었으므로(사회적 배려 대상자 모집의 의무 지정 비율 예외), 이 현행 제도 내에서 그것을 이유로 자율고를 취소하기는 쉬운 문세가 아니었다. 그래서 교육감 평가를 통한 방법의 자율고 폐지는 법정 다툼에서 교육청의 성급함을 보이는 것으로 결론이 난 것이었다. 이러한 갈등은 보편교육의 방향성과 함께 2025년 고교학점제 적용 시점에 맞추어 모든 자율고, 외고, 국제고의 일반고 전환을 확정함으로써 그 갈등을 마무리하게 되었다.

■■■

 고교다양화정책은 본질적인 측면에서는 매우 우수한 발상이다. 고교 선택부터 자신의 진로와 적성에 맞춰 기반을 닦아가도록 하는 적극적 지원책일 수 있기 때문이다. 그러나 위에서 이미 말한 대로 이 다양화는 진로를 기반에 두고 순수한 선택을 보장하는 수평적 다양화가 아니었다. 지금은 입학전형 일정의 시차가 개선되고 있지만 아직도 일부는 남아 있다. 비교적 진로 중심의 선택이라고 말할 수 있는 고교 유형 중심으로 남아 있지만, 서열의 특성이 아예 사라진 것은 아니다.

 다양한 특성과 경험을 가진 아이들은 그 다양성이 의미 있게 존중받고 그것을 계발할 수 있는 여건이 열려 있어야 한다. 다양성이 성장의 기반이 되고 다양한 삶을 만족스럽게 누릴 수 있도록 다양성 교육을 추진하는 것이 그 방법일 것이다. 모두가 대학에 꼭 가야만 하는 사회는 아니어야 하고, 취업을 선택하는 학생들에게는 역량과 전문성에 맞는 직업을 갖도록 선택적 교육과 통로를 열어 주어야 한다. 진로교육이 제도권 교육에서 10년 이상 진행되고 있다. 아이들의 진로는 이제 학교뿐 아니라 정치, 사회, 경제, 문화권에서 관심을 갖고 함께 지원하는 시스템으로 가면서 그 의식도 확대되었다. 진로교육의 목표가 개인의 흥미, 적성, 꿈을 기반으로 그들을 올곧게 성장시키는 것이 되어야 한다면, 아이들이 고교 유형을 선택하는 것은 수평적 선택이 되도록 해야 한다. 자율고를 취소하는 반면 특목고를 그대로 유지하는 이유는 그 특수목적의 분야가 진로 특성으로 인정되기 때문이다. 다만 이러한 진로를 가진 학생들이 특별하게 우위를 갖거나 여세를 몰아 우수한 대학 진학의 디딤돌 목적으로 변질되지 않도록 철저한 관리와 세심한 추가 정책이 필요하다.

요즘 이루어지는 자율고 취소, 특목고 정비, 일반고의 역량강화 사업 등은 바로 고교다양성정책의 후속 조치들이다. 그리고 교육의 큰 방향성으로 시작된 진로교육과 앞으로 시행하려고 하는 고교 교육의 혁신이라는 고교학점제는 이 수정 노선의 결정적 방향으로 생각된다. 다만 현행의 진로교육이, 확장된 만큼의 효율이 안 나오고 투자에 비해 회수가 덜 되는 면이 있어, 저효율의 진로교육에 대한 특단의 대책 모색이 절실한 부분이 있다. 그러함에도 진로교육은 모든 교육의 기반이고 긴 과정으로 가는 시작임과 동시에 완성으로서의 가치가 있다. 지속적으로 점검하고 고민하며 그 효율을 높이는 데 집중해야 할 것이다.

CHAPTER 2

프로슈머(prosumer) 교육론

01. 프로슈머(prosumer) 교육론
02. 교육과정(curriculum)의 흐름과 학교교육의 변화
03. 진로교육과 자유학기제
04. '고교 교육'과 '대입' 사이
05. 사교육 현장과 향방성

01
프로슈머(prosumer) 교육론

'프로슈머(prosumer)'란 생산자(producer)와 소비자(consumer)의 합성 용어로, 1980년에 미래학자 앨빈 토플러가 그의 저서 『제3의 물결』에서 처음 사용한 이래, 경제 마케팅 분야에서부터 적용한 적극적, 능동적 소비자 개념이다. 앨빈 토플러는 당시 미래를 예견하면서 21세기는 소비자가 적극적 또는 간접적인 방식으로 생산에 참여함으로써 생산자와 소비자의 경계가 무너질 것을 예측했으며, 소비자의 생산 참여 과정을 통해 유의미한 생산과 소비의 방향을 제시하여 새로운 소비자 개념을 창안했다. 그간 소비자는 거의 수동적 존재, 즉, 완성된 생산품에 대하여 수동적으로 소비하는 자에 머물러 있었다. 생산자가 그들 주도의 제품을 생산하면, 소비자는 그것이 마음에 들면 소비하고 그렇지 않으면 소비를 포기하면 그만이었다. 그러나 능동적 소비자는 생산자의 제품에 소비자의 소비 욕구가 제대로 반영되도록 한다거나 더 좋은 방식으로의 욕구가 있다면 직간접적인 관여, 참여 등의 방식으로 제품 생산에 역할을 하면서 이를 적극적으로 소비하는 특징이 있다. 이제 생산은 한 방향이 아닌 상호적 라인에서 이루어지고, 소비는 생산에 참여한 제품을 적극적으로 소비하여 원하는 소비, 효율적인 소비를 하는 시대에 이르렀다. 최근에는 TV 프로그램, 영화 등 문화 예술의 생산품도 팬덤(fandom)이 관여하여 그들의 요구와 역할을 생산에 투입하고 적극적으로 소비하는, 소위 '팬슈머(fansumer)' 시대를 맞이하고 있다[12].

생산자가 소비자의 욕구를 겨냥하지 못한 채 생산자 주도만의 제품을 만든다면, 소비가 원활하게 되지 않음은 물론이고 그 생산자는 사업 성공을 거두기가 힘들 것이다. 이것은 생산과 소비의 원초적 공식이다. 그러나 지금은 이러한 원초적인 생산만 하는 시대는 이미 지났다. 물건이란 결국 소비자를 위하고 소비자가 필요해서 생산되는 것이므로 제품 생산에 있어 생산과 소비가 따로 돌게 할 수는 없다. 생산과 소비의 만남과 조화, 협의 및 합의 등은 생산자 쪽에서도 당연히 통로를 열어야 하지만, 소비자 측에서도 그 관여와 역할을 적극적으로 시도해야 한다. 그 정도와 적극성은 쌍방 간에 공히 필요하고 요구되는 것이지 어느 한 쪽에서만 적극성을 보여서 되는 것은 아니다. 그러나 굳이 추이와 방향성을 말한다면 이제 소비자의 깨어남이 중요하게 인식되고 있다. 지금까지는 생산자와 소비자가 상대적인 조건으로 각각 존재해 온 것에 익숙했었지만, 이제는 소비자의 태도와 역할이 어떤 면에서는 더 중요하게 되었다. 생산자가 통로를 열어도 소비자의 역할이 들어오지 않으면

---

[12] '팬슈머'란, 문화, 예술 상품의 생산에서 대상에 열광하는 팬들이 직간접 투자, 제조 과정 등에 참여해 상품 및 브랜드를 생산하거나 키워 내는 것을 말한다. 팬슈머들은 그 상품이나 브랜드를 경험하고 즐기면서 적극적 소비를 한다. 팬슈머 효과를 가장 크게 보여 준 분야는 엔터테인먼트로, 주로 TV를 통해 팬들의 투표로 데뷔가 결정되기도 하는 오디션 프로그램 등이 있다. 팬슈머는 만화, 소설, 영화 등으로 범위를 넓히면서 그 분야를 계속 확장해 가고 있다.

궁극적인 소비의 활성화와 제품의 효용은 기대하기 어렵다. 설령 소비력을 가진 소비자의 의견을 들을 준비가 되어 있지 않은 생산자라고 하더라도, 제품 생산의 궁극적 목적이 소비에 있다면 소비자의 역할이 살아 움직이는 한 생산자는 소비자를 맞이할 통로를 열게 되어 있다. 이러한 과정이 진지하고 적극적으로 진행될 때 생산자와 소비자의 합작품, 즉, 소비자가 생산에 참여해서 생산자도 성공하고 소비자도 만족스러운 결과물을 맞이할 수가 있는 것이다. 그리고 이러한 과정이 전제되고 보장된 사회에서는 건강한 물류가 활성화되는 것은 물론 활기 있고 발전적인 사회의 모습을 기대하도록 만들기도 하는 것이다.

■■■

학교에서 긴 세월 동안 학생들을 가르친 경험으로 깨달은 것 중의 하나는 '뛰어난 한 사람보다 그렇지 못한 여러 명이 낫다'라는 것이었다. 교사와 학생의 구별 기준이 '뛰어남'은 아니겠지만, 단순하게 가르치는 교사와 배우는 학생의 관계로 놓고 보았을 때, 많은 경우는 교사가 학생에게 방향을 잡아 주고 인도하는 역할을 해야 한다는 것에 고착되어 있다. 하지만, 간혹 고민이 필요한 문제를 던져 보면 배우는 학생들 수준에서의 다양한 생각과 통쾌한 의견들이 교사가 미처 생각하지 못한 부분을 정확하게 짚어 주는 경우가 꽤 많았다. 더구나 그 분야와 내용이 학생 자신에 관한 사항일 때는 더욱 그랬다. 그래서 학생의 입장과 필요, 적용 방법의 특성 등은 교사보다는 교육적 소비 대상인 학생들의 의견을 존중해야 교육 소비의 효용성이 당연히 커질 수 있겠다는 결론을 얻게 된 것이다. 생산자와 소비자의 관계는 당연히 이렇게 되어야 하고, 적극적 소비자가 효율적인 생산을 만들어 낸다는 당연한 이치가 확인되는 경험이었다.

■■■

프로슈머 시대는 이미 들어와 있고, 이의 적용은 일상을 뒤덮고 있는 많은 물건들에서 나날이 세밀해져 가고 있음을 확인할 수 있다. 자동차, 휴대폰, TV, 컴퓨터, 가구, 운동기구, 홈 트레이닝 기구, 의료용품, 주방기구 등에서 이전의 제품과 비교되는 신제품은 거의 모두 소비자의 욕구와 편리성에 관점을 두고 발전해 오고 있다. 손바닥 사이즈를 고려한 휴대폰의 크기와 한쪽 손으로 잡은 채로 비번을 열기 위한 패턴 방식, 무게와 사이즈를 고려하여 이동성을 자유롭게 한 노트북, 가구 디자인 및 재질, 접이 및 보관성을 고려한 홈 트레이닝 기구, 손을 잡고 편하게 사용하도록 하는 물병의 디자인, 씻는 것을 고려한 아쿠아 밴드 및 메디폼의 출현 등, 과거에 비하면 얼마나 소비자의 생활을 편하게 하는 제품들이 속속 나오고 있는가? 이는 생산자가 어떤 방식으로든 소비자의 사소한 의견을 들어 생산에 반영한 프로슈머 제품이 아닐 수 없다. 앞으로도 얼마나 다양하고 얼마나 가슴 트이는 프로슈머 제품이 나올시 상상하는 것은 슬거운 일이다. 이러한 프로슈머 생산과 소비는 생산 제품뿐 아니라 쇼핑, 유통 등에서도 일어나고, 각종 산업, 문화, 예술, 의료, 금융, 행정 등까지도 확산되고 있다. 소위 '찾아가는 서비스'는 모두 소비자를 적극적으로 인식하는 생산자 행위이고, 많은 민원 서비스도 같은 맥락이다.

■■■

　이 프로슈머 생산 방식에 우리의 교육도 적극적으로 동참해야 한다. 갑작스럽게 몰아친 코로나 19 사태가 장기화되면서 학생들은 학교라는 대면적 교육공간을 뛰어넘어 온라인 교육 수혜의 시대가 되었다. 물론 미리 계획하여 시작한 것은 아니므로 현재의 온라인 교육 여건은 열악하고 만족이 어려운 수준이기는 하다. 하지만 원인과 이유를 차치하고 일단 온라인 교육 시대의 물꼬가 트인 것을 시작으로, 이는 미래 교육 차원에서 불가피한 대응이자 방향성이라는 점은 많은 전문가가 동의하고 있다. 학교의 온라인 수업은 일방향에서 쌍방향으로 시작해서 가상 공간의 비대면 다중 만남 방식으로 발전 및 변모되었다. 콘텐츠의 제공이 생산자의 일방성에서 줌(zoom)의 쌍방향을 거쳐 아바타를 통한 온라인의 대면 방식까지로 변모하면서, 콘텐츠 소비자의 무료함과 소통의 한계성을 극복해 준 것이다. 4차 산업혁명 시대는 이미 꽤 오래전부터 시작되었고, 우리나라에서도 2021년에 메타버스(metaverse)를 통해 대학교 입학식이 치러졌다. 2020년에는 줌 형태의 쌍방향 소통의 원격 수업이 핵심 모델처럼 논의되었고 이러한 방식의 수업과 회의를 어느 정도 확보하고 있는가도 당시에는 수준 있는 원격수업 여부를 가늠하는 관건이었다. 그러나 벌써 시대는 메타버스 공간에서 모든 사람이 소위 부캐릭터(아바타)의 모습으로 비대면의 대면을 하면서 생동감 있는 만남과 대화를 이어 갈 수 있는 시대로 접어든 것이다. 줌의 형태로 만들어지는 수업 공간은 쌍방향 시스템이어서 온라인상이나마 상호 간 소통이 가능하다고는 하지만, 수업의 효과를 가장 큰 효율로 생각하는 학생인 소비자에게는 매우 답답하여 투자 대비 효율은 떨어지기 마련이었다. 온라인 수업 콘텐츠를 활용하는 일방향 원격수업도 줌에 비해 많은 양질의 수업 양을 해결할 수는 있어 보이지만, 이것은 송출하는 쪽에서 질 높은 콘텐츠이지, 소비하는 학생 입장에서 보면 일방향 콘텐츠를 수동적으로 받는 상황이므로 지루하고 집중이 어려우며 수용적 효율성을 얻어 내기가 쉽지 않은 방식이었음은 부인할 수 없다.

이러한 원격 교육 장치의 발달도 결국은 프로슈머 교육과 맞닿아 있다. 원격수업 소비자의 학습력 고취 여건과 접근 방법을 충분히 고려하지 않은 조건에서 시작한 2020년의 원격수업은 모든 학교급의 학력 추락으로 이어졌고, 무방비로 디지털에 과다노출 되면서 학생들에게 인터넷 중독, 인터넷 도박 등의 부작용을 더 많이 유발했다. 흥미도와 몰입도를 고려한 학습 방법 구안, 스스로 점프할 수 있는 단계적 학습 과정, 쌍방 소통 및 토론과 발표는 물론, 아바타를 통한 온라인 대면 만남과 교우 등은 프로슈머적 미래 교육 장치로 발전되는 온라인의 구체적 콘텐츠 접근법이다.

■ ■ ■

프로슈머 교육론은 오프라인 교육 시스템에서도 충분히 거론될 수 있나. 우리나라 교육은 수로 중앙 부처에서 총괄적인 큰 틀의 교육정책을 마련하여 일괄적으로 시행하는 것이 많다. 그러나 시·도 교육청별 방향에 따라 이 정책들이 조정되어 학교 현장에 온도 차를 가지고 적용되는 상황도 있어 보였다. 나아가 자치 시대를 맞이하여 교육에서도 교육 자치를 논하고, 초·중·고 학생들을 대상으로 하는 교육정책 적용도 시·도별 교육청으로 이관하도록 하는 주장도 많아졌다. 그러나 무엇보다도 예민한 대입 등의 교육제도가 전국을 통해 단일하게 진행되고 있고, 그 대입전형자료는 초·중등 교육의 충실성을 담보로 한 자료를 토대로 하고 있으니, 큰 틀의 교육정책 시행과 정도를 시·도별로 다른 방향성을 가지고 추진하는 것이 현실적으로 쉽지만은 않을 것이다. 우리나라에서의 대입은 그 열망과 예민함이 상당하고, 대입전형은 특정 지역적 특성을 감안하여 전형 요소를 달리하거나 지역적 교육정책에 대한 별도의 평가를 하지 않기 때문이다. 특정 기간 교육의 방향을 정하는 지역 교육정책은 관련자들의 임기가 끝나면 그것으로 교육을 떠날 수 있지만, 단계적 교육을 지속적으로 받아 누적해 가야 하는 학생들은 교육 추진 과정상의 교육적 효율이 내적, 외적으로 큰 작용을 할 수 있다는 점을 간과할 수 없다. 그런 면에서 학생들을 최종의 교육 소비자이고 수혜자로 본다면 교육부, 교육청, 학교를 통해 학생으로까지 이어오는 교육 소비자는 그 윗단계의 생산자들에게 자신들의 교육적 수혜를 담보하기 위해 프로슈머 교육정책을 적용하도록 적극적인 역할을 해야 한다고 생각한다. 그리고 생산자들은 그 소비자의 효용성을 고려하여 그들의 요구사항을 당연히 생산의 방향과 원리로 삼아야 할 것이다. 소비자의 불편함과 우려를 고려하지 않은 채 오직 생산자의 입장에서 옳다고 생각하거나 자신의 철학과 가치만으로 교육 제품을 만들거나 포장해서는 절대 안 될 것이다.

교육 당국의 정책입안자를 생산자로 보고, 그 정책 시행의 대상이며 효율의 주체가 되는 학생(학부모, 학교 포함)을 소비자로 본다면, 요즘 추진되는 다양한 교육정책들 중에는 프로슈머 교육론에 입각하여 매우 큰 아쉬움으로 평가되는 것들이 있다. 그것은 정책 운영이 상이한 시·

도별 지역 여건과 입지, 인적 구조, 인프라와 같은 조건에서 효율의 현저한 차이에도 불구하고 세밀한 조정이나 배려 없이 시행되고 있는 경우이다. 새로운 교육은 학생참여 중심, 체험중심, 과제탐구 중심, 고교-대학 연계 중심 등으로, 과거의 강의식, 일제식 교육을 탈피하여 일련의 교육활동 전반이 학생 주도 방식으로 구현된다. 미래형 인재를 양성하기 위한 이러한 교육활동 모델은, 가능하고 효과를 제대로 누릴 만한 학교 중심의 지역 인프라가 갖추어져 있어야 하고, 이러한 인프라를 쉽게 이용할 수 있는 지리적 여건도 수반되어야 할 것이다. 우리나라처럼 수도권에 각종 인프라가 집중된 경우는 훌륭한 정책이 도입되어 각 시·도 교육청별로 투입을 한다 해도 지역 여건상 시행도 어렵고 실효성도 크지 않는 지역이 당연히 있다. 게다가 교육 소비자가 소비할 여력이 없거나 어려운 여건에서 열악하게 소비하다 보면 그 효율의 미약함은 당연하고 나아가 교육 소외만 더 강하게 느낄 수도 있을 것이다. 교육정책의 수립안은 아무래도 수도권의 생활을 근간으로 논의되고, 시·도의 대도시를 중심으로 가능성을 타진하여 시행될 수 있다.

대표적인 정책으로 2011년부터 모든 학교급에 적용된 진로교육이 있다. 진로교육은 체험이 중심이고, 자기이해부터 진로탐색, 직업세계 체험 등이 세부적인 시행 방법들이다. 질적인 교육시스템이 수도권과 비수도권, 대도시와 농어촌은 상황이 매우 다르므로, 전체적인 교육 수혜를 위해서는 운영 과정상의 현장 이해와 소비자로서의 학생, 학교의 의견이 반영되면서 수시로 상황에 맞는 수정과 보완이 필요하다. 중학교 과정에 한 학기에서 시작하여 두 개 학기로 운영되는 자유학기제도 운영의 효율과 성과는 천차만별이다. 지역 환경과 학교 여건에서 시작된 어려움이 학생들의 무모한 시간 낭비와 교사의 마인드 저조로까지 이어지는 사례가 발생하고 있으며 그 안타까운 흐름은 실시 이후 줄곧 지속되는 곳도 있는 것으로 알고 있다. 2025학년도에 전면 시행될 것으로 예고한 고교학점제는 준비 단계에서부터 실현가능성, 효용성, 수혜의 불평등성 등에 대한 논의는 물론 시기상조, 준비 부족 등이 끊임없이 주장되고 있다. 이러한 이의들은 거의 정책 생산자가 아닌 교육 수혜자, 즉 학생 및 이들과 함께 직접적인 교육을 이끌어 가는 교사들의 발언이므로, 최대 효율을 위해 어떤 방법으로든 수렴되고 반영되어야 하지 않을까 한다. 새로운 교육정책은 입안자인 생산자의 생산 자체에 의미가 있는 것이 아니라, 수혜자인 소비자를 대상으로 그들의 교육적 효용과 성장 발전을 꾀하는 데 의의가 있으므로, 시행에 앞선 우려와 반대 의견은 진실로 긍정적인 검토가 되어야 할 것이다. 비록 그들의 목소리가 특정 지역에 한정되거나 학교의 특정 여건에서 오는 것이라도 출발부터 그들을 놓고 갈 수는 없는 것 아니겠는가.

■■■

학교 현장에 적용되는 교육복지 관련 정책에 다문화교육, 특수교육 등이 있다. 교육청의 다문화교육 사업은 주로 다문화 학생에 대하여 현지 생활의 원활한 적응을 위한 갖가지 교육 사업으로 운영하고 있다. 그런데 이들은 거의 다문화 학생을 별도로 추출하여 학습, 상담, 현장 언어 등의 지원에 중점을 두는 특징이 두드러진다. 그러나 교육 사업인 다문화교육은 모든 학생들을 대상으로 하는 교육으로, 다문화 시대를 정확하고 포용적으로 이해하고, 그 이해를 토대로 이주민 자녀들이 혼합되어 있는 교육 현장에서 학생 모두가 함께 적응해 가도록 지원하는 것이 목표라고 생각한다. 그렇다면 이 사업의 대상은 일단 이주민 자녀와 본토 학생이 함께 포함될 것이고, 교육적 내용과 방향도 큰 틀에서는 동일할 것이다. 다만 여건상 그 특성에 따라 접근 방법과 구체적 지원 내용은 상이할 수 있고, 지원의 강도와 편중도 다를 수는 있을 것이다. 그러나 현재 진행되는 교육청과 학교에서의 다문화교육은 이주민 자녀 지원 사업이라고 오해할 정도로 사업이 이에 지나치게 편중되어 있다. 이주민 자녀의 적응과 원활한 학교생활을 위해 적극적으로 지원하는 것에 대해서는 이의가 있을 수가 없다. 그러나 이들의 적응 지원이 목표라고 하는 사업에서도, 이주 사회인 우리나라에서 학교생활에 적응하고 우리 문화를 이해하며 이질감을 느끼지 않고 함께 가기 위해 가장 중요한 지원책은 무엇인지 깊이 생각하고 체크할 만한 것들이 보인다. 앞서 말했듯이, 다문화교육의 많은 비중이 오직 이주민 자녀의 적응 지원교육에 쏠려 있고, 그것도 그들을 굳이 별도로 뽑아 특별 프로그램을 만들어 추진하는 방향으로 가고 있다는 점이 문제이다. 이것들이 불필요한 것은 아니지만, 교육 현장에서는 학생을 포함한 이주민 가정을 돕고, 이들의 정주 여건을 중심으로 지원하는 지자체나 정부와는 구별되는 방향으로 다문화교육이 이루어져야 한다고 생각한다. 이주민 학생이 학교 현장에 적응하기 위해 교우 간에 이질적이지 않는 관계성과 적응의 분위기 형성에 초점을 두는 방식이 중요하다. 이주민 학생이 우리 언어에 유창해지고, 이중언어 활용 능력에 자부심을 가지면서 자존감을 갖도록 지원하는 것도 좋으나, 학교라는 아이들 공간에서 가장 중요한 것은 자연스럽게 섞이면서 이질감을 벗어나는 것이다. 따라서 이주민 학생 개개인의 능력을 통한 적응성 여지도 중요하지만, 이주민 학생을 바라보고 이해하고 상대하는 우리나라 학생들의 눈과 마음도 매우 중요할 것이다. 관계라는 것은 상호적인 것이니 관계와 조화와 적응을 위한다면 상호적인 관계 개선이 가장 타당한 방향이라는 생각이 든다. 다시 말해 다문화 지원은 다문화 학생을 대상으로 하는 핀셋 지원보다는, 그들과 함께 지내야 하는 우리나라 학생들을 대상으로 한 다문화 이해 및 인식개선 교육이 어떤 면에서는 더 궁극적일 수 있다는 얘기다. 이주민 자녀에 대한 지원 사업을 이유로 이들을 반복적으로 핀셋 분리하고 별도의 지원 교육과정을 만들어 운영하는 것은, 지속적으로 일반학생들에게 그들이 이질적 문화에 속해 있는 사람들이라는 것을 더 자주 인식시키는 결과를 초래한다. 문화상대성은 상호적 이해가 중요하므로 이주민과 토착민이 그들의 문화적 공간을 함께 만들어 가야 한다. 이주민 자녀도 우리나라의 문화를 이해하고 수용해야 하지만, 우리나라 아이들도 이주민 자녀의 문화와 특성에 대하여 이해하고 인정하는 교육이 필요하다. 이러한 분위기 조성이 다문화 학생들이 이질감 없이 가장 편하고 빠르게 이주 문화에 적응하고 함께 살아가는 데 가장 큰 도움이 될 것이다. 대다수의 토착민 학생들에게 다문화 이해 교육을 하는 것은 다문화 이주민이 편하게 정착하도록 돕기 위해 우리나라 학생들을 대상으로 하는 이타성 교육이 아니라, 시대가 바뀌고 국제화, 지구촌이 되어 가는 이 시대에 우리나라 학생들이 앞으로 살아가야 할 삶의 태도를 바로잡아 주기 위해서도 절대 필요한 교육으로 접근해야 한다. 교육은 구체적인 것을 기획하여 가르칠 수도 있지만, 바탕과 여건을 만들어 줌으로써 스스로 찾아가도록 유도하는 것도 중요하다는 것을 다문화교육에서 특히 말하고 싶다.

■■■

 특수교육도 이런 맥락에서 이해된다. 많은 사람들이 특수교육을 받아야 한다고 당연시하는 다양한 유형의 장애를 가진 학생들을, 일반학생들에게 단지 차이 또는 다름일 뿐으로 이해시킴으로써 건강하게 키우기 위한 지원을 교육 차원에서 많이 시행해 오고 있다. 그러나 이 교육적 방향도 다문화 학생 지원과 매우 흡사하다. 장애를 가진 학생들을 핀셋 지원함으로써 실제적인 도움을 주기도 하지만 사실은 일반학생들과 쉽게 섞일 수 있도록 만들어 주는 것이 장애를 가진 학생들에게는 더 많은 위로와 힘이 될 수 있을 것이다. 일반학생들도 낱낱이 다름이 있듯이 장애를 가진 아이들의 그 장애 현상도 하나의 다름으로 이해하면서 학교생활에서 자연스럽게 융합 또는 통합되도록 여건을 만드는 것이 장애 교육에서 가장 중요하다고 생각한다. 일반학생들에게 장애이해교육 또는 장애인식개선교육이 비중 있게 진행되어야 일반학생도 장애학생도 모두 건강하게 자랄 것이며, 특히 장애를 가진 학생은 소외되지 않고 틀림이 아닌 다른 존재로 당당히 받아들여질 것이다. 그런데 현행 특수교육의 많은 부분은 장애학생을 위한 특수 정책으로 일반학생과의 분리를 전제함으로써, 오히려 이들에게 진정한 수혜가 되기에는 너무 길이 밀세 신행되고 있는 것 같아 안타까움이 있다.

 이러한 교육정책의 수행 과정에서 교육 소비자 즉 수혜자들이 어떤 과정을 겪으며 어떤 효용을 느끼고 있는지, 만약 더 좋은 방안이 있는지를 늘 살피고 의견수렴을 한다면 이런 방식으로 구별 또는 차별화된 정책이 오래도록 지속되지는 않았을 것이라는 생각이 든다. 분명 장애가 어떤 이유로도 어떤 면에서도 차별받을 수 없다는 것은 이미 명문화되고 인식의 확산은 되어 있는 듯하나, 정책의 생산과 운영은 오히려 명백한 구별로 시작하고 있음은 부정하지 못할 것이다. 결핍과 부족을 먼저 전제하므로 그 모습 그대로 일반 학생과 섞일 수 없다는 저변 생각이 근간이 되며, 오직 이들에게 따뜻한 배려와 풍족한 복지를 부여하면서 궁극적인 효용과는 멀어진 잘못된 정책을 미화하고 있는지도 모르겠다는 생각이 든다[13].

■■■

그 외 다양한 교육정책들 중 시의에 따른 교육 아이템들도 많다. 교육의 혁신, 민주시민교육, 교육자치 등이 바로 그것이다. 이 정책들은 진보 성향이 아니어도 당연히 시의적으로 공감하고 또 교육에 전면적으로 들어와야 하는 부분으로서의 타당성이 높다. 특히 진보 방향에서 교육에 적극적으로 도입된 교육 혁신은, 이제 굳이 혁신이라는 한 정책 분야로 갈 것이 아니라 교육의 모든 분야의 기저로 적용되는 민주적 개선의 특성으로 이해되어야 할 것 같다. 수업 방법, 교사-학생 관계, 교육과정 편성과 운영, 학생평가, 학교운영 방법, 학교자치, 공동체의 의견 청취 및 반영 등의 혁신적 요소가 모든 교육 현장 전반에서 반영되어야 하는 당연한 방향이다. 마치 이러한 열거 항목들이 매우 특별한 정책과 방향인 것처럼 지금도 이러한 내용으로 혁신하겠다는 기치(旗幟)를 여전히 올리고 있다면 그것은 이 시점에서는 오히려 구태의연한

---

13) 물론 장애학생의 개별화교육 운영이나, 상황에 따라 필수적이거나 부득이한 교육과정 운영에 대해서는 이해가 된다. 다만, 동아리활동, 워크숍 등 일반학생들과 함께할 수 있는 것들을 굳이 장애학생만을 대상으로 별도로 추진하는 것들이 이 의견의 대상들이다.

발상이 될 수도 있을 것이다. 그간 교육 혁신을 위하여, 학교 교육 현장에서 오랫동안 진행해 왔던 구시대적 강압성, 수동성, 획일성, 수직 문화와 위계성 등을 탈피하고 모든 면에서 민주적 사고와 방식으로 모든 교육과 학교 문화를 개선하자는 노력을 많이 해 왔다. 매우 적절한 시도였고, 절대적으로 필요한 방향이었다고 본다. 다만 시의적절했고 그래서 기치를 올리면서 쟁점이 되기도 했던 모든 교육정책은, 교육정책 생산자에 머물지 않고 수요자가 어느 정도 만족하는지, 이 대목에서 수요자는 무엇을 원하는지를 또 고민하여 수정 · 보완해야 한다는 점을 말하고 싶다. 교육정책도 핵심은 생산자가 아니라 소비자이다. 좋은 취지를 가지고 적극적으로 시행했더라도, 긍정적인 결과뿐 아니라 본의 아니게 놓친 부분, 과도했던 실수, 안 되는 부분 등이 있는 것도 당연하다. 최종 결과는 교육 소비자의 관점에서 잘잘못을 정확하게 짚고, 안 된 부분에 대해서는 보완 계획으로 남기는 것이 현명할 것이다.

■■■

교육은, 기성세대인 정책 생산자가 많은 경험과 이론으로 가장 필요한 것을 고민하고, 그 정책으로 인해 수요자가 필요로 하는 것을 효율적으로 얻음으로써 교육정책의 효과와 혜택을 잘 받는 접점에서 만들어져야 한다. 이 지점에서 생산자가 조금 더 숙고했으면 하는 것은, 이 정책이 아직 그 시대를 맞이할 여건과 환경이 아닌데도 수요자 필요를 대체해 가면서까지 당장의 현실을 도외시한 채 추상적 관점으로 적용해서는 안 된다는 것이다. 현재의 학생들은 초등학교 6년, 중학교 3년, 고등학교 3년을 지나게 되면 본인들이 교육받을 수 있는 초 · 중등교육의 시기와 혜택은 종료된다. 그리고 초·중·고의 교육은 당연히 연계적인 교육의 결과가 단계적으로 달성되어야 한다. 또 우리의 교육은 고교 교육에서 끝나는 것이 아니라 고교를 종료하고 취업 또는 대입의 단계로까지 이어 주는 과정까지가 그 본령이다. 정작 현실적 여건 상황에서 당장에 본인이 필요로 하는 것 중심으로 교육을 받지 못했다면 그 학생은 먼 미래를 위한 준비교육은 잘 받았으되, 정작 단계적으로 밟아 가야 하는 현실적인 교육 수혜는 받지 못하고 학령을 넘겨야 하는 문제가 발생할 수 있는 것이다. 가장 중심적 교육 기간에서 생산자의 교육정책으로 인해 현실적으로 누수가 일어나는, 당면한 교육 수혜를 보상해 주기는 어렵다. 단적인 예로 미래성을 위한 온전한 혁신 교육 도입으로 수능 대비 교육을 전면 폐지하고 가장 기본이 되는 지식, 강의, 암기, 반복 등을 등한시한 채, 각종 현장체험, 자율 선택 등으로만 일관된 교육 기간을 보낸 학생이 정작 대학 진학을 해야 할 때는 경쟁력이 강한 수능성적을 가지고 대학 입학에서 당락을 얻어야 하는 상황을 가정해 볼 수 있다. 이 학생에게 현실적으로 필요한 것은 입시교육을 배제한 과도한 혁신 교육이었을까, 아니면 자신의 진로 성취를 위해 필요한 대입(수능) 지원 교육이었을까를 생각해 봄 직하다. 매우 극단적인 예로 말한 것 같지만, 지금 혁신 교육과 학력의 문제가 정치권이나 언론 등에서 논의되고 있는 상황이므로 이에 대한 고민 차원에서 언급해 보았다. 이러한 논의에 대하여, 문제해결력을 위한 진정한 혁신 교육이 궁극적으로는 수능시험까지도 커버할 수 있다고 답한다면, 이는 너무 무책임한 자기 옹호의 대응이며 혁신 교육을 위한 변명도 아닐 것이다. 혁신 교육도 이상적 경지의 도달까지는 매우 긴 시간을 필요로 할 수도 있을 것이다. 설령 그 경지에 도달한다고 하더라도 그 숱한 시행착오를 거치며 만들어 가는 과정에 있는 학생들은 그 교육적 시행착오를 소비자인 학생들이 그대로 받아 가야 하는 문제가 있다. 항상 교육의 방향은 교육 소비자의 입장에서 시도되어야 하고, 생산자의 가치와 신념, 그리고 그로 인해 얻고자 하는 실적보다는 교육 소비자들 개개인이 현실적으로 걸어갈 인생 진로를 진정으로 도와야 하지 않을까 하는 생각으로 교육 혁신이 당면한 수혜에 관해 언급해 본다.

  소비자의 현실적 요구에 대해 당면한 수혜를 전제로, 혁신 교육은 교육에 대한 전반적 혁신을 추구해야 한다. 그리고 특정 대상들에게만 교육의 혁신을 시도하기보다는 모든 교육 대상에게 교육의 혁신은 접근되어야 할 것이다. 혁신 교육을 핵심 정책으로 들고 나오면서, 그 혁신 교육을 특정 그룹에 집중적으로 적용하고 성공적 결과를 가시화하기 위한 방법에 굳이 집중할 필요는 없다고 본다. 시의적으로 요구되고, 당연히 가야 할 교육의 새로운 방향이라면 모든 학생이 그 혜택을 받아야 하는데, 몇몇 혁신학교를 지정하고, 그들에게만 특별한 교육적 지원을 시범적으로 운영한 것은 학생들을 향한 새로운 교육적 수혜의 당위성과 형평성에서 많은 아쉬움이 남기도 한다. 완벽한 정책 모델이라는 결론에 대하여 강박감을 가지기보다는 한 가지라도 더, 한 학생에게라도 더, 이러한 교육가치를 접맥시켜 주는 것이 진정한 혁신이 추구해야 할 바가 아닌가 한다. 공히 추진하나 아쉬운 부분이 나온다면, 방법의 수정을 거쳐 여유 있고 심도 있게 진행하면 될 것이다. 매우 세밀하고 철저한 수정 계획에 의해 연착륙을 기대하면서, 필요하다면 시간의 흐름도 자연스럽게 동원해야 할 일이다. 정책의 성공 평가를 노리는 특정 생산자의 가치관으로 교육 수혜자를 특정해서 견본정책 수행 방식에 많은 집중과 혜택을 부여해서는 안 될 것이다. 공감대의 시간을 전제로 교육

제도도 바뀔 수 있으며, 무엇보다도 수요자가 필요하다고 느끼고 강하게 요구하는 시점에서 혁신은 빠르게 교육 현장에 들어올 수 있는 것이다.

■■■

산업, 문화, 예술 등 모든 분야에서 생산자와 소비자의 융합 산물이 가장 합리적이고 건강한 모습으로 구현되듯이, 교육도 소비자의 필요, 효용, 평가 등의 의견을 수렴하여 생산하는 것이 미래 인재를 전제로 한 정책에 진정 도움이 될 것이다. 더구나 소비자가 지금 처한 상황에서 꼭 필요한 것, 가져가야 할 것 등을 도외시한 채 정책을 위한 정책을 만든다거나 생산자의 철학 우선주의로 학생 교육을 시도해서는 안 될 것이다. 교육은 현재의 여건, 즉 교육환경, 교육제도, 당대 학생들의 일반적인 꿈을 반드시 기초 토대로 삼아야 한다.

02
교육과정(curriculum)의 흐름과 학교교육의 변화

초·중·고교의 교육에 관심을 가지다 보면 심심치 않게 들리는 말에 '교육과정'이라는 말이 있다. 여기서 말하는 교육과정은, '교육을 해 가는 운영상의 과정(education course)'이라는 뜻의 일반적 의미는 아니다. 교육과정(curriculum)이란, 정부(교육부)의 공교육 추진 계획에 따른 정책 용어로, 학교급에 따른 국가 교육의 방향이고, 교육 내용에 관한 법령이라고 이해할 수 있다[14]. 즉, 교육과정은 큰 틀의 교육목표를 정하고, 그 목표 도달에 필요한 교육 내용, 학습활동 등의 기본을 편성하여 학교교육에 적용하려는 교육 계획의 밑그림 또는 설계도라고 할 수 있다. 이러한 교육과정에 따라 학교교육의 학교급별 성취목표와 학년별 교과목이 달라지고, 시수(단위 수)의 범위도 정해지며, 교과 외 학습활동 프로그램도 달라진다.

---

14) '학교급'이란, 초등학교, 중학교, 고등학교의 구분을 말한다.

■■■

   2021년의 적용 교육과정은 '2015 개정 교육과정'으로, 이전 '2009 개정 교육과정'에 비하여 교육의 방향성과 특성이 획기적으로 달라졌다. 고등학교 전 학년이 선택교육과정으로 바뀌고, 학생 선택과목의 폭을 넓혀 진로선택 과목을 도입했다. 문·이과의 계열 구분을 없애고 학생의 계열적 특성도 선택과목으로 실현하도록 학생 중심 교육과정 편성을 지원한다. 수업은 교재 중심으로 진행하나, 교사가 교육과정을 재구성하여 상황에 맞게 재편하고 학생참여 중심 수업을 실현하도록 했다. 학생평가도 과정중심 평가를 시행하여 수행평가의 비중을 높였다. 디지털 역량 지원을 강화하여 중학교 교육과정에 정보(SW) 과목을 필수로 운영하고 학생들에게 코딩 수업을 하도록 구성한 것도 특징이다. 원래 '2015 개정 교육과정'은 고등학교의 경우 고교학점제 추진을 기반으로 준비되었으나 고교학점제 전면 시행 여건이 미진하여 우선 고교학점제 운영의 기반 조성 수준으로 가고, 실제 고교학점제 운영에 따른 교육과정은 '2022 개정 교육과정' 고시를 기다리고 있는 상황이다.

■■■

   교육과정에 따라 대입전형도 발 빠르게 대응하는데, 과거 '2009 개정 교육과정'이 창의적체험활동(이하 '창체활동')을 강화한 것과 맞물려 학생부종합전형(이하 '학종전형')이 대학마다 활성화되었다. 이에 따라 고등학교에서는 창체활동 중심의 학교 교육활동을 경쟁적으로 다양하게 운영하고, 그것을 정성껏 기록해 줌으로써 학종전형에 적극적으로 대응해 왔다. 고등학교에서는 어느 학교가 더 많은 새로운 아이템의 교육활동을 설계하여 이색적이고 학생 역량을 출중하게 보여 주느냐가 중요하다고 생각했다. '구슬이 서 말이라도 꿰어야 보배'라는 말이 비유적으로 거론되면서, 다양한 교육활동 실적을 마침내 잘 살리는 방법은 그것을 충실하고 훌륭하게 적어 주는 것으로 귀결되었다. 이로 인해 학교마다 또는 학생 간 학교생활기록부(이하 '학생부') 기록에 대한 양적 경쟁이 표면화되기도 했다. 학생부기록의 양이 개인별로 어느 학교는 60매가 나온다느니 80매가 나온다느니, 또는 왜 우리 학교는 20매밖에 안 되는지를 고민하는 경쟁 구도가 나왔다. 이렇게 많은 기록량은 작성하는 교사에게도 매우 어려운 일이지만, 대입전형 과정에서 학생부를 종합적으로 평가해야 하는 입학사정관에게도 현실적으로 버거운 일이었다. 읽어야 하는 물리적인 어려움에 더하여 한 학생을 중심에 놓고 모든 기록 내용을 연계적으로 해석하고 평가하는 일은 쉽지도 않았거니와, 적절한 평가를 받았는지에 대한 평가대상자의 의문을 남길 수 있는 여지도 있었다고 본다. 이에 현재는 기록하는 글자 수 제한, 항목 제한이 지침 차원에서 조정되고, 특색 있는 방향성도 없이 이것저것 모두 기록하는 것은 오히려 학생에 대한 평가가 이롭지 않다는 것이 논의되면서 분량 경쟁은 이제 막을 내렸다. 그러나 학종전형이 시행되는 한, 여전히 기록을 통해 학생 역량을 보여 주어야 하므로 항목별로 제한된 글자 수 내에서 내용을 최대한 잘 구성해야 하는 어려움이 있다. 창체활동을 통해서 다양한 교육활동을 유도하고 그것을 평가하는 '2009 개정 교육과정' 운영 경험에서 가장 큰 문제점으로 부상된 것은 고등학교에서의 학교생활이 수업보다는 창체활동의 중요성과 비중이 높아지게 되었다는 것이다. 학생들도 대학 진학을 고려하여 학업능력보다는 진로역량, 리더십

역량, 인성역량 등과 관련된 학교 주관 캠프 등 각종 활동에 관심을 더 많이 두었다는 것이다. 학교라는 제도권 교육 현장에서 교육과정에 맞춰 학생을 교육한다면 무엇보다도 학교급에 맞는 교육으로 학업역량이 중심에 있어야 하고 또 그것을 기저로 해야 할 것이다. 그러나 대입 목표에서 벗어나지 못하는 현실 상황에서 학교교육의 모든 구성원이 창체활동 중심의 다양한 교육활동에서 벗어날 수 없었으니, 학습역량의 관심이 오히려 뒤지는 듯한 상황이 문제점으로 부상되었다.

◼◼◼

'2009 개정 교육과정'이 고교 교육활동 중점을 창의적체험활동에 두었다면, '2015 개정 교육과정'은 교과세부능력 특기사항(이하 '교과세특')과 교육과정 이수 현황에 더 중점을 두게 되었다. 물론 이러한 경향의 변화는 수시의 대입전형의 특성이 과거 창체활동 중심에서, 지금은 교육과정 이수와 교과세특에 주목한 것과 관련이 있다. 이유는 '2015 개정 교육과정'이 학습 결과에 주목하기보다는 학습 과정에서 의미를 찾고, 수업 시간에 학생이 어떤 활동을 하고, 어떤 의견을 개진했으며, 어떤 탐구를 토대로 프로젝트를 엮어 수업을 능동적으로 이끌어 갔는가를 주목하기 때문이다. 따라서 대입전형도 이 교육과정 특성에 따라, 수업 시간에 학생의 특기할 만한 활동 상황을 작성하는 교과세특 내용에 무게를 두게 된 것인데, 이는 매우 당연한 것이다. 입학사정관은 수업 시간에 교사가 바라본 학생의 활동 상황, 참여 방법, 학습 과정 등의 기록을 통해 전 과목의 기록사항을 종합적 연계로 평가하여 학생의 역량과 잠재력을 평가한다고 볼 수 있다. 아울러 학생이 이수한 과목도 의미 있게 판단된다. 이는 '2015 개정 교육과정'이 학교의 일률적 교육과정 운영을 지향하는 것이 아니라 학생에게 과목선택권을 부여한 개인의 교육과정 편성을 지원하기 때문이다. 따라서 학생 개성에 따라 필요한 교육과정을 다른 학생들과는 차별적으로 선택해서 이수했다면 이는 당연히 입학사정관으로부터 의미 있는 해석을 얻어 낼 수 있을 것이다. 이는 공교육 여건에서 개인의 진로 성향과 흥미, 적성에 따라 교육과정이 열어 준 과목 선택을 어떻게 능동적으로 활용하여 학교생활에 적용하는지를 판단할 수 있는 좋은 자료가 되기 때문이다. 물론 소속 학교별로 과목별 교사가 이미 존재하므로 교사 수급 특성을 벗어나기가 어려운 것은 알지만, 그래도 가능한 한 다양한 진로선택 과목을 이수하도록 지원하는 것은 매우 유의미하다. 최근 대입전형에서는 진로선택 이수 과목에 대하여 가산점을 부여하기도 하는데, 이는 어려운 여건에도 불구하고 학생선택 교육과정 운영을 적극적으로 시행하도록 하는 독려의 의미로도 해석이 된다. 현재는 가산점을 통한 권장 차원이지만 해를 거듭할수록 진로선택 과목의 수시전형 활용 방법은 더 다양해지고 활용도도 높아질 전망이다.

■■■

2025학년도 고교학점제 전면 실시를 앞두고, 교육부에서는 2021년 11월에 '2022 개정 교육과정' 방향을 제시했다[15]. 앞에서도 언급했듯이

---

15) 교육부는 2022 개정 교육과정 총론 주요사항을 2021.11.24. 보도자료를 통해 발표했다 (https:www.moe.go.kr/boardCnts/viewRenew.do?boardID=294&boardSeq=89671&lev=0&searchType=null&statusYN=W&page=1&s=moe&m=020402&opType=N(교육부 홈페이지〉 교육부 소식〉 보도자료 또는 동정자료〉 '2022 개정 교육과정' 총론 주요사항 발표)).

이 교육과정은 고교학점제 운영을 위한 고교의 교육 혁신이 핵심 내용이 될 것으로 보인다. 고교학점제는 2025학년도 전면 도입으로 계획했으나, 세부적으로는 2023학년도 1학년, 2024학년도 1·2학년, 2025학년도 1·2·3학년에 적용되는 것으로, 2023년부터 단계적으로 시행됨을 이미 발표했다[16]. 2023년의 고교는 1학년만 학점제가 적용되므로 일부 도입이라고 하지만, 해당하는 학생들로 보면 전면 도입과 다름없다. 2023학년도 고교 1학년은 고교학점제 원년으로 그들에게는 전면 도입이 되는 것이니, 이들에 대한 학점제 여건도 충분히 조성되어야 한다. 이들은 '2026 대입'을 치르고, 2025학년도 고1 학생은 '2028 대입'을 치른다. 현재(2022년) 중3인 학생들에게 2023년에 고교학점제가 최초 적용되므로, 이들에게는 고교학점제가 바로 코앞으로 다가온 것이다. 고교학점제 운영을 위한 내신성적 등의 개선안은 2025년 적용으로 예고되어 있고, 이에 따른 대입제도 보완도 '2028 대입'을 대상으로 준비하고 있다고 하니, 현재 중3과 중2는 명백하게 준비가 덜 된 고교학점제 속에서 교육과정을 운영해야 하고 고교 교육과정과 어울리지 않는 대입을 치러야 하는 정책 과도기를 겪어야 하는 맹점이 있다. '2028 대입'과 현행 수능시험 개정 방향이 어떻게 보완될지가 궁금하면서 기대도 되지만, 당장 2023학년도 고1 학생을 위한 개선책도 마련해 주어야 하지 않나 싶다.

구체적인 '2022 개정 교육과정'은 고시되어야 정확히 알겠지만 현재 거의 완성 단계에 있는 고교학점제 운영안을 보면 그 방향과 특성을 알 수 있다. '2015 개정 교육과정'을 발전시키고 확정시키면서, AI 교육이

---

16) 고교학점제는 2020학년도에 일부 마이스터고에 시범 적용했고, 2022학년도에는 특성화고에 도입한다. 일반고는 2023학년도 1학년부터 단계적으로 적용된다.

강화될 것이고, 학부모 등 교육관계자의 네트워크와 협의가 확대될 것이라고 예고했다. 이로 미루어, 2011년부터 학교에 도입된 진로교육을 큰 바탕에 두고, 학생 개개인이 자신의 진로와 적성에 맞는 고교생활을 능동적으로 실행하는 것이 중요하다. 교육과정은 과목별 단위 이수에서 학점 취득으로 방향을 크게 전환한다. 과목을 개인별로 선택하여 학점을 취득해 가는 것과, 일정 학점이 취득되어야만 졸업할 수 있는 것은 대학과 동일한 시스템이다. 그간 학교 중심 교육과정 편성 시스템으로 정착된 고교 현장에서 학생별 과목 선택을 근간으로 하는 개인별 교육과정 편성을 효율적으로 지원한다는 것이 현실적으로 많은 어려움이 있고 그 해결도 만만치 않다는 것은 고민이다. 현실적인 안착과 운영면의 많은 문제점을 어떻게 지원하고 해결해 주는가가 큰 관건이겠지만, 여건보다는 취지가 앞서는 큰 변화이다 보니 학교 현장에서의 마인드 제고 및 운영 준비가 지금까지도 녹록지 않다.

■■■

고교학점제에 따른 2028학년도 대입제도안은 과연 어떻게 달라질까 궁금하다. 고교학점제를 전면 시행함에도 수능시험 체제는 그대로 유지하는 것을 기본안으로 삼고 있으니, 이 상반된 방향의 교육 특성을 어떻게 풀어 나가야 할지에 대한 고민과 과제는 역시 학교 현장으로 던져지는 것이 아닌가 싶다. '2009 개정 교육과정'이 창체활동을 강화했으므로 대입전형에서 학생부기록의 창체활동 부분을 많이 평가해 주었었다. '2015 개정 교육과정'은 학생참여 수업을 강조하고 과정평가를 중시했으며 수업과 연계한 수행평가 및 프로젝트 수업 등을 강조했으므로 대입전형에서 창체활동보다는 수업기반 교과세특 기록이 가장 중요한 자료가 되었다. 이제 '2022 개정 교육과정' 적용과 고교학점제 시행 대상 학생들의 대입전형에서는 당연히 학생이 자율적으로 선택한 과목이 무엇이었으며 실제 그 과목의 수업 과정에서 학생이 능동적으로 실현한 것, 나아가 이로부터 관심을 가지고 활동한 모든 교육적 활동의 연계성과 수업 참여의 충실성 등이 주된 평가 자료가 되어야 하지 않을까 예측해 본다. 그렇다면 학교에서는 학생들이 선택하고자 하는 과목을 최대한 설계할 수 있도록 준비하고, 학생 수에 따른 다양한 선택 수업이 가능하도록 시설과 운영의 준비도 해야 할 것이다. 현재는 학생들의 과목 선택을 과도기적 연착륙 기간으로 운영하고 있으나 많은 학교에서는 아직도 준비가 멀어 보인다. 그래서 현재는 학교 주도의 학교별 진로선택 과목이 되거나 학급편성 운영의 편리함 등을 고려하여 적절한 수강자 수를 배분한 과목 설강이 많은 실정이다. 여기에 무엇보다도 중요한 것은 진로선택 과목 운영 시기를 학사 운영 편의성 차원에서 3학년 2학기에 두는 학교들이 많다는 것이다. 다만 최근 대입 수시전형에서 일부 대학들이 진로선택 과목에 대한 평가를 반영하기로 하자, 이 가산점을 위해 다시 이들 과목을 3학년 1학기로 수정 편성하는 학교들도 있었다[17]. 이는 진정한 학생 중심 진로과목 선택 설강은 아니어서 아직 학생의 과목 선택 운영 방향이 학교에서 제대로 실현되기 어려움을 보여 주고 있는 것이다. 현재 진로선택 과목을 3학년에 두는 가장 큰 이유는 아마도 교육과정 편제상 과목은 설강하여 두나, 실제는 수업 운영보다는 자율학습 등의 수능시험 공부를 하도록 하는 시간활용 의도에서 하는 경우

---

17) 수시전형의 학생부평가는 3학년 1학기까지가 대상이 된다.

도 있을 것이다. 물론 대학에서도 아직 '2022 개정 교육과정'이 적용된 학생들의 입학전형은 아니므로 아직은 큰 폭의 반영은 아니지만, '2022 개정 교육과정'이 들어오고 보면 이에 따른 대입전형의 교육과정 평가 부분은 꽤 강해질 것으로 보인다.

대학 진학에 온 힘과 열정을 쏟게 되는 우리나라, 그러므로 고등학교의 모든 계획과 운영에서 대입전형을 고려하지 않을 수 없는 우리나라는 언뜻 대입전형이 고교의 모든 교육과정을 통제하고 있는 것처럼 보이기도 하지만, 그만큼 대입전형은 고교의 교육과정 특성을 직접적으로 반영하는 것이다. 앞으로 수행해야 할 '2022 개정 교육과정'과 고교학점제, 그리고 '2028 대입전형'이 새로운 인재상 구현과 미래 교육 실현을 위해 안착되기를 기대한다. 다만, 새로운 교육정책을 계획할 때 생산자는, 소비자가 생산된 교육정책을 계획대로 의미 있게 소비하여 그 효용성을 얻을 수 있는지를 적극적으로 검토하기를 바란다. 지역적 특성, 학교 규모에 따른 실행성, 교육 주체들의 인식 제고, 교육 인프라 등이 고려되어야 하고, 필요한 부분에 대해서는 대책 마련도 함께 가야 할 것이다. 당장 어렵다고 하면 연착륙을 염두에 두되, 그 연착륙 과정에 있는 학생들도 훌륭한 교육 소비자가 되어야 하므로 이들의 교육적 피해가 없는 연착륙 방법도 세밀하게 고려되어야 한다. 어려운 여건에 시 정책 타당성만 가지고 가면 최소한 일정 기간의 소비자는 오롯이 장기적 플랜을 위한 실험적 정책 실현 대상만 되고 말 수도 있기 때문이다.

■■■

'2015 개정 교육과정'을 준비하는 과정의 포럼에 토론 발제로 참여한 적이 있었다. 물론 기초안은 마련되어 있었으므로 분야별로 추진해야 할 방향에 대하여 각각 발표한 후 질의응답 형식의 토론을 진행했다. 몇몇 내용에 대하여, 방향성은 맞으나 학교 현장 상황에 근거해서 지금 투입되기는 너무 어렵다는 논의로 시간이 길게 이어지는 상황이었다. 이 상황을 마무리하는 주관 측의 발언은, '어차피 이 교육과정은 또 바뀌게 되어 있다', '현재의 교육과정 설계 시에도 이것이 가장 훌륭한 것처럼 논의되었지만 지금 또 바뀌지 않느냐', '지금 만드는 이것도 곧 바뀌게 되어 있으니 그냥 원안대로 가자'였다. 진정한 포럼이기보다는 원안에 대한 통과의례식 포럼이라는 생각이 들었다.

교육정책 수립에서 생산자와 소비자의 상호 조율 방법은 소비자를 생산 과정에 적극적으로 참여시키는 방법이 가장 좋다. 교육 소비자는 교육 주체 중에서 교사가 대표로 참여하는 방법이 가장 현실적이고 체계적일 수 있다. 교사는 학교 현장에서 직접 학생들을 만나고, 구체적인 교육활동을 하는 사람이므로 학생의 상황과 여건을 가장 잘 이해할 뿐 아니라 학부모의 의견과 목소리도 동시에 흡수할 수 있기 때문이다. 매우 큰 정책이고 큰 변화를 가져올 설계이므로 무엇보다도 전문가가 투입되어야 하는 것은 매우 당연하다. 그러나 현장 경험이 없는 이론 중심의 전문가 목소리가 중심이 되어 거의 전적으로 그들의 의견과 지향이 주도권을 잡도록 하는 것은 시행과 효율 면에서 당연히 문제를 예고하게 되어 있다. 정책 입안자는 당연히 앞서가는 사람이고 미래를 보는 전문적인 식견과 예측이 있다. 그래서 이 힘으로 미래를 위한 교육정책을 생산할 것이다. 소비자는 주어진 조건이 오직 교육 현장에서의 현 상태에 매몰되어 있을 가능성이 높고 미래 상황에 대한 이해와 식견이 그들에 비해 부족할 수 있다. 그러나 생산자와 소비자의 이러한 상충적 상황은 의외로 현명한 답을 찾아내는 좋은 계기가 되고, 서로의 입장과 방향을 이해하는 데 효과적일 수도 있다. 그래서 시행해야 할 비전과 정책이 현실에서 조금은 들떠 있다 하더라도 그것을 효율적으로 연착륙시킬 수 있는 합리적인 방안이 도출되고 충분한 소통의 설득이 있다면 정책 소화력은 오히려 강화될 수 있다. 소통이 없이 거의 일방적으로 내려오는 교육과정은 현장에서는 자칫 영혼 없는 허상이 될 수 있고 그만큼 안착과 효율이 떨어지는 생경한 실체가 될 수밖에 없다. 바로, 교육도 프로슈머적인 정책 입안과 계획이 매우 중요한 이유이다.

03
진로교육과 자유학기제[18]

'2015 개정 교육과정'의 중요한 바탕이 되는 진로 설계의 문제는 2011년 진로교육의 도입을 시작으로 중요하게 인식되었다. 학교에서는 초·중·고 학생의 학령과 시기에 맞는 진로교육을 설계하여 적용하고 있으나, 진로가 가장 고민되는 시기는 중학교 후반과 고등학교 초반일 것으로 생각한다. 중학교 후반은 상급학교 진학 시 어느 유형의 고등학교를 진학할 것인가를 결정해야 하는 시기로 진로를 주체적으로 판단하여 학교 선택으로 이어 가는 현실적 고민이 주어진다. 고등학교 유형의 선택으로 세부적인 진로가 판별되는 것은 아니지만, 이 시기에 선택한 고교의 유형 속에서 다음 과정이 진행되므로, 이것은 매우 큰 선택과 결정의 시초가 된다. 중3 시기는 인생의 흐름에서 가장 최초로 자의적인 진로 선택을 해야 하는 시점이기 때문에

---

[18] 이 책 『고등학교 교육을 말하다』에서 중학교 자유학기제 내용을 다루는 이유는, 자유학기제가 초·중·고에서 연계적으로 추진하는 진로교육과 맞닿아 있고, 자유학기를 통해 진로탐색을 집중할 수 있도록 제도화한 방향이 이후의 고교학점제 운영과 맥락을 같이하기 때문이다. 진로교육, 자유학기제, 고교학점제는 진로를 큰 틀로 놓은 초등과 중등의 교육 연계 정책이다.

그 어느 때보다도 진로교육이 절실할 때이다. 고교 이후에 진학 또는 취업의 선택이 결정의 관건이고, 취업 방향을 선택한다 해도 마이스터고냐 특성화고냐, 그리고 세부 유형에서도 계열이 농업, 공업, 상업, 가사 등이 있어 세밀한 선택을 해야 하는 부담도 있다. 대학 진학을 목표로 고교를 선택할 때도, 특목고를 선택할 것인가, 아니면 일반고를 선택할 것인가를 세부적으로 고민해야 한다[19].

■■■

학생 교육에서 가장 중요하고 기본이 되는 것은 진로교육이다. 그러나 이것처럼 어렵고 크고 막막한 것도 없다. 이론으로 보면, 진로교육은 자기탐색과 자기이해로 시작하여 다양한 진로와 직업세계 섭렵을 통해 자기를 찾고 체험해 보도록 기획하여 적용한다. 흥미, 적성, 관심의 분야에 대해서는 심층적으로 탐구하고 심화 체험도 가능하도록 한다. 대학 진학으로 그 방향이 연결된다면, 대학의 학과체험도 가능하여 이들의 진로탐색과 성숙을 적극적으로 도와주고 있다. 심지어 대학은 UP 과정을 만들어 방학을 이용한 체험형 대학생활로 고교생에게 몇 주간의

---

[19] 대학 진학을 염두에 둔 일반계열 고교 선택 시에는 특목고, 자율고, 일반고 자율학교, 보통 일반고 등의 세부적 학교 유형을 별도로 선택하여 대입으로의 연계성을 한 번 더 고민할 수도 있다. 대입으로의 연계성으로 보면, 선택한 학교 유형 속에서 자신의 성향, 진로 등에 따라 최종적으로 얻는 결과치는 서로 다를 것이다.

전공체험의 길을 열어 주기도 한다[20].

학교에서의 진로교육은, 교육과정 운영의 핵심인 학교수업과 별도로 행사성 교육활동이나 방과 후 교육활동만으로 이루어지도록 하는 것은 크게 바람직하지는 않을 것이다. 물론, 진로의 날을 잡아 현장체험학습에 준하여 실시하는 것, 이동 관람, 체험, 특강 등이 필요하기는 하지만, 교과수업에 접맥하지 않고 이러한 체험성 행사들이 진로교육의 전부이어서는 안 된다는 것이다. 그리고 그 비중도 교과수업을 통한 진로교육이 더 커야 학생들이 학교교육 내내 지속적으로 진로와 연계되어 자신을 이해하고, 관심 분야를 찾고 탐구를 해 나가게 될 것이다. 특히 고등학교의 경우, '2015 개정 교육과정'의 방향대로, 이러한 진로성숙 과정과 연계하여 학생들이 관심을 갖거나 더 깊이 알아보고 싶어 하는 분야에 대하여는 직접적인 과목 또는 인접과목을 신청하여 교과 교육과정 내에서 진로성숙을 밟아 가도록 여건을 만들어 주어야 한다. 진로의 탐색과 성숙의 과정이 이처럼 교과 및 비교과의 전체적인 지원 속에서 다양한 교육활동으로 운영되어야 하고, 동시에 학교교육 맥락에서 진로교육 자체도 성숙되어야 할 것이다.

---

[20] UP(University level Program)는 '고교-대학 연계 심화과정'을 말한다. 고등학생이 대학 수준의 교육과정을 대학에서 미리 이수하고 대학 진학 후 이수 결과를 활용할 수 있는 고교-대학 간 학습 연계 프로그램이다. 대교협 주관으로 추진하고 있으며, 대학별로 UP를 개설하는 과목 신청을 받아 고교를 통해 학생들의 신청을 받고, 주말 또는 방학 중에 프로그램을 진행한다. 학습 결과를 대학 진학 후 활용하는 것도 있겠지만, 그보다도 학생들이 심화 수준의 전공체험을 대학에서 해 보는 과정을 통해 자신의 진로방향 설정과 탐색에 매우 큰 역할을 하는 효과도 있다. 다만 방학 기간에 UP를 하느냐 수능을 위한 보충수업을 하느냐가 학생 선택의 갈림길이라는 현실적인 어려움이 있다. 게다가 과거에는 UP 이력을 학생부에 기록하여 대입전형에 활용되었지만, 지금은 대입전형 평가 활용이 금지되어 UP를 신청하는 학생이 거의 없는 실정이다. 우리나라 UP는 고교생 학습지원이라는 의미 영역에서 대학과목 선이수제(AP: Advanced Placement 등)와는 다르다.

체험형 진로교육이 학생들에게는 절실하지만, 도시 규모에 따라 학생들에게 제공할 수 있는 지역 인프라의 차이는 매우 크다. 이는 교육적 수혜를 받아야 하는 교육 소비자 측면에서 보면 하나의 차별까지도 될 수 있는 여건이라고 할 수 있을 것이다. 학생들이 원거리를 쉽게 이동할 수도 없고, 원거리 체험을 학교 단위로 기획하는 것은 경비, 시간, 안전 면에서 매우 큰 일이므로, 이러한 소외 여건은 그만큼 수혜의 장애를 수반하는 것이기도 하기 때문이다. 현재 진로교육 체험처의 지원 및 공유 차원에서 진로체험망 '꿈길'로 인프라를 지원하고 있지만, 이것도 지역 소외를 완전히 벗어날 수는 없다. 시·도별로 개발한 진로체험처를 '꿈길[21]'에 등록하는데, 지역에 따라서는 이 진로체험처 개발도 쉽지 않으니, 유형의 다양성과 동일 유형 내 체험처 수도 많지 않아 그만큼 체험처의 질적인 수준은 더 어려울 수 있다. 필자가 교육청에서 근무하면서 양질의 진로체험처를 개발하기 위해 진로교육 계획서에 '진로체험처 승인위원회'를 만들어 운영한 바 있다. 여기서는 신청한 체험처에 대하여 위원들이 직접 실사하고 이를 평가하여 승인해 주었다. 이 과정에서 진로체험처에서는 다른 지역에서는 하지 않는 평가 과정의 절차가 추가되니 당연히 불만이 있었고, 이 불만이 상급 기관 민원으로까지 갔던 기억이 있다. 그렇지만 이 과정이 하나 들어감으로써 민원은 발생할망정 승인위원회를 통과하기 위한 그들의 노력이 따라왔으므로, 승인위원회의 설치와 운영은 체험처에 대한 질적인 효과를 어느 정도는 보장했으리라고 본다.

---

21) 다음의 홈페이지 참조(http:www.ggoomgil.go.kr).

■■■

　나이가 어린 중학생들에게 제공되는 체험형 진로교육은 단순 노작성 체험에 머무는 등 다양성 확보에 한계가 있다. 김치 담그기, 떡 만들기, 초콜릿 만들기, 압화, 가죽공방, 바리스타, 조립, 목공 등이 진행되는데, 짧은 시간에 많은 학생들을 대상으로 동시에 이루어지기에, 거의 만들어 온 상태에서 일부 공정으로 마무리하는 방식이 체험형 진로교육의 보편적인 패턴이었다. 진행 과정을 보면서 이러한 경험이 아이들에게 진실로 진로에 관한 흥미를 자극할 수 있을 것인지에 대한 의문이 꽤 지속되었다[22]. 체험 그 자체가 문제가 아니라, 아이에게 자극을 주고 호기심을 갖게 하거나 창의적 발상이 튀게 하는 계기성이 미약한 체험 과정으로 아이들의 시간과 기회를 사용하게 하는 점이 아쉬웠다. 하나의 체험을 가지고도 흥미, 적성에 따라 다양한 방향에서 관련된 발상을 차고 나가는 시간과 기회가 주어지기에는 너무 역부족이지 않았나 싶었던 것이다. 이런 체험들에서도 만들기로만 끝나지 않고, 진로 직업으로의 다양한 가능성, 새로운 영역 개발 방향, 관련 토론 등이 가능하게 하고, 이에 따른 심화적 발전 시간과 이차적 기회 등이 연계되면 좋았을 것이라 생각했었다.

---

[22] 주강사와 보조강사가 투입되어 진행되는데, 초콜릿을 큰 그릇에 담아 따뜻하게 녹인 다음, 다양한 모형 틀을 나누어 주고 학생들은 그 모형 틀에 녹은 초콜릿을 부어 굳히는 초콜릿 만들기 체험, 절인 배추 한 쪽과 만들어진 양념 소를 나눠 주고, 장갑을 낀 손으로 양념을 발라 만드는 김치 담그기 체험, 쌀가루 반죽을 나눠 가진 후 각자 모양을 만들어 찜솥에 넣고 익기를 기다리는 떡 만들기 체험 등에 대한 현장 점검이 진로교육의 효과를 고민하게 했던 체험들이었다. 그러한 체험들이 문제가 아니라, 학생들로 하여금 이 체험을 통해 진로가 고려되고 자극되도록 하는 과정들을 담아 주었으면 하는 바람이 있었던 것이다.

모든 학생과 함께 동일하게 진행했던 체험 과정에서 얻는 경험과 자극을 토대로 개인별로 특별히 관심 있는 분야를 찾아 상상해 보거나 탐색할 수 있는 기회를 연계해 주고, 소수의 심화 단계를 운영하여 꿈의 실현을 좁혀 갈 수 있는 방향성을 부여하는 방식이 진로교육에서는 꼭 필요할 것 같다. 김치 만들기, 떡 만들기, 공방, 목공 등 모든 분야에서도 이러한 단계적 체험 과정은 가능하다. 진로교육을 받는 학생들에게 그들이 해당 학령에서 할 수 있고 그 지점에서 연계적인 방향을 확장하고 심화시켜 나갈 수 있는 길을 고안하여 접근하면 그 효율이 배가될 수 있을 것이다. 관람과 특강 체험도 마찬가지다. 특강을 듣고 끝나 버리거나, 관람만 하고 끝나게 하면 진로교육은 일회성 또는 행사성으로 학교의 교육과정 이행의 성과로만 종료될 수 있다. 그러나 교육 생산이라는 것도 교육 소비자에게 수혜가 녹아나게 하는 것을 전제로 만들어져야 하므로, 단순 체험의 후속 과정을 고민하고 연계하는 길을 적극적으로 열어 주는 것이 필요하다고 본다. 예를 들어 특정 영화를 관람하는 진로체험이 있다면, 영화 관람으로만 그 체험이 종료되게 하지 말고, 관람 후 분야별로 학생들을 모아 관련 직업 안내, 직업 준비 과정 설명, 질의응답 등이 이루어지는 시간 마련이 필요하다는 얘기다. 만약 그 영화 주인공이 헌신적인 의사였다면, 의사는 물론 영화감독, 배우, 분장사, 뮤지션 등이 나와서 분야별 관심 있는 학생들의 그룹으로 이러한 후속 과정을 밟아 주어야 이 과정이 진로체험이 되는 것이 아닐까 한다. 떡 만들기 체험에서도 다양한 떡 산업에 대한 생각 열기, 마케팅 등에 대한 얘기도 충분히 나눌 법한 영역이다. 학교에서도 교육활동의 생산과 소비는 지속적으로 상호작용하면서 함께 만들어 가야 유의미한 교육과정이 될 수 있다. 이러한 절차와 과정이 전제되었을 때 훗날 진로와 진학의 선택 과정에서 그간의 체험과 사고의 누적이 중요한 바탕이 될 것이고, 그랬을 때 진로교육은 정책 도입 의지만큼이나 학생들에게 큰 역할을 하게 될 것이다.

■■■

중학교 교육과정의 큰 변화에 자유학기제가 있다. 자유학기제는 중학교 6개 학기 중에서 한 학기를 학업성적처리와 관계없이 진로탐색 중점으로 운영하도록 열어 준 중학교 교육 시스템이다. 2016학년도 전면 시행을 앞두고 2013년도부터 희망 학교에 한하여 연구학교, 선도학교 등을 운영하여 학교 현장에 연착륙을 시도하였다. 자유학기제는 학생의 진로탐색과 주도적 학습력을 전폭적으로 지원하기 위해 학기말성적의 부담 없이, 체험, 탐색, 탐구 등을 마음껏 할 수 있도록 기회와 시간을 주는 교육과정의 혁신적 변화 모델이다. 학생 체험활동은 주제선택활동, 동아리활동, 진로탐색활동, 체육예술활동으로 그 분야를 나누어 시행하고, 수업은 단순 지식전달과 정답 평가보다는 자유롭게 사고하고 토론, 협동 등이 가능한 모형으로 시도하도록 하였다. 학교에서는 프로젝트 수업, 거꾸로 수업[23], 하브루타 수업[24], 협동 수업 등의 모델이 자

---

23) '거꾸로 수업'이란 'flipped learning'에 대한 해석으로, 교육 혁신적 수업방법의 한 모델이다. 전통적 학습은 먼저 교사로부터 수업을 받은 후 집에서 과제를 통해 복습하는 순서를 거친다. 이러한 학습 모델과 대조되는 '거꾸로 수업'은 수업에 앞서 제공되는 온라인 영상이나 자료를 이용해 학생이 미리 교과내용을 학습하고 수업시간에는 토론, 과제해결 등을 함으로써 학습 내용을 정리하고 효율화 시키는 방법이다.

24) 히브리어 '하베르('친구'라는 뜻)'에서 유래한 '하브루타(Havruta)'는 동급생끼리 짝을 지어 각자 분석하고 조직화한 생각을 말하고, 상대방의 말을 듣고 질문하면서 문제해결 대상에 대한 이해를 해 가는 과정을 말한다. 학교에서는 교사-학생, 학생-학생 간 경청, 문제점 발견, 질문, 응답의 과정을 통해 자기주도학습을 실행하고, 사고력, 창의성 등을 함양하는 수업 방식으로 이해 적용한다.

유롭게 전개되고, 단원에 따라서는 그룹별 토의 토론도 자유롭게 할 수 있도록 여건을 제공하는 등 학교교육 현장의 생동감 있는 수업모델이 부담 없이 반영되도록 했다.

■■■

그러나 자유학기제도 지역별 시행 과정에서 질적 수준과 인식의 온도 차는 분명 있을 것이다. 큰 틀에서 보면 자유학기제는 초·중등교육법 시행령에 이미 들어가 있고, 한 학기를 시행하다가 이제는 두 개 학기를 이어 한 해를 운영하고 있다[25]. 연착륙을 위한 준비 과정에서 이 교육시스템을 능동적으로 이해하고 적극적으로 참여한 지역과 학교는 그만큼 적응도가 높고 프로그램 운영도 질적으로 우수해졌겠지만, 그렇지 않은 지역과 소속 학교는 자유학기제의 시간은 주어지는데 알찬 계획과 프로그램이 적어 그 의미와 효과를 얻지 못할 뿐만 아니라, 중요한 시간들이 얻는 것 없이 흘러갈 수도 있었을 것이다. 더구나 소중한 중학교 한 학기를 교육 소비자의 입장에서 별로 느낌 없이 보냈다면 흘러간 시간도 문제이지만, 방황하는 사이에 학습 태도, 삶의 목표, 탐색 효과 등을 얻지 못하여 그다음으로 이어지는 시간에까지 연결되는 무기력함, 정보 부족 등 부정적인 영향력이 없다고는 볼 수는 없을 것이다. 아이가 자유학기제 운영 기간 동안 기획과 운영의 부실로 오히려 흥미를 잃

---

25) 항간에 두 학기를 이어 운영하는 시스템에 대하여 '자유학년제'라고 통칭하기도 하지만, 초·중등교육법 시행령상 명칭은 '자유학기'이며, 자유학년이라는 말은 없다. 자유학기를 두 학기 연속하여 운영하는 개념으로 이해하는 것이 옳다. 초·중등교육법 시행령 제44조 참고.

거나 무기력해질 수 있다는 것을 소홀히 생각하면 안 된다. 이러한 학생들의 모습이 특정 학교 단위에서의 집단적인 특징이라면 그건 학교의 계획과 운영을 들여다보아야 할 일이고, 만약 그보다 더 큰 지역적인 특징이라면, 그것은 그 지역 교육의 책임성이 논의될 만한 일이기도 할 것이다.

자유학기제는 전국적 범위로 보면 대체로 잘 이루어진 것으로 평가되고 있다. 많은 학교에서 각종 프로그램을 자발적이고 적극적으로 운영하며, 중학생이지만 씩씩하고 건강하게 진로를 탐색하고 다양한 수업 방식으로 즐거움을 얻게 되었다고 평가한 것으로 나와 있다. 그런 이유로 자유학기를 한 학기 더 연장하게 되었는데, 그 연장은 학교의 자발적 희망으로 시작했다. 두 개 학기 연속 시행을 시도하던 당시, 연장 희망 학교가 100%가 되는 시도가 3개나 있었고, 나머지도 거의 70~80%는 되었다고 알고 있다. 물론 운영이 저조한 지역도 있었다. 하지만 이 자유학기제는 전면 시행이 6년, 준비기간까지 포함하면 거의 10년을 지속하고 있는 것이다. 이 기간 동안 자유학기를 거쳐 간 학생들은 어떤 곳에서는 야무진 효용성을 얻었고 어떤 곳에서는 그 효과성을 잘 모르는 학생이 많은 채 그냥 지나가기도 했을 것이다. 한 학생의 일생에서 한 시점의 변화와 경험이 반드시 그다음 연속적으로 이어지는 행동의 힘이나 방향에 영향을 준다면 어떤 이유로도 한 시점을 거쳐가는 학생들의 교육받을 권리를 절대로 훼손해서는 안 될 일이다. 그런 점에서 교육에 관한 한 생산자와 시행자는 그 무엇보다도 그 당시의 수혜를 받아야 하는 교육 소비자인 학생들이 시기에 맞는 교육 효과를 제대로 안고 가야 한다는 것을 먼저 생각해야 한다.

■■■

　자유학기제의 많은 진로탐색 활동들은 모두 의미가 있겠으나 학생들에 따라서는 그 활동 유형에 대한 호불호의 강약이 있다. 가장 유의미하고 몰입도가 있으며 최고의 흥미와 수준을 보장하는 영역이 있다면 그것은 바로 주제선택활동이었을 것이다. 주제를 선택하여 교사와 전문가로 연합된 학습 과정에서 그 주제에 대한 연구와 탐구를 경험하고, 통찰과 분석을 시도하는 전문적 식견을 배워 가면서 그에 대한 결과보고서를 만들어 내는 일이 어린 학생들에게는 매우 참신한 경험이었을 것이다. 결과물에 대해서는 만족감과 뿌듯함을 얻는 동시에 그 시간 동안 노력했던 모든 과정들이 탐구 학생들을 내적으로 성장시키는 영양이 되었을 테니 말이다. 열심히 하면 한 만큼 노력한 자의 긍정적 반응과 만족감은 나오기 마련이다. 어떤 지역에서는 주제선택활동의 희망자가 너무 많아, 이 활동을 신청하게 된 배경과 목적을 담아 자기를 소개하고 활동 참여자로 자신이 들어가야 하는 설득을 자기소개서 형식의 자료로 제출하도록 했다는 말을 들었다. 이 제출 자료를 토대로 교사가 참여 학생을 선발하여 진행하니, 그만큼 활동에 대한 동력은 더 크고 진지할 수밖에 없지 않았을까 한다. 이렇게 적극적으로 수혜 대상인 학생을 위해 움직이는 지역과 학교라면 잘하는 학생들에 대한 격려도 좋았겠지만 적응하지 못하는 학생들에 대해서도 심각하게 고민하고 이유를 분석하고 그들과의 직접적인 소통을 통하여 개선에 개선을 더해 갔을 것이라고 미루어 짐작도 해 본다. 이러한 진지함이 있는 중에도, 자유학기제는 정권이 바뀌면 없어질 줄 알았는데 정권이 바뀌어도 그대로 하느냐고 질문하는 곳도 있었다. 매우 복합적인 조건을 포함한 지역적 편차이겠지만, 이러한 교육적 환경에 속해 있는 학생들의 교육 수혜에 대해서는 매우 안타까울 뿐이다.

자유학기제는 이제 정착이 되었고 중학교 교육의 프레임이 되었다. 교육 소비자인 학생은 생산 시스템 속에서 영향을 받고 교육 효용을 얻는다. 교육부, 교육청, 학교 라인에서, 단계적 생산자는 단계적 소비자를 염두에 두고 정책과 시행의 효과를 함께 나눠 가질 수 있도록 노력해야 한다. 최종적으로는 궁극적 소비자인 학생이 생산품의 긍정적 소비와 성장의 효용성을 얻는 데 불편함은 없는지를 생산 과정에서 수시로 검토해야 한다. 하위 단계에서는 동일 라인의 다른 곳의 소비 방법을 들여다보고 비교하여 오직 최종 소비자인 학생의 소비 효용을 최대한 보장하기 위해 노력해야 한다. 교육정책의 주인공은 결국 학생이기 때문이다. 필요하다면 학생들에게 가장 가깝고 늘 학생을 가까이에서 보고 있는 학부모의 의견도 당연히 추가되어야 한다. 각 단계 역할의 적극성으로 어려운 부분을 해결하고 지원해 줌으로써 학생의 교육 생산품에 대한 만족을 기대하고 그들의 성장을 세밀하게 지켜보아야 할 것이다.

◼◼◼

최근에 예고된 '2022 개정 교육과정'에서는 중학교 자유학기제 운영에 약간의 변화가 있을 것을 발표했다. 두 개 학기를 이어서 운영했던 자유학기는 학교별로 특정 학기를 자유롭게 선택하여 한 학기로 운영함으로써 시간 수가 대폭 줄게 된다. 한 개 학기로 축소된 자유학기는 동아리활동과 예술체육활동에서 축소되지만 진로탐색과 주제선택 활동은 강화된다. 특히, 고교학점제와의 연계성을 고려하여 3학년 2학기를 진로연계학기로 운영하는 것이 추가되었다. 고교 1학년 중반기에는 개인별 진로 특성에 따라 과목을 선택해서 교육과정을 편성해 가야 하므로, 중학교의 마지막 학기를 진로 중점 학기로 운영하는 것은 고교 운영과의 연결성을 강화한 것으로 이해된다. 이러한 취지와 목표에 맞추어 모든 중학교가 진로연계 학기를 매우 유의미하고 충실하게 운영한다는 전제로, 새롭게 추가되는 이 개선책은 매우 긍정적으로 평가될 수 있다. 중학교와 고등학교 관계자 모두에게 상당한 호응을 받을 것으로 기대해 본다.

04
'고교 교육'과 '대입' 사이

비교적 안정적으로 유지되는 초·중등교육 12년 학제를 운영하면서 국가 차원의 교육과정은 참으로 많이 바뀌어 오고 있다. 시대와 가치가 변하고 인간 주변의 문명이 바뀌면서 인재상의 변화가 함께 오는 것은 당연하기에 교육과정의 틀 변화는 필연적이다. 여기에 시대의 변화에 따른 미래인재 양성의 방향을 읽는 속도와 대응력도 매우 민첩하여 상당히 고무적이기도 하다. 그런데 이렇게 변화하는 교육과정의 핵심과 적용은 특히 고등학교에서 더 역동적인 편이다. 이유는 아마도 고교 교육과 그 성취 결과가 대입과 직결되어 있기 때문일 것이다.

앞에서도 언급했지만, 우리나라 사람들의 대입에 대한 인식과 욕망은 본인은 물론, 가족 및 친족 등에게까지 매우 예민하다. 이것은 사회생활에서 학연과 지연의 탄탄한 고리 형성과 결코 무관하지 않을 것 같다는 생각이 든다. 특히 대입에 욕망이 크다 보면 그 욕망만큼 대학은 서열화되고, 그 서열이 갈수록 더 고착화될 수도 있을 것이다. 그리고 그 서열 우위의 대학에 진학하기 위한 온 국민의 관심으로 대입제도가 주목받게 됨으로써 고교 교육의 총체적 어려움이 발생하기도 한다.

■■■

'고교 교육'과 '대입' 사이에는 학생부기록과 수능시험이 있다. 고교는 중등교육이고, 대학은 고등교육이어서, 그 영역이 판이하다. 하지만 우리나라의 고교 교육은 독자적인 고교 교육과정 운영에 머무르지 못하고, 대입을 연결하는 학생부기록과 수능시험이 고교 교육 전체를 거의 점령하고 있는 현실에 있다.

■■■

교육은 당연히 초, 중, 고 교육이 누적되어 효과가 상승하지만, 대입은 고교 교육과 직결되어 있다. 그런 이유로 고교 교육의 내용과 시스템은 대입제도와 영향 관계에 있을 수밖에 없다. 공교육으로서의 고교 교육은 학령에 따른 교육의 본질에 따라 순수하게 그 교육과정을 수행하여 학생들에게 필요한 교육적 효과를 얻도록 추진하면 된다. 그런데 거의 모든 학생이 대입을 희망하는 데 비해 대학은 지나칠 정도로 강한 경쟁 구도로 짜여 있다. 이 현실에서 학생들은 그 경쟁을 뚫고 원하는 대학에 진학하기를 희망하니, 학생들의 대입에 고등학교가 적극적 역할로 나서게 된 것이 아닌지 모르겠다. 더 정확히 말하면 우리나라의 고교 교육이 대입과의 관련성을 벗어날 수 없는 이유는 바로 강도 높은 경쟁을 치러야 하는 대입전형의 준비 때문일 것이다.

현행 대입제도에서 전형의 가장 핵심적인 자료와 준비는 학생부와 수능시험이다. 학생부는 고교 교육 3개년 동안의 개별적 교육 과정과 그 활동들을 낱낱이 기록한 대입전형자료이다. 학생부기록 자료는 수시 학종전형의 경우 그 기록 내용의 총체적 평가가 대입 합격 여부에 직접적으로 영향을 준다. 교사가 학생에 대하여 기록한 내용이 경쟁을 뚫고 학생의 합격을 만들 수도 있고 그렇지 않을 수도 있고 보니, 그 기록을 둘러싸고 학생과 학교가 얼마나 힘겨울지 생각해 보아야 한다. 학생부 기록은 기록자의 표현의 문제는 아니므로 기록의 노고는 논외로 할 수 있다. 하지만 기록의 재료는 학교교육을 통해서 이수했거나 성취한 것, 그리고 다양한 교육활동들이 전제되어야 한다. 이런 재료들이 기록되어 대입전형 과정에서 입학사정관의 눈을 통해 경쟁 일선에 서야 하니, 경쟁력이 있을 만한 재료들을 구성하는 것이 고교 교육에서 추가적으로 해야 할 일이 된 셈이다. 많은 수행 사실을 근거로 이것을 기록하는 부분에서는 그 많은 재료들에서 특정 학생에게 필요하고 유리한 재료들로만 선별해서 엮어 주는 것이 또 학교의 역할이 되는 것이다. 현행의 교육과정은 학생의 진로를 중심으로 얼마나 충실하게 접근해 가고 있는지를 다양한 교육의 과정으로 보여 주어야 하는 특성도 있다. 교육과정상의 이수 과목들도 이것을 대변하지만, 그 과목의 수업 활동에서 얼마나 진지하고 충실하게 참여하고 있었는지도 교사에 의해 기록으로 남아야 한다. 그 이외의 교육활동이 유의미하게 추가되어야 하는 것도 학생부와 관련한 대입자료에서 중요하게 챙겨야 할 부분이다. 고교 교육은 학교교육 차원에서 순수하게 진행되어야 하고, 대입은 그 고교 교육의 결과로 치러지는 것이 정상일 것이다. 그러나 현실은 대입이 고교 교육의 동인이 되고 있는 듯하다. 순서로 보면, 대입은 당연히 고교 교육 결과의 형식을 갖고는 있으나, 고교 교육의 내용 설계, 준비, 자료 기록

등이 거꾸로 대입전형을 놓고 그것을 위해 설계하기도 하기 때문이다. 이런 측면에서 보면 고교가 대입에 종속되고 있다는 불만을 토로하는 것도 이해는 간다.

여기에 대입전형 자료로 국가 주관의 수능시험이 있다. 수능시험의 평가 대비 내용도 학교교육의 교과 교육 내용으로 고교에서 감당해야 할 부분이다. 사회탐구, 과학탐구 등에서 개인별로 선택할 수 있는 과목이 있지만, 수능시험 결과의 효용으로 보아 이미 선택할 수 있는 과목들은 거의 정해져 있다. 응시자가 많은 과목일수록 결과 처리의 유리함이 있으므로, 결국 몇 개의 수능시험 과목으로 압축되어 학생들은 학교교육을 통해 집중된 시험공부를 하는 것이다. 오늘날의 현실적인 고교 교육은 학생부와 수능, 이 두 가지를 완성해 가면서 경쟁의 대입전형을 위해 부단히 땀 흘리는 과정이 되고 말았다.

■■■

대입이 고교 교육의 동인이 되는 것이 잘못되어 가는 것인지는 생각하기 나름일 수도 있겠다. 대입전형 자료와 순수한 고교 교육의 방향이 일치하는 것을 전제로 한다면, 대입을 위해 충실한 고교 교육을 실행하든, 충실한 고교 교육을 실행한 결과도 대입전형에 성공하든, 고교 교육의 충실성과 효용이 궁극적으로 교육력을 제고한다면 그것은 의미가 있다고 볼 수도 있기 때문이다. 설령 대입의 성공을 위한 전략이라 할지라도 3개년의 교육과정 편성을 학생 성장 목표와 성취에 중점을 두어 운영하고, 학생이 주도적 활동으로 교과 수업에 참여함으로써 자기 발전을 이루는 것은, 결국 고교 교육에 대한 충실함이 아니고서는 이룰 수가 없기 때문이다. 어떤 일이든 동력이 있어야 수행에 힘을 받는 것이므로, 학생도 학교도 이는 긍정적인 효과라고 보아도 좋을 것 같다는 생각이 든다. 동력만큼 열심히 고교 생활을 해 왔으므로 그것이 목표한 바 대입에서 좋은 성과를 거두는 요인이 되면 그것 또한 매우 고무적인 일일 수 있지 않을까.

　대입전형을 위한다는 고교 교육의 동력을 긍정적으로 평가할 수 있는 것은 고교 교육의 방향과 내용들이 대입전형의 평가 항목과 일치할 때임은 이미 언급했다. 그런데 간혹 교사들이 이에 대하여 불편함 심기를 가질 수 있는 이유는 아마도 학생들의 대입 지원과 준비에 대한 강박성에 기인한 것이 아닌가 한다. 똑같은 것을 하기는 하되, 출발이 대입전형을 맞추기 위해서 빈틈없이 해내야 한다고 생각하면 그 자체가 부담과 책임이 될 수도 있을 것이다. 그러나 대입전형을 고려하지 않은 채로 충실한 고교 교육과정을 운영하는 것도 내용적으로는 크게 다르지 않을 것이다. 고교 교육의 정상화 차원에서 교육과정의 특성과 성취목표를 살려 교육을 시행하고 그것이 기록으로 남아 있을 때는 의도하지 않아도 대입전형에서 좋은 평가를 받을 수 있기 때문일 것이다. 그러나 교육과정 수행을 먼저 놓는 것과 대입전형을 먼저 놓는 것은 그 방향성과 자료 정리 특성에서 차이는 있어 보인다. 대입전형에 맞추는 것이 더 선별적이고 의미 해석의 방향으로 정리가 일목요연하게 될 수 있으므로 이는 오히려 강점이 될 수 있다. 이렇게 기술하는 것이 바로 요즘의 학생부기록 방법인 것이다. 전형을 위한 학생부기록을 염두에 두지 않으면 총체적인 교육 수행의 다방면의 결과들이 더 많이 쌓일 수는 있을 것이나, 전형 자료를 염두에 두면 최소한 학생 중심으로 주제화되고 방향성을 얻으면서 정리와 포장이 잘될 수 있을 것이기 때문이다.

■■■

　교육과정 운영을 중심으로 한 학교교육의 자료는 학생부전형과 관련이 있을 때 서로 간에 도움을 받을 수 있다. 그런 이유로 학종전형이 비교적 대입전형 방법으로 높은 설득력을 가지고 지금도 인정받고 있는 이유인 것 같다. 그러나 이미 언급했듯이 고교 교육의 충실한 실행과 대입 사이에 있는 또 하나의 고리는 바로 수능시험이다. 수능시험을 위한 준비도 대입을 위한 학생부기록 못지않게 학생들이 시간과 열정을 집중 투자하는 영역이다.

　문제는, 수능시험 준비를 위해 학교교육에서 관여하고 직접적 도움을 주는 방법이 학생부 준비와는 완전히 다른 방향이라는 데 있다. 정해진 과목, 30년 가까이 지속해 온 수능형 문제 유형에 따른 대비 학습 방법, 지구력을 가지고 개념부터 빠른 시간 내에 문제를 풀고 정답을 쏙쏙 찾아내도록 하는 훈련적 학습, 지식과 암기, 이해, 적용 등이 망라된 문제풀이와 성적 만들기가 학교에서 학생들에게 수능시험 준비를 지도하는 방법이다. 정상적인 학교교육을 통한 교육과정 운영과 성취와는 사뭇 다른 방향성을 갖는 시험이고 준비과정이다. 수능시험 준비와 교육과정의 충실한 수행이라는, 이토록 상이한 패턴을 같은 기간에 같은 학생을 대상으로 교육해야 하는 것이나. 교육과성 운영은 고교 교육과 대입전형에서 상호 간의 긴밀하게 합의된 관계로 성취한다고 하지만, 수능시험은 온전히 대입만을 위한 입시시험의 목적이 되었다. 이 말은, 만약 대입에서 수능시험이 없어진다면 이 시험은 더 이상 학교에서 준비할 일이 없어지게 된다는 뜻이다. 오히려 수능시험이 없어지면 교육과정 운영은 더 편하고 여유 있게 추진될 것이고, 오직 학생들의 진로와 성향을 더 세밀하게 반영하면서 운영을 잘해 갈 수 있는 여지도 있을 것이다. 그런데 준비와 시간, 노력이 만만치 않은 수능시험이 새로운 교육과정이 개정되어 오는 과정에도 긴 세월 동안 유지되어 오면서, 고교 교육을 정반대의 방향에서 이분시키는 경향이 지속되어 오는 것이다.

수능시험의 용도는 시작부터가 그 규정이 애매한 면이 있었던 것 같다. 고교 졸업시험인지, 대학 입학시험인지가 애매하고, 지금은 이것이 대입전형용인지 대입시험용인지도 애매하다. 본인의 신청에 의한 시험이기는 하지만 거의 모든 고교 졸업예정자들이 치르는 시험이 되기도 하고, 고교에서 고교 교사 주관으로 치러지는 시험인 면에서는 졸업시험의 성격이 있어 보이기도 한다. 그러나 졸업을 위해 꼭 보아야만 하는 시험이 아니라 대입용으로 활용하는 점에서는 대입시험적 성격도 있다. 그러나 대입시험이라면 선발하는 대학 교수들이 출제해서 대입 지원자들을 모아 놓고 치르는 시험으로 그 성적이 그대로 당락을 결정해서 입시의 선발기능이 있어야 하는데, 수능시험은 꼭 그런 것도 아니다. 출제도 요즘은 교사들이 함께하기도 하지만, 그 비율도 교수에 비해 적고 출제 역할도 교수에게 편중되어 있다. 초창기는 그것도 거의 교수들의 몫이고 권한이었다. 가르치기는 고교 교사가 하고, 출제는 대학 교수들이 하는 것은 대학 입시시험을 그대로 닮았다. 요즘의 수능시험의 성적 활용은, 수시는 전형용이고 정시는 시험용이다. 전형이란, 지원자를 대상으로 여러 요소를 단계적, 종합적으로 판단하여 평가함으로써 합격 여부를 결정하는 일련의 과정을 말한다. 일부 대학의 수시전형에서 수능성적은 그대로 당락 결정이 아니라 최저등급을 통한 자격 여부로 전형의 한 부분이기 때문에 수시에서의 수능은 전형자료가 되는 것이다. 반면 정시에서의 수능성적은 오직 그것 하나가 합격여부를 결정하는 역할을 하기 때문에 이는 전형이라기보다는 입시시험적 성격이 강하다. 물론 대학별 지원자 집단으로 입시시험을 치르는 것은 아니지만 말이다.

 어쨌든 고교 졸업 후 대학 진학 단계가 이어지고, 대입시험이 고교 교육 내의 교과 내용이니, 학생들의 대입 열망만큼이나 수능 고득점을 위해 버거운 지도를 해야 하는 것은 또 고교의 몫이 되고 말았다.

■■■

 학생부기록과 연동된 고교 교육과정 운영과 수능 문제 유형의 학습지도는 현실적으로 함께 가기 힘들다는 점이 고교 교육의 정상화를 운운하면서 버거움을 느끼는 가장 중요한 이유이다. 수능은 공정성과 객관성을 담보로 하는 문제 유형으로, 고득점을 위한 훈련은 지식 중심의 암기 학습이 주로 이루어진다. 심지어 이해 과정도 암기한다는 말이 있을 정도이다. 반면 정상적인 교육과정 운영은 열린 사고의 수업과 활동이 중심이 되고 창의력과 다양한 문제해결의 방향성을 지원한다. 수능은 혼자서 오로지 정답을 찾아야 하는 반면, 교육과정 운영은 결과보다는 과정에 의미를 두고 협업능력을 지향한다. 수능은 선택과목이 있긴 하지만 정해진 과목을 학습하나, 교육과정은 개인의 진로를 중심으로 자유로운 선택을 확장하도록 유인한다. 게다가 수능은 많은 학생이 선택하는 과목이 성적이 유리해서 학생들이 집단적으로 같은 과목을 선택하는 경향이 있지만, 교육과정은 자신의 특성과 개성을 반영한 소인수 과목 선택이 어떤 면에서는 유의미할 수 있다. 더구나 최근에는 대입전형의 공정성 방안으로 16개 대학에 수능전형을 2023년까지 40% 이상으로 확대하도록 했으니, 고교에서 감당해야 하는 진학 대응책은 더 가중되는 현실이다. 이런 이유로, 학교에서는 지금도 고교 교육의 정상화에 의문을 제기하고, 고교 교육의 합리적 정체성에 의심을 갖기도 하는 것이다.

■■■

초·중등교육은 그간의 교육 성취를 누적해 가면서 고교 교육을 통해 완성된다. 이 과정의 교육은 공교육, 제도권 교육, 학교교육이라는 용어로 그 특성을 대변하면서 학령에 따른 정상적인 교육 시스템을 추구한다. 그러므로 엄밀히 말하면 고교 교육의 수행 설계 단계에서 대입을 위한 전략이 들어온다거나 대입전형을 연구하는 과정이 필요하지 않아야 한다. 서로 같은 방향을 추구할 수 있으므로 고교 교육과정 운영이 내용적으로 훼손되지 않는 한 상호적인 차원으로 이해할 수는 있다고 했지만, 그 역방향성이 사실 정상은 아니다. 정상은, 무심하나 충실하게 고교 교육과정 운영을 하고 보니 그로 인해 대입에서 좋은 결과를 얻었다는 순리의 질서가 보장되는 경우이다.

그런데 아무리 하소연해도 그러한 경지를 이룰 수가 없는 것이 우리의 고등학교 운명일 것이다. 예나 지금이나 고교에서는 대입을 위해, 수능을 위해 자신과의 싸움을 해 나가고 있다. 나이가 많이 든 기성세대에서부터 이제 막 고등학교를 졸업한 젊은 청년층까지 고교 시절을 회상하거나 추억하기로 하면, 오직 입시를 위해 분투적인 노력을 했던 교실의 풍경을 거의 동일하게 떠올릴 것이다. 끊임없이 졸음과 싸우는 학생들의 모습, 지구력을 기르기 위한 갖가지 장치들, '사당오락(4시간

자면 합격하고, 5시간 자면 떨어진다)', '지금 공부하면 꿈을 이루지만 잠을 자면 꿈을 꾼다', '10분 더 공부하면 배우자의 직업(얼굴)이 바뀐다'와 같은 해괴한 문구를 표어나 격언처럼 써 붙이고 그것을 보아 가면서 스스로를 이겨 내는 공부벌레의 지친 모습들의 교실 추억은 그 역사가 참으로 길기도 하다.

  대입을 코앞에 두었다는 이유로, 유독 고교 교육은 방향성의 어긋남을 품은 채로 학생도 학교도 힘겹게 나아가고 있다. 대입제도의 문제성과 개선에 대한 요청과 논의도 역사가 오래되었다. 단편적으로 수정되는 대입개선안은 그때마다 정작 고교 당사자들을 전혀 만족시키지는 못하고 있다. 어쩌면 서열과 경쟁으로 엮어진 대학에 토대를 둔 기성세대들이 그것을 과감히 바꾸지 못하는 것일지도 모른다. 시대의 변화에 따라 교육과정 개정에 순발력을 발휘하듯, 고교 교육 정상화를 위해 현실적인 지원책이 나오기를 여전히 기대해 본다.

05
사교육 현장과 향방성

우리나라에서는 제도권 교육인 공교육과 맞선 개념의 사교육이란 말이 꽤 오래전부터 탄생하여 그 생명력과 범위가 특이한 사회현상으로 자리 잡은 수준이 되었다. 강한 생명력과 함께 넓고 깊게 자리 잡은 사교육은 언어 내적 의미인 사교육, 즉 개인 차원의 선택적, 추가적 교육이라는 의미를 넘어 공교육의 대립어로 자리했고, 마치 쌍벽을 이루듯이 우리나라 교육의 한 체계를 만들어 놓은 듯도 싶다. 그렇지 않아도 사교육을 불식시키고 어떻게든 사교육이 유발되지 않는 교육 시스템을 만들어 가려고 노력하는 정부로 보면 이와 같은 표현이 매우 위험하고 달갑지 않을 것이나, 이는 방향성이나 특정 의도를 갖지 않은 것으로, 평범한 소시민도 동의할 만한 현황에 대한 이해라고 보면 좋을 것 같다. 정책과 시스템을 조정해 가면서 노력한다고 하지만 사교육은 어느 면에서는 아이러니하게도 정부의 조정 노력에 힘입어 계속 변모 및 발전하거나 진화해 간다고도 볼 수 있는 매우 특이한 생명체이다. 이대로 가면 우리나라의 사교육은 거의 공존체가 될지도 모른다는 시니컬한 사회 현상으로 이해되거나, 아니면 이미 사회에 고착되어 더 이상 손쓸 수가 없다는 판단이 나올 수도 있을 것 같다.

■■■

사교육은 말 그대로 보면 나쁘다고도, 없애야 할 것으로도 볼 수는 없다. 제도권 교육에서 배울 수 없는 것을 개인적으로 길을 찾아 배우거나, 공교육에서 배운다고 하더라도 개인의 취향으로 더 넓고 깊게 알고 싶은 이유로 개인적 교육을 택할 수도 있기 때문이다. 아니면 아직 교육적 혜택이 공식적으로 주어지지 않은 것을 개인적 차원의 욕망으로 채워 가기 위한 사적 영역에서의 교육도 있을 것이다. 그러나 우리나라에서 독특한 의미장(semantic field)을 가지고 사회문제 또는 부정적 현상으로 인식되는 이유는 사교육이 순수하게 개인적 차원의 배움을 지향하는 것이 아니기 때문일 것이다. 우리나라에서 통상적으로 말하는 사교육의 최종점은 역시 대학입시에의 성공적 전략과 성취에 있다. 현상적으로, 이렇게 말하는 것에 부정적인 의견을 제시할 사람이 과연 있을까 싶다. 그리고 이러한 의미의 사교육은 분명 이율배반적이다. 공교육과 다른 방향으로 가야 할 사교육이, 사교육을 통해 공교육을 실현하려고 하기 때문이다. 사회에서 배제해야 하고, 배제되는 사회이어야 함에도 외면할 수 없는 이러한 방식의 사교육이 지속적으로 통용되고 있는 교육 현실을 애석해해야 할지도 모르겠다. 아마 어떤 이는, 할 수 있는 사람은 사교육이라도 동원해 경쟁에서 살아남도록 하는 것도 한 방법인데 무엇이 그렇게 큰 문제냐고 반문할 수도 있다. 능력이라는 것을 광의로 해석한다면, 무엇이든, 어떤 방법으로든, 능력껏 한다는 것에 제동을 걸거나 제약을 두면 안 된다는 논리일 것이다.

오늘날 우리 사회를 비교적 어둡게 보게 하고, 교육 현실을 부정적으로 보게 하는 이 사교육의 문제는 대학을 가기 위해서뿐만 아니라 현 단계를 유지하기 위해 모든 학교급, 거의 모든 학생이 사교육에 동참하고 있다는 데 있다. 어떤 경우는 집에 오면 아이가 공부를 아예 하지 않기 때문에 학원이라도 보내야 하기 때문이고, 아이는 어차피 학원에 가지 않고서는 친구들과 놀 수도 어떤 일도 할 수 없기 때문에 학원에 가는 것을 받아들이는 경우도 있을 것이다. 물론 대한민국의 모든 학생이 다 그런 것은 아니다. 그러함에도 사교육에 참여하는 학생은 거의 모두라고 많이들 인식하고 있다.

사교육을 부정적으로 인식하고 하나의 사회문제로 보는 이유는 교과 중심 학원 교육의 팽배인 것 같다. 교과는 학교에서 배우는 과목들인데도 학교 교육과정이 끝나고 집에서 쉬어야 할 때 학생들은 다시 학원에 가서 또는 개인교습을 통해 동일한 교과목에 대한 학습을 추가적으로 반복하기 때문이다. 심지어 그것이 거의 모든 학생에게 적용되고, 어떤 경우는 학생 당사자는 그다지 원하지 않음에도 학부모의 강압성이 부여되기도 한다. 이때 사교육을 통한 교과 학습은 학교에서 배우는 내용과 꼭 다르다거나 더 심화된 것이라고만은 볼 수 없다. 동일한 내용을 배우기도 하고 복습하기도 하며, 심지어는 선행학습을 하기도 한다. 이유는 이렇게 해야 학교 내신성적에서 우월할 수 있다는 기대감이 충족되고 궁극적으로는 수능시험에서 좋은 성적을 받을 수 있겠다는 나름의 전망에서 그럴 것이라고 볼 수 있다. 결국은 대입에 성공하고 경쟁에서 앞서겠다는 것인데, 교과 내용 학습에 대하여 말한다면 학교에서 충분히 학습하고, 교육과정을 충실히 따라가 열심히 노력하면 내신성적도 수능성적도 잘 받아 대입도 성공해야 맞다. 그런데 왜 현실은 그것이 어렵다고 인식하고 거의 모두 사교육에 의지해야만 하는 것인가. 우리나라 사람들의 대학 진학에 대한 특별한 열망과, 그것도 서열화된 명문대학에 진학하는 것이 학생은 물론 온 가족들에게도 중요하고 예민한 문제임은 이미 앞에서 언급하였다. 그런 이유로 공부를 잘하든 못하든, 열심히 하든 느긋하게 하든, 본인이 하고 싶어 하든 또는 아니든, 일단 사교육은 이 경쟁사회에 존재하는 한 공기를 호흡하듯이 함께 가는 것이 되고 말았다. 다시 말하지만, 문제는, 대입에 대한 열망과 경쟁에 있다. 그리고 그 경쟁 때문에 가장 타당한 객관성과 공정성에 기반을 둔 평가를 모든 학생 시험에서 대다수가 요구한다. 그러한 공정성 기준에 따라 문제 하나라도 더 맞히면 그만큼 경쟁에서 살아남게 하는 기계적 평가 시스템이 적용되는 것에 문제가 있다. 학교 내신성적도 중학교까지는 절대평가(성취평가제)를 시행하지만, 고교에서는 아직도 9등급 상대평가를 병행하고 이 상대평가가 대입전형자료가 되는 것이다. 그리고 미래인재 역량 함양을 위해 노력하는 개정 교육과정에서도 현행 대입의 중요한 자료는 역시 수능성적이고, 특히 정시에서는 한 점이라도 우월한 것이 그대로 가치를 발휘하는 현재의 수능 중심 대입제도를 환기해 볼 필요가 있다. 대입, 경쟁, 성적, 이 세 가지의 중요성이 온 국민 의식에서 사라지지 않는 이상 사교육, 그것도 학교에서 배우는 교과 그대로의 사교육은 사라시기 힘들시 않을까 한다.

■■■

정부에서는 하나의 사회 병폐라고도 볼 수 있는 이 사교육을 어떻게 해서든지 없애기 위해 학교 교육활동으로 방과후학교 제도를 도입했다.

초등학교에서부터 고교까지 모두 진행하지만, 학교급에 따라 사교육의 목표와 역할은 다를 수밖에 없겠고 실제 그렇게 상이한 기준으로 진행된다. 초등학교는 비교적 다방면의 경험과 흥미 부여 또는 일정 부분 돌봄 수준에서의 방과후학교가 운영되는 반면, 고교는 학교에서 배우는 교과에 대한 보충수업 형태로 진행되고, 이것은 누구보다도 학생, 학부모가 원하는 방식이다. 중학교는 아마도 그 중간쯤의 상황이 될 것이라고 생각한다. 그러함에도 어떤 학생들은 학교에서의 방과후학교를 원하지 않고 본격적으로 사교육 현장으로 이동하기도 한다. 이러한 현상은 지역적인 흐름과 경향의 차이를 보이기도 하는데, 특히 서울권의 고교는 학교에서의 방과후학교 프로그램이 사실상 운영되기 어려운 것으로 알고 있다. 전부는 아니겠지만 많은 학생과 학부모가 공교육보다는 본격적인 사교육 현장에서의 학습을 원하므로, 학교에서의 교과 중심 방과후학교 개설이 어려운 경우로 알고 있다.

　대입을 전제로 한 고교에서의 방과후학교, 즉 보충수업이 있음에도 학생들은 내신성적 또는 수능성적을 위하여 야간과 주말까지 학원, 개인과외 등을 통한 사교육에 의존하는 경향이 높다. 이러한 이유로 교육부에서는 교육방송(EBS)을 통해 수능 연계 교재를 제작하여 온라인 수업을 제공해 오고 있다. 그런데 이 과목별 수능 연계 교재의 종류가 생각보다 많고(학습 단계별), 교재 내용의 학습 수준도 높은 편이다. 학생이 개별적으로 학교에서의 교육활동이 끝난 후 온라인 학습을 통해 활용하라는 취지에서 시작한 것이겠지만, 양도 많고 내용도 어려워 보통 수준의 학생들은 혼자 학습하는 것이 힘든 것으로 알고 있다. 대입에 예민하고 수능성적이 절대적이라는 상황에서 수능 연계 교재의 학습은 수능을 치르고 대입에 성공하기 위해서는 필수적인 학습 교재가 되고 말았다. 어찌 되었든 이 교재의 수능시험 연계율은 70%를 유지한다고 하니, 실제 학생들이 느끼는 연계 체감도는 어느 정도가 되는지는 모르겠으나 준비 차원에서 연계율 70%인 교재를 학습하지 않을 재간이 있겠는가. 2022학년도 대수능의 EBS-수능 연계율은 50%로 하향 조정되었고, 2023학년도 대수능 계획도 연계율 50%로 이미 발표했다. 이러한 상황이고 보니 고교에서는 특히 고3의 경우, 정규수업에서조차도 과목별 수능 교재를 다루게 되어 정상적인 고교 교육과정 운영이라고 할 수 있는 과목별 교과서를 가지고 수업을 하는 것은 현실적으로 어려운 지경이 되고 말았다. 고3 교실에서 교과서 없이 오직 EBS 교재만 가지고 수업한 햇수는 수능 연계 교재가 나온 역사와 같으니, 2004년에 이 정책을 발표한 이래 무려 20년이 가까워 온다[26]. 수능 연계 교재를 학교에서 다루어 주는 것은 좋으나, 방과후학교에서 다루거나 정규 수업 시간에 정상적인 교육과정 학습과 내용이 연계될 경우 함께 다루는 것이 이치에 맞고 그렇게 하는 것이 정도(正道)일 것이다. 그러나 내용이 어렵고 양이 많은 교재인데다가 공식적으로 정부에서 발표한 수능 연계 교재이고, 평가원에서는 수능 연계율을 해마다 70%로 유지한다고 하니, 결론적으로 대학을 보내야 하는 고교에서는 학생도 교사도 이 교

---

[26] 정부에서는 사교육비 억제 대책으로 EBS 교재-수능연계 정책을 2004년에 발표하여 시행에 들어갔고, 이 교재의 수능시험 연계율을 2011학년도 대수능 출제부터 70%로 강화하여 지속해 왔다. 매년 수능시험이 끝나면 EBS 교재의 수능시험 연계율 70% 달성을 발표하지만, 연계의 방법 및 범위에 대한 체감도가 수험생과 출제 측이 서로 다르기도 했다. 다만 이 연계율로 인해 EBS 교재에 대한 완벽한 학습을 추구하는 수험생들이 많아져 무조건 암기 형태의 학습을 하거나, 이 교재의 완벽한 학습을 위한 고3 교실 내 교과서 대체 현상 등이 일어나 사교육 학습은 더 강화되기도 했다. 그런 이유로 2022 대수능 계획에서는 연계율을 50%로 낮췄고, 영어의 경우 지문 이용 대신 개념을 이용한 간접 연계 방식을 적용한다고 밝혔다. 이는 2023학년도 대수능에서도 그대로 이어진다.

재를 들고 수업하고 싶은 생각을 떨칠 수가 없을 것이다. 따라서 고교 현장에서는 교과서를 물리친 수능 연계 교재가 공교육 내에서 공식적인 사교육을 유도하는 것이라는 비판도 나오게 되었다. 문제는 수능 연계 교재 제공과 높은 연계율이 공식화된 상황에서, 학생들은 이 내용에 대한 학습력을 최고로 만들고 싶으나 그 과정이 스스로 하기에는 버겁고 학교의 시간은 한정적이라는 점이다. 그런 이유로 이제는 학교뿐 아니라 이 교재로 수업하고 학습을 돕는 사교육 현장까지 속출하고 있는 것이다. 사교육 억제를 위해 만든 특단의 대책인 EBS 교재 수능 연계 정책은 결국 이 교재와의 높은 연계율 때문에 사교육은 더욱 필요하고 더 절대화된 아이러니한 상황을 펼쳐 주게 되었다.

■■■

사교육을 유발하지 않도록 뭔가를 조정하거나 시행하면 그것을 따라 더 구체적이고 더 절실한 사교육의 현실을 만들어 버리는 우리나라 상황에 대하여 원인을 따져 볼 필요가 있다. 문제는 바로 국민 모두가 열망하는 대입이며, 대입전형의 핵심이 수능에 있다는 점이다. 현재의 대입은 수시의 수능 최저등급 충족이든 정시 전형이든 촘촘한 수능성적이 그대로 결과에 작용하는 제도이다. 촘촘하다는 것은 수능시험에서 1점이라고 더 맞아야 수시 합격에 필요한 등급이 충족될 수 있고, 그 1점이 정시에서는 바로 합불(합격/불합격) 여부를 결정할 수 있다는 뜻이다. 그렇게 예민한 수능성적이므로 수험생은 점수를 뽑아내기 위하여 최대한의 노력을 해야 하고, 상대적인 점수로 합격 또는 불합격이 되기 때문에 다른 학생이 사교육을 하면 그것을 지켜보는 다른 학생도 사교육에 동참해야 경쟁에서 밀리지 않을 것이라는 안도감이 생긴다. 어찌 보면 안도감만이 아니라 실제 효과가 있을 수도 있고, 또 그 기대로 사교육을 시작하지 않을까.

    그렇다면 대입에서 이 수능에 대한 특단의 조치가 필요해 보인다. 수능 자체에 대한 존폐까지 민간에서는 논의하고 있지만, 현재 시점까지로 보면 정부 차원에서는 수능은 유지하나, 문제 유형을 지식 찾기 수준을 넘어 미래 교육 차원의 서술형 문항 개발과 평가 시스템 보강에 초점을 맞추고 있는 것 같다. 그러나 아무리 문항 개발을 새롭게 하고 개선을 한다고 해도 수능을 폐지하지 않고 그대로 들고 간다면 그로 인한 사교육은 결코 쉽게 억제되지는 않을 것이다. 게다가 이러한 수능 영향력을 충분히 알고 있음에도 최근에는 서울 주요 대학의 모집인원 40% 이상을 수능 전형으로 올려 가겠다는 대입 개선안이 발표되었다[27]. 수능전형의 높은 비율 설계도 그렇지만 결코 호락호락하지 않은 대학별, 계열별로 상이하게 걸어 놓은 수시의 수능 최저등급 충족도 역시 만만치 않아 결국은 수시든 정시든 수능성적이 대입에 큰 역할을 하는 것으로 귀결된 대입 정책이 되고 말았다. 수능을 대입의 한 전형 시스템으로 가져가는 것은 필요하다면 그럴 수는 있겠으나, 문제는 수능이 대입에 결정력을 가지게 한다거나 대입의 수능 의존도를 높이는 등 절대화시키는 방법은 재고되어야 한다는 말을 하고 싶다. 대입에 수능이 왜 필요한지

---

[27] 2019년 11월 28일, 교육부는 학종과 논술위주전형으로의 쏠림이 있는 서울 주요 대학 16개교를 대상으로 2023학년도 대입까지 모집인원의 40% 이상을 정시전형으로 모집하도록 하겠다는 대입 개선안을 발표했다. 수능을 유지하는 이유로 공정성 문제를 가장 크게 내세웠지만, 이 개선안은 수능시험의 지식 위주의 평가 방식이 미래인재 역량을 위한 교육과 고교학점제 추진과의 부조화를 근거로 수능 폐지론이 강한 상태에서 만들어진 결과여서 학교 현장에 매우 큰 충격을 준 바 있다.

를 검토하여 그 필요성에 대한 최소한의 역할만 하도록 하면 수능이 대입 합/불에 결정적인 역할은 하지 않을 수도 있을 것이다. 예컨대, '대학수학능력'이라는 말 그대로 고교 졸업자로서 특정 대학에서 수학(修學)할 수 있는 학습력이 준비되어 있는지를 살피는 본래 역할로서의 수능, 즉 기초학력 여부를 근간으로 그 활용도를 바꾸면 되지 않을까도 생각해 본다. 그렇게 하면 등급도 굳이 9등급까지 갈 것도 없고, 촘촘한 액면가 성적을 그대로 제공할 필요도 없다. 등급을 세분화하고, 정시 40% 인원을 걸고, 수능 액면가 성적을 고스란히 제공함으로써 그것을 적극 활용하도록 하면, 대입에서 무엇보다도 수능성적이 절대적이라는 표현과 무엇이 다르겠는가.

■■■

모든 국민에게 배울 권리가 보장된 체제에서 사적인 교육을 평가절하하거나 막을 수는 없다. 평생교육 차원, 취업을 위한 개인역량 보강, 진로적성을 위한 심화학습 등 사적 교육은 필요하고 열어 줄 필요가 있다. 제도권 교육에서 상급학교에 가기 위해 공교육의 범위 안에 있는 내용을 다시 사교육 현장에서 보충 또는 심화하고 선행까지 하는 것도 엄밀한 의미에서는 나무랄 것이 없다. 그러나 공교육의 교과 교육에 대한 사교육의 문제점은, 그것이 거의 모든 학생들에게 필요하다고 인식되는 점과, 어떤 수준이든 대학입시를 위한 필수불가결의 요건으로 사교육이 횡행된다는 점에 있다. 현재 우리나라는 가정 경제의 정도나 생활수준에 관계없이 모두가 사교육비를 지출하고 있으며, 사교육을 원하지 않아도 해야 한다고 생각하는 학생들이 많다는 사실이다. 공교육을 받되 공교육이 반드시 사교육을 수반해야 한다고 믿는 상태에서 하나의 현실적 현상에 들어와 있는 '사교육 사회'의 풍속, 이것이 문제이다. 사교육은 비단 수능시험만을 위해 투입하지 않는다. 즉 학교 내신성적의 확보를 위해 학생들은 의무 또는 필연 차원으로 학원 사교육에 의존한다. 학교 내신성적은 학교 단위로 특정 교과 교사에게 배운 내용을 그 교사의 출제 문항에 의해 성적이 산출되는데도 불구하고 학생들은 그 성적 확보를 위해 학원에 가야 한다고 주장한다. 학생들이 말하는 내신성적을 위한 사교육의 구체적 이유는 학생을 둔 부모는 아마 잘 알고 있을 것이다. 그 이유는 사교육 시장의 한 분위기를 형성하는 것이어서 차마 공론의 장으로 그 이유까지 말하기는 어렵다. 이렇게 되니 사교육 비용이 엄청난 액수가 된다는 점도 문제이지만, 사교육이 학생들의 학습을 보강해 주는 긍정적 기능에서 그치지 않고 공교육인 학교교육을 무너뜨리기까지 할 수 있다는 점에서 그 문제성이 더욱 실감이 난다. 인정하고 싶지 않지만 사교육으로 인해 공교육이 무너져 가고 있다는 풍속은 오래전부터 많이 거론되어 왔다. 학교에 오면 엎드려 잠에 취해 있고 공부는 학원에 가서 한다거나, 학교 교사의 상담과 충고는 듣지 않은 채 학원 교사의 말은 잘 듣는다거나, 학교 교사가 가르치고 출제하는 특정 학교 정기고사 고득점을 위해 학원 교사가 집중 수업 기간을 운영한다거나 하는 이야기들이 있다. 공식석으로 말할 상황은 아니나 현실에서 심심치 않게 들리는 얘기들이 전체적인 흐름은 분명 아닐 것이라고 위안하는 반면, 세부적이고 구체적인 개개인의 상황에 따라서는 설득력이 아예 없는 것은 아닌 듯하다.

■■■

　제도권 교육에 걸쳐 있으면서 많은 아이가 사교육을 받는 경우로 비교적 타당성이 있고 권장할 만하다고 개인적으로 생각하는 부분이 있다. 이 경우의 대상은 유아 또는 초등학생이다. 유아나 초등학생의 사교육 현실에 대하여 문제시하는 가장 큰 이유는 사교육 자체에 있지 않다. 어린 아이들에게 노는 시간을 앗아 가고 너무 어릴 때부터 온종일 학교와 학원을 오가다가 지치게 만드는 안타까운 일과에 대한 비난이 더 크다고 할 수 있다. 어린아이를 학원으로 보내는 이유 중의 하나로 아이 돌봄의 문제를 해결하기 위한 부득이한 가정적 여건도 있다지만, 아이는 놀면서 성장하고, 놀이를 통해 사회성 교육이 실현된다는 부분을 놓쳐서는 안 된다. 이 아이들에게 사교육이 긍정적이라는 평가는 다양한 체험과 영역별 자극이 소질 계발과 흥미, 적성 발견에 유용하지 않을까 하는 면이다. 보통 유아나 초등학생의 사교육 가짓수는 2개 이상인 경우가 많을 것이다. 음악(피아노), 미술(그림, 공방), 태권도, 독서, 창의력 등의 분야를 많이 선택하는 편이다. 여기에 좀 더 세부적인 영역을 추가하는 경우도 있다. 아이가 아닌 부모 편에서 고려한 사교육 영역으로 가장 많이 시행되는 것은 영어와 수학(연산), 한문 등이다. 심지어 종일의 교육과 생활이 영어로 진행되는 유치원까지 야심차게 준비하는 경우도 있다. 영어유치원의 경우는 못 가서 그렇지 가고자 하는 수를 따지면 현황은 더 심각할 것이다[28]. 어쨌든 유아, 초등학교 시절

---

[28] 부모가 원해서 실시하는 영어, 수학, 한문 등의 유치원, 초등학생 사교육은 아이의 적성과 흥미를 위해서라기보다는 먼 훗날의 대입을 위한 학업능력을 먼저 성취하자는 목적임을 부인하지 못할 것이다. 이는 부모의 욕심이 기반이 된 경우가 대부분이다.

에 다양한 분야를 조금씩 섭렵하면 그 체험과 경험이 아이에게 자극이 되면서 아마도 소질, 흥미, 적성 등이 계발될 수 있을 것이라 생각한다. 부모가 아이를 키우면서 아이의 흥미와 소질이 어디에 있는가를 빨리, 정확하게 찾아내는 것은 양육에서 매우 필요하고 중요한 것이기 때문이다. 강요하지는 말고 체험 기회를 줌으로써 적응하고 소화해 내고 즐거워하는 정도를 부모는 면밀하게 관찰하면 좋을 것이다. 아이가 원하지 않는 한 길게 진행해서도 안 된다. 그러면서 그 흥미도와 적응도가 높은 쪽을 유념하면서 적성을 키울 수도 있다[29]. 그런 차원에서 유아, 초등학생의 다양한 체험을 위한 사교육은 오히려 중요한 의미가 있고 유용하다고 생각해 본다. 여러 가지를 통해 자극과 긴장을 주면서 아이의 특성과 상호작용하는 것을 찾아낼 수 있다고 보는 것이다.

■■■

시대가 급변하고 삶의 건강성과 자아의식이 높아지면서 많은 사람들의 평생교육에 대한 의식과 열망이 더 크게 열리고 있다. 취업을 둘러

---

[29] 흥미와 적성은 서로 다른 것으로, 어떤 영역의 체험과 경험에서 아이가 재미있어하고 시간 가는 줄도 모르며 그 어떤 것보다 큰 적응력과 창의력을 보일 때 '흥미' 영역이라고 말할 수 있다. 적성은 흥미보다는 훨씬 이후부터 민감이 가능한데, 학교에 다니면서 문제지를 통해 적성평가를 하면 각 영역별로 적성도의 점수가 나타난다. 이 점수가 높은 분야에 대하여 통상적으로 적성이 있다고 판단한다. 그러나 적성은 학교교육을 통해 학습이 된 부분이 누적되어 점수화될 수 있는 부분으로, 그것이 그 아이와 본질적으로 잘 맞는 부분이라고 속단하기는 어려운 점이 있다. 예를 들어 학교에서 수학 학습력이 높은 학생은 수리 연산 영역에서 적성점수가 높게 나오는데, 그 이유를 꼭 그 분야에 대한 근원적인 흥미와 취향이 있어서라고만 평가하기는 어렵다. 따라서 진로를 판단하는 데는 적성보다는 흥미를 살펴보는 것이 더 중요할 것 같다. 적성도 진로에 매우 중요하나 흥미와 적성이 함께 갈 때 효과가 있고, 적성만을 근거로 삶을 실현해 내는 것은 흥미에 비해 왜곡과 한계가 있을 수 있다.

싼 청년들도 학업과 전공에서 이어지는 흥미와 취향에 대한 도전과 강화가 늘어나고 있다. 심지어 퇴직한 노령층에서도 전공이나 취업과 무관하게 삶과 행복, 그리고 자기만족을 위한 제2의 학구열을 발산하기도 한다. 이 경우 사적인 교육기관이나 시스템은 많을수록 유용하고 건강한 사회가 될 수도 있을 것이다. 유아에서부터 노령층까지, 제도권 교육에 한창 머물러 있을 학령 층에서도 자신의 취향과 자발적 심화, 발전을 위해 찾아 나서는 사적인 교육은 더할 나위 없이 건강한 삶을 증빙할 수 있을 것이다. 그러나 이런 부분의 교육에 대해서는 사교육이라는 말은 사용하지 않을 것이다. 개념적으로 보면 틀린 말은 아니겠으나, 현재 논의되고 있는 이 시대의 사교육은 명백하게 공교육과 대립적인 의미와 역할에서 거론되고 있다. 학습 내용도 공교육과 중복적이며 상급학교 진학을 위해 기계적인 트레이닝의 성격이 복합되어 있고, 원해서라기보다는 경쟁에서 살아남기 위해 부득이하게 선택해야 하는 상황에서 거론되는 말이다. 비전문적인 논의들이지만, 대입제도가 대변혁의 차원으로 개선되면 우리나라 사교육은 해결이 될 것이라고들 하는 말처럼, 정말 대입제도가 사교육을 불식시킬 수준에서 대변혁이 일어날 수 있을지 생각해 본다. 아울러, 사회의 흐름과 방향은 궁극적으로는 정상적(正常的) 수준을 향해 간다는 믿음도 다시 한번 가져 본다. 나이에 구애받음이 없이 전인교육, 평생교육의 틀에서 삶의 아름다움에 충실하기 위해 사적 교육은 다양하게 활성화되기를 바라되, 공교육을 훼손하는 사교육만큼은 퇴치되는 건강한 교육 사회가 되기를 진실로 기대해 본다.

CHAPTER 3

긍정적 교육가치와 쟁점들

01. 혁신학교와 혁신 교육
02. 학교자치와 민주시민교육
03. 인성, 인권교육의 방향
04. 또 하나의 인권 '기초학력'
05. 고교학점제로 가는 길

01
혁신학교와 혁신 교육

2010년은 교육계 혁신의 시작인 듯, 17개 시·도에서 직선제로 교육감이 선출되었고, 이로부터 민선 교육감 제1기가 시작되는 해였다[30]. 민선이므로 교육감 후보의 교육정책, 방향, 철학 등 모든 것이 지역 유권자들에게 설득 대상이 되었고 그만큼 새롭고 의욕적인 공약도 앞세워졌다. 선거 과정을 겪어야 하므로 지지 세력도 있어야 하고, 각종 단체와 협회 등도 각각의 지지 노선에 한 몫을 더하기도 했다. 교육감 선출이 정치는 아닌 이유로 정당 소속은 없지만, 민선이다 보니 그 과정에서 정치 성향이 은근히 노출되기도 하고, 간혹 정치적 액션을 설득 방법으로 사용하는 듯이 보이기도 했다. 교육도 정치에 편입되어 가고 있는 듯한 우려가 살짝 스쳐 가는 것을 감출 수 없었다.

---

30) 1960년대 초반 도입된 교육감제도는 대통령이 직접 임명하는 방식에서 1990년대 초 교육위원 또는 학교운영위원회가 선출하는 간선제로 바뀌었다. 이어 2006년 12월 지방교육자치법 개정으로 주민 직선제로 변경됐다. 2007년부터 서울, 경기, 부산 등에서 직선 교육감이 선출되기도 했지만, 전국에서 동시에 직선 교육감이 탄생되기는 2010년이 처음이다(《민선교육감시대 원년 개막…내일 취임식(종합)》(연합뉴스, 2010.6.30.).

유권자들에게 목표와 공약을 내걸기 때문에 후보마다 그 성향들이 정확하게 드러나는데, 묘하게도 그 후보가 진보냐 보수냐에 따른 편가르기가 저변에 있었다. 교육은 교육으로만 가면 되는데, 진보냐 보수냐를 가지고 진보 교육을 선택하거나 보수 교육을 선택해야 하는 판이었다. 자녀 교육에서, 자신의 아이에게 진보 교육을 시킬 것인가 보수 교육을 시킬 것인가를 고민해야 하는지가 또 고민되어야 할 판이고, 진보 또는 보수라는 것은 교육의 어떤 면에서 연결되는 것인지 판단이 어려웠던 기억이 있다. 교육의 내용, 방법, 가치 등, 자녀에게 교육은 무엇인가라는 어려운 과제가 급작스럽게 떠오르는 계기였다. 그저 공부 열심히 시키고 진로 잘 찾도록 하고, 올바른 인성과 미래인재 역량을 갖도록 도와주면 되는데, 여기에 진보와 보수가 선택의 갈림길로 와서, 그것이 어떤 역할을 할 것인지 판단이 어려웠던 것이다.

교육감 선거를 치르면서 교육도 이제는 지방분권시대로 가는 것을 실감할 수 있었다. 지방별로 교육을 달리할 수 있다는 생각과, 그렇게 했을 때 우리 지역의 교육적 결과나 효과는 다른 지역에 비해 어떨 것인가의 막연한 긴장이 있었다. 우리나라처럼 교육에 열정이 많은 나라, 교육적 결과가 개인의 성공과 지역의 인재 특성으로 긴밀하게 연결되는 나라에서 지역별로 교육을 달리할 수 있다는 것은 자녀를 둔 부모 입장에서는 당혹스러움도 있었던 것이 사실이다. 선거 결과는 지역에 따른 정치적 색채가 교육감 선거에도 거의 그대로 매치되었고 그 성향은 제3기가 유지되는 지금까지도 지역적으로 비슷하게 가고 있는 것으로 파악된다. 새롭게 맞이한 진보 성향의 교육정책은 강도 있게 전국적으로 확산되어 갔고, 특히 수도권과 호남권을 중심으로 펼쳐진 진보는 교육의 새로운 시대를 예고하는 듯했다. 이러한 진보 성향의 교육정책이 큰

울림으로 다가온 것이 '혁신 교육'이고 이를 실현해 내기 위해서 정책적 과정으로 밟는 첫 단계가 바로 혁신학교 지정 및 운영이었다.

■■■

혁신의 외침은 사실 뜬금없는 것은 아니었다. 선거 시기가 그렇게 맞닥뜨려져서 그렇지, 그 즈음의 주변 여러 여건들이 혁신 물결을 타기 시작했고, 그래서 공약과 실천의 혁신 아이템들이 낯설지 않았다. 외치는 사람들만 혁신의 필요성을 느끼고 그것을 호응해 줄 사람들이 혁신에 대하여 전혀 관심이 없었다면, 그들이 진보와 혁신을 외치더라도 단순히 그 외침에서 끝나고 말았을 터이다. 이미 분위기와 흐름이 다가온 상태이기에 혁신의 외침은 비교적 순조롭게 공감되고 실현의 길로 들어서게 되었다고 생각한다.

혁신은 특정 가치를 가진 사람의 철학이나 소명으로만 실현되는 것이 아니다. 그들은 선창하고, 이를 함께하고자 하는 일반 사람들이 후창이나 메김을 하듯 공유된 사고와 공감된 가치들이 준비되어 있으므로 가능한 것이었다. 중요한 것은 선창자보다도 후창자나 메김을 하는 사람들의 분위기와 필요성이 더 큰 힘을 발휘한다는 점이다. 그 요구가 있기에 선창자가 등장하는 것이지, 그러한 분위기가 없다면 그것을 이끌 선창자가 굳이 선출되지는 않았을 것이다. 이렇게 보면, 혁신 물결은 진보 진영에서만 독특하게 말하거나 공감하는 것은 아니라고 볼 수 있다. 소위 보수라고 말해지는 지역에서도 혁신 의지는 공히 갖고 있었을 것이며 구체적인 방법과 접근, 정도와 수준이 달랐던 것이지, 그것의 필요성 인식과 개선 방향에 대한 의지는 유사했다고 볼 수 있다. 다만 좀 더 강도 있게 나가는 진보 성향 정책 덕분에 전국의 교육 혁신의 구체화 작업은 가속될 수 있었을 것이고, 교육 당국도 정책화하여 혁신을 밀어 올리는 발 구름대 역할을 할 수 있었다고 생각한다.

◼◼◼

많은 지역에서 혁신학교를 지정 운영함으로써 혁신 교육을 시도하고 있는데, 그 이름들은 조금씩 다르다. 지역명에 붙여 'ㅇㅇ혁신학교'라고 명명하는 것이 가장 많고, 그 외에 행복이라는 단어를 사용하여 '행복학교(경남, 행복맞이학교, 행복나눔학교)', '행복씨앗학교(충북, 이후 행복자치미래학교)', '행복공감학교(충남)', '행복배움학교(인천)', '행복더하기학교(강원)', '다행복학교(부산)' 등이 있다. 이 외에도 '미래학교(경북)', '창의인재씨앗학교(대전)', '무지개학교(전남, 이후 혁신학교)', '빛고을학교(광주)' 등과, 자율학교 성격이 강한 '다혼디배움학교(제주)'도 있다. 이들은 거의 같은 방향을 보되 서로 특색 있는 방법론을 모색하는 혁신 교육의 실현 모델들일 것이다. 겉으로 보기에 명명이 서로 다르긴 하지만, 서로 다른 그 이름들 속에서 혁신 교육의 공통된 추구를 알 수 있다. 혁신, 행복, 배움, 나눔 등은 그 이상(理想-무지개)과 관련한 단어들로 새로운 교육이 추구하거나 도달하고자 하는 공통된 정점을 그 이름으로 담아내었다고 본다.

혁신학교는 교육에서 한 방향, 수직 관계, 폐쇄를 지양하고 공동체, 쌍방향, 수평, 개방 등을 지향한다. 교사는 가르치고 학생은 배우는 대립과 수동적 관계가 아니고, 교육은 궁극적으로 가르침이 아니라 배움이며, 의사결정은 교육공동체가 수평적 협의와 합의를 통해 조정된다.

배움의 수준과 유형도 다양하게 적용하여 학생 모두가 학교와 배움의 주인공이 되고, 교육 공간은 이제 학교라는 특정 공간에 한정되지 않는다. 배움 중심은 학생참여중심 수업으로, 질문이 있는 교실을 만들어 간다. 단순 지식 중심의 필답 평가보다는 과정에 따른 수행 중심 평가를 극대화한다. 학생을 바라보는 기준이 오직 하나의 기준이 아니라 다양한 기준으로 학생들의 특장점을 살리고 강화하여 줌으로써 이 시대, 미래 시대에 필요한 서로 다른 역량을 계발하여 주는 방식으로 교육은 운영된다. 또한 인성과 협력을 중시하며 주체적이고 능동적인 교육적 활동을 존중한다. 가장 중요한 것은 학생이 학교의 주인이고, 그들이 배움의 힘이며 교육공동체 구성원은 교사든, 학부모든, 마을공동체든 모두 이들의 배움에 적극적으로 지원하는 역할을 공동으로 수행한다. 따라서 그간의 학교가 오로지 교과 성적과 단편적인 학습만으로 줄 세워져 즐거움을 느끼는 학생이 비교적 한정적이고 편파적이었다면, 혁신 교육은 다양한 갈래와 능동적 참여에서 모두를 행복하게 하는 학교가 될 수 있다는 가능성을 보였다.

■■■

혁신 교육을 실현하는 데 있어서 가장 중요한 역할을 하는 사람은 학생과 직접 마주하여 학생과 호흡하며 배움의 방향을 관찰하고 조정해 주는 교사이다. 기존 질서에서 보면, 교사는 관리자와 수직 관계에서 역할을 수행했고, 학생과는 또 다른 수직 관계에서 가르침과 배움이 진행된 면이 없지 않았다. 그러나 이제 교사도 관리자로부터 맹목적인 수직 관계의 상명하달은 받지 않는다. 물론 조직의 구조를 벗어나는 것은 아니어서 학교라는 조직체에서 각각의 역할이 중시되고 수행의 구조가 수반되기는 하지만, 일방적인 것은 아니고 적어도 서로의 역할이 존중되고 합의 관계가 전제된다는 말이다. 학생이 주인공인 학교에서 학생의 배움을 중요한 목표로 하는 조직의 움직임은 보편적, 수평적인 의견 개진과 역할이 있어야 하기 때문이다. 혁신 교육을 실현하는 학교에서는 오직 한 줄의 기준으로 학생을 평가하거나 낙인하지 않음으로써 학생 모두가 개성적 주체로 드러나고 그로 인해 인격 고유의 가치가 살아나는 집합체가 되는 것이다. 따라서 모든 학생은 그 어느 때보다도 자신을 더 잘 이해할 수 있고, 자신감과 자존감을 가질 수 있으며, 모두가 즐거운 학교생활을 유지할 수 있다. 그러는 가운데 자신들의 역할과 주인으로서의 책무를 더 소중히 하고 구체적으로 느낄 수가 있을 것이다. 학교와 교육의 혁신은 이런 내용과 방향으로 공감을 얻고 진정성 있는 교육으로서의 가치를 인정받게 되었다.

■■■

그러나 아쉽게도 12년이 가까워 오는 지금 혁신학교 운영과 교육 혁신의 정책적 결과에 대해서는 많은 사람들이 후한 점수를 주지만은 않는다[31]. 하지 않아야 할 것을 시작한 것은 분명 아니다. 해야 할 것을 하고, 이루어 가야 할 방향으로 간 것은 맞다. 그런데도 결과와 성과에 대하여 후한 점수를 받지 못한다는 것은, 나와야 할 기대치가 나오지 못했다는 것으로, 그 추진 과정이나 진행상의 문제를 생각해 보아야 한다는 뜻이다. 언론이나 학부모, 교육계에 있는 많은 사람들의 자율적인 발언에서 그 문제점으로 지적하는 것은 학생들의 전반적인 학력 저하, 기초학력 미달 학생 수의 증가, 학교 조직 문화의 비효율성 등에 대한 것들로 대략 정리되고 있다. 방향은 맞고 열심히 추진했으나 성과가 부정적이라면 추진 방법에 어떤 문제가 있었는지를 면밀히 살펴야 한다. 그리고 아무리 애정이 가고 반드시 성공을 거두어야겠다고 다짐한 정책이라도 결실 시점에서는 마음을 비우고 현상을 직시해야 한다. 도달된

---

31) 공교육 혁신에 대한 기대로 시작된 혁신학교 운영은 긍정적인 평가도 있지만 학력저하, 조직관리 등에서 비판과 우려가 상당하다. 이에 대한 긍정과 부정의 평가를 전제로 원인분석과 함께 대응 전략을 제안하는 방향에서 이 글을 기술한다.
〈행복배움학교(혁신학교)는 '학교운영 혁신'에서 10% 이상 긍정 답변 많다〉(dtoday, 2016.7.1.)
〈공교육 개혁의 모델 혁신학교 운동〉(오마이뉴스, 2020.7.17.)
〈혁신학교의 두 시선, 창의력 키운 학교 vs 성적 떨어지는 학교〉(서울신문, 2017.12.7.)
〈'시험 없는 학교에 보낼 수 없다'는 혁신학교 반대 학부모님께〉(오마이뉴스, 2020.12.13.)
〈혁신학교의 운영 평가, 혁신학교운영 낙제점…서울 67개교 총제적 난맥상〉(베리스타알파, 2014.8.12.)
〈[한국교육개발원]평가결과 [혁신학교] 학력퇴행 심각〉(뉴스데일리, 2013.11.11.)
〈참학력 성장평가 혁신학교 내실있게 운영해야〉(전북도민일보, 2021.6.28.)
〈[기고] 미룰 수 없는 혁신학교 혁신 '반성부터 시작해야'〉(에듀인뉴스, 2019.7.8.)

현실을 냉정하고 객관적으로 직시해서 도달된 점과 그렇지 못한 점, 도달 정도와 미진한 정도를 비롯하여 그 원인과 문제점을 정확히 분석해야 한다. 이론으로 끝나는 기획이 아니고 실천이 적용되어야 하고, 그것도 몇 사람만의 움직임이 아니고 학교 전체의 움직임에서 결과가 나오는 것이다. 만족스럽게 도달했다는 지표를 얻어 내는 것도 중요하겠지만, 현 상황을 정확하게 짚어 냄으로써 반드시 이루어 내어야 할 혁신 과제의 수행 방법을 수정 보완하여 시간이 걸리더라도 완성해 내는 것이 더 중요할 것이다. 이 완성의 길을 위해 현황 파악과 문제점 인식은 매우 정확해야 한다.

　교육과 학교의 혁신이 결과적으로 뜻한 만큼 도달되지 못했거나 오히려 더 어려워졌다고 말할 수밖에 없는 것은 아마도 혁신을 추진함에 있어 경직된 과제 의식과 성급한 추진에 그 원인이 있지 않았나 하는 생각이 들기도 한다. 교육의 진보를 위해 학교교육의 혁신은 무슨 일이 있어도 이루어 내어야 한다는 지나치게 강한 과제 의식이 문제의 시작이 될 수도 있다. 과제 의식이 강했던 만큼 혁신학교 지정 운영과 해당 학교에 과도한 예산 지원을 하게 되었는데, 이는 그만큼 원하는 결과를 빨리 확인하고 가시적 성과를 내기 위함이 아니었는가 한다. 게다가 예산 집행의 자율성과 운영의 편의성으로 해당 학교에 특별한 혜택을 부여하면서까지 그 동력을 인위적으로 기세했던 점도 성급함의 한 단면으로 보인다. 그 편의성과 예산의 풍족함은 비혁신학교 입장에서 보면 하나의 권력으로 보이기까지 했음을 종종 듣곤 할 정도였다. 분위기와 구성원의 의식 변화, 그리고 실천적 모습이 정착된 새로운 방향의 도달은 점진적이고 자연스러운 흐름이어야 한다. 인위적으로 될 일이 아니고, 동력을 이용해 박차를 가했다 하더라도 진정으로 변화를 이루어 내려면 그 인위성조차도 소화되어 자연스러움으로 다가올 때까지의 과정과 시간이 필요하다는 얘기다. 그런 시간을 충분히 부여하지 않고 예산과 가속적 운영으로 급속도로 원하는 모습의 현상을 만들어 내려고 하니 운영하는 방향도 내실과 실질적인 의식 변화보다는 형식적으로 보이는 부분에만 우선적으로 치중할 수 있음은 미루어 짐작하고도 남음이 있다. 그러니 운영을 앞장서서 담당하는 사람과 그렇지 않은 사람들의 보이지 않는 갈등과 부조화가 개선되지 않은 채 한 공간에서 각각의 길을 갈 수도 있었을 것이다[32].

실제 혁신학교 운영을 보면 학교 구성원 중 교사 구성원에서도 혁신 교육에 대한 이해 및 인식도에서부터 적용과 실천, 정도, 열정 등에 차이를 보이며 공존했다. 운영 경험자들의 얘기를 들어 보면 운영이 잘 된다고 소문난 학교에서도 흔히 교사 유형이 세 갈래로 그룹이 나뉜다고 한다. 혁신 교육에 열정적이고 앞서 끌어가는 그룹, 중도 그룹, 이해도가 낮거나 부정적인 측면에 서 있는 그룹으로 나뉘어, 어렵게 혁신학교를 운영하고 있었다고 말했다. 다만 이렇게 복합적인 구성원 공간에서 혁신학교가 운영될 수 있었던 것은, 첫 번째는 혁신학교로 지정되었다는 것이고, 두 번째는 이에 따른 예산의 덕으로 혁신 중심으로 학교가 기획되고 운영된다는 방향성에서 반대 생각을 가진 사람들이 부정적인 구체적 행위를 하지 않고 묵인 또는 방관의 수준으로 있어 주었기 때문이었다고 한다. 게다가 혁신학교 운영에 앞장서 왔던 교사들도, 그

---

32) 혁신학교 운영에 대한 이 해석은 모든 지역의 혁신학교 운영에 대한 얘기는 아니다. 혁신학교마다 이름이 다르듯이, 그 목표와 운영 방식이 다르고 그로 인한 과정과 결과도 다를 것이다. 성과의 긍정과 부정의 견해가 공존하듯이, 아쉬웠던 혁신학교 운영의 사례에 근거한 한 해석임을 밝힌다.

나마 풍족한 예산 덕에 이 정도까지 도달했던 것이지 앞으로 예산이 중단되면 다시 원점으로 돌아갈 수 있을 것이라는 우려를 드러내었던 말을 기억한다.

■■■

교육의 혁신에서 중요한 것 중의 하나는 구성원의 수평적 관계와 그들의 자유로운 의견을 통한 협의 문화이다. 학교의 핵심 목표는 학생들의 최선을 향한 교육인데, 가장 바르고 이치에 맞으며 궁극적인 교육의 덕목을 실현하기 위해서는 교사들의 고민과 실천력이 절대적으로 필요하다. 아이들의 다양성을 관찰하고, 그들의 특장점을 이해하고 강화시키기 위해서는, 단일한 관점의 교육보다 준비에서부터 다양한 방법에의 노력과 큰 힘이 요구될 수 있다. 이러한 과정을 자발적으로 학교 조직 내의 모든 구성원이 하나같이 가동되기는 어려울 것이다. 물론 긴 시간 동안의 노력, 시행착오, 깨달음, 비교치 등이 있으면 이 가치에 동화되고 공감하는 동료들이 많아질 것이고, 차츰 교육의 방법과 교직 문화가 바뀌게 되면 혁신은 저절로 가능해질 것이다. 진정한 혁신은 내면적 의식과 시간의 흐름을 전제로 한 내공이 중요하기 때문이다. 그런 이유로 혁신의 과정에서는 부정적인 방향에 서거나 갈등에 있는 사람들의 생각과 행동도 사실은 매우 중요하다. 무엇 때문에 부정적인 편에 서는가의 이유는 혁신을 바로잡아 가는 데 매우 중요한 내용이며, 이들이 갈등을 겪고 난 후에 보이는 깨달음과 실천력은 그 결과의 효과가 더 클 수도 있기 때문이다.

■■■

　학교 조직은 교직원 집단에서 관리자와 교사의 관계로 크게 구성된다. 지금도 그 조직 특성은 변함이 없다. 이러한 조직 관계의 전통적인 특징은 상명하달의 문화라고 흔히들 말한다. 그러나 혁신 교육이 들어오기 전에도 이러한 고릿적 문화가 그대로 적용된 특이한 조직은 많지 않았다. 조직도 구성원인 사람들이 추려 나가는 것이기 때문에 구성원들의 의식에 따라 달라지기 마련이다. 그런데 본격적으로 혁신 교육이 들어오면서 관리자는 자신의 의견을 다른 교직원에게 말하는 것 자체를 조심하고 학생들을 직접 대하는 교사에게 많은 발언권과 의견의 기회를 주곤 했다. 이론적으로 매우 훌륭하고 바른 방향이지만, 그 기회를 충분히 효율적으로 사용하는 교사는 많지 않았다. 당연히 훌륭한 교사들이 전면에 드러날 수 있긴 하지만, 오히려 발언권을 학생들을 위한 방향이 아닌 교사 자신들 측면에서 사용하는 경우도 있어서 조직 관리의 현실은 힘들기도 했던 것으로 안다. 표면적이지는 않지만 이러한 성향의 교사 구성원이 많아지면 혁신적 조직 문화에서 교육과 학교 운영을 추진하기는 만만치 않다. 교사 집단에서도 혁신 문화가 충분히 이루어지기는 어려움이 있다는 것이고, 정말 시간이 많이 필요하다는 것을 보이는 사례이다. 이렇게 완성되지 않은 조직 문화를 보고, 혁신이 되었다거나 안 되었다거나, 이 혁신 정책이 맞다거나 틀리다거나 하기는 어렵다. 앞에서도 말했지만 의식과 실천의 변화는 그렇게 빨리 되는 것이 아니다. 아마도 시간을 주고 자연스럽게 가도록 하면 누가 시키지 않아도 가야 할 방향의 힘이 그렇지 않은 여건들을 도도한 물결로 휩쓸어 함께 데리고 갈 것이니 말이다.

■■■

　혁신 교육에서 가장 중요한 정점은 학생들에 대한 교육의 효과성이다. 혁신 교육이 필요했던 교실의 모습은, 교사는 열심히 가르치고 있으나 학생들은 호응하지 않고 잠을 자거나 흥미를 못 느끼는 분위기였다. 그래서 현상적으로 필요하다고 생각한 부분이 재미있는 교실, 생동감 있는 교실, 모두가 함께 참여하는 교실이었고, 나아가서 학생들이 학교에 오는 것에 스트레스를 받지 않고 그들에게 학교는 즐겁고 행복한 공간이 되는 것이었다. 따라서 지루하고 교사의 일방적인 전달 수업 방식에서, 재미있고 하나하나 생동감을 발산하는 즐거운 참여 수업으로의 변화를 꾀했다. 그런데 혁신학교와 혁신 교육의 이 교실의 변화는 내적인 충만, 지식 습득과 활용의 기쁨보다는 유쾌한 광경과 즐거운 분위기의 모습과 현상만이 중심이었던 아쉬움이 있다. 이 겉모습의 현상이 방법론적으로 교실수업의 우선적 목표가 되었던 듯도 하다. 그러다 보니 수업의 소재가 모두가 재미를 느낄 수 있는 수준, 재미를 몰고 가기 위한 놀이와 게임 동원, 생각거리보다는 즉흥적이고 쉬운 내용 중심 등으로 쏠리기 쉬웠을 것이다. 수업 시간 내내 교실은 시끄럽고 활기차면서 즐거울 수 있다. 이러한 분위기와 조건에서 조금 더 사고가 필요히고 딘계적인 지직 성숙을 가저오도록 요링 있세 수업을 실세하던 아이들은 지적인 수준의 향상을 놓치지 않고 반복해도 지루하지 않은 즐거운 수업이 되었을 것이다. 그러나 교실의 재미는 유지되는데, 지적인 성숙 단계는 많이 자극해 주지 않는 교실 수업의 사례가 많았던 것 같다. 인지적 차원의 내용으로 수업의 방향이 바뀌면 그 진지함으로 보통은 분위기가 다시 가라앉으며 수업에서 관심이 떠나는 아이들이 생겨

나기 때문이다. 그러니 얼마나 많은 교사의 고민과 노력이 수반된 수업 설계가 교실수업 혁신을 위해 필요할 것인지 생각해 봄 직하다. 그러함에도 표본이 되고 모범이 되는 혁신 교육의 수업 모델과 교사들이 있지만, 그 사례가 많지 않다. 일부의 성공 사례가 그대로 혁신 교육의 성공을 말해 줄 수는 없다. 혁신 교육을 가동한 지 10년 이상이 지났으니 긍정적 변화 사례가 전체적인 경향으로 도달되었으면 하는 아쉬움이 있다. 투자, 운영, 동력 등이 무엇보다도 우선적으로 적용되었으니 말이다.

■■■

학교에서 학생들이 가장 많은 시간을 투자하는 영역은 교과 학습이다. 물론 교과 학습은 거의 수업과 평가의 방식으로 이루어지지만, 이렇게 해서 얻어진 결과는 교과의 학습으로만 끝나지는 않는다. 교과 학습은 소화, 흡수되어 다른 생활 모든 영역으로 응용되고 바탕이 되기 때문에 특정한 학령에 접근되는 교과 학습은 기초와 심화의 차이는 있겠지만 모든 학생들에게 적용되고 능히 달성되어야 하는 부분임은 부인할 수 없다. 혁신 교육일수록 그 도달점은 학생의 학습력을 토대로 한 자신감과 자존감 향상이어야 한다고 생각한다. 혁신 교육을 적용하면서, 교실은 밝아졌고 학생들은 활발했으며 수업 참여도 좋았던 것으로 결과가 보고되고 있다. 그런데 학생들의 학습력은 떨어졌다는 논란과 항간의 말들이 있다. 이 상반된 결과를 풀어 말하면 교실 수업은 명랑했으나 배움이 약했다는 뜻일 터이다. 혁신 교육을 추진하는 방향에서의 분석도 중요하지만, 혁신 교육을 소비하는 학생과 학부모, 그리고 교육 현장에서 생생한 역할들을 하고 있는 교사들의 분석과 진단도 함께 포함하여 판단해 볼 일이다.

■■■

'당의정(糖衣錠, sugar-coated tablet)'이란 말이 있다[33]. 아파서 약을 먹어야 낫게 되는데, 그 치료를 위한 약제는 입맛에 매우 쓰다. 그러니 먹기 싫어할 것인데, 그것을 먹어야 치료가 되므로, 그 약제를 먹이기 위해 겉을 달콤한 맛으로 둘러싼 정제형의 약을 만들어 먹이는 방식의 형태를 '당의정'이라고 한다. 필요한 궁극적 약제와 그것을 거부감 없이 얻게 하기 위한 사탕발림이라고 하면 이해가 쉬울 것 같다. 하지만 중요한 것은 사탕발림이 아니고 쓰디쓴 약제 섭취가 목적이다. 더 중요한 것은 그것을 기필코 먹이기 위해 사탕발림을 시도하면서 궁극적인 목적을 유인한다는 것이다. 아이들의 교육도 마찬가지다. 꼭 알아야 하는 지적 내용과 기초가 되는 인지적 영역에 대한 이해 등을 알려 주고 이것을 반드시 숙지해야 응용력과 적용력이 만들어질 텐데, 이것들을 알려 주려고 하면 집중을 안 하고 잠을 자고 딴짓을 한다. 그러니 이것들을 꼭 주입해 주기 위해 재미있는 수업 방법을 고안해서 현상적으로 즐겁게 하는 것이다. 그런데 이 즐거움의 현상은 반드시 지적인 내용을 감싸야 하는 것이 중요하나. 즐거움과 유희 속에 인지 영역이

---

33) '당의정'은 '문학의 기능설'의 한 예에서 가져온 개념이다. 로마의 시인 루크레티우스는 "의사가 어린이에게 쑥탕을 먹이려 할 때 그릇의 거죽에 달콤한 꿀물을 칠해서 먹이는 것처럼, 문학도 꿀물과 같은 역할을 해서 시인이 말하려는 철학의 쓴 약을 꿀물의 달콤한 운문으로 독자 앞에 내놓아야 한다"라고 그의 문학관을 표현했다. 문학의 즐거움은 알약에 껍질(옷)을 입혀 놓은 당분과 같고, 담겨 있는 심오한 이치는 쓴 약 알맹이와 같다는 것이다 (『문학비평용어사전』, 이상섭, 민음사, 2009).

나 기초 지식이 아예 들어 있지 않으면 실속 없고 알맹이 없는 껍데기에 불과하다. 껍데기는 영양가가 없으니 섭취해도 성장에는 도움을 얻지 못한다. 지적 동력이 없는 즐거운 수업은 그다음의 지식 발전과 문제해결을 위한 아무런 역할도 하지 못하고 유희 그 자체로만 끝날 것이다. 이러한 방식의 수업의 설계, 수업 방법의 고안은 교사의 몫이다. 당의정을 잘 만드는 것, 즉 사탕발림 속에 얼마만큼의 진귀한 지식을 체계적으로 넣을 수 있는가도 교사의 몫이라는 뜻이다. 그리고 학생들의 진짜 즐거움은 바로 이 지식의 습득과 그것이 체화되어 다음 지식으로의 점프력을 느끼는 부분이 되어야 한다. 처음에는 사탕발림에 유인되어 즐거웠지만, 나중에는 그 현상적 즐거움 덕택에 소화가 된 지적 내용의 충만과 그것을 토대로 한 응용과 적용, 그리고 새로움을 찾아내는 즐거움으로 이어지면서 자아가 성장하는 것이다. 만약 교실은 재미있었으나 그럴수록 학력이 떨어졌다고 한다면 그것은 사탕발림만 있고 그 속에 약제가 없었다는 것이다. 알맹이 없는 재미있는 교실의 반복은 그 유희와 재미에도 불구하고 아이들은 곧 식상해 버리는 특징도 있다. 웃고 떠드는 교실 분위기 속에서도 동참하지 못하고 있는 아이가 있다면 바로 이 문제가 적나라하게 나타난 사례일 것이다. 지식이란 가질수록 즐겁고 응용하고 적용되면 뿌듯한 행복이 있는 것이다. 지식이 내재되면서 즐거운 교실이 되는 것이 진정으로 즐거운 교실이고, 이러한 교실을 만드는 수업이 혁신적 수업이었을 것이다. 현상적인 즐거움이 충만한 교실에서, 그 즐거움이 깊어질수록 학력이 저하되고 있다면 그것은 현상만 취하는 피상적인 수업 혁신이고, 진정한 혁신은 아직 도달하지 못했다는 것이다.

■■■

　만약 지식과 즐거움이 결합되고 융합된 교실이었다면 혁신 교육에 대하여 학력저하라는 책임성을 여러 곳에서 논의하지는 않았을 것이다. 교육과 학교는 학생을 지적으로 시작해서 창의적으로 키워 내는 것에 가장 큰 무게를 두어야 하는 곳이다. 최종적인 평가에서, 부분적으로 불완전하게 간 혁신 교육이라는 평가가 나온다면, 어쩌면 가장 핵심적인 학생들의 학업 영역, 그것도 기초학력 부분을 놓친 혁신이라는 평가가 나온다면, 그리고 이러한 평가에 진정 공감한다면, 지금 이 시점에서는 혁신의 방법에 대하여 수정, 보완의 길을 활짝 열어야 하지 않을까 한다. 필요한 지식을 꼼꼼히 가르쳐야 하고, 기초 지식일수록 반복과 암기의 과정도 필요하다. 이러한 방법으로 기초를 잡아 주는 학습이, 일방적이고 전달적인 학습 방법이라고 해서 절대 반혁신이 될 수는 없다. 기초는 어떤 학생이든지 일단 담아 놓고 있어야 하는 필수 지적 수준이기 때문이다. 그 수준의 지식도 없다면 응용, 토론, 적용, 점프 등이 나올 수가 없다. 창의적이고 문제해결력을 보이는 혁신적 학습 방법을 운영하기 위해서는 혁신 교육을 최일선에서 끌고 가는 구성원들이 그 누구보다도 먼저 객관적이고 열린 마음을 가져야 할 것이다. 일률적인 기준을 작위적으로 적용하거나, 정책 차원에서 무소신 살뇌었나고 평가하거나, 완성된 결실을 보았다는 결론을 성급하게 내리거나, 오직 긍정적 평가만을 갈구하는 자세로 일관하면 안 될 것이다. 그런 마음과 태도는 오히려 가장 반혁신적인 자세일 수 있기 때문이다.

■■■

앞으로의 혁신 교육은 이제 모든 학교급, 모든 학교에서 기본 교육의 방향으로 녹아들어야 할 것이지, 별도의 특별한 정책이나 사업으로 운영할 일은 아니다. 지금은 혁신을 운운하면서 교육을 바꿔 보겠다고 말하는 시대는 이미 아니다. 따라서 그 혁신의 내용적인 것들, 즉 학교는 즐거워야 하고, 교실은 행복해야 하며, 학생을 중심에 놓고, 다양성을 인정하는 시대가 되어야 한다고 다시 외치는 것은 현재 시점에서 과거의 이야기를 반복하는 시대착오적인 발상일 수 있다. 시대도 변하고 교육의 방향도 이미 바뀌어서 혁신 자체는 이미 교육 현장에서는 매우 당연한 것이 되었다. 다만 지금까지 해 온 정책 차원의 노력과 그 결과적 성과는 아쉽지만 미진하다. 교육공동체 모두의 의견을 모아 잘된 부분, 잘못된 부분, 미진한 부분 등에 대한 엄정한 평가를 내려야 한다. 그리고 완벽한 결실을 위해 이제는 수정 보완의 선을 타고 안정적인 성장의 길을 가야 한다. 혁신 교육에 노력한 지난 시간들이 이미 녹아든 토양에서, 혁신의 내용들이 미래 교육의 방향으로 더 깊게 정착되도록 진지하게 노력하면 될 일이다.

02
학교자치와 민주시민교육

교육 방향의 전환점에서 혁신 교육과 맞물려 일어난 학교 내 변화의 큰 방향은 학교자치 활성화와 민주시민교육이다. 학교자치는 학교라는 공간을 둘러싼 교육공동체의 주체적 역할을 강조한 것으로 세부적 조직의 수평적, 협의적, 능동적 합의와 역할을 보장한 학교 운영의 민주적 시스템이라 볼 수 있다. 학교자치는 크게 학생자치, 교사(직원)자치, 학부모자치로 구성되어, 학교 운영 전반과 구체적 내용을 구성원 스스로가 논의하고 협의하여 결정해 가는 협의체로, 이들 구성원 모두는 누구도 학교 운영의 수동적 존재가 아니라는 인식에서 출발한다. 그리고 교육공동체 내에서 그들의 역할은 능동적, 적극적, 창의적인 능력을 요구하고 있다. 학교자치의 세 톱니바퀴인 학생, 교직원, 학부모로 구성된 자치 활동의 중요성은 균형과 합의이다. 어느 한 쪽이 특별하게 부각되거나 비중이 커서는 안 되고 강조되어도 안 될 것이다. 다만 영역의 중심성은 있을 수 있다. 중요한 것은 이 세 톱니바퀴의 뜻과 내용이 서로 상충되거나 대결 상태여서는 안 되고, 오히려 동력이 되는 상호 지원적 역할이 절대적으로 필요하다는 것이다.

학교자치는 이전에는 전혀 없었다가 전격적으로 새로 나온 것은 아니다. 물론 학부모자치는 이전에는 없었던 것이 새로 학교 운영으로 들어온 것이긴 하다. 교사자치도 물론 이전에는 그 역할이 미약했다. 학생자치는 그래도 교육적 차원에서 추진하기는 했으나 역시 미약했음은 부인할 수 없다. 과거에 비해 가장 큰 차이는 바로 '자치'라는 개념의 적용이고, 그 힘으로 역할 비중을 높여 가는 점에 있다. 당연히 예전에는 실제 교육 현장에서 이들의 역할을 독려하거나 보장하는 힘과 제도가 미약했다. 이제는 학교에서 이들의 역할을 전면에 내세워 정책적으로 접근하면서 이를 위한 제도적인 여건을 개선하고 보장하는 방향으로 가고 있다. 이에 대한 활성화와 실천을 보장하기 위해 거의 각 지역에서는 지방의회와의 협력으로 학교자치 조례 제정 등을 통해 적극적으로 그 운영을 지원하기도 한다.

■■■

민주시민교육도 그간 하지 않았거나 언급되지 않은 것은 아니나 적극적으로 독려되거나 구체적인 실현의 힘을 받지 않았었다. 그래서 혁신교육 이후에 미래 인재 역량 개발을 위한 실질적 접근으로 조금은 뒤늦게 실천적 정책으로 들어간 것이 민주시민교육이다. 현재는 교육부를 비롯해서 전 시·도 교육청의 핵심 지원 사업으로 자리매김을 하고 있고 교육 현장에서 세부적인 추진이 한창이다. 한마디로 민주시민교육은 근원적인 인간 본성에서 출발하여 민주 시민 의식의 함양과 고양을 위해 학생들에게 교육적 역할과 지원을 하는 것이다. 따라서 인간 근원성에서 출발하여 시대 의식과 미래지향적 의지를 바탕으로, 세계에 대한 이해, 정서적 교감을 갖게 하는 교육의 방향성이 매우 중요하다.

민주시민교육의 접근은 내용적 설계도 중요하나, 지적 교육의 범주보다는 사람됨, 의식, 본성, 관계 등 인간성 함양이 중요하므로 교육의 방법론이 더 중요한 면이 있다. 관계성과 공동체 의식을 비롯하여 인간과 세계에 대한 태도, 사고의 깊이, 이해의 범위, 합의의 과정, 깨달음 및 반응 등 인성과 가치에 대한 교육이 필요하다면, 그 효과성을 위해서 반드시 활동과 실행이 함께 엮이는 방법으로 적용되어야 할 것이다. 보통의 경우는 교육과 연수 시스템을 활용하는 콘텐츠 중심의 접근이 많다. 그러나 콘텐츠를 제공하되 실행이 함께 엮이는 방법, 학생이 주체가 되는 경험과 체험의 방법이 의식의 성장에는 가장 효과적일 것이다.

민주시민교육의 내용과 방법은 매우 포괄적이어서 학교교육의 모든 외연을 민주시민교육이라고 할 만하다. 교육을 통한 모든 배움과 앎, 그리고 삶의 과정에서 얻는 태도를 통해 궁극적으로 추구하는 것은 더불어 살아가는 민주 시민의 참된 자질일 것이기 때문이다. 다만 민주시민교육을 정책 차원에서 특별한 영역으로 분리하여 추진할 때는 지적인 교과 학습 관련의 내용보다는 구체적 삶에 쉽게 연결되는 현실 사회의 보편적 이해 영역에 관한 콘텐츠가 더 필요하다. 가치와 해석이 예전과 달라진 부분, 시의적이라 할 만한 시대의 흐름 영역, 이론보다는 동향 등 삶의 생생한 부분에 대한 이해와 해석은 더 확실한 의식의 성장을 가져올 것이다. 예컨대 평화통일과 북한, 환경과 기후, 역사의 해석, 다문화와 분쟁 갈등에 대한 국제이해, 젠더의식과 성인지 감수성 등을 생각해 볼 수 있다. 이 외의 많은 것들에 대한 총체적이고 전반적인 내용은 철학과 독서의 교육이 다방면의 민주 시민 의식의 고양에 기본적인 바탕을 형성해 줄 것이다.

■■■

○ 평화통일과 북한

평화통일과 북한에 대한 이해와 콘텐츠의 방향은 미래를 살아가야 할 현재의 우리나라 학생들에게는 무엇보다도 중요한 영역이다. 현재 학생들을 가르치고 콘텐츠를 생산하거나 선별하는 교육 계획의 당사자는 교사든 교육청 관계자든 모두 기성세대일 것이다. 이들이 과거 학교교육 대상자였을 때의 시대와 가치는 적어도 평화통일이나 북한에 관한 한 매우 폐쇄적이었고, 정부의 대북 정책과 방향도 지금과는 기본적인 사고의 틀이 매우 달랐다. 이러한 저변 의식으로 교육되었던 북한과 사상에 대한 콘텐츠는 철저한 이분법적 논리의 한쪽 편에서 매우 경직되어 있었던 시기이다. 반공, 방첩, 멸공, 적화통일 등이 북한을 이해하는 대표적인 용어들이었고, 적화통일에 대한 대립어로 평화통일을 이해하던 때였다[34]. 그러나 국가 발전과 국제적 동향에서 평화 유지를 핵심 목표로 삼고 있는 지금은 평화와 통일에 대한 개념 이해부터 달라지고 있다.

---

[34] 과거 기성세대가 학교교육을 받았을 1960년대 및 1970년대에는, 북한은 남한을 북한의 사상으로 통일시키는 것이 중요한 과제였고, 남한은 그 반대로 우리의 사상으로 북한을 유입시키는 것이 통일의 방향이었다. 그래서 북한은 적화통일을, 남한은 그 반대로 평화통일을 목표로 했다. 통일이란, 말 그대로 두 개가 하나로 합쳐지는 것이었고, 서로 그 주도권을 차지하는 힘의 대결을 통일의 전제로 삼았던 것이다. 그러나 오늘날의 통일은 물리적으로 둘이 하나가 되는 유입 또는 흡수의 개념이 아니라, 각각의 체제를 인정하고 그 상태로 적대성을 벗어나 한 국가 두 체제의 방식을 인정하되, 서로 대치되거나 언제든 흡수시키려는 것을 목적으로 하지 않은 상태의 '평화'로운 체제를 지향한다. 이것이 바로 '평화통일'이다. 따라서 통일은 바로 평화의 의미이고, 평화를 보장하는 체제 유지가 바로 통일이 되는 것이다. 2021년 9월 21일 유엔총회에서 있었던 문재인 대통령의 '종전선언'은 평화협정을 위한 정치적인 선언으로, 이는 현재의 휴전 상태에 종지부를 찍고 더 이상의 대결을 중지하고 평화의 상태를 유지해 가자는 메시지로 이해할 수 있다.

학생들에게 교육을 제공하고 효용적 달성의 방안을 고민하는 교사와 관계자들이 이에 대한 내용을 깊이 있게 이해하고 교육의 필요성을 절감할 동기가 있어야 그들에게서 나오는 새로운 교육이 진지하고 설득력 있게 전달될 것이다. 평화통일에 관한 한, 기성세대의 과거 피교육적 내용이 요즘과 달랐기 때문에, 적어도 모든 교사들에게 통일에 관한 진지하고 폭넓은 연수 제공이 선결되어야 할 부분이기도 하다. 그래야 학생들에게 남북분단 70년의 역사에서 '평화'가 왜 '통일'의 다른 이름이 될 수 있는지, 체제 유지를 통한 평화가 왜 통일의 해법이고 그 열망의 이유는 어떻게 설명되는지를 생각해 보도록 진지하게 유도하는 교육이 가능할 것 같다. 독일의 통일을 분석하고 우리나라와 그들의 상황과 여건을 비교할 수 있도록 문제를 던지며, 정치, 경제, 문화, 사회 등 각 분야에서 바라보고 이해하는 통일의 개념과 당위성은 어떻게 설명되는지를 민주시민교육 차원에서 적극적으로 관여해 주어야 한다. 지식과 정보를 주는 설명과 전달 위주의 교육보다는 학생 스스로 찾고 의견을 공유하면서, 깊은 토론에 의한 이해와 정리를 유도할 수 있도록 그 교육방법도 고안되어야 한다. 최북단의 지점에 직접 가서 정리된 내용을 소화하고 강화할 수 있는 체험의 기회를 주는 것도 중요하고, 그 지점에서 한반도를 중심으로 한 과거의 국제적 사건과 현재의 이슈를 공감하도록 교육하면 그 깨달음과 응용적 사고가 크게 발전할 것이나. 세계의 분쟁과 갈등의 문제, 그 속에서 우리나라의 국제적 긴장, 미국과 중국의 대결 속에 우리의 통일은 어떻게 이해되고 실천되어야 하는지를 이해하고 해석하는 과정에서 답을 찾아갈 수 있는 역량을 길러 주는 교육이 절대적으로 필요한 시점이기도 하다.

■■■

○ 환경과 기후

　환경과 기후의 문제에 대해서는 존 바이든 미국 대통령 취임 후 실천적 관심이 급격히 높아진 것으로 보인다. 환경 문제에 대한 이슈의 역사는 오래되었고, 2015년 파리 기후변화협약(Paris Climate Change Accord) 이후 국가 또는 기업 차원의 탄소배출 제로에 대한 방안 등이 논의되어 왔다[35]. 우리 정부에서도 2020년 10월 국회 시정연설에서 대통령의 '2050 탄소중립' 선언이 있었고, 이어 2021년 9월에 그 선언을 제도화하기 위한 탄소중립기본법이 제정되면서 온실가스 배출량을 2018년 대비 2030년에 35% 목표로 규정했다. 이러한 흐름에서 환경보호를 위한 작은 실천적 행동들이 학교를 중심으로 교육되고, 학생들은 작은 실천들을 그 어느 때보다도 생활화하고 있는 모습들이 보인다.

　그러나 미래 인재 역량 개발을 위한 민주시민교육 차원에서는 더 본질적이고 더 필요한 부분이 있어 보인다. 환경보존을 위한 방안으로, 분리배출, 재활용, 일회용품 사용 자제, 에너지 절약 등의 작은 실천에 학생들의 사고와 지식이 머물러서는 안 된다는 점이다. 환경과 기후 문제에 대한 이치와 원리를 제대로 알고, 왜 환경에 대한 고민과 실천이

---

[35] 파리 기후변화협약(Paris Climate Change Accord)은 2015년 12월 12일 파리에서 열린 제21차 유엔 기후변화협약 당사국 총회(COP21) 본회의에서 195개 당사국이 채택하였으며, 버락 오바마 미국 대통령 주도로 체결된 협정이다. 산업화 이전 수준 대비 지구 평균온도가 2℃ 이상 상승하지 않도록(2℃ 이내, 1.5℃ 기준 노력) 온실가스 배출량을 단계적으로 감축하자는 내용을 담고 있는 이 협약은 2020년 만료된 교토의정서를 대체한 것으로, 파리 협정에 참여하는 195개 당사국 모두가 감축 목표를 지켜야 하는 점이 교토의정서와 다르다(네이버 지식백과, 한경경제용어사전 참고).

필요한지에 대한 실감 있는 이유를 토대로 삶의 방식과 태도를 개선할 수 있는 적극적 방안에 대하여 상상할 수 있도록 교육적 방법이 제공되어야 할 것이다. 구체적인 탄소배출 지양의 방법과 배출된 탄소를 흡수할 수 있는 과학적이고 생산적인 기술 개발에도 적극적인 관심을 갖도록 해야 할 것이다. 환경보호를 위한 탄소배출 지양의 실천도 중요하지만, 이 작은 실천만으로 지구의 환경이 보호되거나 여건이 개선되기는 어렵기 때문이다. 나아가 더 적극적인 방법으로 오염된 환경을 깨어나게 하거나 획기적으로 재생하는 시스템을 교육하고, 이들에 대한 관심을 강화시켜 환경 문제에 직면하게 만드는 것이 교육적 차원에서는 더 생산적이고 미래지향적일 수 있다. 소극적 환경보호를 뛰어넘어 적극적 환경보호와 오염된 환경의 정화에 대한 관심에 포커스를 두는 교육 방향이 필요한 것이다. 오염물에 대한 재생산과 재구조화 차원에서 쓰레기 매립지에 대한 견학과 구체적 사업들에 대한 이해, 신재생 에너지의 가능성과 방향, 환경오염을 극복한 새로운 비전 제시에 대한 현황과 미래적 관점 등에 대해서도 시야를 크고 넓게 만들어 주는 것이 적극적 환경교육의 할 일이 아닌가도 생각해 볼 만하다.

■■■

이 시대를 사는 사람은 누구나가 직면하게 된 오늘날의 기후재앙에 대해서도 그 원인과 과정을 이치와 논리로 이해하고, 이러한 상황에 대한 귀결, 상황 극복에 대한 당위성, 가능한 방법들에 대한 모색 등에 대해서도 많은 자료를 토대로 충분히 공감하고 생각하게 하는 교육이 이루어져야 할 것이다. 아는 만큼 보인다고 하듯이, 아는 만큼 깨닫고 대처할 수 있을 것이다. 그러나 오늘날 환경과 기후의 문제는 단순히 알아차리는 차원에서는 대응이 안 되는 급박한 문제일 수 있다는 점도 환기되어야 한다. 기후재앙이 급기야 우리의 삶을 직접적으로 위협해 올 수 있다는 위기 의식에 대한 공감이 필요한 것이다. 따라서 환경과 기후 문제에 관하여 근원적이고 깊이 있는 학습이 이 시대와 미래를 살아가는 학생들에게는 더 절실하게 펼쳐져야 한다. 관심 있는 학생들은 이에 대하여 특히 더 연구하고 실천을 동원할 수 있도록 길을 터 주는 것도 중요하다. 아는 수준에 따라 체화하고 동참하는 정도는 다르겠지만, 이들을 위해 교육과정 편성, 동아리 교육활동, 단체와 연계한 실천적 경험 등으로 환경과 기후 문제에 대하여 함께 고민하고 의견을 나눌 수 있도록 활동 학습의 장도 적극 열어 주어야 한다.

■■■

○ 역사의 해석

민주 시민 의식의 고양은 이론을 토대로 실제 삶에 응용하고 적용하는 역량과 관련이 있다. 다양한 분야의 많은 지식들이 결국은 구체적 삶에의 적용과 응용에 연결되겠지만, 그러한 역할에 가장 직접적으로 작용할 영역에 역사 이해가 있다. 역사를 제대로 알아야 무엇이 왜 잘못되었는지, 중요한 것이 무엇인지, 인간의 삶과 정치, 사회, 문화 맥락에서 사람은 어떤 존재이고 어떤 존중을 받아야 하는지를 터득하게 될 것이다. 역사성을 근거로 끔찍한 과거를 굳이 날을 정하여 기념하는 것은 다시는 그러한 잘못된 전철을 밟지 않게 하려는 적극적 태도의 표현이다. 과거의 치욕스러운 역사적 사건, 잘못된 판단으로 일을 그르침으로써 억울한 민간인의 희생이 뒤따랐던 일, 개인의 권력을 위해 민중의 목숨을 앗아갔던 일 등을 잊지 말자고 외치는 이유가 바로 그것이다. 동족상잔의 비극이었던 6.25 한국전쟁, 일제치하의 긴 역사적 세월, 세월호 침몰 사건, 5.18 광주 민주화 운동, 전태일 열사의 죽음 등은 그 역사적 사건을 객관적으로 조명해 의미를 되새김으로써 정치·사회적 나락으로부터 극복과 희망을 건져 내려는 성숙한 시민의식을 고양하는 데 큰 역할을 하고 있다. 비극적 역사를 제대로 알게 됨으로써 최소한 그러한 사건이 반복되지 않도록 근원적이고 제도적인 개선과 함께 민주시민 의식은 성장하게 된다. 그러한 이유로 당시에는 이해 못 할 사건이지만 시대적 흐름으로 보면 그래도 긍정적이고 정의롭고 바른 방향으로 가고 있다는 위안을 역사는 증명해 준다. 따라서 민주시민교육 중에서도 가장 핵심은 역사 이해와 역사의식이라고 볼 수 있는 것이다.

역사는 우리나라 역사도 중요하지만 세계의 역사도 중요하다. 우리나라와 세계는 상호적이고 연계적으로 판단하고 해석할 수 있는 연결 고리가 있기 때문이다. 갈수록 국제화, 세계화의 길로 삶의 영역이 확장되면서 동시에 의식과 문화도 넓어진다. 학교 교육과정에서도 역사 교과의 배움이 있지만, 실행적이고 응용적인 차원에서 역사 이해를 토대로 한 실전적 내화나 행위, 보돈 등으로 깊게 다루어지는 것은 민주 시민 의식 교육의 핵심적인 방법일 수 있을 것이다.

■■■

○ 젠더의식과 성인지 감수성

　젠더의식과 성인지 감수성에 대한 교육은 이 시대에서 가장 예민하고 절박한 민주시민교육의 한 주제일 수 있다. 성(性)은 생물학적인 성별(sex)과 성역할의 사회적 인식을 토대로 한 젠더(gender)로 구별해 볼 수 있다. 따라서 젠더는 바른 사회적 인식에 의한 정당한 양성평등적 성역할에 대한 개념이 본질이다. 하지만, 실제적으로는 많은 충돌적 상황에서 보이는 성별 통념에 따른 편견과 그에 따른 성역할을 고정적 관념으로 규정한 개념이 논의되고 이슈화되기 때문에, 이것도 젠더의 의미에 포함할 수 있다. 젠더는 성차별과 유사한 면이 있으나, 굳이 구별하자면 성차별은 성별에 대한 편견으로 남성이든 여성이든 하나의 인간으로서 동등하게 평가하지 않는 행위와 현상을 말하고, 젠더는 그러한 편견과 행위가 표출될 수 있는 성별 역할에 대한 왜곡된 관념이라고 구별해 볼 수 있다. 따라서 성차별보다 더 근원적인 것은 젠더의식이다. 대상에 대한 인식은 시대에 따라 변화를 겪고 그간의 문제점과 잘못된 점을 지적하여 바르고 정의로운 쪽으로 고쳐 나가게 되어 있다.

　그러나 지금까지 남성과 여성이라는 타고난 생물학적인 성 자체를 근거로 사회에서의 성역할에 대한 왜곡과 차별은 매우 긴 세월 동안 고착되어 왔다. 시간이 긴 것만이 문제가 아니라 그 긴 시간만큼이나 강력하게 고착된 차별적 성에 대한 인식과 이해가 너무 두텁게 자리 잡았고, 그것이 비의도적인 사회 교육 차원에서 세대로 전이되어 온 양상이 상당히 심각하다. 이는 사회 구성원 전체가 그 잘못됨을 인식하기가 쉽지 않다는 말도 된다. 갓난아이의 출생 시부터 아들은 하늘색 포대기, 딸은 분홍색 포대기에 싸서 성별을 구별한 것에서부터, 아들은 씩씩한 장군감으로, 딸은 예쁜 공주로 칭찬을 해 왔던 언어 표현들이 가장 원초적이다. 이러한 성별 대상에 대한 표현은 잠재적으로 그러한 성향을 강압한 교육적 결과까지 가져다줄 수 있다는 것은 이미 충분히 수긍할 수 있을 것이다. 남자 간호사, 남자 유치원 교사, 여자 비행기 조종사, 여자 중장비 기사 등의 진로 선택이 지금은 특별한 경우가 아니라고 인식되지만, 이러한 인식의 자연스러움은 얼마 되지 않았다. 고착성이 강한 것은, 인위적이고 정책적인 교육의 힘을 통해 인식의 변화를 시도하지만, 그러함에도 구체적 사례를 들어 이해시키고 변화의 공감을 얻고자 하는 열정적인 노력을 동반해야 조금이라도 그 효과가 나타날 수 있을 것이다. 특히 특정 상황과 연루하여 성별 간 갈등을 의도적으로 유발한 경우는 아무리 교육을 해도 인식 변화가 어렵거나 오히려 교육이 또 다른 갈등을 야기하는 경우도 적지 않다. 이렇게 보면, 젠더는 인식과 의식의 문제이지만 젠더 갈등은 사회적인 문제로 보인다. 게다가 이 갈등이 특정 정치 세력이나 특정 목적을 염두에 둔 세력의 의도로 조장되는 흐름이 있다면 이 갈등은 거론할수록 수위가 더 높아지고 즉각적인 교육적 노력은 오히려 타격을 입을 수도 있을 것이다.

■■■

최근 이러한 갈등이 상당히 위험한 수위로까지 뻗어 감을 보이는 페미(페미니즘(feminism)의 줄임말), 남혐(남성혐오의 줄임말), 여혐(여성혐오의 줄임말) 등의 유행어 출현과, 이와 관련된 MZ세대들의 젠더 갈등과 관련한 팽팽한 긴장감의 대결 현상은 그저 지나가는 사회현상으로만은 보이지 않아 우려스러움이 있다. 여자 운동선수의 개성적인 헤어스타일인 짧은 커트 모양을 두고, 일부 남성들이 이 선수에 대하여 당연히 '페미('남혐' 의미 반영)'일 것이라는 생각을 노출하면서 이유 없이 공격하는 모습은 젠더 갈등으로 확산되는 모양새를 적나라하게 보이기도 했다[36]. 하나의 현상에 대하여 굳이 '남혐'이라고 비난하면 그 비난을 받는 사람은 또 상대방에 대하여 '여혐'이라고 맞대응할 수 있으며 이 같은 상황은 극단적인 갈등과 대결을 낳게 하고, 개인이 아닌 사회적 파장을 일으키는 과정이 되고 만다. 함께 동반하고 살아가야 할 남성과 여성이 오직 성별을 기준으로 서로 혐오하고 갈등하게 되면 건강한 사회를 이룰 수 없음은 물론 사회 구성원으로서 함께 살아갈 힘과 의지력을 상실하게 된다.

■■■

양성평등 정책과 교육의 귀결점은 상호 존중과 이해를 통해 서로를 궁극적인 조화와 어울림의 경지로 올려주는 데 있다. 양성평등의 정책

---

36) '페미니즘'은 오래전부터 이어져 왔던 남성 중심의 이데올로기에 대항하여 사회 각 분야에서 여성의 권리와 주체성을 확장하고 강화해야 한다는 이론 및 운동을 의미한다. 즉, 남성 중심적인 사회에서 차별적인 대우를 받아온 여성들이 사회가 정해 놓은 여성에 대한 고정관념을 탈피하는 등 '성(sex, gender)'에서 기인한 차별과 억압으로부터의 해방을 주장한다(네이버 지식백과 시사상식사전 참고, https:terms.naver.com/entry.naver?docId=5715802&cid=43667&categoryId=43667).
하지만 짧은 커트 헤어스타일에서 '남혐'의 의미까지로 확장한 '페미'의 의미 규정은 페미니즘 자체를 여성의 남성에 대한 대결과 도전의 의미로 해석하는 부분이 있어, 사회적 갈등으로 치닫는 문제가 노출되기도 한다.

수행이 상대 성(性)에 대한 특혜나 편파적 지원으로 분석되거나 오해됨으로써 양성이 대결하고 갈등을 일으키게 하면 안 된다는 것이다. 그간 성차별적 제도나 관습에서 반인권적인 처우가 있었던 여성 차별에 대하여 개선하지 말라는 것은 아니나, 양성평등 정책이 양성 갈등을 조장하지 않도록 세심한 주의와 객관적인 안목이 필요하다는 얘기다. 그래야 양성평등에 대한 인식이 정책 입안자나 수행자에게 머물지 않고 실제 이 사회를 살아가는 남성과 여성들에게 바른 인식과 평등적 사고로 내재되어, 서로를 이해하고 조화를 이룰 수 있는 바탕이 될 것이다.

요즘 젊은 세대들의 결혼 기피 현상에 대하여 많은 원인들이 추출되고 있으나, 그중 하나로 젠더 갈등도 무시하지 못할 것이라는 생각이 든다. 남성과 여성이 강하게 자기의 성 영역에만 가두어진 상태로 상대에 대하여 이해, 배려, 존중이 없이 서로를 공격하고 대결하는 방향으로 가는 모습이 종종 보이기 때문이다. 그러니 양성이 화합하고 조화를 이루는 삶에 대하여 비전과 꿈을 가질 수 있겠는지 생각해 볼 일이다. 젊은 세대의 결혼 기피 성향에 관하여, 물론 겉으로 드러난 사회적 원인으로는 내 집 마련, 자녀교육 등 경제적인 면에 대한 부담의 원인이 맨 먼저 꼽히고, 그 수준도 노력해서 해결된 정도가 아니라는 점도 이해는 간다. 그러나 함께 조화를 이루고 극복해 가려는 마음가짐과, 함께 사는 삶에 대한 이상(理想)이 저변에 존재한다면 그러한 사회적 조건들은 극복의 대상으로 인식되지 않을까 한다. 따라서 젠더의식의 고양을 위한 양성평등 정책과 교육은 양성의 화합과 조화에 최종의 목표를 두어야 할 것이고, 구체적 추진 방향도 같은 맥락에서 고민되고 조정되어야 할 것이다.

■■■

　이러한 젠더 갈등은, 우리나라의 경우 전통적인 문화 특성에서 그 원인을 찾을 수 있는 부분도 있어 보인다. 남존여비 사상과 가부장적 가정 문화가 기조를 이루었던 과거 우리의 삶은 특히 여성의 성역할에 대하여 폐쇄적이거나 제한적인 부분이 많았다. 그러다 보니 시대적인 반성과 함께 여성에 대한 성역할 의식을 개선하는 데 특히 방점을 찍어 노력하는 추세가 두드러졌던 것도 사실이다. 이러한 것들이 남성들에게는 또 편파적인 상대적 피해 의식으로 발현될 수 있는 여지도 있어 보인다. 정부 부처에 여성가족부를 두어 양성평등을 추진하고 있는데, 부서 명칭에서부터 '여성'을 노출하고 주제화하는 정책이다 보니, 운영의 모양새가 여성 중심인지 양성평등인지 그 관점에 대하여 이의를 제기할 부분이 전혀 없는 것은 아닐 것이다. 어떤 이유로도 여성에게만 지나치게 초점을 둔다거나 여성 중심으로 정책을 모색하는, 소위 '여성정책'을 전면화하는 것은 심도 있는 고려가 필요한 부분이라고 본다. 중요한 것은 말 그대로의 양성평등이어야 하고, 남성이든 여성이든 성별이 다른 동등한 인간의 모습에서 그 역할과 평가를 개선해 주는 방향으로 정책이 추진되어야 한다는 것이다.

■■■

　　설문 조사 방식에서 성별을 표시할 때, 디폴트(default)를 남성으로 놓고 세팅했던 것[37]을 공평하게 남성과 여성을 선택하게 하고, 사람의 모습을 대표하는 표지판 등에 남성의 모습을 대표로 하지 말고 남성과 여성을 함께 그려 넣는다든지 하는 섬세한 노력이 있다면 양성평등의 젠더의식을 개선하는 데 넓은 바탕으로 작용해 줄 것이라고 생각한다. 의식의 변화와 함께 성차별적 용어 사용에 대한 반성을 시도하는 노력들도 상당히 주목할 만하다. 특히 일상생활에서 무의식적으로 사용해 온 성차별적 언어 표현들이 거론되고 있는데, 이들은 여성에 대한 반인권적 의미가 함께 내포되는 경우가 많다. 그래서 '저출산'을 '저출생'으로[38], '유모차'를 '유아차'로, '아빠다리'를 '나비다리'로 바꾸자는 노력들이 있고, '접대부', '처녀작', '미망인' 등의 표현에 담긴 반인권적 의미, '안사람(아내)'과 '바깥사람(남편)'에 담긴 성차별적 고정성에 대한 반성도 많이 나오고 있다.

---

[37] '디폴트'는 컴퓨터 내정값 또는 초기값으로서, 설문 조사 등의 방식에서 성별을 표시할 때, 이미 '남성'으로 세팅되어 있는 상태에서 남성이 아닌 경우 단추를 눌러 여성으로 고쳐야 하는 방식의 시스템을 말한다. 최근에는 많이 개선되어 가는 추세에 있다(『보이지 않는 여자들』, 캐럴라인 크리아도 페레스, 황가한 옮김, 웅진지식하우스, 2020. 참고).

[38] 이는 '출산율'을 '출생률'로 언어표현을 바꿔야 한다는 논리이다. 최근 인구감소에 대한 사회 문제의 원인을 논의할 때 '저출산'으로 표현하면 그 원인의 책임을 생물학적 출산을 담당하는 여성으로 한정하는 의미가 내포되어 있으므로 이것을 '저출생'으로 바꿔 쓰자는 제안이 나온 것이다.

■■■

　　학교교육 현장 내에서의 교사들의 젠더의식은 많이 개선되어 가고 있다. 문제는 앞으로 사회의 중심으로 살아갈 학생들에 대한 젠더의식의 개선이 생각보다 더뎌 보이는 데에 있다. 게다가 학생들이 매체를 통해 젠더 갈등의 사회적 상황을 접하게 되면 그 갈등에 급격히 쏠리는 현상이 있어 우려스러움을 더한다. 쏠림이란, 냉철한 판단과 비판에 의한 행위나 주장이라기보다는 자극적이고 이분된 상태에서의 '우리' 의식으로 편승되는 측면이 있어 또 다른 사회 문제를 양산하는 기류를 형성한다는 데 두려움이 있는 것이다. 남학생 고교생의 경우, 이들의 남성우월론적 행위나 언행 등으로 인해 상처받는 여교사가 아직도 많이 있다. 물론 다수 학생들의 행위는 아니기 때문에 위안은 되겠지만, 일부 일탈적 행위가 많은 몇몇 학생들이 간혹 왜곡된 젠더의식으로 여교사를 무시하거나 희롱하는 사례가 교육 현장에 있다는 것은 민주시민교육의 차원에서 학교교육이 감당해야 할 중요한 영역임이 확인되는 부분이다. 사람과 사회에 대한 바른 이해를 통해 정의롭고 민주적 시민 의식 고양을 위해서는 사람을 차별해서도 안 되고, 성을 권력으로 장악하려 해서도 안 된다. 한창 새로운 사회를 예민하게 바라보고 수용력이 강한 학생들에게 젠더의식 교육은 무엇보다도 중요하고 빨리 바로잡아야 할 교육 영역이 되고 있는 것 같다.

■■■

○ 철학과 독서

　민주시민교육 차원에서 적극적이고 실천적으로 다루어야 할 교육적 영역은 많이 있지만, 교육 영역에 대하여 하나하나 모두 언급하기는 어렵기에, 모든 교육을 아우르고 소화해 낼 수 있는 인지와 감성 영역의 총괄적 교육의 필요성을 제안한다. 그것은 '철학과 독서'의 교육 영역이다. 민주 시민 의식의 저변은 앎과 이해력, 판단력, 해석력과 관련이 있다. 어떤 대상에 대하여 알고 이해하는 것은 주체적 의식과 총체적 스키마(schema) 특성에서 출발한다. 지식의 정도와 깊이, 직간접 경험, 사고와 관계의 지평까지를 총동원한 모든 바탕이 지식을 소화하고 해석해 내는 역량을 형성하는 것이다. 특히 공감과 감성 영역의 폭은 직접은 아니어도 모든 것을 이해, 판단, 해결에 간접적 또는 배경적 영향력을 발휘한다. 그러므로 한 인간의 지적, 정서적, 관계적 특성과 응용에는 그 사람의 철학적 사고가 기본 역량이 될 수 있는 것이다. 민주 시민 의식의 고양을 위한 교육은 궁극적으로 철학적 소양과 깊이가 가장 큰 결정력이 될 것이다. 철학은 시간의 흐름에서 살아 온 이력 자체로도 구현될 수 있는 것이나, 양실의 철학, 깊이 있는 판단의 소양은 경험적 삶의 시간 외에 다양하고 많은 사고의 자극에서 만들어지기도 한다. 그것이 바로 독서의 효용인 것이다. 평화통일이라는 우리나라의 정세 이해, 환경과 기후라는 전 세계적 인류의 지속성 문제, 바른 역사 인식과 적용 등의 현실적이고 구체적인 실천, 사회의 공동체로서 함께 가야 하는 동등한 인간으로서의 남성과 여성의 이해 등도 민주 시민 의식에 직결되고 있지만, 그 저변에는 철학과 독서력이 궁극적인 바탕이 될 것이다. 이 외에도 민주시민교육 차원으로 제도적 실행이 가능한 부분들은 수없이 많이 있다. 인성, 인권 의식, 공동체 의식, 관계 의식, 소통과 합의, 평등과 균형 등 그 영역은 우리 인간 삶의 전체에 모두 필요한 내용들이다.

■■■

이제 민주시민교육의 내용적 접근보다는 실천을 통한 역량 측면에서 가장 핵심적인 부분을 언급해 보겠다. 학생 교육 측면에서, 그리고 학교 운영의 방법으로 학생을 가장 핵심적인 구성원으로 전제한 시스템에 학생자치가 있다. 학생자치는 학교교육에서 학생들을 위한 실천적 역량 교육의 가장 중심적인 영역일 것이다. 학교에서는 각종 교육활동을 추진할 때, 학생자치를 통해 그들의 세계와 상황, 인식, 추구 등을 토대로 설계한 교육활동을 적극 수용하고 길을 열어 주고자 노력한다. 학생들이 교육의 장에서 자신들이 추구하는 것을 절차적으로 밟아 가는 과정을 반영하여 시행하고자 하면 학교는 그것을 검토하여 적극적으로 수용하고 지원하는 것이 학생자치의 활성화 방법이다.

학생자치에서 가장 중요한 것은 자치로 만들어진 내용도 중요하지만, 그것들을 결정해 가는 과정의 자치회 운영에서 그들이 타당성 있는 의견을 제시하는 방법, 다양한 의견들을 조율하는 방법, 상호 토론하여 의견 수렴을 하는 방법, 의견 개진을 위해 관련 자료를 찾고 근거를 세우며 상대방을 설득하는 방법, 자기 의견을 내려놓고 상대방의 의견을 취하는 과정 등을 배우게 될 것이다. 결정된 내용보다 이러한 과정을 통해 배워 가는 삶의 방법 교육이 학생자치의 큰 수확일 수 있다. 흔히 기성세대는 학생들을 위한 각종 교육활동을 설계할 때, 세상에 대한 경험이 적은 학생들의 생각으로 마련된 것보다 교사 또는 학부모의 어른들이 만들어 낸 설계가 가장 합리적이고 아이들을 위해 매우 유용할 것이라는 생각에 많이들 빠져 있다. 아이들의 생각은 조잡하고 미숙한 수준이어서 의미가 적거나 실효성이 적다고들 생각할 수 있다. 그러나 항상 아이들의 생각을 자유로운 토론을 통해 듣다 보면 깨닫게 되는 것이 있다. 첫 번째는 집단사고의 훌륭함이고, 두 번째는 기성세대의 사고보다 오히려 젊은 아이들의 생각이 더 신선하고 발전적일 수 있다는 탁월함이다. 물론 아이들이기에 그 자체로 평가한다면 조잡함도 미숙함도 당연히 있다. 그러나 중요한 것은 발상이고 아이디어이다. 그리고 이 아이디어는 어른들이 생각해 내지 못할 우수함이 분명히 있다. 조금만 걸러 주면 아이들의 생각과 계획은 매우 체계적이고 설득력이 높으며 유의미한 계획과 추진이 된다는 것을 경험을 통해 충분히 알 수 있게 된다.

그러나 최근 학교교육에서 급작스럽게 학생자치회를 활성화시키고 그들의 역할을 강조하며 자치 운영을 맡기고 있으므로 학생들은 아직 그 방법과 역할에 대해 연습이 덜 되었고 성숙되지 않은 이유로, 자치임에도 불구하고 교사에게 운영 방향을 의존하는 경우들이 있다. 따지고 보면 훌륭한 생각들이 잠재해 있을 터이지만, 아직 자치적 운영을 하는 과정에서 누려야 할 권리를 누리지 못하거나 체계적인 의견 수렴을 통해 학생들의 의견을 대변하는 힘이 약한 경우도 보인다. 심지어 진행하다가 교사에게 결정을 패스하거나 최종 결정을 교사에게 의뢰하는 경우도 간혹 있다. 이런 경우 교사는 매우 안타까울 수밖에 없고, 주어진 권리를 제대로 활용할 수 있는 교육이 또 필요함을 느끼게 된다. 그래서 제대로 된 자치역량을 키워 주기 위해서는 학생들에게 자치에 대한 이해, 운영 과정, 사례, 철학 등에 대한 이론과 실천적 적응 훈련이 필요한 것이다. 자치를 열어 주는 것과 동시에 학생들의 내적인 자치역량 강화를 위한 체계적 접근이 필요한 이유가 여기에 있다. 형식적인 운영 과정을 행정적으로 몰아가는 것이 피상적인 그림이라면 이러한 역량 교육은 내적 행동 강화이고, 이는 설득력을 높여 질적인 자치가 실현되는 길일 것이다. 이러한 부분의 노력은 교육청과 학교가 연계하면 훌륭한 시스템도 만들어질 것이다.

■■■

교육 내용이든 접근 방법이든, 민주시민교육을 위한 콘텐츠나 접근 방법의 모든 것이 과거에 없었던 것을 이 시대에 새롭게 시작하는 것이 아님은 이미 앞에서 언급했다. 그런데도 민주시민교육이 교육부를 비롯해서 모든 시·도 교육청에서 중점 교육정책으로 타이틀화되고, 마치 시대성이 강한 트렌드처럼 교육 일선에서 거론되고 실행되는 것은 이러한 것들이 교육의 전면에 나와야 한다는 교육의 방향성에 그 이유가 있을 것이다. '민주시민'이라는 명칭부터가 시대성을 반영하고 있다. 그래서 아마도 이러한 민주시민교육에 대한 중요성 인식과 실행 의지, 그리고 마치 새로운 교육의 틀을 형성하는 것처럼 움직이는 것은 시대에 맞는 역량 교육으로 새로운 교육을 시도한다는 것을 표명하기 위한 명분의 의미도 있을 것이다. 교육정책의 표명을 통한 교육의 정치 사회적 면모일 수 있다는 뜻이다. 그런 이유로 오랜 과거로부터 해 오던 교육 내용에 충실하면 될 것 아니겠느냐는 이견도 있을 법하다. 하지만, 모든 것을 동일한 균형감으로 중요하게 다룰 수는 없으므로, 민주 시민 역량 교육을 위해 무게중심 부여와 전면화를 통해 방점을 찍어 주면 그만큼 교육 수요자에게 영향력은 강화될 수 있다. 그러한 차원에서 새롭게 시도되는 민주시민교육은 의도만큼이나 탄탄하게 잘 설계되어 교육 수요자에게 효과성 극대화로 다가가야 할 것이다. 민주시민교육이 교과서의 지면에서 튀어나와 현실로 접맥되는 정세, 동향, 사회, 관계 등에서 구체적 실습과 체험을 통해 의식을 형성하면서, 살아 있는 현실 교육으로 이루어지기를 바라는 바이다.

03
인성, 인권교육의 방향

학교교육이나 가정 및 사회 교육을 통틀어 모든 교육은 인성교육을 바탕에 두고 이를 가장 기본으로 삼는다. 「스승의 노래」 가사에는 '참되거라, 바르거라 가르쳐주신 스승의 은혜'라는 내용이 있다. 초등학교 교육 내용에서 든사람, 난사람, 된사람에 대하여 배웠던 기억도 새롭다. 이 세 가지가 공히 우리가 추구하는 인간상이지만, 무엇보다도 이들이 함께 갖춰진 모습을 추구하되, 최고는 역시 된사람이라는 생각이 든다. 교육은 교과교육도 있고, 진로교육도 있지만 예나 지금이나 인성교육, 즉 사람됨 교육이 가장 중요하고 기본이 된다.

인성교육은 교육의 기본이지만, 인권교육이 학생 교육의 전면에 핵심으로 부상되고 무게중심을 갖게 된 것은 최근 몇 년의 흐름인 것 같다. 특히, 진보 성향의 교육정책을 중심으로 학교교육에서 학생인권을 옹호하고 보장하는 학생인권 교육이 구체적으로 실현되어 가고 있다. 지자체와의 협의를 통해 학생인권 조례를 만들어 그 기반과 타당성을 강화하면서 학생인권을 중심으로 한 인권교육은 학교 현장 속에서 그 활성화를 가속하고 있다[39]. 그런 덕택에 학생들의 머릿속에도 학생인권 의식이 크게 자리하게 되었고, 학교교육 현장에서 그러한 구체적 실천들이 많이 나타나고 있다.

학교라는 교육공동체 공간에서 학생 교육은 교육과정을 중심으로 하되 교육의 방향성 실현 목표와 함께 계획되어 실행되는데, 보통은 교사는 가르치고 학생은 배우는 관계 속에 교육활동이 진행된다. 학생은 교사에 의해 일방적이고 수동적인 교육을 받아 왔다. 그런 이유로 교사의 학생에 대한 강압적인 힘의 논리가 논의되면서 학생의 인권 보호가 강조되기 시작했다고 볼 수 있다. 따라서 최근 몇 년 학생 교육 차원의 인권 교육은 학생을 대상으로 학생의 인권을 보호하고 옹호하는 데 집중되었다. 많은 교육청의 인권교육 조례도 거의 학생인권 조례로 만들어졌고, 그만큼 학교 현장에서도 학생인권 의식이 급부상하면서 많은 학생들의 의식에 '학생인권'이 강하게 자리 잡게 된 것이다.

교사와의 관계에서 배우고 가르침을 받는 학생이라는 이유로 교사에 의한 일방적인 인권적 훼손 행위가 정당화될 수 없다는 인식은 매우 타당하고, 이러한 인식 강화는 오히려 늦은 감이 있다고 생각한다. 과거, 교사에 대한 존경과 고마움을 극대화했던 당시에 '학생은 선생님의 그림자도 밟아서는 안 된다'라는 표현이 있는데, 이는 스승에 대한 존경심 그 자체로는 의미가 있다. 그러나 존경받을 만한 부분이 있다고 해서, 교사가 학생을 압도하고 맹목적 강압을 가하거나 인권적 훼손까지 가능하다는 말은 분명 아닐 것이다. 사실 그림자도 밟혀서는 안 된다는 교

---

39) 현재 학생인권 조례를 제정하여 시행 중인 교육청은 7곳이고, 조례를 제정 중인 교육청도 7곳이다.

사상은 존경 그 자체이나, 이 존경에는 학생에 대한 인권적 훼손이 없는 참교사상일 때 가능하다고 본다. 학생이 덜 성숙하고, 지식적으로 더 채워 가야 할 부분이 많고, 판단력 공부가 더 필요한 성장 과정에 있다고 해서, 그러한 이유로 교사가 그림자도 밟히지 않아야 하는 존재가 되는 것은 아닐 것이다. 그러나 오직 학생과 교사의 관계가 이렇게 경직된 '존경과 피존경'의 상황으로만 구별되어 있다면, 학생의 인권에 대한 논의는 당연히 늦은 감이 있다. 그리고 이러한 학생인권 교육은, 또 다른 방향에서 교사에게는 참교사상을 다시 생각해 보게 하고, 그러한 교사의 모습을 만들어 가는 데 큰 역할을 할 것으로 기대하게도 한다.

■■■

인권과 인성은 어떻게 접맥되고 이해될까? 그간 인성교육은 모든 교육의 기본으로 자리했고, 시대를 막론하고 교육의 궁극적인 이유가 되어 왔다. 그리고 인권교육은 이제 고개를 들고 정책적으로 접근되고 있다. 그렇다면 이제 시작되는 인권교육과, 내내 이루어져 왔던 인성교육은 어떤 관계로 해석되어야 할까. 일단 바른 인권 의식은 바른 인성교육을 만드는 근원이라고 볼 수 있다. 학교교육의 현장에서 학생인권이 바로잡히지 않는 상황이라면, 이들의 바른 인성은 보장되기 힘들 것이다. 교사와 학생의 관계에서 학생이라는 이유로 그 인권이 훼손되는 상황이 공공연했다면 이 공간에서 교육 활동의 주체가 되는 모든 구성원들의 인성 역량은 우수하다고 볼 수 없을 것이다. 이 부분은 학생과 교사 모두의 평가를 포함한다. 학교교육에서 가장 일반적인 반인권적인 행위는, 물론 전부는 아니겠지만, 대다수의 사례가 교사로 인한 학생의 인권 훼손일 수 있다고 전제한다. 이러한 사안 발생을 예방하기 위해서 학생들에게 학생인권 의식을 교육하고, 그러한 과정에서 공동체 구성원 모두가 바른 인권 의식을 함양하고 상호 실천하도록 유도하는 것이다. 아마도 이것이 학생인권 교육의 중요한 이유가 될 것이다.

■■■

학생인권을 보호하기 위해 학생들에게 직접 교육하는 방법 외에 행정적으로 학생인권을 보호하고 잘못된 사례에 대하여 정확한 방향을 찾아 주기 위해 일부 지역에서는 학생인권교육센터를 운영하기도 한다. 이 기관에서는 학생인권 교육을 체계적으로 지원하고, 학생자치회 임원들을 중심으로 특별 교육을 통해 학생인권 의식을 학교에 전파하도록 교육하기도 한다. 그러나 학생인권교육센터는 많은 기능과 역할을 수행하고 있음에도 학생들에게는 학교에서 발생하는 반인권 사례의 신고 센터 역할이 크게 다가가는 것 같다. 또래의 폭력 관련 사안에서의 인권 문제도 있지만, 학교 규정이나 학생 지도 차원에서 교사와의 갈등을 빈번하게 신고한다. 이런 경우 사안의 처리 결과는 편안함과 정화를 가져오기보다는, 오히려 학생과 교사의 대립 관계를 심화시키는 결과를 가져오기도 한다. 사인의 객관직인 현상으로는 냐낭한 처리이나 ㄱ 배성과 교육적 의도를 적용받지 못하는 것에 대한 교사의 서운함이 작용하기도 할 것 같다. 교육이라는 틀 속에서 그간 익숙하고 당연한 언사나 행위였던 것이 매우 타당하지 못한 행위였다는 판정이 낯설기도 할 것이다. 교사가 학생에게 반인권적 행위를 했다거나 교사에게 책임을 물을 타당한 이유나 문제가 있다면 당연히 그 교사는 책임을 져야 하고 응당의 대가를 치러야 한다. 교사라는 이유로, 교사라는 직책에서 학생을 반인권적으로 대하는 것은 타당하지 않기 때문이다. 그러나 교사가 이성적으로 받아들일 만한 결과 처리는 그래도 시대가 변했다는 마음으로 자신을 책망하지만, 앞뒤 덮어놓고 그 정도까지 학생 지도 차원의 제제를 제한하라 한다고 생각하거나, 아무리 돌려 생각해도 납득이 안 간다는 생각에 머무는 경우는 이후의 학교교육이 적극적이지 않게 될 수도 있다는 데 그 어려움이 있다. 이로 인해 교육 현장의 갈등은 그 골이 깊어지고 학생과 교사의 상호 관계성을 흔드는 불만과 교육력 위축을 만들어 내는 결과가 초래되기도 한다. 학생들은 학생인권교육센터를 자신들을 무조건 대변하는 큰 권력적 힘으로 인식하고, 교사는 학생인권교육센터에 사례가 의뢰되면 속된 말로 아웃된다는 부담감과 힘의 밀림으로 인식하게 될 수 있다는 것이다. 이런 사례가 많아지다 보면, 학생인권 교육으로 인해 교육공동체의 현장은 학생과 교사가 서로의 인권을 놓고 대립적 싸움을 하는 장으로 변모되어 가고 있다는 우려를 자아내게 한다. 교육 공간에서 가장 긴밀하고 친숙하게 상호 이해를 전제해야 할 관계 구조인 학생과 교사가 그 긴밀함을 보장받을 수 없게 될 수도 있다는 것은 교육의 위기일 수 있다. 정확한 사안 처리라는 이름으로 고발성 증빙, 사실 왜곡, 본질 이탈 등의 과정까지 노출되면 교육을 보장하는 인권 의식의 역할은 정작 그 힘을 잃어 갈 수 있지 않을까도 생각한다. 많은 학생을 한 교실에서 가르치다 보면 잘 따라오는 학생, 수업을 방해하는 학생, 진지하지 못한 수업태도의 학생, 가르치는 교사의 자존심을 거슬리게 하는 학생 등 다양한 학생의 모습이 있다. 심지어 교육적인 교사의 발언에 대하여 대드는 학생까지 충분히 있다. 이 과정에서 그러한 학생을 적극적으로 가르치다 보면 자칫 지나치기도 하고,

오해의 소지가 있는 말과 행동이 나올 수도 있다. 교사의 과도한 행동이나 학생이 상처받을 수 있는 교사 언행이 용서받을 수는 없음에도 어떤 처리 과정은 결국 학생과 교사의 대립을 만들어 내고 갈등을 유발하며, 굳이 교육적 의지를 가질 필요가 없다는 교사들의 자조적 푸념까지 만들어 내곤 하는 것이다.

■■■

학생인권교육센터의 역할과 민주시민교육의 일환인 학생인권 교육이 오히려 이러한 갈등을 유발하고 교육 자체의 훼손까지 감수하게 되는 것은 어느 누구도 원하지 않을 것이다. 그럼에도 왜 이런 중요한 교육 정책의 실현이 이러한 갈등과 교육 의지의 손실로 오게 되었는지는 진심으로 돌아보고 냉정한 비판이 필요하지 않을까 한다. 문화나 사조의 흐름을 역사적으로 보면, 현 상황에 대한 반대급부의 정책 노선이 강하게 드러나면서 새로운 시행으로 출발한다. 정치도 그렇고 경제적인 전략도 그렇다. 반대급부의 정책 노선을 강하게 드러낸다는 것은 자칫 지나치게 강화한다는 의미와 함께, 동시에 가져가야 할 균형감을 잃을 수 있는 방향이라는 것도 의미할 수 있다. 균형감을 잃고 굳이 한쪽만을 강조하게 되면 그것이 또 폐난이 된다. 시간이 지나면 저음 지나치게 강조했던 부분은 비대해지면서 그것의 강화로 인한 폐단이 바로 뒤따라 또 노출되게 된다. 이러한 패턴은 사람이 사는 세상에서는 거의 다반사일 수는 있겠지만, 반대급부에서 다시 또 반대급부를 부르짖는 시간적 간격이 최대화될 수 있는 노력을 해야 한다. 그것은 지나침이 덜하고 최대한 균형감을 위해 노력하는 경우일 것이다. 학생인권을 부르짖고 이를 위해 정책적 노력을 해야만 했던 상황은 충분히 이해가 간다. 그러나 학생인권을 보호하고 보장하기 위해 너무 지나치게 학생 편의 인권을 강조하고 그것을 보호하기 위해 교사와 대치시키는 결과로까지 특정 상황을 판단했던 부작용이 있지는 않았는지 되짚어 보아야 한다. 반대급부와의 간극을 너무 크게 잡아 시행 과정에서 균형감을 갖지 못했던 점은 없었는지도 살펴보아야 할 것 같다.

■■■

그런 이유로 학생인권 교육이 정책화된 10년 정도의 세월이 지난 지금은 다시 교육 현장에서 학생인권만 중요한 것이 아니라 교사인권의 보장도 필요하다는 주장들이 있다. 학생과 교사가 하나가 되어 질 높은 교육을 이루고 궁극적으로는 학생들의 총체적 성장을 담보로 한 교육적 수혜를 보장받아야 하는 곳에서 한쪽에서는 학생인권을, 다른 한쪽에서는 교사인권을 서로 대립적으로 부르짖는 상황이 된 것이다[40]. 학생인권을 강조하고 그에 대한 학생의 직접적인 교육과 함께 행정적으로 학생인권을 보호하고 보장하기 위한 여러 시행들과 공존하고 있는 교사들이, 인권 차원에서 소외되고 교사의 교육권이 훼손되었다고 생각하고 있으며, 이러한 상황을 어디에서도 보장받을 수 없다는 위기감으로 그들의 목소리를 높이고 있는 것이 오늘날 인권을 둘러싼 교육 현장의 모습이다. 물론 이러한 교권보호에 대해 뜻을 함께하기 어려운 매우 불미스러운 특정 사례들은 당연히 제외한다. 그런 이유로 국회의원, 변호사

---

40) 〈학생들만 인권 있나? 교사들도 인권 있다〉(뉴스데일리, 2018.11.9.),
    〈교사 사기 떨어뜨리는 충남학생인권조례〉(굿모닝충청, 2022.2.7.)

등이 교사인권을 포함한 교권보호 장치의 필요성을 선언하고 있으며, 최근 교육활동보호법이 수정 및 보완되어 법제화되고 있다. 조만간 치러질 교육감 선거를 앞두고 미리 움직이는 예상 후보들도 이제는 조심스럽게 학생인권과 함께 교사인권을 동시에 보호하고 이들을 조화시켜야 한다는 정책 준비를 하는 모습들이 포착되기도 한다. 이는 학생인권 존중이 문제가 아니라 이것을 시행하는 과정에서의 문제로 우리는 학교교육의 중심 공간인 학교에서 가장 중요한 두 그룹의 공동체에 어떤 이유로 어떤 갈등과 대립이 발생했는지, 그러한 현상이 시간을 두고 어떻게 치달을 수 있는지, 그 원인과 관련한 문제의식을 정확하게 파악할 필요가 있다.

■ ■ ■

이러한 맥락에서 인권의 영역을 학생과 교사의 대립적 구도로 몰고 간 학생인권 존중과 그 교육 시스템을 검토해 볼 필요가 있어 보인다. 우리가 말하는 교육의 장은 유·초·중·고교의 학생이 제도권 교육을 받는 학교이다. 이들에게 학생인권을 강조하고 그것을 교육했다. 그런데 더불어 살아가는 집단에서는 그들이 누가 되었든 개개인 하나하나가 모두 인권적으로 존중받아야 하고 인간 그 자체로 각각 존엄한 존재이다. 친구 관계에서도 친구들 모두 하나하나의 인권, 학생과 교사의 관계에 있어서도 각각 인간 존재의 존엄에서 오는 인권, 교사들 간에도 인권, 남자와 여자의 관계에 있어서도 인권, 부모와 자식의 관계에 있어서도 인권은 소중하고 그러한 이유로 모든 인권적 주체는 당연히 존중받아야 한다. 이러한 범인권 교육이 정작 민주시민교육의 가장 핵심이고 기본이 되는 길이지 않을까 생각한다. 인권교육이 잘 이루어지고 성숙된 인권 의식이 바탕이 된 개개인이라면 친구 관계에서 서로에게 상처를 주거나 극도의 피해를 남기는 학교폭력은 발생되지 않을 것이며, 학생과 교사 간에도 각각의 역할을 담당하는 존재로서의 인권교육이 제대로 되었다면 교사도 학생에게 반인권적 행위는 하지 않을 것이고 학생도 교사의 교육권과 관련하여 결과론적인 반인권적 문제는 일으키지 않을 것이다.

일부 학생들이 핍박을 받는다고 이해하는 대상에는 교사 외에 또 부모를 드는 경우도 많다. 우리나라 부모들이 지나치게 공부를 강조하고 성적을 중시하며 자식만은 꼭 성공을 거두게 하려는 의지가 강한 사람들이 많다 보니 즉시적으로 부모의 뜻을 따라잡지 못하는 자녀들에 대해 정도 이상을 발언을 쏟아 내거나 자식에게 상처와 피해를 주는 말들을 참지 못하는 경우들이 있는 것으로 안다. 학생인권 교육을 받고 학생인권 존중의 사회적 물결을 탄 일부 학생들이 교사와 대립 구도를 타는 것과 동일하게 부모와 대결 구도를 타는 경우도 있다고 들었다. 그래서 이제는 지나친 강요를 일삼는 부모로부터도 자신들은 당당히 보호받을 수 있다고 생각하고, 자신들에게 반인권적인 행위를 한다고 신고만 하면 이에 대해서 부모에게 법적으로 제재를 가할 수 있다고 생각하는 아이들도 있는 것 같다. 이러한 아이들은 부모에 대하여 비난하기도 하고 관련 유형의 은어를 만들어 또래와 공유하기도 한다. 극단적으로 부모를 신고하는 경우도 있고, 대화 중에 곧잘 경찰에 신고한다는 발언을 서슴지 않고 부모에게 직접 지나친 말들을 쏟아 내는 사례가 나타나기도 한다는 것을 알고 있다[41].

■■■

　학생인권 교육의 과정에서 또 안타까운 것은 교육 대상의 범위와 비중에 있다. 적어도 학교라는 교육 공간에 초점을 맞추어 교육적 접근을 시행하고자 한다면 학생인권 존중의 교육적 대상을 오직 학생들에게만 적용한다거나 학생들에게 전적인 비중을 두는 방법보다는, 학생들을 인권적으로 대해야 할 교사 또는 부모 또는 기성인을 대상으로 교육을 충분히 하는 방법을 택했으면 좋았을 것이라고 생각한다. 물론 본인의 인권은 본인이 챙긴다는 것은 기본이지만, 교육 현장은 수업 및 생활 등 거의 모든 부분에서 학생과 교사의 상호성을 배제할 수 없음에도 그간의 학생인권 교육은 상대적 인권 약자로 규정된 학생들에게만 많은 부분을 비중 있게 할애해 왔던 것 같다. 게다가 범인권 교육보다는 오직 학생을 중심에 둔 인권교육으로 핵심을 잡다 보니 구체적인 예측 상황이나 근접한 예시 사안들이 거의 교사와의 대결과 대응 관계로 설명되어야 했다. 그렇게 되면, 학교생활에서 비교적 일탈적인 상황이 많았던 학생들에게는 인권의 전반과 궁극적인 이해 과정에서 교사와의 대립 가능성이 어느 정도로 유발될 수 있을 것인지도 생각해 봄 직하나. 노

---

41) 학생인권 조례를 제정하여 시행 중인 7곳 중 가장 늦게 시작한 곳은 인천이다. 인천광역시교육청의 조례는 '학교구성원 인권증진조례'로 되어 있다. 가장 빠른 경기도교육청이 2010년 10월 5일 시행인 데 비해 이 지역은 2021년 9월 1일 시행이다. 아마도 그간의 학생인권조례 시행 과정의 갈등 관계를 개선하여 반영한 듯하다. 인천 지역 신문은 이 조례에 대하여 다음과 같이 보도했다. 〈일부에서 제기하는 학생인권만을 담고 있는 의견과 달리 교직원의 교육활동 보호와 보호자를 위한 내용도 포함되어 있다.〉(미디어인천신문, 2021.3.12.).

두는 아니겠지만, 일부는 교사의 교육활동 과정에서 교권에 반한 갈등이 발생했을 때, 무조건 학생인권의 우선함을 내세우며 상황을 더 어렵게 몰고 갈 가능성이, 오히려 그 배움으로 인하여 가중될 수 있음도 예측할 만하다. 학생인권은, 불합리하게 학생의 인권이 훼손받았을 때 그것을 보호받을 수 있는 장치이어야 할 텐데, 그런 상황이 아니어도 학생인권만 내세워 갈등을 증폭시킬 수 있다는 점도 깊이 고민하고 그 해결 과정에서 이러한 우려를 한 번 더 따져 보는 것도 좋은 방법일 듯하다. 물론 교사의 학생인권 마인드가 부족해서 상황이 터지는 경우도 있다. 교사의 우위성을 주장하거나 그러한 성향을 가진 여러 행위와 사안의 경우가 그렇다.

학생인권 교육의 가장 중요한 대상은 어쩌면 학생보다도 먼저 교사이어야 했을 것이라는 생각도 진지하게 해 본다. 권리를 취하려는 쪽보다는 상대방에게 권리를 인정해 주어야 하는 쪽의 마인드로 관계 상황을 만들어 가는 방법이 당연히 부작용이 적을 것이다. 더구나 교육 현장에서 교사는 그간 너무도 우위적 존재였고, 지금도 인권적으로는 당연히 동등하지만, 그 역할과 구조적 특성이 학생에게 교사는 가르침을 주는 존재이기 때문이다. 그래서 교실에서 학생인권을 가장 직접적으로 이해하고 지켜 줄 사람은 바로 교사라는 점을 강조하는 것이다. 타당하고 당연함에도 지금까지 살아왔던 패턴에서 인식하지도 못한 채 습관적으로 해 오던 불합리한 상황을 교사 스스로 먼저 돌아보게 하고 바로잡을 수 있는 적극적 교육 장치가 먼저 주어졌어야 했다. 이미 발생한 문제 상황을 대상으로 교사로 하여금 객관적으로 보게 하는 교육과 사례별 판단의 시간이 적극적으로 주어질 때 교육적 효과는 더 빨라질 수 있다. 학생인권 교육을 당사자인 학생과 지켜 줘야 할 교사를 대상으로 적극적으로 공히 시행했다면, 시행착오적 갈등 상황은 줄어들 수 있고, 정책 기관에서 개입함으로써 추가적 갈등이 보태지는 결과는 조금 덜 하지 않았을까 하는 생각이 든다. 주제가 학생의 인권에 대한 교육이지만, 그것은 학생과 교사의 관계에서 실현되어야 하고 보호받아야 할 것이므로, 굳이 누구에게 더 교육적 수용이 필요한 것인지의 문제에 답한다면 그것은 학생 못지않게 교사를 대상으로 하는 교육이 중요하고 그 비중이 컸어야 함을 말하고 싶은 것이다. 그리고 그것은 가르침으로만 해결될 것은 아니어서, 학교에서 상호 간 해결할 수 있는 길도 더 적극적으로 열었어야 한다고 생각한다. 학생의 인권의 문제이므로 교사는 빠지고 학생들에게 강도 있게 자신들의 학생인권을 스스로 찾아야 하고 의식의 전환이 필요하다고 강조하게 되면 그 결과는 반드시 팽팽한 갈등으로 나올 수밖에 없다. 교원 연수와 학부모 연수도 함께해 왔다고 말할 테지만, 학생인권 교육은 그간 자신들의 권리를 자신들이 알고 챙겨야 한다는 논리로 학생 중심으로 강도 있게 시행해 온 것은 사실이다.

■■■

학생들에게 그들을 주인공으로 하는, 학생에 한정한 인권교육보다는 범인권 교육에 대하여 조금 더 말하고 싶다. 아동, 청소년의 시기는 학생들의 교육적 효과가 스펀지처럼 스며들 수 있는 교육 최적의 시기이다. 이 시기에 잘못된 내용이나, 왜곡된 내용, 덜 정립된 내용을 교육하게 되면 그 잘못되고 부족한 내용들이 거의 세뇌되었다고 말할 수 있을 정도로 빨리, 깊게 스며들 수 있다. 기성세대가 학교에 다녔던 60년대

교육 내용들을 상상해 보자. 그 당시 학교 정문 양쪽에 큰 글씨로 적혀 있던 '반공' 또는 '멸공'이라는 말을 기억하는지. 교과서에 북한사람들은 일반 서민들까지 포함하여 머리에 뿔이 난 형태로 그려진 그림을 보고 살았던 당시를 말이다. 그로 인해 꽤 커서까지 정말 북한사람들은 머리에 뿔이 났을까 하는 의아스러움이 있었던 웃지 못할 회상을 나이 든 사람들은 곧잘 하곤 한다. 당연히 그렇지 않은 것임에도 우스울 정도의 이런 생각이 순간이나마 스쳤던 것은, 그만큼 하얀 습자지나 스펀지같이 순수한 어린 시절의 교육 내용은 화석처럼 깊이 박혀 각인될 수 있다는 점을 확인시켜 준다. 이런 것을 생각한다면 아동 청소년기의 교육과 관련된 정책은 중립적이어야 하고, 쌍방적인 논의가 가능한 것으로 열어 주어야 한다고 생각한다. 그런 차원에서 대한민국헌법 제10조에 근거한, '모든 국민은 인간으로서의 존엄과 가치를 가지며, 행복을 추구할 권리를 가진다'라는 것과 연계하여 '모든 사람의 인권은 모두에 의해 보장받아야 한다'라는 범인권 교육으로 시작하는 것이 학생인권 교육의 출발점이고 방향성이었더라면 더 나았을 것이라는 생각을 해 본다. 그러면 동료 간에 한 학생을 대상으로 집단 폭력을 가하거나 상상을 초월한 가혹 행위를 하는 등의 동료 간 인권 침해는 줄어들 수 있었을 것이다. 교실에서도 학생과 교사의 관계에서 서로의 상황과 역할을 이해하는 부분도 더 커졌을 것이다. 그러면 상호 융합된 교육을 만들어 가고 교육적 혜택을 받는 제반 교육 활동들을 통해 관계가 더 돈독해졌을 것이다. 가장 중요한 관계인 학생과 교사 간에 첨예화된 갈등이 발생하거나 그 이상의 심판이 개입해야 하는 안타까운 상황은 줄어들지 않았을까도 생각해 본다. 부모로서 당연히 자녀를 이해하고 기다려 주어야 함에도 그러지 못하는 부모에 대해서도 자녀가 그들을 이해하는 폭이 조금은 더 넓어질 수 있지 않았을까 하는 생각도 든다. 물론 자녀 교육의 지나친 욕망에 따른 부모의 반인권적 행위에 대한 반성을 전제한다.

■■■

인권교육을 제대로 하는 것은 그대로 인성교육으로 이어진다. 이것은 본인과 동등한 모든 인간에 대한 인권을 인정하고 공유하는 것에서 인간관계를 시작하기 때문이다. 적어도 오직 나만을 중심에 놓고 나만의 권리를 주장하거나, 다른 존재들은 나의 권리를 뒷받침해야 한다는 생각은 하지 않을 것이다. 나의 인권이 중요한 만큼 타인의 인권도 중요하고 그 보장도 상호적이어야 함을 알기 때문에, 모두를 존중 대상으로 보고 동일 선상에 놓을 줄 알게 될 것이다. 교육으로 학생의 이성과 정감이 이러한 수준에 도달한다면, 개인적으로 보면 된사람을 성취하는 것이고, 사회적으로 보면 민주시민에 도달된 것이다. 이기와 이타를 동시에 생각하는 것은 더불어 사는 시대의 자존적 삶이고, 이치와 합당함을 근거로 한 상승적 삶, 곧 고양된 삶을 실현하는 길일 것이다. 남을 존중함으로써 내가 존중받고 자신을 낮춤으로써 결국 자신이 높아지는 관계 철학이 실현되는 길일 것이다. 이런 수준으로까지 도달될 것을 기약하며 우리는 끊임없는 인성교육을 하고 있다. 인권교육과 인성교육은 바로 민주시민교육의 핵심을 이루며, 이는 관계 구조에서 시작하는 범인권 교육이 아니면 안 될 것이다.

문제의식이 강하게 노출되었던 구체적 상황의 반대급부로 시작된 학생인권 교육은 궁극적 목적과 방향은 타당하나 설정과 과정에서 급진적인 면이 없지 않았다. 이제는 한발 물러서서 교육의 기본과 교육 현장을 생각하고, 모든 이의 인권을 존중하는 범인권 의식으로 채워진 학생들의 모습을 만들어 가야 할 것이다. 이것이 바른 인권 의식을 통해 진실로 인성교육이 실천되는 길일 것이다.

04
또 하나의 인권 '기초학력'

학교교육에서 기초학력[42]의 부진과 그 대책의 필요성이 논의된 것은 어제 오늘의 상황이 아니다. 진로교육, 사회성교육, 인성교육, 신체교육, 예술교육 등 학교에서 담당하는 교육의 영역은 전인적 측면에서 다양하게 거론되지만, 가장 핵심이면서 큰 비중으로 차지되는 것은 교과 학습을 기조로 한 인지교육, 즉 학업능력임을 말하지 않을 수 없다. 다만 이 부분이 과대하게 해석되고 집중되어 학교에서는 공부를 잘하는 학생이 중심이 되고, 다른 분야가 우월해도 공부가 약한 학생은 중심에 서지 못하는 것이 보통이었다. 사람의 됨됨이와 성장 가능성, 다양성의 인정과 잠재력 계발, 창의성과 문제해결력, 공동체의식과 협입능력 등이 궁극적인 삶의 역량으로 평가되면서 이제는 학교에서 학생들을 보는 기준도 다양화되었다. 단편적인 평가보다는

---

[42] '기초학력'을 '인권문제로 규정한 의견은 이미 많이 나와 있다. (〈기초학력도 인권이다 (상/하), 경향신문, 2021.4.13./14.), (〈기초학력은 인권의 문제이다〉, 전북도민일보, 2021.12.15.). 그 외, 한국교원단체총연합회, 매일경제, 강원일보, 충남신문 등 다수에 게재되어 있다.

다면적 평가를 시도하고 영역별 인재의 의미를 인정하면서 교육 현장에서도 다원적 가치와 그 역량을 인정하기 시작한 것이다.

■■■

그런데도 오늘날 기초학력의 중요성과 필요성이 그 어느 때보다도 제도권 교육의 큰 화두처럼 등장하고 있다. 시대마다 기초학력 부진에 대한 이유를 그 시대적 특성에 따라 분석하곤 하지만, 몇 년 전의 혁신 교육 관련 논란에 이어 요즘에는 코로나 19의 영향에 그 원인을 둔 논의들이 나오고 있다[43]. 혁신 교육과 기초학력 미달 학생 증가와의 관련성에 대한 근거는 정확한 데이터와 분석 자료가 주장 간에 상이하여 명쾌한 단언을 내릴 수는 없다. 하지만 요즘의 코로나 19의 사태는 기초학력 미달 학생의 증가와 대체적인 학력 저하의 원인으로 충분한 공감이 되고 있다. 2020년 2월부터 갑자기 맞이한 코로나 19라는 전 세계적 감염병의 확산을 방지하기 위해 정부는 전국의 학교를 대상으로 준비도 안 된 원격수업을 실시하도록 했었던 것에서부터 학생들의 학업 부실이 시작되었다고 볼 수 있는 부분이다. 2021년이 지나고 2022년을

---

43) 혁신학교 학력 저하 논란은 2017년 정치권에서 가장 크게 논란이 된 것으로 보도되었다. 당시 국정감사에서 모 의원은 교육부로부터 제출받은 2016년 국가수준학업성취도평가 자료를 조사한 결과를 분석하여 혁신학교가 확산될수록 기초학력 미달자가 양산될 수 있다고 주장했다. 이에 대해 한국교육과정평가원은 '2018년 혁신학교 성과 분석 보고서'에서 처음에는 혁신학교가 일반학교보다 낮았으나 학년이 올라가면서 성장률을 보인다고 밝혔지만, 이에 대한 주장과 논란은 한동안 계속되었다(〈혁신학교, '기피 혐오' 대상으로 누가 만드는가〉, 경기일보, 2021.11.4. 부분 발췌). 그 외에도 〈[혁신학교 반발 왜 계속되나③] "일반학교보다 학력 떨어진다" 부정 인식〉(뉴시스, 2021.8.2.), 〈혁신학교, 기초학력 미달 학생 3배 많다〉(조선일보, 2017.10.12.) 등의 기사와 함께, 학부모들의 혁신학교 확대 정책 제동 등의 뉴스들이 보도되기도 했었다.

맞이한 지금도 등교수업과 원격수업은 반복되고 팬데믹(pandemic)은 끝나지 않았다[44]. 등교수업 대신 가정에서 이루어지는 온라인 수업으로 인하여 학생들의 전반적인 학력은 저하되고 특히 기초학력 미달 학생이 증가했다는 것은 이 시대를 살아온 사람들은 부연 설명 없이도 이해가 갈 것이다[45]. 특정한 원인이 있고, 그것이 학력 저하와 기초학력 미달 학생 양산과 유발의 명백한 근거가 된다는 분석이 있다면 당연히 그 원인을 제거하거나 수습함으로써 학력 향상에 시급히 노력하면 될 것이다. 하지만 그 원인이 밝혀지지 않아 관계성을 명확하게 규정할 수 없다고 하더라도, 중요한 것은 원인보다도 기초학력 미달자가 양산되었거나 학력 저하가 문제로 드러나게 되었다는 그 현상과 명백한 데이터에 주목하는 것이다. 특히 혁신학교의 학력저하 논란이 언론을 통해 보도되는 가운데, 그 명확한 원인을 인정하지 않았다고 하더라도 기초학력 미달 주장으로 제공된 구체적 데이터와 실제 혁신학교 운영을 둘러싼 많은 교육공동체들의 공감 의견이 주변에서 돌고 있는 것은 사실이다. 따라서 그 책임 문제를 따져 묻는 것보다는 기초학력 미달 학생이 증가했다는 그 논란의 현상적 상황 해결을 위해 이에 대한 추가 논의는 필요한 것 같다. 그리고 이 논의는 오로지 모든 학생들의 기초학력 보장

---

44) '팬데믹'이란, 세계보건기구(WHO)가 선포하는 감염병 최고 경고 등급으로, 세계적으로 감염병이 대유행하는 상태를 일컫는다.

45) 교육부는 매년 교육과정평가원을 통해 전국의 중3과 고2를 대상으로 국가수준학업성취도 평가를 시행한다. 중3은 국·수·영·사·과를, 고2는 국·수·영 과목을 평가하고, 그간 일제고사 또는 표집시험 형태를 반복하면서 진행해 왔다. 결과는 '우수/보통/기초/기초미달'의 4단계 수준으로 발표를 하는데, 여기서 제1수준인 '기초미달'의 분포 비율을 기초학력 미달로 해석한다. 매년의 결과 자료는 보통 이전 연도 3개년과 비교하면서 그 추이를 제공한다. 기초학력 미달자가 많아졌다거나 학력 수준이 저하되었다는 분석은 이 시험의 결과 처리 자료에 근거한다.

을 위한 노력의 관점에서 다루어져야 할 것이다.

■■■

혁신 교육은 한 학생도 포기하지 않고 함께 가는 교육, 다양성을 인정하며 모두에게 소중한 장점을 찾아 주는 교육, 일방 교육이 아닌 쌍방 소통 교육, 교사 주도가 아닌 학생 참여 중심 교육, 교실만 고집하지 않는 현장 체험 교육, 수동성을 벗어난 능동적 창의교육 등을 표방한다. 혁신 교육을 처음 도입했을 때 지금까지와는 사뭇 다른 교육 방식으로 학교의 분위기가 상당히 달라졌다. 많은 사람들이 특징적으로 바로 느꼈던 것은 아이들이 자유롭고 학교가 시끄러워졌다는 것이다. 학생들에게 자유로운 발언권을 최대한 많이 부여하므로 웅크리지 않고 활기찼다. 경직되게 자리에 앉혀 놓고 하는 강의식 교육이 아니므로 분위기가 차분하지 않고 정신 사나운 면도 있었다. 한 공간에만 머물지 않고 현장으로 다니며 체험을 하는 돌아다니는 교육이었다. 아이들은 한결 즐겁게 보이고 목소리가 커졌고 수업시간에도 조는 학생이 거의 없이 즐거운 수업을 했다. 학교 내에서도 조별 토론과 발표를 하고, 크고 작은 다양한 체험 중심 교육이 이루어져 나날이 뭔가를 얘기하고, 만들고, 작업을 수행해 내는, 살아 있는 교육이 실현되었다.

■■■

그런데 이 혁신 교육을 중점적으로 추진한 시기에 혁신학교와 일반학교의 기초학력 미달 학생 비율의 데이터 분석을 중심으로 혁신학교에서 기초학력 미달 학생이 많이 나온다는 얘기들이 2017년 국정감사 이후로 자주 보도된 것 같다. 아이들은 더 재미있게 배우고 몸으로 익히는데, 대체로 학력이 저하되고 기초학력은 미달되었다는 평가와 논란에 휩싸인 것이다. 그러면 이렇게 재미있게 배운 아이들은 무엇을 배웠고, 학력이란 무엇이고 기초학력이란 또 무엇인지, 그 개념부터 정리되어야 할 것 같다.

 기초학력을 판정할 때는 평가도구(지필)를 통해 테스트를 하고 그 결과치로 기초학력 도달 여부에 대한 판정을 내린다. 그 평가도구는 주로 교과 내용을 토대로 한 기초적 응용과 추론의 내용을 담는 것으로, 교과별 기초라고 할 만한 내용 중심의 평가문항이 만들어졌을 것이라고 본다. 기초란, 교과별 학습을 추가적으로 진행할 때 바탕이 되고, 반드시 알고 있어야 응용이 가능한 수준의 내용일 것이며, 다음 단계의 학습을 진행하는 데 필수적 선결 학업 내용일 것이다. 이것을 지필평가 형태로 만들어 테스트를 하고 그 결과치 수준의 구간을 정하여 교육부에서는 기초학력 도달 여부와 학력 수준 중심의 자료를 매년 공개한다. 만약 정말로 혁신 교육을 한 학교에서 데이터 중심의 기초학력 미달 학생이 더 많이 나왔고, 이전 시기보다 혁신 교육을 한 이후로 기초학력 미달 학생이 더 많이 나왔다면, 혁신 교육은 기초학력은 챙기지 못하고 상황적 적용 학습만 했다는 것인지 사세적인 검토를 해 볼 만한 일인 것 같다.

 예전에 혁신학교를 꽤 오랫동안 운영해 왔던 모 중학교의 수업 현장에 참여해 본 적이 있다. 수학과 수업을 하는데, 학생들은 아주 활기차고 재미있는 수업을 진행했다. 몇 가지 문제를 풀고 그 답을 서로 손을 들어 정답을 맞히면서 즐거워하는 모습을 보았고, 단원 관련 문항이 제시된 워크시트에 답을 하며 거의 모든 학생들이 만족스러워하는 수업 광경이었다. 끝날 때까지 아주 활기찬 수업을 진행했고, 종료 후 혁신학교에 관심이 있는 많은 선생님들이 모여 협의하는 시간을 가졌다. 아닌 게 아니라 이렇게 재미있게 수업을 하는데 왜 학력이 저하되는지에 대한 질의응답이 가감 없이 이루어졌다. 수업을 담당했던 교사의 답변은 수업 내용의 설계 부분에 관한 것이었다. 거의 모든 학생이 수업에 동참할 만한 단원과 세부 과제가 수업 내용으로 설계되어야 한다는 말이었고, 따라서 수업 내용이 해당 학년에서 성취해야 할 내용보다 훨씬 낮은 수준의 학습이었으므로 재미있는 수업이 가능했다는 말이었다. 그것도 시간 내내 같은 유형만을 거의 반복적으로 진행한 것이고, 만약 그것을 토대로 한 단계 더 나아가는 탐구와 추리, 새로운 지적 내용의 접근을 했더라면 학생들의 흥미와 집중은 어려웠을 것이라는 말이었다. 보여 주어야 하는 공개수업이었고, 한 학생도 이탈하지 않고 모두가 집중되는 즐거운 수업을 해야 하므로 이러한 수업 설계가 불가피했다는 고백이었다.

■■■

예전에 배움중심수업 모델을 적용한 일본인 교수 사토 마나부의 수업에 대한 강의를 들은 적이 있었다. 특정 학급의 수업 동영상을 가지고 그 수업에 대한 부분적 평가를 해 가면서 자신의 수업 이론을 설명하는 강의였다. 흔히 교육학자들이 주장하는 다양한 수업 모형들도 트렌드일 수밖에 없다. 지금은 많이 수정되었을 것이라 생각하지만 그 당시 사토 마나부는 배움중심수업을 주창했고, 그는 교실수업에서 한 아이도 포기하지 않고 모두가 수업에 동참하게 하는 것을 가장 중요하게 여겼다. 오히려 수업의 포인트는 모든 학업에 관심이 없고 일탈적인 습성을 보이는 특정 학생이 수업을 통해 배움에 동참하고 흥미를 느끼면서 어느 순간에 점프(jump)하게 되는 지점을 찾아 확인하는 것이라고 강조했다. 즉, 수업은 가르치는 것에서 끝나지 않고 배우는 학생이 최종적으로 배움을 얻어야 수업이 완성된다는 것, 그래서 수업은 배우는 학생 중심으로 그 효과를 말할 수 있어야 한다는 것이었다. 교사가 과제를 제시하고, 관련한 설명을 덧붙이고 나면 학생들이 그 과제를 수행하는 방식이었다. 교실 안의 학생들은 학습 수준이 아마도 천차만별일 것이다. 이 학생들에게 제시된 과제는 동일했다. 어떤 학생에게 이 과제는 매우 쉬워서 과제를 해결하고 시간이 많이 남았을 것이다. 수업의 새로운 트렌드를 적용해 수업한 교사는 계속 모든 학생이 이 수업에 집중하고 있는지를 관찰하고, 그중에 특히 수업 적응력이 매우 낮았던 학생에게 집중했다. 그리고 그 학생의 배움 도달을 위해 관심을 가지며 그 문제의 해결을 유도하는 노력을 수업 동영상은 다양하게 보여 주었다. 드디어 그 학생이 과제에 관심을 가지면서 수행을 시작했고 교사의 여러 차례의 도움을 통해 완성은 아니어도 해결의 물꼬를 트듯이 수업에 동참했다. 사토 마나부는 이 영상을 보고 역시 그 적응력이 낮았던 학생의 변화에 관심을 갖고 이 학생이 변화하는 모습에 큰 의미를 부여했다. 나중에 이 학생은 이러한 변화를 통해 어느 순간에는 학습의 점프 단계에 올 것이라고 설명을 덧붙였다. 비교적 그 수업 동영상은 사토 마나부로부터 만족스러운 평가를 받았다.

■■■

　혁신 교육은 상황과 여건에 따라 다양한 운영 모델이 적용될 수 있다. 학교 현장의 교육적 여건, 구성원(학생)들의 인지적 수준, 교사의 열정, 가정 및 주변 환경 등에 따라 필요한 혁신 교육 항목들이 선택되어야 할 것이고, 교실수업 여건에 따라 다양한 수업모델도 적용되어야 할 것이다. 사토 마나부의 배움중심수업 모델은 한때 매우 유행했었고 지금도 매우 유용한 면이 있다. 초기 혁신 교육은 이 배움중심수업 모델을 많이 수용해 왔던 듯하다. 여기에서 일반인의 눈으로 분석을 해 보자면, 배움중심수업 모델의 적용 교실은 궁극적으로 모든 학생이 배움을 실현해 내어야 교사의 가르침, 즉 수업이 완성된다는 것은 옳으나, 교실에는 다양한 수준의 학생이 있고 그들은 절대로 일사불란하지 않는다는 것이 고려되어야 한다는 점이다. 즉 교사가 전 학생에게 하나의 과제를 제시했을 때, 마지막 한 학생이 급기야 관심을 갖고 수업에 동참하는 과정을 수업의 큰 맥락으로 끌고 가기 위해 다른 학생들의 과제 수행 후 남은 시간은 어떻게 해야 하느냐의 문제가 남는다. 개인별 교육이 아니고 동일한 수준으로 구성된 수준별 수업 교실이 아닌 상황에서 수준이 높은 학생들을 위한 수업은 혁신 교육에서 고려 대상이 아예 안 되는지도 궁금한 것이 사실이다. 아니면, 교사는 한 교실 수업을 위해 학생 개인별 수준을 고려하여 상황 인지 후 부지런히 수행 수준에 따른 추가 과제를 제시하고 그것을 계속 살펴야 하는지의 문제가 있다. 몇 명 안 되는 교실수업의 학생 수라면 이것도 가능하겠지만, 30명 정도의 교실수업 인원이라면 이는 현실성을 초월하는 문제이다. 결국 마지막 한 아이의 자발적 배움을 유인하고 기다리는 동안 다른 많은 학생들에게 주어진 한 시간의 학습권은 충분히 보장되었는지도 고민해 봐야 할 일이 아닌가.

앞에서 사례로 들었던 모 중학교의 수업도 마찬가지다. 한 단원을 몇 개 차시의 수업으로 구성했을 때 학습 내용과 수준은 차시에 따라 상승되는 것이 맞다. 교실 내 학생들의 학습 수준은 다양한데, 오직 수업 적응이 어려운 특정 학생에게 포커스를 둔 학습 내용 설계를 하거나 흥미 유지를 위해 낮은 수준의 학습을 반복적으로 진행하는 수업이 된다면 이는 단원의 상향적 발전을 이루어 내지 못한 수업이 됨은 물론이고 성취기준에 맞는 수업을 받을 학생의 권리를 충족시키지 못하는 것이 된다. 보여 주기 위한 샘플 수업이 아닌 경우는 학년에 맞는 성취기준을 적용하여 수업을 할 수 있다고 한다면, 결국 혁신 교육 모델의 수업에서도 적응도가 떨어진 학생은 놓고 갈 수밖에 없다는 결론이 나와야 하는 것인지도 의문이다.

■■■

혁신 교육은 보편교육을 추구한다. 살다 보면 여러 가지 면에서 혜택을 더 받고 덜 받는 차별이 사회적으로 발생한다. 이러한 차별을 교육에서부터 받게 할 수 없다는 논지와 그것의 실행은 교육적으로 매우 타당하다. 그래서 이러한 뜻을 교육에 담고 있는 혁신 교육에 하나의 유행처럼 많은 사람들이 열광하기도 했을 것이다. 학습 역량과 수준에서 차이를 보이는 학생들을 한 교실에 놓고 수업을 해 나가는 것 자체를 반대하는 것은 아니다. 사실 교사가 수업하는 것으로 보면 수준별 수업이 훨씬 쉬울 것이다. 그러나 궁극적으로 배워 가는 학생들을 대상으로 현재의 학습 역량에 따라 교실을 다르게 만들어 수업하는 것은 당연히 용납되지 않는다. 그리고 다양성이 아닌 다른 기준으로의 수업 공간 분리는 그리 바람직하지 않다. 이는 단순히 차별을 배제하기 위한 것만은 아니다. 서로 다른 상황에서 협업하는 과정을 통해 또래 학습의 효과는 쌍방 모두에게 효과적으로 이루어지기 때문이다. 교사의 교수 방식에서 이해가 어려웠던 학생은 또래 수준의 다른 방식의 설명으로 이해력이 상승될 수 있고, 빠른 학습력을 갖춘 학생은 체화된 지식과 응용을 자기식의 표현으로 꺼내어 전달하는 과정에서 완전학습에 가까운 효과를 달성할 수 있기 때문이다. 그러면 앞서 언급했던 사례, 즉 마지막 학생이 수업에 동참하여 점프하게 되는 순간까지 기다리는 것과, 과제를 빨리 해결하고 남은 시간을 그냥 보내야 하는 학생의 학습권 문제, 이 둘의 상충적 교실 수업 괴리는 이러한 또래학습 수업 모형으로 해결될 수 있을 것이다.

■■■

수준 차이가 있는 학생들로 구성된 교실수업 집단에서 모든 학생이 수업을 통해 성장할 수 있는 수업 모형으로 협동학습이 있다. 협동학습은 조를 편성하여 조원끼리 과제 해결과 학습 수행을 한다는 점에서 조별학습과 유사하지만, 협동학습의 조별 활동은 학생의 수준에서 또래학습 또는 멘토·멘티 학습을 한다는 점에서 단순한 조별학습과는 구별이 된다. 제시 받은 과제의 수행을 위해 조원 전체가 뭉쳐서 과제 해결을 하지만, 단순히 역할 분담에서 끝나는 것이 아니고 학습 역량이 높은 학생이 낮은 학생에게 또래 수준의 이해력으로 학습력을 강화시켜 준다는 점에 그 특징과 장점이 있다. 게다가 학습한 내용을 다른 사람에게 설명하는 과정에서 학습 강화 작용이 있다는 점을 상기하면 가르치는 역할을 하는 학생에게도 엄청난 점프를 할 수 있다는 기대는 더 의미심장하다. 이 협동학습의 성공을 위해서는 무엇보다도 교사의 수업 설계 차원의 노력이 필요하다. 과제 선정도 중요하지만, 예측된 학생별 학습력을 기준으로 조별 구성원이 골고루 배정되어야 그 효과가 달성된다. 조별 발표를 끝낸 후 그 학습 결과를 토대로 추가 질문을 받으면 이 질문 해결이 다음 단계 학습을 여는 길이 되기도 해서 이 수업방법은 학습의 흥미와 질적인 우수성 측면에서도 매우 유용한 수업 모형이 될 수 있다고 본다.

■■■

학교에서는 시대적 요구를 반영한 혁신 교육을 위해 이렇듯 노력하고 있음에도 불구하고 오히려 그러한 이유로 거론되는 기초학력 미달 학생 양산 문제는 어떻게 해결해야 할 것인지 이제 고민해 볼 차례이다. 앞에서도 말했지만 기초학력은 인지영역에 대한 기초 학습력으로, 쉽게 말하면 학교교육에서 아주 많은 비중을 차지하는 교과 학습 내용에서의 기초에 대한 학습력을 말한다. 더 쉽게 말하면 과목별로 시험을 봤을 때, 출제가가 기초 학습 부분이라고 설정한 부분에 대해서는 반드시 성취에 도달해야 한다는 것이다. 이는 전국단위가 아닌 학교별, 과목별로 학교 현장에서도 계획될 수 있다. 교사가 시험문제를 낼 때는 각 문항에 대하여 상중하를 구분하게 되어 있고, 상중하의 빈도를 문항 수 또는 배점 대비 일정 비율을 적용하도록 되어 있다. 따라서 현장에서의 기초학력 수준은 각 과목별 시험 점수에서 출제자에 의한 기준 점수가 될 수도 있다. 과목별 평가에서 출제자가 해당 시험의 기초학력 수준 점수를 정할 수 있다는 뜻이다. 이는 과목의 평균 점수와는 다르다. 그래서 출제가가 정한 점수에 도달하지 못한 학생은 과목별로 해당 교사가 기초학력 미달 학생으로 규정할 수 있다는 것이다. 교육청에서는 기초학력을 진단하는 프로그램과 보정시스템을 만들어 보급하고 있으나 이것 역시 학교별로 기준을 재설정하여 사용할 수 있다고 본다. 왜냐하면 학생이 직접 대하는 과목별 학습은 학교 교사가 직접 가르치고, 평가 문항도 그 교사가 직접 출제해서 시행하기 때문이다. 그러고 보면 과목별 교사는 본인이 설정한 기초학력 미도달 학생에 대해서 단순히 성적만 산출하고 끝낼 것이 아니라, 이 기초학력 기준점 이하의 학생에 대해서는 스스로 보정하고 재교육하는 계획과 노력을 시행해야 할 것이다. 우리나라는 시험 성적 자체로 줄을 세워 많은 곳에 활용하기 때문에 보정이나 재교육에 대하여 의무감이나 사명감을 크게 갖지 않는 경향이 있다. 점수가 나오면 그것은 그 학생의 성취 점수의 수준에서 이수를 한 채 그대로 완료된다고 생각하는 경향이 많다.

■■■

유럽 연수에서 고등학교 성취평가에 대한 얘기를 나눈 적이 있다. 그들은 학기별 시험에 대한 결과가 1~5단계로 평점이 나온다고 한다. 5단계가 나온 학생은 계속해서 보충교육을 하는데, 기초학력 수준이 보강될 때까지 테스트를 반복하여 반드시 기초학력 도달까지 올려놓아야 한다고 했다. 우리나라는 성취평가(절대평가)가 A~E로 나온다고 했더니, 그러면 E가 나온 학생은 어떻게 하느냐는 질문이 왔다. 사실 우리나라는 이 E를 맞은 학생에 대하여 그러한 수준이라는 확정된 성적만 산출하지, 보충교육을 통해 기초학력 보강에 대한 시스템은 제도적으로 의무화되어 있지 않다. 미국의 경우는 교사가 거의 계약제이므로, 과목별 기초학력 미달학생이 많거나, 그 학생을 재교육을 해서 기초학력을 달성해 놓지 않으면 해당 교사는 다음 계약에서 제외된다는 얘기를 들은 것 같다. 반면 우리나라의 경우는 기초학력 향상을 위한 노력이라고 하면 교육청 사업으로 예산이 교부되어 학교에서 그 예산으로 기초학력 향상 프로그램을 운영하는 사업형 방식으로 시행된다. 그것도 모든 교사가 본인의 과목에 대하여 책임지기보다는 예산의 범위 내에서 보충수업 하듯이 반 편성을 해서 별도 프로그램의 계획 하에 통합적으로 운영하는 것이다. 그것도 혁신 교육의 흐름이 반영되고 보면, 이들에게 기초학력의 특성상 인지영역의 가장 기초가 되는 지식 부분을 달성시켜 주어야 함에도 지식 위주, 암기 위주 수업은 지양하고 흥미 위주의 자발성과 체험을 통한 기초학력 보강 계획으로 진행하는 경우가 많다. 게다가 기초학력 대상자라고 하더라도 본인과 학부모의 동의가 없으면 기초학력 보강을 제공할 수 없는 시스템이다. 학력이 낮다는 이유로 특정 학생을 낙인찍을 수 없다는 이유에서 그렇다. 기초학력 부분일지라도 성적으로는 줄 세울 수 없다는 혁신 교육의 특성이 적용된 방식인 것 같은데, 기초학력에서조차 이러한 사고가 흐르고 있다면 이건 좀 깊이 생각해야 할 문제가 아닐까 생각된다. 그나마 추진하고 있는 기초학력 지원 사업 운영은 정작 기초학력을 보강하기 위한 것인지, 무늬만 기초학력 프로그램인지 의아스러울 때가 많다. 기초와 응용의 단계를 구분하지 않고 학생들을 대상으로 하는 모든 수업에 현장 체험, 발표, 토론 등의 혁신적 수업 모델을 그대로 적용하고자 하는 작위성도 고민해 보아야 할 부분이다. 축적된 지식, 암기된 요소 등이 일정 수준 갖춰지지 않으면 절대 응용과 적용이 어렵고, 그다음 단계로 차고 올라가기 어렵다는 것을 간과하고 있는 것인지, 아니면 혁신 교육에 매몰되어 경직된 혁신성으로 기초학력 보강조차도 이렇게 접근하는 것인지 판단이 애매모호한 점이 있다. 기초학력이라는 개념 이해가 제대로 되고, 학교교육에서 어떠한 일이 있어도 기초학력은 보장되어야 한다는 생각이 있다면, 기초학력 보강 계획과 방법도 실효성 측면에서 진지하게 모색되어야 할 것이다.

■■■

기초학력은 학교급별 성장 단계에 따른 인지적 교과 내용으로, 자신을 이해하고 관심사에 접근하여 미래를 꿈꾸고 탐색하기 위해 기초가 되는, 필요조건의 교과 학습 수준이다. 지금 당장은 성적이 저조하더라도, 최소한 이 정도의 학습 역량은 있어야 마음을 먹거나 자극이 주어졌을 때 바로 차고 일어날 수 있는 기본 역량 차원의 학습 주춧돌이라고 생각하면 될 것 같다. 운동, 놀이 등 정상적인 활동을 다양하게 하거나, 지금은 아니지만 언제든지 마음이 내켜서 하고 싶을 때 바로 실행해 보려면 언제든지 건강한 신체가 항상 준비되어 있어야 하듯이, 삶의 방향에 대하여 인지적으로 생각하고 노력하고 계획을 짜고 탐색해 보려면 기초학력이 이미 구비되어 있어야 한다. 예를 들면 국어의 경우, 국어로 쓰여 있는 글들을 몰입해서 읽으면 무슨 뜻인지를 해독할 수 있는 어휘력과 문장구조의 이해 수준을 말한다. 당장은 책을 가까이하지 않더라도, 언제든지 그 책을 읽어 낼 수 있는 힘은 내재되어 있어야 한다는 말이다. 수학도 마찬가지다. 기본 연산, 기초 수학은 언제든지 더 나아가 공부할 수 있는 여건이 될 수 있다. 나중에 하려고 해도 너무 기초가 안 되어 그 벽을 뛰어넘지 못해 포기하는 일이 없도록, 기초학력 수준도 보장해 주지 않으면 안 되지 않는가.

더 중요한 것은 학습의 이유와 동기가 되는 진로설계에서도 기초학력은 기반이 된다는 것이다. 자신을 이해하고, 다양한 진로와 직업 세계를 알아보고, 그것을 찾아 본격적으로 길을 탐색해 가는 과정에서 기초학력이 없다면, 탐색 시작부터 열린 영역이 많지 않고 어떤 영역은 아예 자신은 범접할 수 있는 영역이 아니라고 제외할 수가 있다. 우리나라와 같은 대졸 위주의 진로 직업이 팽배한 상황에서는, 기초학력을 전제로 진로설계를 할 수밖에 없는 영역이 다른 나라보다 많을 것이다. 많은 공무원을 비롯하여 특정 전문직에 대한 꿈은 어떤 학생들이 꿀 수 있을까? 학교에서 기초학력을 잡아 주지 않는다는 것은 많은 학생들에게 꿈을 꾸는 것조차 차단하게 만드는 결과가 된다. 진로교육은 체험 비용을 내고 관람하거나 노작 또는 견학하는 것이 전부가 아니고, 지금은 아니어도 언제라도 기회가 왔을 때 진로를 탐색하고 이해할 수 있도록 인지적 기초 역량을 만들어 주는 것도 중요하다. 결론적으로 말하면, 기초학력은 진로교육과도 맥락이 통하며, 진로교육의 과정이고 효용을 위한 기본 전제가 되는 것이다. 자라나는 학생들은 절대 현재에 머물러 있지 않는다. 현재에 존재하되 미래를 살고 있는 것이니, 미래를 꿈꾸고 차근차근 그 길을 찾아갈 수 있도록 기반은 갖추어 주는 것이 당연하다.

■■■

　이런 점에서 기초학력은 또 다른 인권의 범주로 이해될 수 있을 것 같다. 학생은 전적으로 학교급에 따른 제도권 교육을 제공 받으므로 학교교육을 통해 궁극적으로 인지적, 사회적, 정서적 성장을 하게 된다. 천진무구하고 세상을 잘 모르던 유·초등 시간을 보내고 중·고교를 거치면 진로도 결정하고 진학과 직업을 위한 꿈을 설계하며 그 과정과 단계에 필요한 부분을 본인이 직접 챙겨 넣는다. 방향은 어떤 것일지라도 본인이 하고자 하는 부분을 여러 각도에서 탐색하고 자기에게 맞는 것을 강화할 수 있도록 그 역량을 심어 주는 것이 학교교육이 해야 할 일이다. 그런데, 자신의 방향에 따라 능동적인 취사선택을 하기도 전에 기초학력 미달로 인하여 인지 역량이 부족해지면 다양한 생각의 범위에 한계가 생기며, 특정 욕망이 있으나 도전과 노력 단계에서 갈 수 없는 길이라는 결론에 이르게 하면 안 되지 않을까. 기초학력 미달 학생이 그 조건에서 선택한 길이 있지만, 만약에 기초학력 미달 상태가 아니었다면 선택의 가능 영역을 확장하고 보았음직한 길들이 또 있었을 것이다. 그런데 기초학력 미달인 상태에서의 판단이고 선택이라 이 길들이 선택지에서 아예 배제되었다면, 우리는 이 학생에게 공부를 잘하게 만들지 않은 책임이 아니라, 기초학력을 보장해 주지 못함으로써 꿈을 제한한 책임을 져야 하는 것이다. 인권을 인간으로 존중받고 건강한 삶을 살도록 보장하는 인간의 최소한의 권리라고 본다면, 교육을 받을 권리에서 이런 미래를 설계할 역량으로서의 인지 영역인 기초학력은 바로 인권적 측면에서도 특별한 의미가 있다고 본다. 공부를 잘하든 못하든, 훌륭한 가정에서 태어났든 그렇지 않든, 학생 개인은 학교교육을 통해 꿈을 꾸고 구체적 실현 방법을 모색할 수 있는 역량을 채워 나갈 권리가 있다. 기초학력 보장은 한 인간 삶에 대한 꿈과 진로에 대한 권리 보장인 것이다. 그러므로 민주 시민 역량으로 인권을 보장하고 학생인권의 이해를 무엇보다도 강조하는 혁신 교육이 궁극적으로 중요한 기초학력을 보장하지 못하거나 오히려 기초학력의 미달 학생을 양산하고 있다는 논란이 있다는 것은, 학교교육을 통한 학생인권 교육의 근간에 균열이 생기는 것으로도 볼 수 있지 않을까 한다. 교육 현장에서 학생들은 기초적 인지 역량을 토대로 성장하고 꿈을 키워 갈 수 있기에 기초학력은 인권의 가장 궁극적인 영역이 될 수 있다는 측면에서 그렇다. 혁신 교육이 적용되어 학생인권을 보호했던 만큼 학생의 미래를 계획하고 찾아가기 위한 자발적 역량인 기초학력이 혁신 교육에서 더 철저히 보장되었다면 좋았을 것이다. 그것이 많은 사람들이 궁극적으로 혁신 교육에 바라는 바가 아니었을까.

■■■

  기초학력 달성에 대하여 그간 깊게 생각해 보지 않았고, 학교 단위에서 교사별 책임으로 면밀하게 대응해 오지 않았으므로, 기초학력 달성을 위한 충실한 제도적 프로그램은 별로 없어 보인다. 즉흥적이고 상황에 따라 만들어 시도해 보는 기초학력 미달 해결 방법은 본격적인 답이 되지 않는다. 학교교육이 있는 한 기초학력 보장 시스템은 반드시 병행되어야 하고, 그 효용성은 필히 실효성이 담보되어야 한다. 그런 이유로 기초학력 달성을 위한 시스템 가동은 교육청의 운영 시스템과 그에 따른 학교별 운영의 실제가 맞물려 진행되어야 한다. 교육청 차원의 센터를 구축하고, 센터 차원의 큰 틀을 만들어 학교 현장으로의 독려와 지원을 강화하면 될 것이다. 센터는 학교급에 따른 과목별, 학년별 교사 지원단으로 구성하여 기초학력 범위를 정하고, 이를 판단하고 보정할 수 있는 기초학력 기준 평가 시스템을 마련하면 좋을 것 같다. 이들의 역할은 직접 대상 학생들을 가르치기보다는 학교에서 해결할 수 있도록 자료 분석과 접근 방법을 고안하면 된다. 학교급별, 학년별, 과목별 기초학력의 수준 기준을 마련하고, 여기에서 단원별 기초학력 수준의 내용 구성을 준비하는 것이다. 그러나 이 내용에 대한 달성은 단위학교에서 책임지는 방향으로 가야 한다. 그래야 현장의 책임 교육이 가능해진다. 교사가 최소한의 기초학력에 책임을 질 수 있을 때 그들의 자존감도 상승할 수 있을 것이다. 그들의 자존감 보장을 위해서도 학생의 기초학력 달성을 위한 체계적이고 지속적인 제도와 방안이 교육청과 학교 차원에서 공히 마련되어야 한다.

기초학력 달성을 위한 수업 방법은 다양한 흥미 유발의 방법을 동원하는 것도 의미가 있으나 절대로 지식 전달, 암기, 반복 등의 과정을 도외시하면 안 된다. 기초학력 위에 서서 학습을 심화하거나 이해 영역을 확장 및 응용하는 것은 탐구, 체험, 프로젝트, 보고서 등의 방법을 동원할 수 있어도 어휘(영어단어 포함)와 기본 문장 이해, 연산, 공식, 기본 지식 등은 지식 전달과 암기의 방법을 아무리 빼려 해도 뺄 수가 없다. 지식의 내용 특성과 학생에게 필요한 부분들을 고려해서, 주입이 필요한 단계와, 응용, 상상, 설계 등이 필요한 단계에 따라 학습 방법을 달리 적용해야 한다. 한때 학생 참여 중심 수업이 한창 논의되고 추진되었을 때도 암기식 교육, 주입식 교육이 단원과 부분에 따라 절대적으로 필요함을 역설한 교육 이론가들도 있었다. 균형적인 안배, 전체적인 모양을 크게 보고 그려 내는 것이 교육에서도 중요하다. 즉, 기능과 역할에 따라 학습 방법도 달리 적용되어야 한다. 기초학력 향상을 위해서는 기초를 담게 하는 방법이 필요하고 응용력을 위해서는 응용에 맞는 학습 방법이 필요한 법이다.

■■■

10년 이상을 혁신 교육이 학교교육에 많은 이바지를 해 왔고, 많은 변화를 주었다. 덕분에 학생뿐 아니라 교사, 학부모, 일반인까지 교육의 분야에서 의식의 변화를 가져왔다. 심지어 학교의 혁신 교육이 교육정책을 입안하는 핵심 관료들까지 변화시켰다고 보고 있다. 그럼에도 잘한 것은 잘한 것이고 부족했던 것은 부족한 부분으로 받아들여야 할 것이다. 혁신 교육에 기초학력 미달 학생 양산을 엮는 논리는 실체적 현상 차원의 논의보다는 그 기대감의 발현에서 출발했던 것이 아닐까도 생각해 본다. 혁신 교육을 통해 교육의 쇄신과 변화 또는 발전을 기대했던 만큼 그 결과나 효과에 대한 평가는 냉정하기도 할 것이다. 전반적인 학력도 낮아진 것 같고, 더구나 기초학력 미달 학생이 양산되었다는 의견이 있으니, 이 문제가 그 어느 때보다도 심각하게 검토되는 계기가 된 것 같다. 기초학력 미달 학생이 언제는 없었겠는가. 기초학력에 대한 적극적 검토와 이에 대한 본격적 대책 논의는 오히려 늦은 감이 있다. 혁신 교육을 종합적으로 경험하면서 기초학력의 중요성을 매우 강하게 인식하고 그에 대한 대책 논의가 강도 있게 구체화되기 시작한 것은 기초학력 측면에서는 매우 다행스러운 일이라고 볼 수 있다. 논의의 강도는 혁신 교육과의 상관성에서 시작한 것 같기도 하지만, 중요한 것은 그 관계성의 확인보다는 기초학력의 미달 학생에 대한 해결 대책이 논의의 핵심에 있어야 함을 확인한 것이다. 이제라도 그 해결책이 교육의 중심에 오게 되고, 그 구체적인 방안이 실효성 차원에서 적극적으로 숙고되는 것은 다행한 일이라고 본다.

성장과 발전의 고차원적인 학습인 창의력, 문제해결력, 종합 능력, 응용 능력 등을 위한 교실수업의 변화는 최소한의 기초학력 수준 위에서 가능할 것이다. 기초학력이 없는 상태에서 이러한 맥락으로 일관하면 알맹이 없는 껍데기 교육이 될 것이고, 현실이 없는 이상이 될 것이다. 교육이 학생의 모습을 직접 만들어 주거나 미래를 계획해 줄 수는 없다. 교육을 통해 학생은 스스로 나아가는 힘을 갖게 되며 스스로 미래를 찾고 계획하는 힘을 얻는 것이다. 스스로의 삶을 생각하고 찾아가기 위한 기본 역량의 실현을 위한 기초학력 보장은 인권이며, 그래서 기본권에 해당된다. 2022년 3월 25일부터 시행되는 '기초학력 보장법'이 이제야 시행에 들어갔다[46]. '한 사람도 놓고 가지 않는다'라는 교육정책의 목표는 즉시적인 현상이나 과정에 머물러 이해되는 것이 아니라 궁

---

46) '기초학력 보장법'은 학습지원대상 학생에게 필요한 지원을 함으로써 모든 학생의 기초학력을 보장하여 능력에 따라 교육을 받을 수 있도록 그 기반을 조성하는 것을 목적으로 하는 법이다. 이 법은 2021년 8월 31일 국회 본회의를 통과하고 2021년 9월 24일 공포됨으로써 2022년 3월 25일부터 시행하게 된다. 여기서 '기초학력'이란 초·중등교육법 제2조에 따른 것으로, 학교의 학생이 대통령령으로 정하는 바에 따라 학교 교육과정을 통하여 갖추어야 하는 최소한의 성취기준을 충족하는 학력을 말한다. 이에 따라 국가와 지방자치단체는 기초학력 보장을 위한 시책을 마련해야 하며, 기초학력 보장을 위해 학교의 학급당 학생 수를 적정한 수준으로 유지하도록 노력해야 한다. 또 기초학력 보장에 관한 시책의 추진에 필요한 재원을 확보하도록 노력해야 하며, 학교의 장은 교육에 관한 각종 시책을 시행함에 있어 기초학력 보장을 위해 노력해야 한다(네이버 지식백과 시사상식사전, https:terms.naver.com/entry.naver?docId=6559526&cid=43667&categoryId=43667).

극적인 역량과 자율적 의지를 보장하는 기저에 있는 것임을 깊이 생각해야 할 것이다.

05
고교학점제로 가는 길

중학교의 자유학기제 도입과 맞물려 고등학교의 고교학점제 운영이 논의된 지 몇 해가 지났다. 앞으로 3년 후, 2025년이 되면 전국의 모든 고등학교의 전 학년에 고교학점제가 시행될 예정이다[47]. 오래전부터 학교 현장을 중심으로 고교학점제 시행은 시기상조이고 준비는 미비되었음을 거론해 오고 있음에도, 제도 시행은 확정적으로 추진되고 있다. 현행 교육과정과는 기본부터 다른 형태

---

47) 애초 교육부에서는 2025년에 고교학점제를 전면 실시한다고 계획했으나, 최근 2023년 고1부터 연차적으로 도입해 2025년에는 고1·2·3학년이 모두 고교학점제에 들어가는 계획을 세부적으로 확정했다. 2023년 고1, 2024년 고1·고2 대상 고교학점제 적용을 부분 도입이라고 말하고, 고1·2·3에게 모두 적용되는 2025년에 전면 도입이라고 규정하면서, 고교학점제 운영에 따른 내신성적 산출 방법, 수능 개선안 등은 2028학년도 대입(2025년 고1)에 초점을 맞추어 준비하고 있다고 한다. 그러나 학교로 보면 고1·2·3에게 모두 적용되는 2025년이 전면 도입이 될지는 몰라도 수혜를 받는 학생 개개인으로 보면 2023년 고1이 되는 학생들에게는 2023년에 전면 도입이 되는 것이다. 따라서 이들에게도 내신성적 산출 방법이나 수능 개선이 당연히 적용되어야 하는데, 교육부에서는 오직 2025년 고1 학생들부터 고교학점제 운영에 따른 내신과 수능 방법을 개선하려고 하고 있으니 2023년과 2024년에 고1이 되는 학생들은 고교 교육이 매우 암담한 현실이다. 학교에서는 이들에게 고교학점제를 적용하고 있으나 이들의 대입은 고교학점제 이전의 내신산출 방법과 수능시험 체제가 적용되기 때문이다.

의 학교 교육과정 운영이므로 인식과 이해도 문제이지만, 교육 소비자이며 수혜자인 학생들을 대상으로 적용되는 것이기 때문에 그 시행을 위한 준비가 여러 가지 면에서 탄탄해야 할 것으로 생각한다. 모든 준비가 갖추어지고 교육부, 교육청 차원에서 학교 현장의 어려움 없이 모든 것을 지원해 준다고 하더라고 그 시행이 쉽지 않을 터인데, 지금의 학교 여건은 고교학점제 운영과 괴리가 너무 커서 엄두가 나지 않는다는 게 교육 현장의 반응이다. 그럼에도 이미 2020년에 마이스터고에, 2022년에는 특성화고에 적용되었고, 2023년에는 일반고에 적용하는 날을 기다리고 있는 실정이다.

■■■

그간 교육부에서는 시·도 교육청별로 희망학교에 연구학교를 지정 운영하고 선도학교 및 준비학교도 운영해 오고 있었다. 많은 학교들이 고교학점제 연습에 동참해야 실제 학생들을 대상으로 교육과정 운영에 실수와 피해를 줄일 수 있을 터이나, 이것이 학교의 자율적 희망에 의한 운영이다 보니, 그 과정조차도 밟지 않은 학교가 많다[48]. 물론 모든 학교를 대상으로 준비와 연습을 할 수는 없다. 그러나 적어도 시도별로 비슷한 수준의 참여율을 가지고 준비를 했으면 좋았을 것 같다는 생각이 든다. 교육부의 준비력으로 본다면 모든 시·도의 균등한 동참은 이 제도 시행을 위한 필요조건인 구비 사항이라고 본다. 연습해 보고 시행

---

[48] 연구학교, 선도학교, 준비학교 운영 희망은 학교의 선택 이전에 지역 교육 방향성의 영향력도 있다. 학점제가 전국적인 시행인 점에서 보면 준비 과정의 여건이 근본부터 미비된 부분이기도 하다.

의 어려움이 있다면 고교학점제 실시 자체를 포기할 수도 있는 것이 아니었다면 말이다. 어떻게든 지역별로 균등한 수의 학교에, 그리고 최대한 많은 학교에 준비와 연습을 하도록 해서 학교 현장을 중심으로 고교학점제 운영 방법과 문제해결의 방안을 상호 공유하도록 이끌었어야 하지 않았나 싶다.

고교학점제 운영에 대한 초기의 인식은 모든 시·도 교육청과 산하 학교 현장이 아마 거의 비슷한 반응이었을 것이라고 생각한다. 고교학점제 자체는 매우 타당하고 미래지향적 인재 양성에 합당해서, 그렇게 가야 하는 이론과 이치에 대해서는 많은 교사들이 공감했던 것으로 안다. 그러나 2025학년도라는 시한을 기점으로 전면 시행을 받아들여야 한다는 부분에 대하여, 아니 그보다도 현재 우리나라의 학교 현실에서 이것을 즉각 적용한다는 것에 대하여 불신과 반신반의가 많았다. 교육 당국에서도 이것을 모르는 바는 아니었을 터이므로, 시행을 전제로 할 것이라면 그 불신과 문제성을 공유하고 이것의 해결을 현장 교사 중심으로 풀어 가려는 노력을 했으면 좋았을 것이다. 안 된다는 부분은 시한을 두고 어떻게 해소할 것인지 안내하고 시행의 범위를 논의하면서 전면시행의 추진을 밟아 갔으면 좋았을 것이다. 이런 적극적인 합의나 방향성 안내가 충실히 이행되지 않았기 때문에 학교 현장은 큰 제도 변화를 앞에 두고 지금도 시행에 대한 반신반의를 하거나 극도의 어려움만 토로하고 있는 상태에 있는 것이다. 시·도 교육청의 정책 이해와 수용의 온도차도 학교 현장의 이러한 분위기에 일조를 한 것도 있다. 결국 고교학점제는 준비 차원에서 워낙 지역적 편차를 내부적인 문제점으로 안은 상태에서 시행의 문턱을 넘어가고 있다. 학생들 편에서 보면 어떤 지역과 어떤 학교는 수혜를 덜 받을 수밖에 없고, 그로 인해 대입에 마이너스 영향을 받게 되는 미진한 상황의 경우, 그 불평등은 누구를 탓해야 하고 어떻게 보전을 받아야 하는지 난감할 것 같다.

■■■

고교학점제는 처음 기획했을 때, 마이스터고를 시작으로 일반고는 2025학년도에 전면 도입하는 것으로 예고되었었다. 그러나 2021년 2월 17일 교육부의 '고교학점제 종합 추진 계획' 발표에 이어 최근에는 2023학년도에 일반고 1학년 신입생부터 학년별로 연차적 시행을 통해, 2025학년도에는 고등학교 전 학년이 고교학점제가 운영될 것이라는 계획이 추가로 발표되었다. 이제, 정말 고교학점제가 들어오는 것이냐고 정책에 대한 회의적인 물음에 갇혀 있던 교사들은 당장 2022년에 2023학년도 신입생 학점제(192학점) 교육과정을 편성하여 예고하고 신입생 교육과정 운영을 준비해야 한다는 결론이 나온다. 시행을 연습하고, 시행착오를 해결하고, 학생과 학교에 맞는 모델을 만들어도 첫해는 어려움이 있을 터인데, 전혀 준비도 안 한 학교에서는 실제 적용되는 학생들을 데리고 연습을 해야 하는 상황이 될 수도 있는, 상상이 힘든 상황이 예상되는 것이다. 지역 편차, 학교 편차가 적나라하게 펼쳐지는 상황이 예고되는 듯하다. 교육 소비자는 하나하나 모두 소중하고 그 정당한 수혜를 받을 권리가 있다. 소비자의 형평성 있는 수혜를 면밀하게 고려하지 않은 정책이나 정책 생산자의 추진 방법으로, 어떤 소비자는 그나마 낫고 어떤 소비자는 최악의 상태가 될 수 있음을 알면서 고교학점제를 시행해야 하는 현실에 안타까움이 있다.

■■■

　지금까지 고등학교 교육과정 운영은 이수단위제로 총 204단위의 교육과정이 편성되었다. 기초교과, 탐구교과, 체육예술교과, 생활교양교과로 분류가 되며 세부적인 이수 기준이 적용된 편성 지침에 의한다. 이렇게 편성된 교육과정에 의해 특정 학교 소속 학생들은 모두 동일한 교육과정을 적용하여 교육활동을 해 왔다. 소위 학교단위 교육과정이라는 것을 지금까지 시행해 왔던 것이다.

　학점제는 학교 단위의 일괄된 교육과정 편성이 아니다. 큰 가이드라인은 학교에서 마련하고 있지만 다양하고 많은 과목 선택지를 제공하여 학생들이 자신의 진로적성에 따라 자율적으로 과목을 선택하여 졸업을 위한 총 192학점을 채워 가는 방식이다. 고교학점제는, 대학에서 운영하고 있는 학점제를 고등학교에 적용한다고 해서 고교학점제이며, 근간은 이수제가 아니라 학점제라는 특징이 있다. 이수가 설계된 것을 완료해 간다고 보면, 학점은 본인이 선택해 채워 가는 개념이다. 즉 학점제는 대학교의 학생별 수강신청을 생각하면 쉽게 이해가 될 것이다. 학교는 최대한 가능한 선에서 선택 과목의 폭을 넓혀 주어야 하며, 학생들은 이 범위 내에서 자신을 중심으로 한 교육과정을 편성해서 내실과 이력을 만들어 가는 것이다. 이 부분에 학교의 어려움이 있다. 학생들에게 최대한의 과목을 열어 주고자 하지만 소속 학교 교사의 다양한 전공 과목에 한계가 있다. 교사는 기본적으로 정해진 주당 수업 시수를 수업해야 하는데, 학생들이 본인의 과목을 선택하지 않아 수업 시수가 나오지 않는 경우도 있고, 학생들의 선택은 많으나 그 과목을 수업할 교사가 없는 경우도 있을 것이다. 그리고 동일 시간대에 다양한 과목을 펼쳐 세트 수업을 진행하게 될 경우, 펼쳐지는 과목 수만큼의 교실이 필요하고 수강 학생 수에 따라 교실의 크기도 다양하게 준비해야 하는 어려움이 있다. 그리고 같은 시간에 많은 교사들이 동시에 수업을 하므로 시간표 작성에도 어려움이 있어 일부 학생들에게는 공강(空講) 시간도 나올 수 있는 것을 배제할 수가 없다. 그럴 경우, 이수해야 하는 학점을 소화해야 하므로 현재 고교의 기준인 7교시보다 하루에 수업해야 하는 시간이 더 늘어나 8, 9교시까지 시간표가 작성될 수도 있다. 이렇게 늦게까지 진행되는 수업이 정규수업이면, 교사, 즉 교육공무원의 근무시간, 학생의 의무적 수업 참여 시간 등에 대하여 국가 차원의 근본적인 해결안이 나와야 한다.

■■■

미국의 경우, 학생들로부터 개학 1개월 전까지 두 단계의 과목 선택을 받아 설강 과목을 수렴적으로 확정하여 교육청에 보고하고, 해당 교사의 지원과 소속 교사의 타 학교 지원 등을 확정한다고 한다. 시간표는 대학생처럼 어떤 학생은 1교시가 수업이 없고, 어떤 학생은 4 · 5 · 6교시가 붙어 있는 경우도 있다. 점심시간은 따로 편성되어 있지 않고 수업 시간에 따라 공강 시간을 이용한다. 수업 시간 이전에 학교에 도착하거나 공강 시간 활용을 위한 학생들을 위하여 홈베이스가 마련되어 있다. 자율적인 학습을 위해 도서관, 정보검색실, 휴게실 등이 충분히 마련되어 자유롭고 질서 있게 활용하는 것을 본 적이 있다. 출석은 각 과목별로 철저히 체크하여 바로 관리실로 전송하면 관리실에서는 학생 관리 전담자들이 있어 10분 이내에 학부모와 소통이 된다고 한다. 1주일에 한 시간, 담임교사와 만나는 홈룸(homeroom) 시간이 있다. 그러므로 우리나라처럼 담임교사와 학급학생의 관계가 밀접하거나 모든 것을 담임교사가 케어하는 시스템은 아닌 것 같다. 당연히 담임교사의 역할은 있으므로 책임 케어를 하는 것은 맞지만 우리나라와 같은 정도는 아닐 수 있다. 따라서 관리실 시스템이 강화되고 역할이 커지게 되는데, 학생간의 폭력 등을 인지하고 경찰에 바로 신고하는 시스템, 학생 수업관리 요원, 진로상담교사의 다수 배치, 다양한 요구사항의 즉시해결 요원, 학생 출입관리요원, 홈베이스 관리 요원의 배치 등 다양한 관리시스템이 비교적 충분히 준비되어 있는 것으로 보였다.

■■■

이러한 학점제 운영을 효율적으로 추진하기 위해서는 지금 우리나라 교육 시스템이 일시에 전면적으로 바뀌어야 한다. 교원수급 문제, 다양한 크기의 많은 교실 확보, 시간표 작성과 과목별 학점 기준 시간의 문제, 학생 관리 문제, 홈베이스 및 학생 편의시설 문제, 그리고 교육공무원 복무 시간 문제 등과 아울러 학생의 일과 시간 조정 문제 등이 가능할지도 의문이다. 교육부에서는 학점제 운영을 위한 교사(校舍)와 교실을 정비하기 위해 공간혁신, 학습자 중심 공간 구성 등에 많은 예산을 투자하여 학점제형 공간을 몇 년간 개선해 오고 있다. 공사로 인해 최소 1년은 학교 교육활동에 어려움을 겪는 것은 불가피하다. 그럼에도 학생 선택과목 수의 확장과 직접 맞물린 교원수급에 있어서는 명확한 답을 찾을 수 없고 방안 마련도 교사의 신뢰를 얻거나 학교 운영에 결코 도움이 되는 방법은 아니라는 의견들이 많다. 예컨대 학생 수요가 있는 과목을 위해 기간제 교사나 시간강사를 찾을 수는 있다. 희귀한 경우 교사 자격증 여부도 완화하고, 외부 기관에 학생을 위탁하여 학점을 따오게 만드는 방법도 나와 있다. 그런데 학교 소속 교사는 본인의 자격 범주의 과목이긴 하나 새로운 과목을 들고 수업을 해야 하는 부담도 있고, 소속은 되어 있으나 학생 수요가 없거나 적은 과목일 경우 이 교사는 어떻게 되는지, 순회교사 시스템을 어디까지 돌려야 하는지, 순회교사 방식으로도 해결이 안 된다면 기본적으로 담당해야 하는 수업시수는 어떻게 해야 하는지에 대한 우려스러움이 현장 교사들의 몫으로 남아 있다[49]. 소인수 선택 과목 운영 지원을 위해 학교 간 공동교육과정이나 협력교육과정을 추가하기도 하지만, 이것의 실행을 위해서는 학생들이 시간에 맞추어 타 학교를 드나들어야 하므로 학생들의 기동력과 왕복 소요 시간을 해결해 주어야 한다[50]. 이것을 극복하는 것은 원격 수업밖에 없으나, 원격 수업에 대한 학습력 등의 효율은 아직 보장된 수준이 아니다. 게다가 온라인 평가의 가능성 수준, 평가 공정성 담보 등은 또 치밀하게 해결해야 할 과제로 남는다.

---

[49] '순회교사'란, 특정 학교에 소속해 있는 교사가 그 학교의 주당 수업시수가 적게 편성되어 있을 경우, 인근의 다른 학교에 출장 가서 해당과목의 수업을 정해진 주당 수업 시수 내에서 실시하는 교사이다.

[50] '소인수과목 운영'이란, 특정 과목의 수업 참여 학생이 13명 이하인 과목을 설강하여 운영하는 제도를 말한다. 13명 이하 참여 과목은 수강자 수에 따른 성적 결과의 유불리를 해소하기 위해 내신성적산출 방법이 일반과목과 다르다. 학생의 진로설계 지원을 위한 방안으로 장려되고 있다.
'공동교육과정'과 '협력교육과정' 운영도 학생의 진로설계를 지원하기 위한 방안이다. 특정 과목의 설강 희망자가 한 학교 내에서 너무 적은 경우, 인근 학교의 희망 학생과 묶어 학교 간 연합으로 그 과목을 설강해 주는 제도이다. 단, '공동교육과정'은 방과 후에 특정 학교에서 운영하고, '협력교육과정'은 정규 교육과정 내에서 편성하여 운영한다는 점에 차이가 있다. 이는 시·도 교육청별로 운영이 상이할 수 있다.

■■■

　우리나라의 경쟁과 대입 전쟁의 구도는 이미 이 글의 맨 처음부터 언급해 왔다. 이는 정말 독특한 우리나라의 특성이다. 국민성이라고까지 말할 수 있는 이러한 대입의 욕망을 정책으로 단시간 내에 해결하기는 어려울 것이다. 따라서 이러한 강력한 특징의 토양에 전혀 이런 분위기가 아닌 다른 나라의 모델을 가지고 와서 이식하면 과연 이것이 뿌리를 내리고 잘 성장해 갈 수 있을지가 의문이다. 적어도 토양은 같거나 비슷해야 새로운 생명체의 이식이 성공할 수 있지 않을까 한다.
　이렇게 말하는 이유는 고교 교육과정과 대입제도와의 상관성을 말하고자 함이다. 학창시절의 종점이라고 생각하는 대입의 가장 결정적인 고교 3년의 핵심은 고교에 맞는 교육과정 운영이다. 고교학점제는 바로 이 교육과정을 크게 흔들어 변화시키는 교육 시스템이다. 그런데도 대입제도는 수능시험 활용도를 강화하면서 오히려 이 교육과정과 역행했다는 평판을 없애지 못한다. 학교의 교육과정은 학생 중심 수업 활동을 강화하고 과목을 선택하여 진로적성을 살리고, 소인수 신청 과목도 적극적으로 운영하라는 교육과정을 적용해 놓고, 누구도 벗어날 수 없고 자유로울 수 없는 대학입시에서는 수능 성적을 올리지 않으면 대학에 갈 수 없는 대입제도를 가지고 가는 것이다. 물론 그 이전에는 수능보다는 학생부평가로 대학을 가는 방향을 위해 많은 노력을 했었던 것도 안다. 입학사정관제에서 학생부종합평가로 바꾸면서 학교교육을 강화했고 전적으로 학교에서의 교육활동에 대입자료의 무게중심을 실어 주었던 것도 안다. 하지만 민감한 사안과 관련하여 부득이하게 대입의 공정성 담보라는 큰 틀을 위해 다시 수능을 강화하게 된 사연도 알고 있다.

그러나 이 공정성 담보로 고교의 교육과정과 대입제도는 다시 더 불균형한 상태가 되었다. 이 불균형 속에서 학교 현장에서는 학생들을 어떤 방향으로 교육하고 싶을 것인가를 생각해 보아야 한다. 학교에서 학생들에게 제공하는 교육과정, 교육활동, 교육적 장치, 교육력이 그대로 학생들과 학부모가 원하는 대입으로 맞닿을 것인데, 과목선택 보장, 학생 참여 수업을 충실히 하면서 결코 도외시할 수 없는 대입 진학지도를 할 수 있을 것인지 생각해 보아야 한다. 학생 참여 수업을 시도하고, 다양한 프로젝트를 기획 운영하는 것은 학생들의 학생부 기록을 위해 기획된 교육활동일 것이다. 수능 성적을 올리기 위해서는 다시 전통적 학습 방법을 교육과정 운영과 상반된 방법으로 별도로 충족시켜야 한다. 사실 학종과 수능 두 가지를 모두 잡아야 하는 학교 현장은 교사와 학생들이 대입의 무게를 온 어깨로 짊어져야 하는 고통이 갈수록 추가되는 곳이 되고 있다. 이러한 괴리감에서 이제 더 새로워지는 고교학점제는 그 교육과정 운영의 우수성과 타당성을 인정받으면서도, 수능이 강화되고 있는 한, 그 괴리감의 고통과 짐의 무게를 고스란히 다시 학교의 부담으로만 가중하는 것이 될 수밖에 없을 것이다.

고교학점제가 전면 시행되는 2025년 신입생에게 적용될 2028학년도 대입은 많이 개선될 것이라고 예고되었다. 수능은 치르되 서술형 문항을 만들어 시행될 것이고, 그 서술형 문항 채점에 대한 공정하고 객관적인 시스템을 개발한다고 했다. '아' 다르고 '어' 다르다는 우리말 구성, 그리고 여러 문장을 구사한 서술형 답안을 대상으로 이의신청이 없는 체계적이고 기술적인 채점 방안이 마련되기를 소망한다. 그러나 본인이 작성한 답안에 대한 다중적 해석의 가능성, 발문 내용에 대한 서로 다른 중의적 해석의 여지 등은 서술형 문항 도입에서 이의제기를 시동할 수 있는 한 요인이 될 수도 있기에 우려를 감출 수가 없다.

■■■

고교학점제는 학년별로 내년부터 적용 시행된다. 이제 학교는 많은 부작용 예측과 시스템 불안의 우려 속에서도 밀려오는 정책을 받아 시행해야 한다. 학생들은 특정 학교에 배정되어 입학하게 되고 고교 3년간을 고스란히 그 학교 운영을 바라보고 교육력을 기대해야 한다. 그 많은 시행의 의문과 우려를 잠시 보류하고 이제는 학교도 2023년부터 적용되는 고교학점제 시행을 위한 자발적 노력과 열린 의식이 필요한 시점이다. 배정된 학교에 들어와 학교만 바라보고 교사에게 의지하는 학생들에게 준비 소홀로 차별적 수혜를 주어서는 안 되기 때문이다. 늦었더라도 교사들은 학점제의 취지와 운영 특성을 숙지하고, 학생들에게 진로적성에 맞는 자율적 과목선택을 통해 개인별 교육과정을 편성하도록 최대한의 노력과 합의를 해야 할 것이다. 다행스럽게도 1학년은 선택과목이 거의 없고, 기초과목으로 운영한다. 학교에서 1년간 적응한 뒤 2·3학년부터 과목선택을 하게 된다. 그러자면 물론 1학년 중반부터 과목 선택을 받고 이에 대한 학교의 수용 요건과 협의하여 학생 개인별 과목선택 교육과정을 확정해야 한다.

중요한 것은 스스로가 자신의 진로적성에 맞춰 과목을 선택할 수 있는 학생들의 역량 강화에 대한 노력이다. 초·중학교를 통해 진로교육을 해 왔지만, 학령에 따른 진로교육의 수준이 있기에 고교 1학년 학생들이 선택의 기로에서 자신의 진로적성 및 진학에 대한 방향을 설정하도록 학교는 면밀히 도와야 하는 것이다[51]. 진로와 진학, 그리고 대입 전형에 대한 이해는 과목 선택의 기준이 될 것이다. 이것은 단발성 특강이나 교육으로 될 일은 아니다. 학교에서는 자기이해, 자신의 적성과 흥미, 직업 이해, 대학과 학과의 이해, 학과체험과 대학 선택, 대입전형과 제도 등 고1 학생이 알아야 할 것은 많고도 많다. 이런 것들을 1학년 상반기에 교육하고 이를 토대로 자신에 맞는 과목을 선택하여 수업과 연계한 진지한 고교 생활이 되도록 학교에서는 적극적인 노력이 있어야 한다. 여기에 대입을 염두에 둔다면, 수능시험 지원 방안과 그 적용도 병행되어야 한다.

교사에게는 학점제 적용 모드에서 학생들의 대입을 성공으로 이끌기 위해 무엇을 어떻게 해 주어야 하는 것인가를 새롭게 고민하고 실행해야 하는 부담이 또 있다. 교사들은 학생들을 위하여 대학에서 학생부를 평가할 때 어느 항목을 중점적으로 평가하는지에 매우 관심이 많고 따라서 이 부분을 강화해 주려고 노력한다. 예전 '2009 개정 교육과정' 당시의 창체활동 강화 시절과, '2015 개정 교육과정' 운영에 따른 현재의 학교수업활동 중심 운영에 따른 학교의 움직임은 이미 앞 장에서 상세히 말한 바 있다. 이제는 학점제로 가고 이를 반영한 교육과정이 '2022 개정 교육과정'이다. 과거 대학에서 전형 방법 중의 하나로 학교의 프로파일을 검토하여 참고한 적이 있다. 이것은 학생의 대입전형에서 학교의 교육과정 편성과 각종 교육활동 계획 및 실적도 중요한 평

---

[51] 2022 개정 교육과정 예고에서 중학교 자유학기제 운영의 개선 계획이 나왔다. 보통 1학년에서 두 개 학기로 운영하던 것을 한 개 학기로 운영하고, 3학년 때 한 개 학기를 진로 연계 학기로 변경 운영한다는 것이다. 자유학기제 운영 4가지 영역도 진로와 주제선택 활동을 강화시킨 것도 특징이다. 고교학점제로 이어지는 중학교 운영이 이렇게 개선되는 것은 긍정적인 평가를 받을 수 있다.

가의 한 영역이었다는 얘기다. 그러나 학점제 시대에는 학교의 교육과정 편성 대신 학생 개인의 교육과정 편성과 그 선택과목의 진로 연계적 특성과 수업활동, 그리고 진로적성 중심의 성장 과정을 평가하게 될 것이라는 예측이 가능하다. 대학의 학생부 중점 평가 영역이 그냥 변화한 것이 아니라 고교에 적용된 교육과정의 흐름에서 그 특성을 반영한 고교 교육의 정상화 영역을 매치한 것이라면, 학점제가 적용된 후는 당연히 학생 개인별 교육과정과 그에 따른 수업활동의 진정성을 보는 것은 당연할 것이다. 학점제의 과도기 교육과정이라고도 볼 수 있었던 '2015 개정 교육과정'에서도 형식적으로는 학생의 과목 선택을 독려하는 방식으로 학교 차원에서 학생 과목 선택의 폭을 넓히도록 했다. 그러나 수능시험 과목으로 편성된 일반선택 과목은 2학년에, 진정한 개인별 선택 과목이라고 할 수 있는 진로선택 과목은 주로 3학년에 편성했다[52]. 그리고 그것도 학교에 소속된 교사의 과목 자격에 맞추어진 편성으로 되어 있는 경우가 대부분이다.

학점제 운영이 본격화된다면 수시 대입전형 학생부평가의 영역은 어디에 중점에 주어지고 어떤 것을 높게 평가할 것인가에 학교는 관심을 가질 것이다. 굳이 정답을 말한다면, 학점제를 충실하게 운영할수록 수시의 대입전형에서는 유리하게 될 것임을 장담한다. 대학에서는 학점제에 대한 취지를 정확히 알고, 그 취지대로의 교육과정 운영에 포커스를 맞추어 학생부 기록을 평가하는 것이기 때문이다. 지금은 일반선택

---

[52] 고교 교육과정 편성 지침을 보면, 교과군별로 기초과목과 선택과목으로 나뉘고, 선택과목에는 다시 일반선택 과목과 진로선택 과목이 있다. 수능시험의 탐구과목은 보통 일반선택 과목으로 구성되어 있다. 2015 개정 교육과정에서는 일반선택 과목이 주를 이루었으나 2022 개정 교육과정에서는 일반선택, 진로선택, 융합선택(전문과목) 등을 확대하여 다양한 선택을 유도할 것이다.

과목과 진로선택 과목의 내신성적 산출 방식이 다르지만 학점제가 들어오면, 그것도 2025년 고1부터는, 모든 선택과목은 일반선택, 진로선택, 융합선택 과목을 막론하고 내신성적 산출 방법이 5단계 성취평가로 동일할 것이라고 하고, 적어도 수강자 수에 따른 유불리는 없앤다고 했다[53]. 그렇다면 학교에서는 학생이 자유롭게 과목선택을 하도록 최대한 열어 주고, 그 선택을 학생의 성장 과정에 투입해야 할 것이다. 즉, 선택한 과목에 대하여 학생은 진지한 수업을 하고, 본인의 진로적성에 따른 선택이므로 적극적, 능동적으로 수업에 참여해야 한다. 학교는 학생의 스케줄에 따라 연구하고 탐구하는 과정을 반영한 수업을 하도록 적극적으로 도와야 할 것이다. 그리고 그러한 수업 사실과 이력은 다른 교육활동들과도 연계되고 교과세특에 충실하게 기록이 되어야 할 것이다. 이러한 노력을 하는 것이 교사가 학생의 대입을 위해서 학교 현장에서의 해야 할 또 하나의 중요한 일이 될 것이다.

■■■

수능이 존재하는 한 학점제 운영을 하는 데는 한계가 있고 몰입이 어렵다. 대입제도가 학점제 운영에 맞게 개선되지 않는 한 학점제가 시기상조라는 말은 이런 측면에서 타당성이 있다. 그러나 반대해서 시행을 멈춘다면 모를까 그렇지 않다면 학점제 세대가 되는 학생들의 피해를

---

[53] 2025년부터는 모든 선택과목에 대한 내신성적 산출에서 5단계 성취평가를 적용한다는 계획이다. 하지만 기초과목에서는 여전히 9등급 상대평가를 유지하기로 해서, 학점제 지원을 위한 평가 개선이 만족할 만한 수준은 아니다. 기초과목 상대평가 유지는 대입전형에서 교과영역 평가의 변별력을 위함이라고 밝혔다.

최소화해야 하므로 교사들은 학점제 운영에 대한 노력을 최대한 기울여 주어야 할 것이다. 학생들은 배정된 고교에서 그 학교의 시스템과 교육력 속에서 고교 3년을 보내게 되어 있고, 그러한 여건 아래에서 그만큼 성장하여 인생을 살게 된다. 학교 교육과정 준비가 평준화되어 어디를 가든 자신들의 할 탓이라고 하는 여건이라면 이런 우려는 없을 것이다. 문제는 고교학점제 준비 정도가 지역마다, 학교마다 다르다는 데 있다. 교육 당국은 앞으로 남은 1년이라도 학교 현장 교사들의 궁금증을 매우 적극적, 구체적으로 풀어 주고 그 의견과 이의를 소중한 피드백으로 삼아야 할 것이다. 그래서 준비가 덜 된 부분에 대해서는 최대한의 노력으로 학교 현장에서 움직일 수 있을 만큼의 해결이 모색되어야 한다. 더불어 그 무엇보다도 중요한 학점제와 대입제도와의 조화에도 신선한 답을 모색해야 할 것이다. 내년 2023년 고1 학생들의 학점제 적용에 따른 그들의 내신성적 산출과 대입제도 개선도 적용되어야 할 것이 아닌가 한다. 10여 년 전 고등학생에 붙여진 '죽음의 트라이앵글' 이래로 나아진 것이 없는 우리나라 고교생의 운명을 새로운 정책 입안만큼이나 커다란 문제로 생각해 주었으면 하는 바람이다.[54]

---

54) 2006년 청와대 홈페이지에 '죽음의 트라이앵글-누가 우리를 미치게 만드는가'라는 제목의 동영상이 올라왔던 것에서 이 말은 시작되었다. 당시도 요즘처럼 대입제도가 매년 개선되어 가고 있었는데, 그러다 보니, 2008 대입은 내신, 수능, 대학별 고사(논술)를 모두 완벽하게 잡아야 무난히 원하는 대학에 입학할 수 있는 입시 형태가 만들어졌다. 이 상황의 대입제도를 비판한 동영상과 기사가 순식간에 전파되면서 당시 입시 비판은 극에 달했다. 지금은 '죽음의 트라이앵글'을 2008학번 세대를 지칭하는 신조어로 이해하는 사람들도 있다. 〈2008 입시 비판 '죽음의 트라이앵글' 파문〉(뉴스타운, 2006.3.30.) 기사 참고.

CHAPTER 4

학교교육 범주의 미래 교육

01. 대안교육, 전환교육을 어떻게 볼 것인가
02. 동행의 특수교육지원, 통합교육
03. 제2의 통합교육, 다문화교육
04. 온라인교육 시스템을 동반하는 학교교육
05. 성장교육을 위한 독서와 철학

01
대안교육, 전환교육을 어떻게 볼 것인가

　　　　　　　　　　　공교육이라고 일컫는 제도권 교육의 방향과 방법은 시대의 흐름에 맞추어 많은 변화와 개선이 이루어지고 있다. 우리 부모들이 학창시절을 보냈던 당시의 학교와 교육 그리고 교실의 모습을 돌이켜 보면, 오늘날 자녀들의 교육은 전반적으로 많이 변했다는 것을 알 수 있을 것이다. 그 변화의 방향은 교육 내용은 물론 교육 방법, 학생의 위상, 교사와 학생 간의 관계 등에서 판이한데, 대체로 이에 대한 평가는 긍정적이고 고무적이다. 교육 내용의 변화는 시대의 변화에 따른 것이므로 굳이 새롭다고 할 만한 것은 아니겠지만, 자리에 빼곡히 앉아 소리 하나 내지 않고 교사의 수업 내용을 충실하게 받아 적었던 과거의 수동적 교실 모습에서, 알려 주기보다는 질문을 하고 그 질문에 대하여 정답이 아닌 자신의 생각을 피력하는 교실수업으로의 변화는 매우 활기차게 느껴진다. 생동감과 자유분방함으로 학생의 존재감을 제대로 인정하는 것 같아 구시대를 살았던 기성세대는 이 모습들에서 상쾌함을 느낌직도 하다. 정답을 추구하지 않는 교육의 과정이 낯설기도 하겠지만, 그렇게 함으로써 최적의 조건과 방향을 찾아가는 과정의 교육은 말 그대로 문제해결력과 창의력을 신장시키기에 충분할 것 같다. 학생은 학교나 교사가 지시하는 대로 가는 존재가 아니라, 학교와 교육의 주체로서 학교의 모든 교육과정과 운영에 참여하고 방향을 찾아가는 데 능동적 존재로 커 가고 있다. 앞으로는 학교수업을 듣는 과목까지도 학생별로 선택하여 자신에 맞는 교육과정 설계까지도 보장될 예정이라고 하니, 교육도 격세지감을 느낄 정도로 크게 변하고 있음을 실감하지 않을 수 없을 것이다. 교사와 학생의 관계는 이제 상하관계가 아니라 주도권은 학생이, 교사는 조력자의 관계로 설정되고, 궁극적으로는 교육 소비자인 학생의 교육적 성취나 효용성을 위한 연합적 역할 관계로 정립되어 가고 있다. 이렇게 오기까지 전통적인 학교와 교실의 상황은 그간 많은 논란과 함께 분석되었고, 문제제기에 따른 해결방안의 모색 등 이와 관련한 많은 숙고들이 있었던 것을 배제할 수 없을 것이다.

■■■

과거의 전통적인 학교나 교실의 경직성에서 어떤 학생들은 이유 있는 일탈을 시도하기도 했고, 어떤 방법으로든 탈출하고자 욕망하기도 했다. 이들은 당시의 기준과 사고에 의해 소위 문제아로 낙인씌힌 학생들이 많았고, 부모들도 같은 기성인의 시각과 사상이 있었기에 자녀들의 일탈적 행동과 의식에 대해 그저 학교 측에 잘못을 빌기 바빴다. 일탈을 요구하는 아이를 두고, 학교와 가정에서는 학교에 적응해야 한다고 강요 내지는 설득을 하기가 일쑤였다. 모든 주변의 사고와 가치가 그러했으므로, 학교에 적응하기 어렵고 적응하고 싶지도 않았던 학생들은 허용되지 않는 일탈을 선택하는 대신 학습을 포기하고, 낙인도 감수하고, 심지어 교우관계의 훼손도 받아들여야만 했다. 그러나 여기에 좀 더 적극적인 향방이 있었다면 그것은 제도권 교육에서 물러 나와 대안학교를 선택하는 길이었다. 이것도 부모가 나름대로 열린 성향을 가진 경우에나 가능했다. 부모는 아이를 중심에 놓고 큰맘을 먹은 제2의 선택을 한 상황이었을 것이다.

■■■

대안학교는 공교육, 즉 제도권 교육을 포기하거나 벗어나 학생 성향 중심의 교육을 비제도권 형식으로 도와주는 교육 시스템으로, 각종학교의 개념으로 설립된 곳이다. '대안(代案)'이란, 기본 대상을 전제로 이것을 취할 수 없을 때 그것의 의미와 효과를 대체해 줄 수 있는 차선의 대상 마련이라는 뜻으로 해석해 볼 수 있다. 그래서 대안학교는 어휘 의미로 보더라도 제도권 교육을 벗어난 학생들을 다른 방법으로 교육하기 위한 기관이라고 볼 수 있으며, 이는 설립자의 철학과 취지를 근거로 다양한 교육 중점을 가지고 만들어진다. 체험중심, 농업중심, 실천중심, 마음중심 등 다양한 철학과 행위를 공유하고, 강압적이거나 경직된 배움, 이수 등에서 유연한 태도를 보이며, 제도권 교육과는 다른 방향의 교육적 가치를 실천한다. 무엇보다도 학생 개개인의 성향과 주도성을 존중하는 시스템이 기서에 깔려 있다.

이러한 시스템이 교육과정과 체계성 측면에서 제도권 교육과 어느 정도 근접되어 있는지에 따라 교육부에서는 이들의 이수 결과에 대한 학력인정 여부를 결정해 주기도 한다. 즉, 인가형 대안학교와 비인가형 대안학교가 그것이다. 인가형 대안학교를 졸업하면 그 과정의 학력을 제도권 교육의 학력과 동등하게 인정받아 상급학교 진학이 가능해진다. 비인가형 대안학교를 졸업하면 그 교육과정이 법적, 제도적으로는 인정받지 못한다. 이 경우 상급학교에 진학하려면 이전 학교급에 대한 학력인정, 즉 상급학교 입학 자격을 얻기 위한 검정고시 시험에 합격해야 한다.

■■■

대안학교가 많은 사람들에게 인식되고 그 존재가 부각되기 시작한 것은 1990년대라고 알고 있다. 이는 제도권 교육의 문제점 인식의 확산과 더불어 대안교육의 동경이 시작되면서부터가 아닌가 한다. 현실에서 어려움을 느끼면 반현실적인 모습을 꿈꾸고 동경하는 것에서 그 해결을 시도하는 것과 유사한 심리적 현상이라고 볼 수 있겠다. 그래서 어떤 학교에서는 일반계 고등학교로서 운영 교육과정을 대안교육 교육과정으로 편성하여 교육부의 인가를 받은 학교들이 있었다. 교육부에서는 이들의 대안교육 교육과정을 승인하고 이들에 대하여 중학교는 특성화중학교, 고등학교는 특성화고등학교로 학교 유형을 분류해 주기도 하였다. 물론 이러한 특성화고등학교를 승인할 당시는 일반계 고교뿐만 아니라 전문계 고교에 대해서도 동일한 승인을 해 줌으로써 이들을 모두 특성화고등학교라는 이름으로 묶었다. 이후, 모든 전문계 고교가 직업계열 특성화고로 통칭되면서 특성화고의 대부분은 전문계고가 되었고, 일반계고로서 특성화고가 된 것은 일부 대안교육 특성화고 몇몇뿐이었다. 다시 말하자면 현재의 특성화고는 모든 직업계고와 대안교육

교육과정을 운영하는 일부 일반계고로 나뉜다는 것이다. 이로 인해 일반계 특성화고에서는 직업계고와의 구별을 위해 한때 자율학교로의 승인을 요청할 준비를 하고 있었는데, 정권이 바뀌면서 유야무야가 된 사례가 있었던 것을 기억한다. 이들은 지금도 대안교육 교육과정을 운영하는 일반계 특성화고로 남아 있다[55].

■■■

일반계열로서 대안교육 교육과정을 운영하는 특성화고는 교육과정의 대안적 특성을 제외하고는 모든 제도, 규범, 시스템이 일반계 제도권 교육과 동일하다. 따라서 이들은 엄밀히 말하면 대안학교는 아니고 일반계고로 보아야 한다. 정확히 말하면 대안교육 교육과정을 운영하는 일반계 고교인 것이다. 설립의 취지와 철학에 따라 인간 삶의 철학, 보편진리, 체험, 삶의 가치 등 제도권 교육의 교육과정과는 다른 대안적 교육과정 운영을 승인받았으므로, 그 방향의 교육을 특화하고 이러한 교육 방향을 찾는 학생들과 조화롭게 교육과정을 운영할 수 있다. 그러나 이들이 일반계고이다 보니, 공교육의 제도권 제약을 뛰어넘어 오히려 입시 위주의 독특한 학교 운영을 하는 곳도 있다. 어떤 학생은 이러한 제한 없는 입시 위주의 교육을 이유로 일부러 찾아가기도 하지만, 어떤 이는 이러한 행태가 대안교육의 본질을 퇴색시켰다고 하여 비난하기도 한다.

대안학교들은 흔히 특별한 교육과정을 내세우면서 전국에서 학생을

---

[55] 이 학교들은 애초 특성화고 인가를 받으면서 학생 모집을 전국 단위로 허용받았기 때문에, 지금도 일반계고이면서도 학생은 광역 단위가 아닌, 전국 단위 모집을 할 수 있다.

모집한다. 수요자들은 이들 학교의 방향성에 대한 입소문을 주고받으며 특별한 관심을 보이는데, 인기가 높아 경쟁률이 매우 높은 학교도 간혹 있다. 통상적으로 학생 중심, 체험 중심, 철학 중심은 물론 나아가 전환 교육 차원의 호감이 가는 교육과정을 표방하기도 한다. 이러한 교육과 정과 교육 프로그램의 유인력으로 비교적 탄탄한 학교 운영을 자랑하는 학교도 있다. 여기에 관심 있는 학부모의 요구사항을 추가하기도 하고, 보편교육을 표방하는 제도권 교육은 감히 시도할 수 없는 고가의 양질 프로그램을 과감히 선택하기도 한다. 그러나 대안학교는 학교 운영에 필요한 재정을 거의 학생의 납입금으로 충당할 수밖에 없기 때문에 교육과정이 우수하고 차별화된 수준의 프로그램을 위한 대가는 학부모가 그대로 치러야 한다. 따라서 이에 대한 교육비를 충당할 수 있는 것을 전제로 교육과정과 프로그램을 제공할 수밖에 없는데, 이로 인해 몇 년 전부터는 특정 대안학교에 대하여 귀족학교라는 말이 나오기 시작했다. 우리나라 학부모의 자식에 대한 극진한 사랑은 경쟁과 우월함의 표상인 듯한 특성이 여기서 다시 확인되는 듯도 하다. 제도권 교육에 부적응한 학생들을 위한 대안교육 교육과정 운영으로 시작은 했지만, 일부 학부 모와 설립자의 욕망과 동의를 기반으로 경쟁력 있고 우수한 여건을 가진 학생만 다니는 일탈적 교육기관으로 변모시킨 경우이다. 월 단위 장기 체류형 어학연수 프로그램 제공, 영역별 최고의 전문가 초빙 진로체험주간 운영, 예술 분야의 콘서트 프로젝트 시행 등의 교육과정을 열어 준다면 합류해 봄 직하다고 생각한 학부모들이 이 학교를 어느새 귀족학교로 만들어 버리고 만 사례이다.

이미 언급했듯이 대안학교의 원론은 제도권 교육에 대하여 어떤 이유로든 적응이 힘든 학생들에게 대안적 교육을 제공하는 것이다. 그리고 그 교육은 설립자의 취지와 철학에 부합하여 삶의 기저와 바탕에 대한 의식으로 자율적이고 가치 친화적인 공부를 열어 주는 것이 맞다. 그런데도 이 교육적 여건에 차별을 두고, 그것도 경제적 수준이 입학의 기준이 되고, 경쟁률까지 높아지는 것은, 설립 취지와 철학이 정말 맞는 것인지, 그리고 그 방향으로의 교육이 진정 설립자의 철학에 맞는다면 이것을 대안교육이라고 할 수 있는 것인지 묻고 싶기는 하다.

■■■

대안학교가 제도권 교육의 일반학교와 동일한 선택지로 전면에 나오게 된 상황과, 언제부턴가 이들을 귀족학교로 변모하게끔 만든 것은 사회적 현상의 역할도 있었다고 본다. 시대가 바뀌고 국민 의식이 성장하고 있음에도 잘 변하지 않는 제도권 교육에 대하여, 일부 학부모들은 문제의식을 갖거나 불만을 토로하고, 변화를 요청하는 목소리를 높이기도 한다. 물론 전반적인 추세라고는 할 수 없으나 개인의 의식을 중시하고 구태의연한 교육 시스템보다는 다양성을 추구하고 본질을 추구하는 교육을 자녀에게 제공하려는 요구들이 드러나기 시작한 것이다. 교육의 질적 우수성과 교육 프로그램 설계에 본인들이 영향력을 발휘하거나, 시대 철학을 교육에 적극적으로 반영하고자 하는 경향을 대안학교에 접맥하고자 하는 흐름이 나타나기 시작한 것이다. 모든 학부모가 고스란히 제도권 교육에만 맡기고 학교에서 하는 것이 진리이거니 하는 생각에 젖어 있는 시대는 이미 지난 것이다.

반항하되 이유 있는 반항을 하고, 반항은 아니어도 경직된 교육 시스템보다는 유연하고 새로운 방향의 교육을 지향하는 학생들이 과감히 제도권 교육으로부터 벗어나고자 의향을 밝히기도 한다. 학부모도 일탈하거나 탈출하고자 하는 자녀를 경직된 사고로 시스템 속에 가두려 하지 않는다. 심지어 이유 없는 반항일지라도 이 아이가 성장하여 깨달음과 자기 방향을 찾을 때까지 시간을 보류하려는 부모들도 많아지고 있다. 과거에 비해 대안교육을 찾는 학생들의 성향과 영역이 넓어진 것이다. 그러다 보니 그 교육과정을 오히려 제도권 교육의 교육과정보다 선호하는 학생과 학부모가 나오기도 하고, 학벌보다는 진정한 성장 과정에 무게중심을 두는 사람들도 많아지게 되었다.

교육이 적어도 이력이나 학력이 아니라 실제 사회에 나와 인생을 꿈꾸며 뭔가를 할 수 있게 만드는 실용적 교육, 문제해결을 위한 교육이어야 한다는 맥락에서 이러한 교육과정에 박수를 보내기도 한다. 그러한 이유로 공교육에서도 대안교육에 대하여 관심을 갖고 대안교육의 우수한 프로그램을 공교육에 담을 수 있는 방안을 연구해 보기도 한다. 공립형 대안학교가 만들어진 배경이 아마 이러한 과정이 아닌가 싶다. 교육전문가들은 미래지향적 교육과정과 교육 프로그램을 논할 때 대안교육 프로그램을 운운하기도 한다. 여기에 교육 혁신과 관련한 마을 교육 공동체와도 접맥이 되어 대안교육 프로그램은 그 지평과 인식을 넓혀 가고 있다. 교육정책 관련 대학원 학과에 대안교육학과가 있고, 이들이 프로젝트에서 미래형 교육과정 설계가 준비되고 있는 것을 안다면 대안교육이 제도권 교육의 향방에도 한 역할을 하고 있음을 이해하기는 어렵지 않으리라 본다.

■■■

　얼마 전 혁신학교 운영을 담당하는 교사와 학부모가 직접 한 대안학교를 찾아가 그들의 교육 프로그램과 운영에 대하여 설명을 듣고 많은 공감대를 형성했던 기억이 있다. 다만, 제도권 교육에서 대안학교 시스템을 통해 뭔가를 얻고 수용적 논의를 하는 것에 대하여 이치적으로 맞는 것인지, 그러면 이것이 본령이 아니고 왜 대안이 되어야 하는지 혼란이 오기도 했다. 그러나 모든 것은 변하듯이 가치와 인식도 변한다. 따라서 기존의 제도적 규격과 한계를 벗어나면서 새로운 시도를 하자면 역시 대안적 모델은 이를 위한 한 근거가 되고 참고자료가 되기에는 충분하다 싶었다. 그런 의미로 이제 대안교육은 제도권 교육과 상호적이고 보완적이며 관계를 통한 상승을 추구해야 한다고 생각한다. 다만 대안교육과 대안학교는 여전히 대안으로 남으면서 변모된 제도권 교육에 대한 대안으로 또 다른 시도를 하면서 나아가야 할 일이라는 생각도 든다.

　그러나 대안학교 자체는 교육의 안정성과 체계성 면에서 제도권 교육과 차이가 있고 한계가 있다. 단편적 프로그램과 한창 예민한 나이의 학생들이 수긍하기 어려운 시스템의 경직성을 벗어난 유연함은 있겠으나, 그것으로 특정 학교급의 교육 전체를 대체할 수는 없을 것이다. 대안이라는 이름에 합당한, 말 그대로의 대안성 보충이나 유연함 속에서 고민의 시간을 함께하기에는 매우 적절함도 있다. 다만 그 시간은 학생마다 다르고, 만족도도 개인별로 다를 수 있다. 대안학교는 대안교육으로서의 역할과 의미를 가지고 차이와 보완으로 존재하는 기능에 큰 가치를 두는 것이 옳다고 본다. 교육청에서는 대안교육지원센터를 운영하고 있으며 그 상호작용을 가속화하고 있다. 이런 맥락에서 대안학교가 너무 초월적인 교육을 운영하고 힘 있는 학부모의 요청과 작용하여 경제력을 전제로 한 프로그램을 핵심적으로 운영하는 것은 아무래도 본령을 벗어나는 듯싶다. 정작 대안교육을 필요로 하는 학생들을 재력으로 선별하거나 제한해서, 진실로 대안을 찾는 보편적 수요를 차단하는 것은 제도권 교육의 대안은 아닐 것이다. 상호작용 하되 각각 영역의 본령은 훼손하지 않는 것이 초심을 잃지 않는 사람살이의 기본 맥락이 아닐까 생각해 본다.

■■■

최근에 새롭게 관심을 가지고 논의되는 것에 전환교육이 있다. 원래 전환교육이란, 장애학생을 대상으로 한 특수교육에서 일정 교육이 끝난 후 이들을 사회로 내보내어 당당한 사회의 역할 구성원으로 합류하도록 하기 위한 일종의 적응교육 과정을 말한다. 보통은 직업교육, 체험교육, 실습교육의 맥락에서 이루어진다. 물론 이 교육은 학생이 학교교육을 마치고 성인이 되어 사회로 나아가기 위한 준비의 모든 과정을 학교교육과정에 포함하여 운영하는 교육 모형을 말한다. 내용적으로 보았을 때, 전환교육은 이론적인, 교실에서의, 학생신분으로서의 교육을 탈피해서, 실제 사회생활에 구체적으로 도움이 되는 실습 중심 사회화 교육인 것이다.

장애학생 교육에서 필요한 모형으로 거론되었던 이 전환교육은 이제 모든 공교육의 제도권 교육에서도 적용되어야 한다는 목소리가 높다. 그것은 일반 학교교육이 너무 이론에 치우치고, 수동적이며, 시행착오가 없는 교육이므로, 이런 교육이 진정 살아 있는 교육인지, 실생활에 도움이 되는지에 대한 의문과 반성을 품은 데서 출발한다. 수업 현장도 가르치는 교육에서 배움의 교육으로, 정답을 맞히는 것에서 문제해결 중심으로, 결과를 주고 암기하는 것에서 스스로 기획하고 추진해 보는 프로젝트로, 이론에서 체험으로 이미 바뀌어 가고 있다. 교육도 교사의 전유물이 아니며, 또래도, 지역주민도, 선배도, 부모도 교육을 담당할 수 있다. 그것도 공교육 틀 안에서 가능하고, 필요에 따라서는 교육 공간도 학교를 벗어날 수 있다. 이런 흐름에 가세하여 이제 살아 있는 교육은 실제 삶에 부딪쳐 어떤 방향으로든 시행해 보고, 그 과정에서 해결과 답을 구하는 방식을 적용하고자 한다. 필요한 것은 직접 구하고 협업하는 과정이 사회생활 모형으로 교육 과정에 주어져야 한다는 움직임을 실제 교육으로 실현해 보는 것이다. 이것이 바로 전환교육을 추구하는 이유이다.

물론 어느 정도는 제도권 교육에서도 전환교육의 성격을 담아내어야 하고 현재 그렇게 가는 추세에 있다. 하지만, 아직은 학교교육이 본격적으로 전환교육을 실행하기에는 한계가 있는 만큼, 지자체가 선제적으로 의미 있는 전환교육을 지원하기 시작하는 면모도 보인다. 특정 지자체가 운영하는 야호센터(학교)를 비롯하여 지역별 청소년복합문화공간 등의 조성을 통해 청소년 놀이와 문화 체험 제공은 물론, 각종 교육사업, 평생교육 등 지차체의 학교교육 지원은 거의 전환교육의 방향을 구체적으로 타기 시작하고 있다[56].

---

56) 지자체의 청소년 교육 지원 사업은 처음에는 학교 밖 청소년을 대상으로 시작했으나, 점차 학교교육 대상 학생을 포함하고, 방과 후 시간이나 주말을 이용하여 학교교육과는 다른 방향의 청소년 교육을 지원하고 있다. 야호센터는 광주, 야호학교는 전북의 사례이다. 그 외 청소년복합문화센터 등을 통한 청소년 교육 지원이 곳곳에서 적극적으로 추진될 전망이다.

■■■

    이 전환교육의 교육 모델은 방향과 프로그램 모형에서 대안교육과 많이 닮아 있다. 같은 곳을 바라보되 대안교육이 기저교육의 성격이 강한 반면 전환교육은 실험과 적용 교육적 성격이 있어 보인다. 특수교육의 전환교육이든, 일반 학생 교육의 전환교육이든, 앞으로의 교육 모형은 바로 실제 생활을 미리 접근해 보는 방향으로의 길을 열어 주는 것이다. 그러다 보니, 학교 밖 교육, 지역 교육, 체험 교육, 실습 교육 등 사회 적응성 교육이 혼합된다. 교육의 주체는 학생 개개인이고, 방법은 주도적 설계와 실험이다. 이 과정에서의 필수적인 여건은 혼자가 아닌 협업이다. 의견을 모으고, 토론하고, 결정하고, 시행하는 것이다. 교육 시간 동안 학생들의 의견이 핵심이 되고 이들의 방향에 따라 조력자인 교사나 전문가는 그들의 논리와 방향대로 설계도를 그리면서 이치를 보조해 주면 된다. 되는 일인지 안 되는 일인지는 조력자가 판단하는 것이 아니라 그들의 실험 과정과 결과가 체험적 지식으로 알려 주는 것이다. 중요한 것은 이러한 판이 실생활이 아니고 교육적 장치라는 것이다. 교육의 장을 실생활의 판으로 만들어 주고 가지고 있는 온갖 지식과 아이디어, 협업, 논리, 토론에, 전문가의 조력으로 학생의 신분을 유지한 채 실생활에 나아가 보는 산 교육을 체첩하는 것이다. 하나의 프로젝트를 기획하고자 하면, 관련 배경이나 지식, 선험적 자료 등 많은 것들의 섭렵에 대한 필요를 느낄 것이다.

    지금까지의 교육은 예상되는 사회생활의 필요성에서 예비적으로 관련 교육을 하거나 들어서 배우는 특강을 제공했으므로 구체적인 필요성이나 호기심은 비교적 미약했을 것이다. 그러나 본인이 직접 프로젝트를 기획하고 설계하는 과정에서 알아야 할 필요를 체감하고 섭렵의 이유가 명확한 상태가 주어진 경우라면 특강이나 지식적 자료가 제공되었을 때 그것이 잊히지 않는 지식과 사례로 각인될 것이다. 하나의 완성을 위해 연결되는 자료가 생각보다 무궁무진하다면, 이로 인해 얻어지는 참교육의 힘은 이론적으로 열거하는 것보다 더 크고 융합적인 힘까지 발산하는 확장력을 얻을 수도 있을 것이다. 몇 가지의 시행 경험만으로도 총체적인 교육의 힘을 엮어 낼 수 있고, 자신감 확충과 역량 개발이 훌륭할 것이다. 게다가 협업, 토론의 과정에서 얻어 내는 통섭적 이해, 관계역량, 인성 함양, 교우 관계에서 참 인간성의 함양도 가능하리라 생각된다. 갈수록 많은 지식을 담는 것보다는 스스로 찾아가는 생명력 있는 앎의 추구, 앉아서 듣는 것보다는 서서 활동함으로써 조합하고 융합하는 체험, 위계에 의한 전수보다는 또래집단의 협업과 창의력의 발산 등이 오늘날 우리 교육의 구체적 모형으로 자리 잡고 있지 않는가. 이런 이유로 최근에는 전환교육이 확장되어 교육 전반에서 논의되고 있는 것이다.

■■■

제도권 교육과 전환교육의 관계도 정리해 볼 필요가 있다. 시대의 변화와 대안교육 모델의 부상과 함께 실생활 적응에 필요하고 경험이 될 만한 내용으로 교육과정 및 교육활동을 운영하는 교육 방법이 요구되고 있다. 이에 맞추어 학교교육도 많이 변모하고 변화의 적응기에 접어들었다. 교육 구성원 모두의 공감이 크고 상호 간의 지원체계도 잘 되고 있다. 그럼에도 불구하고 제도권 교육은 다양한 많은 학생들을 대상으로 하는 보편교육이므로 세부적이거나 직접 참여가 어느 곳에서나 꼭 가능하지만은 않는 한계가 있다. 그런 이유로 지자체가 이러한 제도권 교육을 보완하고 직접 학교교육에 대한 상보적 역할을 하는 것은 매우 고무적인 일이다.

이제는 제도권 교육이 학생 교육을 독자적으로 정책화하거나 단독으로만 투입되어야 할 것은 아닌 것 같다. 누가 어떤 것에 대하여 주도권을 가지고 시행하느냐도 중요하지 않다. 항상 변모하고 새로운 것을 모색하면서 시대에 맞는 긍정적인 교육 모형을 연구하고 적용해 가는 것에 초점을 맞추어야 한다. 현재의 상황은, 전환교육의 기초는 학교교육에서, 실제 적용은 지자체에서 운영하는 것처럼 이해되고 있다. 그러나 이 둘의 관계도 역시 상호보완적이고 상승작용으로 귀결되어야 할 것이다. 상호작용, 정반합의 원리, 절충과 보완 이런 과정들은 어떤 의미에서는 모방이 될 수도 있지만, 그렇다고 하더라도 이것은 창조적 모방이 될 수 있다. 오직 학생 교육을 위해 끊임없는 변모의 노력이 있기를 바라고, 다양한 차원의 교육모형과 모델들이 함께 융합되면서 창의적인 고민의 과정이 진지해지기를 바란다.

02
동행의 특수교육지원, 통합교육

숱한 갈등과 핍박에도 불구하고 세상의 흐름은 민중과 시민의 권리를 옹호하고 보장하는 방향으로 움직인다고 했다. 그 흐름의 속도가 너무 늦고 힘도 미약한 데 비해, 이루기 위해 치르는 희생과 대가가 상대적으로 너무 지대하다는 것도 안타깝다. 그 변화를 위한 시간도 역사로 설명되어야 할 만큼 길다. 일반학교에서 장애학생과 함께 이루어지는 온전한 통합교육의 실현이 아직은 이런 맥락에서 얘기가 시작되어야 할 것 같은 생각이 든다.

■■■

소수와 약자에 대한 인권침해, 어떤 면에서는 다수와 조금은 다른 그들에 대하여 다름보다는 차별적 대상으로 인식하는 행태를 반성하고, 그들의 권익보호와 이에 대한 법제화를 시도하기 시작한 것은 얼마 되지 않는다. 소수와 약자는 여러 가지 유형으로 각각의 범주에서 그에 맞는 해결을 시도해야 하지만, 교육적 측면으로 보았을 때 가장 먼저 들여다보아야 할 것은 장애학생에 대한 교육정책과 혜택일 것 같다. 장애를 가지지 않은 다수인들이 장애인(장애학생)에 대한 새로운 반성적 인식으로 공감한 것 중의 하나가 그들과 일반인들을 지칭하는 언어 표현을 정립한 것이다. 얼마 전만 해도 정상인과 비정상인으로 지칭했던 것을 비장애인과 장애인으로 바꿔 부르는 시도는 그 이해와 통합적 차원에서 매우 긍정적이다. 이 새로운 표현에는, 불편을 가진 사람들을 어떤 태도로 바라보는지, 지금 현재 가지고 있는 불편에 대한 궁극적 이해는 무엇인지, 장애라는 것을 어떤 의미로 해석을 넓혀야 하는 것인지에 대한 인식이 내포되어 있다. 이전의 명명에서는, 장애를 가지지 않은 다수인들이 자신들에 대하여 그 자체를 당연시하면서 동시에 당당하게 생각하고 그렇지 못한 사람들에 대하여는 다르다는 이유로 얼마나 배제하고 있는지의 태도가 담겨 있었다. 정상과 비정상의 관계에서 '비정상'이라는 말에는 다름에 대한 받아들임의 여지가 매우 약한 배타적, 대립적 이분법적 사고가 담겨 있다고 볼 수 있다. 즉, 현재 가지고 있는 장애 현상을 비정상으로 규정하여 여러 부분에서 배제하고자 했던 것이다. 그런 반면 새로운 명명, 즉 비장애인과 장애인의 표현은, 현재 그들은 장애를 가지고 있고 그렇지 않은 다수인은 현재에는 장애를 가지고 있지 않다는 객관적 인식의 표현이다. 그리고 장애는 그 장애의 유형과 부분에 한해서 어려움이 있으나 그 외는 다수인과 동일하게 불편함이 없다는 인식의 표현도 들어가 있다. 더 중요한 것은, 장애란 불편함이고, 그 불편함은 앞으로 어느 누구에게라도 어떤 부분에서이든 나타날 수 있다는 여지의 표현이다. 현재 많은 장애인들에게는 후천적인 사고나 질병으로 나타난 경우가 훨씬 많다고 알고 있다. 특히 도로, 항공, 바다 등을 달리는 각종 교통수단과의 삶을 거부할 수 없는 이 시대에, 편한 만큼 위험을 감수해야 하는 이 시대에, 후천적인 장애는 어느 누구에게나 열려 있다는 것을 인식해야 한다.

■■■

세상에 나가 미래를 살아갈 학생들을 교육하는 과정에서도 그간 장애 학생들은 위축되거나 전면에 나가지 못했던 과거가 있었다. 그러므로 교육 내용, 교육 방법, 교육 혜택은 물론 다양한 교육적 지원에서 매우 미약했었음을 인정해야 한다. 가족을 포함한 당사자들의 노력, 이들의 교육에 남다른 노력과 열정을 보인 특수교육 가족들, 인권 및 사회운동가들의 소수와 약자에 대한 정당한 대변 등이 이들을 전면으로 나오게 하고 이들에 대한 교육 체제와 시스템을 보강하게 만든 것이라고 생각한다. 이러한 것에 힘입어 현재 학교교육에서 특수교육은 열심히 노력 중이고 그들을 중심에 놓고 교육과 성장, 그리고 세상으로 나가 능동적인 삶을 살게 하기 위한 방법들을 더 체계적으로 고민하고 있는 것으로 알고 있다.

■■■

장애학생들에 대한 교육에서 가장 중요한 것은, 현재 가지고 있는 그들의 장애 특성에 따라 이들을 별도 집단화하여 그들만의 교육을 하는 것에 대한 타당성 여부의 판단이다. 이들을 위한 별도의 학교를 지어 집단 교육을 하면, 더 전문적이고 더 세심하고 더 체계적인 교육이 될 것이라고들 생각을 한다. 그들을 배려하고 그들의 교육에 대하여 관심이 많을수록 이러한 전문적 시스템 교육의 방향에 대한 논의가 요구되었을 것이라고도 생각한다. 그러한 이유로 지역마다 많은 특수학교들이 존재한다. 학령 구간에 따른 분류, 장애 유형에 따른 분류 등 교육의 실효성과 전문적 교육 시스템을 고려하여 특수학교를 만들고 그에 따라 전문적 특수교육을 운영을 해 오고 있다.

이들은 장애가 있으므로 비장애학생들과 함께 교육받기가 어렵다고 인식하고, 이들에 대한 효율적인 교육을 지원한다는 취지하에 특수학교를 별도로 만들어 운영한다. 하지만, 특수학교도 일반학교처럼 특정 지역에 학교 수요가 발생하기도 하고 다른 교육적 이유로 학교를 옮기거나 신설해야 하는 필요가 생기기도 한다. 이 경우, 특수학교라는 이유로 그 위치 설정이 쉽지 않은 사회적 사례가 표면화된 일이 있었다. 장애학생의 교육 기관인 특수학교에 대한 기피 의식이 일반인들의 저변에 있었음이 노출된 것이다. 이러한 세태를 보면 사람들의 인간에 대한 보편적 인식이 아직도 아쉬운 수준이라는 생각이 든다. 이러한 현실은 소위 님비(Nimby, Not in my back yard)현상의 한 예로 보이는데, 주민 건강 문제나 범죄 노출의 우려 등도 아닌, 특수교육 학생들의 접근이 지역 이기주의 갈등으로 표명되었다는 것은 많이 안타까운 상황일 수밖에 없다. 이들로 인해 주민들의 극명한 피해가 예견되거나 삶의 과정에서 상대적 손실을 감수해야 하는 것은 아닐 터인데 말이다. 장애학생도 모든 자녀와 동등하게 교육적 대상이고 무엇보다도 앞으로 함께 살아가야 할 미래의 주역들인 점은 같다. 다만 주어진 몸의 여건이 조금 어려운 상황에 처해 있을 뿐이다.

■■■

　그런데 어쩌면 이들에 대한 기피 현상과 이기적 편견을 내비치게 하는 현상은 이 특수교육을 받는 학생들을 별도로 집단화하여 묶는 데 그 원인이 있는지도 모른다는 생각이 든다. 장애를 가진 학생들만 따로 밀집시키면, 불편한 요소가 있는 장애의 모습을 그렇지 않은 학생들과 명백하게 분리하여 그들을 별도의 존재로 인식하게 하는 비의도적인 결과가 나타나게 할 수도 있겠다는 생각이다. 그래서 굳이 이 학생들만의 교육을 위한 별도의 공간, 즉 비장애학생과의 차단된 독립된 공간이 꼭 필요한가의 문제는 하나의 논점이 될 수 있을 것이다. 당장의 이들에 대한 교육적 효과와 전문적 시스템을 고민하다 보면 이 길이 가장 빠르고 타당한 것처럼 보일 수 있다. 아이의 특성에 맞는 전문적 교육을 원하므로 이렇게 별도의 교육을 해 주는 것이 가장 교육적 혜택을 잘 받는다고 생각할 수도 있기 때문이다. 그러나 이들을 별도의 시설과 기관으로 따로 묶어야 한다는 말에는 쉽게 공감하지 못하는 사람들도 있을 것 같다. 특수교육을 직접 담당하거나 그 대상들을 가장 애정적으로 바라보는 가족들은 아마도 이에 동의할 것이다. 그래서 이 별도의 시설 공간 마련이 궁극적으로 누구를 위한 것인지는 깊이 검토해 볼 필요가 있다고 생각한다. 특수하고 편의적인 시설 마련과 전문적인 교육 시스템을 앞세워 그들의 효율적인 교육을 말할 수 있을지 모르겠지만, 어쩌면 이들의 모습을 일반학생들에게 노출하지 않기 위해서 또는 일반학생과 섞이지 않도록 하기 위해서 그러한 방법을 취하는 것인지도 모를 일이기 때문이다.

오직 장애학생들만 놓고 생각해 보자. 그리고 이들에 대한 교육을 진지하게 생각해 보자. 이들은 비장애학생들과는 다른 신체적, 인지적, 정서적 특징이 표면화되어 있다. 그래서 당연히 일반학생들과 섞여 모든 면에서 동일한 교육과정을 밟아 갈 수는 없다. 특수교육 내에서도 개별화교육을 진행하고 있으니 이들이 비장애학생들과 많은 것들을 함께하면 그 어려움과 곤혹스러움이 오히려 아이들의 내적 성장과 적응에 어려움이 있을 것이라는 예측과 우려는 이해가 된다. 하지만 특수교육의 궁극적인 면은 장애가 있음에도, 그 장애가 꽤나 심각한 수준이어도, 나름대로 세상에 적응하고 세상을 살아 나가는 힘을 얻을 수 있게 하는 것이 아니겠는가. 이들을 교육시켜 세상에 내보낸다는 것은, 그 세계가 장애를 가진 사람들만의 세상은 아니고, 다른 사람들과 함께 어우러져 사는 세상 속에 들어가 능동적으로 대처하고, 한편으로는 자신을 이겨 가며 삶을 개척하도록 하는 힘을 갖게 하는 것일 게다. 그렇다면 개별화교육을 하고 교육과정의 정도와 수준이 별도로 주어진다고 하더라도 이들은 장애학생의 그룹으로 별도 공간에서 교육받는 것보다 비장애학생들과 동일 공간에서 함께 자라나야 그 최종의 목적에 교육적 힘이 배가되지 않을까.

■■■

이런 생각과 방향성이 지금까지 전혀 없었던 것은 아니다. 그래서 얼마 전부터 장애학생을 최대한 일반학교에 보내어 통합교육을 실시해 왔다. 이들의 별도 교육과정 수혜를 위해 일반학교에 특수학급을 만들어 운영하는 것이다. 장애학생의 학부모들은 가급적이면 자녀를 통합학급에 보내는 것을 대체로 선호한다. 반면 일반학교에서는 특별한 반대가 없기도 하지만 어떤 경우는 가급적 특수학급을 허용하지 않으려 하는 분위기도 있다. 그래서 특수교육 대상 학생이 가고자 하는 학교에는 거의 교육청에서 협조 요청과 시설적인 혜택을 플러스해 줌으로써 회유하는 실정이기도 하다. 이들이 통합교육을 위한 특수학급을 달갑게 생각하지 않는 이유는 여러 가지가 있다. 학교 운영이 복잡하다, 민원이 많을 것이다, 어렵다 등을 대지만 궁극적인 이유는 장애학생 교육에 대한 인식과 보편교육의 이해에 그 원인이 있을 것이라는 생각이 든다.

현재 통합교육을 위해 일반학교의 통합학급에서 교육을 받을 수 있다고 판정되는 장애학생은 장애의 정도가 그 가능성을 진단하는 가장 큰 기준이 된다. 장애 정도가 미약하거나 일반학생과 섞여 생활하기에 큰 불편함이 없는 정도의 학생에 한하여 통합교육이 허용되는 것이다. 그 기준을 가지고 학부모와 학교와의 갈등을 겪는 사례도 있다. 장애학생 측에서 보면 가급적 통합교육을 원하는 것이 맞기도 하지만, 이 학생들을 받아들여 함께 교육받도록 기꺼이 허용하는 학교 측의 이해 분위기도 필요할 것이다. 이렇게 말하면 일반학교 관계자나 학부모들은 예상되는 사안의 실상은 고려하지 않고 이론적으로만 타당성을 논한다고 불만을 표하거나 타박할 수 있다. 하지만 그러한 어려움의 실상을 충분히 알고 말하는 것이다. 갈등 사례가 하루가 멀다 하고 나오고 담당 특수학급 교사는 잠시도 마음을 놓을 수가 없는 현실을 학교 관계자는 거의 다 알고 있다. 그렇다고 이들을 안 된다고만 말하기보다는 이 속에서 운영의 묘를 살리면서 장애학생과 비장애학생의 사회 교육을 동시에 시키는 것이 생활 교육이고 학교 운영이다. 극단적으로 말해 지금 현 수준에서 일반학교의 특수학급에 올 수 있는 아이냐, 아니냐의 경계선에 있는 아이라면 예측되는 사안이 더 고민된다고 하더라도 당연히 특수학교보다는 일반학교가 이 학생의 교육에 훨씬 낫다는 것이다.

그러면 장애학생만 살리기 위해, 갈등이 예견되고 그만큼 더 힘든 것을 감수하면서까지 일반 학생의 교육적 여건은 고려하지 말아야 하느냐는 의견이 또 나올 수 있다. 여기서 생각할 것은 일반학생도 나중에 사회에 나가면 모든 사람들이 통합된 세상을 살아가야 할 학생들이라는 사실이다. 이들을 알고, 경험하고, 이해해 가는 과정에서 어떤 갈등이 있고, 어떻게 해결해야 하는지를 학교를 통해 미리 경험하고 학습이 되면 일반학생들에게도 모두가 함께 살아가는 세상에 대한 생생한 교육적 결과가 있을 것이라고 생각한다. 통합교육이란, 장애학생들만의 측면에서 나오는 말은 아니다. 일반학생들에게도 장애학생과 더불어 살아가면서 얻는 통합적 교육의 혜택이 충분히 있고 필요하다.

■■■

예전에 근무했던 한 고교에 특수교육 학생이 7명이 있었다. 그 7명은 장애의 정도가 모두 달랐다. 통합학급이 있었지만, 일반학생들과 같은 교실에서 수업도 받고 다른 교육활동도 함께했었다. 이 아이들은 인지 정도가 낮았고, 이해력도 상대적으로 부족했다. 어떤 학생은 정서 장애가 심각하여 타인을 받아들이는 부분이 매우 어려운 학생도 있었다. 그 즈음만 해도 길거리에서 장애인을 보면 회피하고 길을 돌아가는 일이 허다한 시대였다. 이유로는 무섭고 뭔가 해코지를 할 것 같은 생각이 들어서였다고 다들 말하곤 했었다.

그런 시대에, 장애학생을 일반학생과 한 학교에서 통합교육을 시키면서 굳이 일반학생들과 그들의 학부모에게 찬반을 물었다면 당연히 반대했을 것이다. 그러나 통합교육을 시도한 이래 그 적응의 흐름과 변화를 직접 목도했던 경험이 있다. 학급별로 나누어 배정한 장애학생에 대하여 처음에 일반학생들의 반응은 역시나 한 학급 내에서의 분리라고나 할까, 왕따까지는 아니지만 별로 신경 쓰지 않고 이 아이들과는 대화도 하지 않는 상태였다. 당연히 그 장애학생들도 소외감을 느끼는 것이 감지되었다. 그러나 분명하게 보이는 것은 일반학생들은 관심을 주지 않으려고 하나, 이 학생들은 매우 가까이 가고 싶거나 상관하고 싶어 하는 눈치가 역력했다. 그러다가 언제부턴가 일반학생들이 이 아이들에 대한 존재감을 드러내기 시작했다. 말도 건네고 물건을 빌려 주기도 하고, 장난도 치기 시작했다. 인간적인 교감이랄까 소통이랄까, 아니면 어울림이랄까 하는 현상이 보였다. 그러한 관계와 소통이 한 학급 내에서 급속도로 퍼져 가는 것을 보고, 통합교육을 하는 이유를 현장에서 즉각 깨달았다. 자기들과 소통해 주는 일반학생들에 대하여 이 아이들은 더 적극적이었다. 헌신적이라고 할 만큼 소통과 관계에 대하여 매달렸고 그 모습이 웃음이 날 지경이었다. 급기야 이 학생들은 이제 그 관계 영역을 교무실까지 뻗쳐 왔다. 할 일도 없이 교무실에 와서 어느 선생님과 눈이 마주치기를 바라는 아이들이 있었다. 만지지 않아야 할 것을 만져서 대화를 시도하고, 선생님과 대화하는 그 관계성을 위해 소위 '말짓'을 곧잘 했던 기억도 있다. 간단한 심부름을 시켜 본 적이 있는데, 매우 열심히 왔다 갔다 하면서 더디게 일을 했지만, 선생님의 심부름을 했다는 그 성취감이야말로 그들이 학교를 나오는 이유 같기도 했다.

이쯤 되면 장애 정도가 심하지 않은 학생에 대해서는 일반인들에게 허용적으로의 인식 변화가 일어남 직하다. 그러나 정말 이 학생이 일반

학교에 있어야 하나 아니면 특수학교로 보내야 하나 하는 정도의 경계선에 있는 학생은 어떻게 통합교육의 허용을 받아 낼 수 있을까? 과정은 당연히 매우 어려웠다. 정서적인 장애라고 할 수 있는 학생의 한 사례가 있다. 말이 없고 반듯한 태도의 학생이었다. 그런데 그 정서적인 문제가 가끔씩 많은 주변 학생들을 황당하고 힘들게 했다. 수업 시간에 혼자만의 세계에 빠져 있다가 갑자기 일어나 옆 학생의 뺨을 때리는 일이 자주 있었다. 맞은 학생은 그 학생에게 결코 달려들지 않았다. 그 순간 그 황당하게 뺨을 맞은 학생의 심정과 화를 정확히 안다고 말할 수 있는 사람이 있을까. 그러나 그 학생이 상대 장애학생에게 그대로 되갚음을 하지 않은 것은 이 행위가 장애에서 온 것임을 알아서였을 것이다. 이런 부분이 바로 예상되는 어려움인 것이다. 이런 행위가 여러 번 반복되고, 급기야 학생이 담임교사에게 울면서 하소연을 하고, 학부모가 학교에 쫓아와 항의를 했다. 여러 선생님들과 특수학급 담당교사를 중심으로 대책 회의가 여러 번 진행되었다. 핵심은 이 학생은 통합학급에서 감당할 수 있는 학생이 아니니 특수학교로 보내야 한다는 것이었다. 그러나 그 장애학생의 부모는 이 아이를 특수학교로 보내는 것을 여전히 반대했고, 교육청 담당자는 정책과 현실 사이에서 중재를 했다. 결국 이 학생은 특수학교로는 보내지 않고 일반 교실이 아닌 특수학급에서 개별학습을 하는 것으로 일단락되었지만, 그 갑작스러운 정서반응 행동이 나타나는 순간만 아니면 이 학생은 함께 어우러짐에는 문제가 없었다. 이 장애학생의 측면에서 보면 본의 아니게 이유 없이 옆의 동료에게 피해를 주기도 하지만, 그 순간이 있음에도 그 순간이 아닌 많은 시간들은 일반학생들과 함께 생활하고 그 무한히 열려 있는 일상생활의 순간을 경험할 것이다. 이 경험의 시간들이 잘은 모르지만 어떤 면에서는 이 장애 행동의 발현을 조금은 늦추어 가는 데 효과가 있지도 않을까 생각해 볼 수도 있을 것이다. 잘못도 없이 갑자기 맞았던 학생, 화도 내지 못하고 앙갚음도 하지 못해 속에서 화가 치밀었던 이 학생은 혹독한 피해 경험이 있었지만, 잘 참아 내고 문제해결을 정식으로 요청하여 결론을 얻어 내는 경험을 했다. 이 학생도 사회에 나오면 여러 유형의 사람과 함께 부대끼며 살아갈 것이고, 상황에 대하여 현명한 대처를 할 수 있는 유연함을 얻었을 것이다.

■■■

통합교육을 정책화한 덕분에, 학교 현장에서는 장애학생과 일반학생이 한 공간에서 생활하는 것이 보편화되었다. 상호 간 적응의 어려움은 있었지만, 갈등과 충돌 사이에서 궁극적 인간관계에 대한 이해와 큰 성장을 얻을 수 있다고 생각한다. 겉으로 보면, 장애학생은 일반학생에게 피해를 주고, 일반학생은 장애학생에게 일방적인 배려를 주어야 하는 관계로 보기 쉽다. 가끔은 장애학생의 돌발적 행동으로 인해 일반학생이 피해를 감수하고 인내하고 봐 줘야 하니 말이다. 그렇지만 이들의 관계를 보면, 함께 지내는 시간 동안 처음에는 낯설어하고 서로 경계를 했던 것에서 어느 정도 시간이 지나면서는 자연스럽게 함께한다는 것을 볼 수 있었다. 배제하거나 소외시켰던 것에서 이들을 챙기고 상호적 동료로 역할하고 있다는 것을 확인할 수 있었다. 이러한 변화는 어른들의 세계보다 아이들의 세계에서 빠르고 격의가 없다. 그래서 교육은 어른에게보다 아이들에게 더 필요한 것 같다. 자연적으로 이루어지기가 어렵거나 시간이 소요되는 교육적 결과는 정책화시켜 추진하는 것도 한 방법이라 생각한다.

■■■

다시 통합학급을 운영했던 교사 시절로 돌아가 본다. 실제 일반학생들은 장애학생이 자기 옆자리에 앉는 것을 꺼려 했었다. 처음에는 그랬지만, 나중에는 정말 친해졌다는 말이 합당할 정도로 그들의 관계는 일상적인 아이들의 친교 관계를 보여 줬던 사례가 있다. 장난도 치고, 물건도 빌려 주고, 체육활동이나 그 밖의 다양한 교육활동에서 이 아이들을 챙기는 것인지, 함께하는 것인지 모를 정도로 함께 어울려 지냈다. 말 그대로 통합을 실감하는 광경이었다. 물론 일반학생들은 장애학생들의 상황을 충분히 이해하므로 당연히 곳곳에서의 배려는 항상 있었다. 그러나 전적인 배려는 아니고 교우 관계 차원에서의 배려였다고 말할 수 있었다. 현장체험학습을 운영하는데, 장애학생들은 과감히 부모의 보호를 거부했다. 혼자 다녀올 수 있다는 자신감을 표현했고 그것을 거들기 위해 일반학생들도 합세했다. 걱정하지 마라느니, 잘 다녀오겠다느니 하는 말로 그 분위기를 띄웠다. 실제 현장에서의 체험 과정에서도 일반학생과 장애학생이 격의 없이 함께 진행하는 교육과정을 실현해 내었다. 물론 이 대목에서 다시 장애의 정도를 논할 수는 있을 것이나.

■■■

그러면 이제, 일반 학생들이 잠깐의 사고로 인해 부상을 당한 경우를 생각해 보자. 그 부상 정도가 극심하여 제대로 걷기도 힘든 상황이라면 이 학생은 당연히 많은 교육활동에서의 적극적 참여에 제한이 있다. 어떤 경우는 부축을 받아야 하고 그래도 어려운 경우는 견학을 한다. 그리고 이 학생은 여러 상황에서 급우들의 도움을 받고 또 받아야 한다. 가방을 드는 것, 계단을 오르내리는 것, 교실을 이동하는 것 등 부축이나 도움을 받아야 하는 것투성이다. 물론 이것은 치료될 때까지의 일시적 기간에 한한다. 만약 이 아이의 부상이 1년 또는 3년까지 간다거나 조심해야 하는 기간이 길어진다면 이 아이의 학교생활은 총체적으로 어려움이 있을 것이다. 게다가 경우에 따라서는 일정 기간 병원에 입원해 있을 수도 있다. 현상적으로 보면 일시적이나마 장애를 가진 학생인 것이다.

장애 판정은 아니지만, 생활 중에 정서적인 충격으로 인해 어려움을 겪는 일반 학생도 많다. 상담치료도 받아야 하고 교우 관계가 원활하지 않을 수도 있다. 어쩌면 이 아이로 인해 옆의 아이가 상처를 받는 어려움에 처할 수도 있다. 그럼에도 매우 친한 친구의 헌신적인 도움과 배려로 학교생활의 극단적인 어려움은 해결될 수도 있다. 수업이나 생활 습관에서 알고 그러는지 모르고 그러는지, 알지만 몸이 따라가지 않아서 그러는지, 학교의 규칙을 매번 어기고 학교생활을 힘들게 하는 친구도 있다. 말을 해도 받아들이지 않고 매우 꼬여 있는 상태의 친구를 어떤 아이는 아예 붙여 주지 않기도 한다. 반면 그건 그거고 또 열심히 친구 관계를 유지하는 아이들도 있다. 모두 일반 학생 즉 비장애학생들이다. 이렇듯 학생들은 학교에서 교과수업을 받고 지식을 챙기고 문제를 해결하고 토론만 하는 것은 아니다. 그들은 또래 관계에서 다양한 갈등과 상충됨 또는 어긋남을 거쳐 이해, 화합, 조화, 융합 등의 과정을 통해 인간으로의 성숙을 다져 가는 것이다. 이런 다양함과 심지어 상반된 여건이 아이들을 단단하고 바르게 만들어 가는 조건과 요인이 될 수 있을 것이다.

물론 일반학생들이 처한 물리적, 성격적, 환경적, 정서적 제한성의 상황들과 장애학생들의 특징을 동일시할 수는 없겠다. 정도도 다르고 공감 영역도 차이가 날 수 있다. 그러나 장애학생들의 다양한 특성도 앞으로 살아갈 우리의 인생에서는 당연히 접할 수 있고 해결하거나 대응해야 할 영역이거나 그에 준한 범위일 수 있다. 장애학생과 일반학생이 섞여서 부딪히고 해결하고 상호 간의 도움과 보조를 받는 과정은 그렇지 않는 시간들보다 훨씬 더 유용하다. 그것은 어쩌면 이들 상호 간에 동일한 값일 수 있다. 그 긍정적 효과가 일방적이 아니라 쌍방적이라는 뜻이다.

■■■

요즘은 학습을 위한 학습, 즉 이론적 학습에 머물지 않고, 지식도 쌓아 놓는 것에 머물러서는 안 된다고 한다. 지식은 개념 중심으로 간단하고 적어야 하며, 암기보다는 체득에서, 저장보다는 응용과 실천으로 구현되는 학습이어야 한다고 교육 관계자들은 말하고 있다. 그리고 이러한 방향이 교육 실천으로 많이 들어오고 있다. 그런 차원에서 앞 장에서 거론했듯이 지금은 전환교육이 논의되고 있다. 원래 특수교육에서 절대적으로 필요하고, 그래서 중요하게 시행해 왔던 사회생활 적응의 전환학습이 이제는 일반학생의 교육 방식에도 적용되어야 함을 부르짖고 있다. 전환교육은 진로와 삶의 수단적 측면에서 당연히 필요하다. 학교라는 온실에 놓고 교사와 학부모가 인도함으로 아이들을 수동적으로 가르치는 과정에서 벗어나 실제 현장형 체험과 문제해결의 경험을 부여함으로써 스스로 사회를 체득해 가라는 맥락인 것이다. 그렇다면 전환교육은 진로나 직업 전선에서보다 다양한 성향을 전제로 한 인간 유형을 맞이하고 이들을 대응하는 관계 차원의 전환교육이 먼저이지 않을까 생각해 본다. 성별, 계층, 사상, 경험의 장(場) 등 이질적인 생태적 여건과 다양한 인간적 삶의 바탕에서 그들과 함께 호흡하고 적응해 가는 과정은 당연히 어떤 직업을 선택하고 어떤 생활을 하느냐에 앞서는 선제적인 인간 삶의 여건이 되기 때문이다. 그렇다면 이러한 다양한 인간관계의 조화로움에 대한 교육은 별도의 시간을 기다려 차후에 계획된 방식으로 제공하기보다는, 성장기 학교교육의 총체적인 여건을 통해서 통합적으로 제공하고, 탐색, 접근, 갈등, 시행착오를 학교에서 겪으면서 충분히 소화하도록 그 기반을 제공하는 것이 가장 합리적인 교육이 될 것이다. 교육정책론자들도 당연히 이러한 생각을 하고 있다. 그래서 학교교육에서 일반학생들을 대상으로 장애인식개선 교육을 정기적으로 하도록 지침을 만들었다. 교육청의 담당자는 각 학교를 대상으로 이 교육에 대한 실천 여부를 통해 계도를 관리하고, 학교에서는 최소 의무적 교육 차원에서 이를 시행한다. 그러나 교사를 포함한 학교 구성원 대다수가 장애인과 더불어 살아가는 것에 대하여 진지한 성장 의식의 의미를 갖는다거나, 교과 학습을 초월해 매우 중요한 인간과 삶의 교육이라는 인식이 강하지 않다 보니, 이 장애인식개선 교육에 대하여 지침을 완수하는 차원으로만 시행하는 경우들이 다반사이다. 교육 자료를 배부하고, 5분 이내로 간략히 설명한 후 이수 완료로 잡는 경우들이 많다. 이러한 정책은 교육이 꼭 필요하다는 취지에서 만들었을 터이고, 그 교육 내용이 진지하다면 단 1시간만의 교육이라도 감동적이고 인상 깊은 시간이 될 것이다. 실질적 인식 개선이 뒤따라올 수 있는 교육 태도와 진지함이 진정 필요하다. 그런데 정말 진지하게 1시간을 집중해서 영상 자료를 통해 또는 강사의 직접적 강의를 통해 앉은 자리에서의 감화를 받는 장애인식개선 교육을 했다 하더라도, 직접 장애학생과 더불어 생활하는 시간들에서 얻는 효용성을 따라갈 수 있겠는가. 이러한 실제적인 생활이 주어진다면 장애인식개선 교육을 별도로 시행하거나 의무적 시수를 채워 가지 않아도, 그들과 더불어 사는 삶의 결과는 상상을 초월한 몇 배의 교육적 효과가 체화될 것이다.

■■■

그러면 일반 학교에서 함께 공부하기 힘든 중증 장애학생의 경우는 어떻게 할까? 국립특수교육센터에서 집중적으로 특수교육에 대한 연수를 받을 때였다. 1일차 그룹 토론에서 나는 장애 학생은 당연히 특수학교에서 그들만을 위한 편의시설과 전문적 교육 장치 속에서 편안하고 제대로 된 교육을 받는 것이 효율적이라고 말했다. 일반학생과 섞임으로써 일반학생들의 교육을 힘겹게 하는 것은 두 번째고, 진정으로 그들을 위해서도 그게 최선이라고 강변했다. 그 당시는 그게 가장 옳은 답변이고 바른 정책이라는 강한 믿음이 있다. 토론을 이끈 특수교육 전문 강사는 이런저런 의견에 대하여 아무런 방향성이나 정책을 제시하지 않았다. 완전한 중립을 유지하며 다양한 생각을 자유롭게 쏟아 내도록만 했던 것 같다. 야무진 입으로 아주 확고한 최선의 정책을 얘기하면서 연수의 1일 차를 열었다. 그 뒤 2일 차의 연수가 누적되고 3일 차에 외국의 사례가 동영상을 통해 자료로 제공되었고, 이어서 우리나라의 얘기를 하게 되었다. 외국은, 모든 나라가 그렇게 하는 것은 아니지만, 아무리 중증 장애를 가졌다 해도 일반학생과 더불어 일반 학교에서 함께 교육한다. 그것이 그 나라 특수교육의 정책이다. 그 나라에는 특수학교 자체가 없다고 했다. 장애학생이 없는 것이 아니라 모든 장애학생은 일반 학교에 비장애학생과 함께 교육을 받는 시스템이다. 다시 말하면 모든 학교에 장애학생을 위한 시설과 교육적 여건들이 작은 특수학교처럼 모두 구비되어 있다. 일반학생들과 눈을 맞추고 함께 말을 주고받기도 하며 안 되는 부분은 시설과 지도사의 도움을 받지만, 가능한 부분은 일반학생들과 함께하는 방식으로 교육이 진행되었다. 학교에 보건실이 있듯이 특수교육 여건이 부족하지 않게 갖추어져 있었다. 특수교육 시설이 학교의 필수 교육 여건인 것으로, 장애학생과 일반학생이 함께 지내는 데 필요한 구비 시설이었다. 그들의 모습은 힘들 터인데도 힘들어 보이지 않고 오히려 능숙한 학교생활이 잘 진행되고 있었다. 장애학생들이 힘들어하는 구체적 상황과 해결은 학교라는 교육 현장에서 늘 있을 수 있는 평범한 장면이고, 특수한 상황 발생 시, 지나가는 학생은 필요하다면 도움의 손길을 보태면서 함께 생활하는 공간이었던 것이다. 앞에서도 말했지만, 우리나라는 장애학생을 완전히 분리하여 별도의 특수학교라는 공간에서 비장애학생의 얼굴 한번 보지 못하고 한창의 성장기 교육을 받는다. 장애를 가졌다는 이유, 중증이라 세상에 내놓기 힘들다는 이유가 이들을 가두어 놓는 타당성이 된 셈이다. 연수 3일 차에 나는 장애학생이 장애 시설에 갇혀서는 안 된다는 것과 적어도 교육은 서로 다른 조건에서도 더불어 가야 할 길이라는 생각을 했다. 그러한 여건 자체가 배움의 상호성을 강화할 수 있을 것이라는 큰 결론을 얻었다. 이것은 비록 연수 과정을 통한 것이었지만, 거의 체감 수준의 교육 효과였다고 생각한다. 나 자신에게 장애 교육의 방향성이 확고하게 정립된, 뜻깊은 경험이었다.

■■■

교육과 교육정책에 뜻을 둔 사람들과의 대화에서 이 부분을 피력한 적이 있다. 장애학생을 대상으로 하는 특수교육은 이제 밖으로 나와야 한다고, 일반 학교에서 통합교육으로 진행되어야 한다고 꽤나 강하게 역설했고, 지난 연수에서의 감동을 환기시키며 열심히 설명해 보았다. 교육적 견지가 탄탄하고 유연한 분이었음에도, 논리는 맞으나 현실적으로 어렵지 않겠느냐는 반응이었다. 지금 당장 그렇게 하라는 것도 아닌데 어렵지 않겠느냐는 반응이 바로 나왔다는 것은, 아직 정책으로 가지고 가기에도 버거운 수준이 아니냐는 답으로 읽혔다. 이런 논지를 모든 세상에게, 학생에게, 학부모에게, 교사에게 설명한다면 그 반대의 물결로 아마 숨도 못 쉴 지경일 수도 있을 것이다. 사회적 분위기로 보아서 아직은 어려울 것 같고, 인식의 정도로 보아서도 아직은 좀 멀어 보이는 느낌이다. 그러나 분명 '아직은'이라는 말은 미래를 담보한다. 언젠가는 또는 최대한 빨리 그 가능성이 열릴 수 있다는 기대를 간직하고 싶다. 언젠가는 되어야 하고, 될 것이리는 희망을 갖는다. 지구상 어디에서도 그렇게 한 곳이 없는데 최초로 시도하겠다고 한다면 그 생각이 허황될 수도 있겠지만, 다른 나라에서 하는 것을 보고 이미 감동이 오지 않았는가.

■■■

　모든 것은 때가 되어야 가능하고, 익어야 터지는 것이다. 몇 사람 정도에서 시작하여 확산되고 공유되면 사고가 익어 갈 수 있다. 무엇보다도 모든 교육 가족, 시민, 국민의 의식이 달라져야 한다. 그와 동시에 정책도 수정되고 새로운 교육 모형이 나올 수 있다. 핵심 구성원의 의견, 우리 모두의 인식이 성장하여 능동적으로 긍정적 방향을 설정할 때가 언젠가는 올 것이다. 조금은 앞서 가는 느낌이 있는 것도 알지만, 현재의 생각에서 자신의 자녀에게 최상의 교육 여건을 제공하고 싶은 것도 안다. 생각과 방향이 다를 뿐이지 자녀의 교육에 최상의 교육 여건을 제공하는 것을 양보하지는 않을 것이다. 무엇이 최상의 교육 여건인가에 대한 생각 차이라고나 할까. 내 자녀와 함께 장애학생도 어울림의 교육 현장이 와야 하는 이 시대에, 그들만의 공간인 특수학교를 설립하겠다는 것마저도 우리 집 근처는 안 된다는 소위 님비운동을 벌였던 사람들이, 이 태도를 자발적으로 바꿀 때가 올 것이라고 믿는다. 이 어울림의 교육 공간 제안은 장애학생만을 위한 교육적 정책이 아니다. 비장애학생들의 넓고 깊은 교육력을 제고하고 교육적 힘을 단단하게 하기 위해서도, 특수학교는 더 이상 필요 없고 모든 학교에서 장애학생을 통합학급으로 소화를 해내야 하는 이 방법에 대하여 진지한 고민이 있어야 할 것이다. 이제는 더 이상 장애인을 보아도 돌아가지 않고 그들이 도움의 손길을 내밀 때 손을 잡고 최선을 다해 도움을 주고 가는 우리 아이들이 있는 이때, 교육 현장에서는 장애와 비장애를 초월하여 우리 모두를 위한 관계성의 전환교육을 바로 이 학교의 생활공간에서 이루어 내어야 한다. 모든 학교에 보건실이 있듯이 장애학생을 위한 시설을 완벽히 구비하고, 장애학생들을 위한 전담 인력이 보강되면 가능하다. 장애학생과 비장애학생 모두를 대상으로 하는 삶의 전환교육을 위하여, 기성세대가 우리의 생각을 먼저 전환해야 될 일이다.

03
제2의 통합교육, 다문화교육

　　　　　　　　1990년대를 기준으로 흔히 386세대라고 했던 나이대에 있는 사람들이 중, 고등학교를 다녔던 시기는 1970년대였다[57]. 그때의 교육 현장과 사회의 모습은 지금과는 참으로 많이 달랐다. 무려 50년 전이니까 반세기 전이라고 말할 수 있겠다. 돌이켜 보건대 그 당시는 문화적 사대사상이 꽤 심각했던 시대였음을 부인할 수 없을 것 같다. 외제 물건을 선호하고, 값비싼 외제 신제품을 감당하지 못하면 중고라도 소유하는 것을 상당히 자랑스러워했다. 지금 생각하면 정말 감추고 싶은 과거의 한 풍조가 아닌가 싶다. 심지어 수영복까지도 미제 중고제품이 없어서 사지 못하는 때였다. 초등학교 때, 부잣집에 가면 다른 반찬 없이 '빠다'를 뜨끈한 밥에 넣어 비벼 먹는 흔하지 않

---

57) '386세대'란, 1990년대에 정치적, 사회적 전면에 등장한 세대를, 당시에 등장한 '386컴퓨터'에서 따와 지칭한 세대 특성 명칭이다. '386'의 숫자에 담긴 뜻을 뒤로부터 연결해 보면, 1960년대에 태어나, 1980년대에 대학을 다닌, 1990년대에 30대를 맞이한 사람들이다. 참고로 '386(컴퓨터)'이란, 초기 인텔 회사의 CPU 이름에서 유래한 컴퓨터의 명명으로, 처음에는 8086으로 시작해 186, 286, 386, 486, 586(펜티엄)의 이름으로 진화한 CPU의 이름이다. 1990년대의 386세대를 2022년에 굳이 명명한다면 586 또는 686세대 정도가 될 것이다.

는 모습에 그것이 상류사회의 음식문화로 이해되기도 했었다[58]. 빠다가 버터라는 생각은 전혀 하지도 못하고 잘못된 발음 그대로의 식품이 있는 줄 알았다. 지금은 생각만 해도 끔찍한 '버터를 넣은 비빔밥'을 그 당시는 선망했었다. 외국, 특히 서양은 무조건 우리를 환호하게 만들었고, 그 사람들이 우리나라에서 길거리를 다니면 그 자체가 매우 이색적이고 관심이 가는 장면이었다. 아이들은 그 이색적임에 끌려 그들을 졸졸 따라다니곤 했었다. 어른들도 그들이 뭔가를 물어보면 잘 알지도 못하면서 끝까지 도움을 주려고 무던히 애쓰던 우리나라 과거의 모습이 있었다.

■■■

이후 우리나라에 외국인의 유입이 많아졌다. 대학 생활을 할 무렵에 농촌 총각 장가보내기와 맞물려 동남아시아 국가에서 오는 여성 결혼이주민이 유독 많아졌다. 물론 동남아시아 국적을 가진 여성들만 오는 것은 아니었지만 급속도로 숫자가 늘어난 것은 거의 이들이었던 것 같다. 그래서 그런지 이들은 우리나라에서 그 이전의 외국인들처럼 맹목적인 추종의 대상은 아니었다. 이들의 자녀들이 우리나라 학교교육을 받게 되면서 학교에 다문화교육이 정책적으로 시행되었다. 아이들은 겉모습이 다른 이 아이들에 대하여 '다문화'라 호칭하면서 한 교실에서 배우는 동료임에도 불구하고 곁을 잘 주지 않았다. 당시 이 '다문화'라는 호

---

58) '빠다'는 '버터(butter)'가 일본식으로 발음된 후 우리나라에 들어온, 일본식 영어 발음의 한 예이다. 지금은 많이 개선되었지만, 1960, 1970년대만 해도 우리나라의 많은 영어 발음이 일본을 통해 들어와서 영어 원래의 발음과 거리가 먼 것들이 많았다. '잠바(jumper)', '빠꾸(back)', '파마(perm)', '구락부(club)', '돕빠(topper)' 등이 그 예들이다.

칭에는 무시와 경멸, 배척의 의미들이 도사리고 있었다. 그런데 이러한 의미를 분석해 보기도 전에 이미 학생들은 흔히 이 단어를 친구들을 향해 써 왔고, 심지어 교사들도 곧잘 호칭 또는 지칭으로 써 왔다. 그 학생들에 대하여 말할 때, '그 학생 다문화야' 하는 식으로 편하고 쉽게 지칭한 것이다. 이주민이 많아지고, 이들의 자녀가 학교생활을 하면서, 이주민 자녀의 학교 적응에 대한 구체적인 연구와 이해, 그리고 이에 대한 학문적 접근과 논의가 시작되었다. 그리고 이것이 현장 적용 차원에서도 연구가 진행되면서 '다문화'라는 지칭 용어의 사용부터 반성의 기류가 일어났다.

  2013년으로 기억되는데, 다문화 정책에 대한 연수를 받은 적이 있다. 이주민 자녀가 특히 많이 분포된 지역의 사례를 중심으로 만들어진 연수였다. 이주민이 급격하게 많아지고, 그들의 자녀가 학교에 들어오면서 이들에 대한 다각도의 지원 정책이 요구되지만, 특히 교육 현장에서는 학생들에 대한 지원과 적응 시스템이 요구된다는 내용이었다. 가장 기억에 남는 것은, 이들이 가장 힘들어하는 것 중의 하나가 다른 학생들은 물론 교사까지도 이 이주민 자녀들을 '다문화'라고 부르는 호칭이었다는 것이다. 이 호칭이 담고 있는 부정적인 의미를 느낌으로 알고 시간이 가면서 상처가 깊어졌을 것이다. 그래서 다문화교육정책 중 가장 먼저 시행하고 보완해야 할 노력이 바로 그 호칭일 것이라고 했다. 그 이후 어느덧 10년 가까운 시간이 흘렀지만, 지금도 현장에서 '다문화'라는 지칭은 아예 사라지지는 않았다. 놀리는 의도에서의 '다문화'라는 부름은 이제 들리지 않는 것 같으나, 객관적 의미 전달로서의 지칭어 '다문화'는 아직도 존재한다. 연수 당시 이러한 논의를 시작한 강사도 이 용어에 대한 고민이 매우 깊었던 것으로 기억한다. '다문화'라는 잘못된 호칭과 지칭을 고친다 해도 그들을 대하는 인식이 개선되지 않는 한 새로운 어휘인들 그 언어에 이러한 부정적인 언어 외적 의미, 즉 뉘앙스와 태도를 담지 않으리라는 보장은 못 할 것이라고 심각하게 고민했었다.

■■■

이주 가정에 대하여 여성가족부, 한국건강가정진흥원, 지역별 건강가정 다문화가족 지원센터와, 지자체 등의 주관으로 복지와 적응 차원의 지원이 있지만, 자녀 교육에서는 학교교육이 나서야 한다. 학교교육 대상의 이주민 자녀와 중도입국 자녀들이 처음에는 당연히 초등학교에 많았다. 그래서 이들 자녀에 대한 교육적 지원 사업은 주로 초등학교를 중심으로 진행되었고, 법령도 그에 준하였다. 연수를 받던 그 당시에는, 초등교육의 맥락에서 지원책을 만들어도 될 것이라고 생각했던 것들이 이제는 벌써 중등교육까지 왔다. 그 아이들이 자라기도 했고, 이주민이 더 많아지면서 아이들의 나이가 많아지기도 했기 때문이다. 그래서 지원 방향은 면밀하게 학교급에 따라 다원화되어야 할 필요가 있다.

다문화 자녀들에 대한 초등교육과 중등교육의 방향과 중점사항은 다를 수밖에 없다. 아무래도 초등교육의 핵심은 의사소통, 문해력 차원의 한국어 교육이 급선무일 것이다. 교우관계에서의 어려움과 소외는 바로 소통의 문제가 가장 큰 역할을 하기 때문이다. 그리고 사회 적응의 첫 단계는 학교가 아니더라도 언어능력에 기반을 둔다. 중도입국 학생은 성장의 중도 상황에서 새로운 언어를 배워야 하고, 이주민 자녀로 태어난 학생은 한국 땅이기는 하지만 그 아이의 언어사회가 완벽한 한국어가 아니므로 외부에서 한국어 교육이 적극적으로 지원되어야 한다. 언어 습득은 언어사회의 지배력이 가장 큰 법인데, 가정에서의 언어 환경은 이주민 부모 언어의 지배를 받으므로 한국어 습득이 더딜 수 있다. 게다가 부모의 서로 다른 언어가 동시에 영향력을 가지므로 유창한 한국어 적응은 그만큼 힘들 수 있다. 학교에서의 교우 관계는 순발력 있는 언어 소통이 필요한 영역으로, 이주민 자녀는 그만큼 가정과 학교에서의 언어 차이가 남들은 겪지 않아도 되는 강한 스트레스가 될 수 있다. 아이들 세계에서의 놀이 참여는 어른은 겪지 않아도 되는 추가적 고통이 될 수도 있을 것이다. 언어의 이중성과 차이에서 오는 스트레스에 더하여, 다르게 보이는 모습을 곧잘 차별화하는 어린아이들의 습성으로 모든 적응이 힘겨움 그 자체일 수 있는 것이다. 학교에서 이주민 자녀에게 한국어 교육을 가장 먼저 해야 하는 이유가 여기에 있다. 언어는 곧 적응이고, 적응은 관계와 참여가 허용되기 때문이다.

■■■

이주민 자녀의 학교생활 적응 프로그램에 '이중언어말하기대회'가 있다. 이는 한국어 교육 지원을 기반으로 하되, 이주민 자녀의 자존감 회복과 특정 분야에서의 우수성 표출을 통한 적응 동력을 지원하기 위한 프로그램이다. 글로벌 시대의 여건에서 발현되는 이러한 능력은 무엇보다도 본인의 자존감 회복 또는 향상에 큰 도움이 될 것이지만, 일반 아이들이 이들에게 마음을 여는 한 계기가 될 수도 있을 것이다. 그 외에도 심리상담, 복지지원 등 다양한 정책이 만들어지고 수행되고 있다.

다만 아이들이 성장하고 중학교를 거쳐 고등학교에 진학하는 아이들이 많아지면서, 학교급에 따른 이주민 자녀에 대한 교육 지원이 구체화되고 새로운 지원 프로그램에 대한 필요가 생겼다. 아직도 이주민 자녀에 대한 적응 지원은 초등학교 중심이고, 그 프로그램 내용과 지원 양상도 중·고교 대응보다는 초등학교 쪽에 기울어 있다. 다른 나라와 문화에의 적응과 안착이 초등학교 과정에서 충분히 완성된다고 볼 수 있다면 괜찮겠지만, 아이들이 자라서 중·고등학교에 진학하게 되니, 상급학교에서의 이주민 자녀 지원 교육이나 다문화 학생 지원 교육이 오히려 중단되는 느낌이 있고 대책이 시급한 것이 것들이 있다. 중학교에 오면 본격적인 진로와 진학지도가 필요하다. 당연한 얘기지만 일반 학생들과 이주민 자녀의 진로진학 지도 방법은 조금 다를 수 있다. 선택지가 다른 것이 아니라 접근법이 달라야 하고 기초부터 성숙 과정까지의 관리도 더 체계적이어야 한다. 주어진 여건에서 학교의 울타리를 벗어나 이주민 자녀로서 온전히 적응하고 생활할 수 있는 기반을 조성하여 사회로의 출발을 잘 내딛도록 배려하고 안내하는 지도가 따라와야 할 것이다. 일종의 전환교육이 일반학생보다 더 필요한 부분이 있음을 인식하고 이들에게 적극적인 도움을 주어야 한다고 본다.

◼◼◼

교육부와 시·도 교육청에서는 다문화교육의 정책으로 많은 것들을 기획하고, 더 체계적이고 알찬 현장 지원을 위해 학교별 다문화교육 중점 운영학교를 다양한 이름으로 시행하기도 한다. 이러한 교육 지원을 크게 분류해 보면, 이주민 자녀 적응교육과, 일반 학생들의 다문화 이해교육 두 가닥이다. 이주민 자녀 적응교육은 앞에서 논의했던 한국어 교육, 이중언어말하기대회, 심리상담, 진로진학교육 등 이들의 언어 교육과 적응 및 성장을 지원하는 방법들이다. 다른 방향으로의 접근인, 일반 학생들을 대상으로 하는 다문화이해 교육은 이주민 자녀를 대상으로 하는 교육에 비해 미약한 편이라, 이렇게 가는 대응 논리에 많은 아쉬움이 있다. 궁극적으로 이주민 자녀들의 적응이 중요하다고 하더라도 그 적응을 위한 가장 중요한 여건은, 그들의 적응력 자체보다 적응을 할 수 있도록 여건을 만들거나 돕는 집단의 이해와 인식일 것이다. 이 부분에 문제가 없다면 설령 이주민 자녀의 학교생활에서 언어가 조금 서툴더라도 소외됨은 덜할 수 있고, 외모가 조금 다르더라도 상대적 열세에서 오는 자존감 훼손은 덜 할 수 있을 것이다. 한국어 이해와 숙달도 아이들과 격의 없는 생활로 자연스럽게 융합되는 과정에서 효과가 더 클 수 있을 것이다.

이주민 자녀들에 대한 적응교육과 생활 지원이 절대적으로 필요하다는 이유에서, 많은 예산을 이들에게 집중적으로 투자하고 교육활동을 다양하게 열어 주는 등 많은 노력을 시행한다면, 그만큼 진정한 적응을 위해 함께 살아가는 일반 학생들의 다문화인식개선 교육도 더 강화해야 하지 않을까 한다. 다문화 정책에서 교육기관으로 들어오는 분야가 '다문화교육'인데, 이 다문화교육의 대상을 오직 '이주민 자녀'에 국한한 듯한 사업의 비중이 느껴진다. 다문화교육은 이주민 자녀뿐 아니라 우리나라의 일반 아이들에게도 상당한 비중으로 들어와야 한다고 생각한다. 나아가 다문화교육은 시대의 흐름과 문화의 확장성을 이해하는 내용으로, 모든 아이들의 의식 성장을 꾀하는 방향성에서 교육이 추진되어야 한다. 더 정확하게 말하면, 이러한 다문화적 삶의 토대인 시대성, 세계성, 혼용성, 상대성의 여건에서 세계와 문화에 대한 이해와 인식, 가치,

철학, 실천 등을 총체적으로 교육해야 하는 대상은 우리나라 학생과 이주민 자녀 모두가 되어야 한다는 말이다. 이들은 함께 어우러져 같은 공간에서 배우고 교우관계를 맺으며, 민족 근원은 다르지만 같은 교육을 함께 받고 상호성을 배우면서 자라야 할 것이기 때문이다. 이것이 토대가 되면 앞으로 모든 아이들은 다문화 시대를 살아가는 방법과 태도를 스스로 잘 형성해 갈 수 있을 것이다.

그런데도 현재 진행하고 있는 다문화교육은 사업과 예산에서 거의 이주민 자녀에 대한 지원 교육으로 가고 있다. 그 방법도 일반 아이들과 섞여 있는 이주민 자녀를 별도로 뽑아내어 그들만을 위한 사업을 시행하고 있는 것이다. 적응이란 상호 간에 다르면서도 다름을 느끼지 못할 정도로 융합되고 포용되는 상태를 지향하는 것인데, 다문화교육을 시행한다는 구실로 굳이 이주민 자녀를 분리해 내어 그들만의 지원과 혜택을 위한 다름 교육, 특별 교육을 하는 것이다. 물론 이주민 자녀로서 새로운 문화에 적응하고 정착하기 위해 더 필요한 부분을 추가로 충족시켜 주어야 하는 것은 맞다. 그래서 한국어 교육, 자존감 교육, 심리상담 등이 투여되는 것이다. 그러나 섞여 있는 집단에서 과도하게 핀셋형 교육과 지원으로 간다거나, 빈번하게 분리되는 상황을 만들어 가는 방법은 그들의 진정한 적응을 위해 좀 더 고민이 필요하지 않나 싶다. 그래서 이주민 자녀든 우리나라 아이들이든 모두에게 공통적으로 제공하는 다문화교육의 실행을 강조하는 것이다. 중요한 만큼 비중 있는 교육이 이루어져야 함도 역시 강조한다. 너와 나를 구별하지 않고 교육적 대상을 하나로 묶어 통합적으로 교육하는 것은 다문화교육의 핵심일 것이므로, 최소한 이주민 지원 사업과 다문화이해 교육의 균형감 있는 추진은 필수일 것이다.

다문화교육 차원에서 현재 학교 현장에서 일반학생을 대상으로 진행하고 있는 것은 다문화이해 교육, 다문화인식개선 교육이다. 지침에 의해 모든 학교에서 이러한 교육의 이행 실적을 정기적으로 제출하고 있다. 이는 교사 및 학생들을 대상으로 연 1회 또는 2회 실시하라는 지침에 의한 실적이다. 그런데 학교의 운영 실상은, 자율활동 시간에 10분짜리 동영상으로 대신하거나, 유인물 배부 후 5분 정도의 간단한 설명을 덧붙임으로써 시행 일정을 완료하는 형식들로 진행하는 경우들이 태반이다. 물론 그렇지 않고 제대로 이행하는 학교도 있다. 최소 한 시간 정도의 특강을 마련하여 관련 강사를 초빙하는 경우는 매우 우수한 이행의 경우다. 그리고 학생들을 대상으로 축제나 다문화이해 페스티벌을 운영하는 학교는 매우 훌륭한 사례로 남는다. 이러한 운영은 다문화의 이해와 수용에 진심으로 마음을 열도록 하는 문화 교육 즉 명실상부한 다문화교육이다. 하지만 이러한 학교는 생각보다 많지 않다.

■■■

중요한 것은 모든 아이들에게 다국적 이해력과 서로의 문화를 상대적 관점에서 수용할 수 있는 역량을 키우는 글로벌 교육으로 접근하는 방법이다. 이주민 자녀들에게 한국문화를 이해하도록 하는 것도 중요하지만, 일반학생들에게는 지구촌의 다양한 문화들, 적어도 함께 학교생활을 하는 친구들 부모의 나라가 가진 이색적 문화를 공존 차원에서 받아들이는 문화교육도 매우 중요하다는 것이다.

이런 실태에 대하여 다문화 정책 전문가와 노변담화를 한 적이 있었다. 현재 모든 학교의 다문화교육은 정작 모든 학생을 대상으로 하는 다문화인식개선 교육이 거의 형식적 수준에 머물고 비중도 적다는 것과, 정작 이주민 자녀의 학교 적응을 위해서도 모두를 대상으로 하는 통합적 다문화인식개선 교육의 길이 가장 빠르고 효과적일 텐데, 실상은 그렇게 진행되지 않는다고 의견을 말한 적이 있었다. 아마 위에서부터의 정책 시행이 그런 것이 아니겠냐고 답변하면서, 사실 나의 이 의견이 맞다고 동의했다. 지금 추진하고 있는 다문화교육의 많은 사업들은 다문화교육이라기보다는 이주민 지원 교육이라고 하면서, 이것은 따로 떼어서 해야 하고 다문화교육은 말 그대로 모든 학생들을 대상으로 하는 다문화교육이어야 한다고 상세한 방향에 대한 의견도 주었다.

■■■

사람들은 세상이 달라졌다고들 한다. 살다 보면 어떤 면에서든 어떤 특징으로든 세상이 달라지고 있음을 실감하면서 나이를 먹어 간다. 지금 세상은 다문화 다민족 시대이다. 우리가 초등학교에 다닐 때에는 우리나라가 단일민족이었음을 얼마가 강조했는지 모른다. 이 사실에 대한 자부심까지 심어 주면서 혈통의 단일성을 강점으로 내세웠었다. 그런데 언제부턴가 이 말은 우리 주변에서 사라졌다. 단일민족이라는 말을 더 이상 내세우지 않는다는 것을 인식하는 순간은 이미 다문화 시대가 와 버린 때이다. 그것도 다문화 시대를 거스를 수 없는 현상으로 스스로 인식하면서 시대가 이렇게 바뀌었다고 뜬금없는 깨달음에 잠기는 순간인 것이다. 해마다 우리나라에 들어와 정착하는 외국인들의 수는 생각보다 많아지고, 이들이 우리나라의 부동산과 예금의 주인이 되어 가는 인구수도 알게 되면 놀랄 것이라고 한다. 잠시 왔다 가는 이들이 아니라 여기에서 직장을 갖고, 친구를 사귀고, 가정을 꾸리고, 여기의 문화에 정착하여 살아가는 사람들이 이제 희귀하지 않다. 우리나라에서 살아가는 이들은 직업도 다양하고 주거의 환경과 지역도 다양하다. 이쯤 되면 이들은 이방인이 아니라 함께 부대끼며 살아야 하는 이웃사람들이라는 생각이 든다.

이러한 현상은 앞으로 더 가속화될 것이다. 이렇게 될 미래사회를 건강하고 현명하게 잘 살아갈 수 있도록 다문화의 이해와 적응 역량은 우리 모두에게 필요하다. 이런 물결로 이민족의 진입이 가속화되어 간다면 앞으로 다문화교육은 이주민 자녀에게보다 토착민 아이들에게 더 많이 적용되어야 할 것도 같다. 우리나라로 들어오는 이주민 수는 갈수록 많아질 터인데, 이들을 받아들일 뿐만 아니라 함께 살아갈 수 있는 방법, 이유, 태도 등을 배워야 하지 않을까. 이에 대한 인식과 의식의 함양은 미래 시대를 살아갈 역량 중에서 가장 중요한 것이 될 것이다. 역으로 우리가 밖으로 나가서 어딘가의 이주민이 될 때도 그 지역 토착민들의 이해와 태도가 우리의 적응을 도울 것이다.

■■■

'지구촌'이라는 단어가 나온 지 꽤 되었다. 이때의 지구촌은 교통의 발달로 전 세계를 24시간 이내에 움직일 수 있다는 접근성을 두고 한 말이었을 것이다. 그러나 이제는 하나가 되어, 다양한 인종과 문화가 어우러져 너희 나라 우리 나라 할 것 없이 여기든 저기든 모이고 흩어져서 살 수 있는 자유로운 공간의 의미가 되었다. 이제는 곧 민족과 국가를 초월하고, 개방적 여건과 열린 의식으로 서로를 이해하고 인정하는 어울림의 세계로 지구는 하나가 되어 가는 것이다.

이런 의미에서, 서로 다름에서 시작하지만 결국은 하나로 살아가기 위한 준비 교육으로 다문화교육은 또 하나의 통합교육이 되어야 한다. 섞임 속에서 소수자를 위하고 그들의 적응을 위해 시작했지만 이제는 함께 하나가 되어 살아가야 할 타당한 미래지향적 교육의 의식 아래, 이 모든 것은 통합교육이 되어야 한다. 차이를 차별로 가지 않게 하고 차이를 다양성으로 인정하며, 차이의 융합적 상승 효과를 기대할 만하다. 통합교육은 교과 교육을 뛰어넘어 자신을 찾고 계발하는 궁극적 교육이 되어야 할 것이다. 앞으로는, 이주민 자녀 지원 사업은 별도 사업으로 추진하면서, 동시에 이주민과 그 자녀를 포함한 우리 모두의 아이들을 대상으로 진정한 다문화교육, 즉 '제2의 통합교육'에 박차를 가해야 할 때가 아닌가 싶다.

04
온라인교육 시스템을 동반하는 학교교육

'코로나 19'의 여파가 생각보다 심각하게 전 세계를 휩쓴 뒤 2년이 넘은 지금도, 그 기세는 수그러들지 않고 있다. 코로나 바이러스가 2019년에 세상에 모습을 드러냈다고 해서 '코로나 19'로 명명되었지만, 이 바이러스의 출현이 뉴스에 보도된 것은 2020년 1월 초로 기억하고 있다. 그때만 해도 그간의 신종플루(신종 인플루엔자A, H1N1), 메르스(중동 호흡기 증후군, MERS CoV) 등의 수준으로 감지해서인지 큰 위험성과 무서움을 느낀 일반인은 별로 없어 보였다. 그러나 2020년 2월부터 그 세력의 심각성이 높아져 급기야 감염병이라는 이름으로 우리의 삶에 직접 들어와 버렸고, 학교에서는 그간 예비적으로 준비했던 안전대책 차원의 '감염병 대응 전략'이 실감 있게 적용되었다. 그 전파 기세는 넓고도 강해서, 교육부에서는 우리 몇십 년의 인생에서는 처음으로 겪는 개학 연기를 발표하고 한 주, 두 주 기다려 보았는데, 결국은 고3 학생들도 5월 하순이 되어서야 등교를 시작하게 되었다. 중학교를 졸업하고 어엿한 고등학생이 된 신입생들이 고교 정문을 들어서기 시작한 것은 6월 초였으며, 그것도 격주로 등교하고 미등교 주간은 온라인 원격수업을 진행했다.

팬데믹(pandemic) 감염병으로 인하여, 학생들의 개학 연기를 명령했던 것인데, 개학을 무작정 늦추게 되면 초·중등교육법상 수업일수를 채우기가 어려워 전국 모든 학생의 진급과 졸업이 위태롭다는 판단을 맞이했다. 이에 개학 연기를 중단하고 온라인 개학을 시행하여 학생들의 수업일수 확보를 우선적으로 챙겨야 하는 쪽으로 방침을 선회했다. 온라인 개학 후 여전히 등교수업은 불가한 상태에서 교육부는 모든 학교급에 전 과목 온라인(원격) 수업을 즉시 시행하도록 했다. 매체가 낯설지는 않았겠으나, 매체로 만나게 된 교사와 학생은 낯설었고, 기기 운용과 수업 진행도 생소했다. 코로나 19의 확산으로 학교교육은 이렇게 우왕좌왕했고 임시적인 방책으로 계속 이어 나가게 되었는데, 그 세월이 거짓말처럼 만 2년이 지나고도 지속되고 있다.

■■■

지금까지 학교교육에서 본격적인 온라인 원격수업은 거의 해 보지도 않았고, 4차 산업혁명 시대를 맞이한 미래 교육이 운운되었어도 실제 학교 현장에서 공간을 달리한 교사와 학생들이 전적으로 매체를 이용해 당장 수업을 전개한다는 것은 진혀 생각 밖의 일이었다. 이러한 수업을 직접 연습하거나 구체화한 적도 없었고, 원격수업에 대한 진지한 논의와 방법에 대하여 실제적 고민을 해 본 적도 없었다. 준비보다는 상황이 먼저 들어와 버린, 본의 아닌 미래 교육의 현실이라고 해야 할까. 학교도, 교사도, 학생도, 학부모도 전혀 생각지 않은 상태에서 온라인 시스템을 토대로 수업을 진행해야 하는 상황이었다. 너나없는 당황스러운 상황, 어찌할 수 없는 상황이다 보니 미진하고 어렵고 부족하고 엉성하지만, 모두가 함께 감당하는 마음으로 학교교육을 진행해야 했다. 그러는 와중에도 교과수업을 최대한 효과적으로, 대면수업 못지않은 수준으로까지 끌어올리기 위해 교육 당국과 교사들은 노력에 노력을 거듭했다. 시스템과 적용 방법에 대한 원초적인 시행착오를 조금씩 극복해 갔고, 그 덕에 조금은 안정적으로 본격적인 원격수업을 진행하기에 이르게 되었다. 학습자료 링크를 벗어나 교사별 수업 영상을 올리고 홈페이지를 통해 질의응답을 하는 초보적인 방법의 노력부터 시작했다. 그다음 수준으로 플랫폼 줌(zoom)을 통한 쌍방향 수업이 열렸으나 시스템적 여건도 불안정하고 쌍방 간 사용도 낯설었다. 출석체크에 할애하는 시간이 너무 많고, 운영을 위한 시스템 정비에 걸리는 시간도 많이 소요되었다. 그러다 보니 진지한 수업 진행, 교과 내용의 몰입도는 상대적으로 낮을 수밖에 없었다. 원격수업의 시작과 그 노력의 과정은 이러했다.

■■■

급기야 코로나 시대의 학교교육이 질적인 문제로 논란이 시작되었고, 이 시대가 꽤나 장기적일 수 있다는 판단 아래, 원격수업에 대한 적응과 질적 개선이 시스템 개발 보급과 교사의 자발적 노력으로 지금은 훨씬 나아졌다. 각종 교육 플랫폼 사용이 가능해지고 원격수업의 익숙함으로 제법 수업이 원활하게 진행되기 시작한 것이다. 교사는 원격수업을 당연한 수업의 한 형태로 인지하게 되었고, 그 준비와 적용이 익숙해졌다. 온라인상에서 실시간으로 탄탄한 수업을 하게 되고, 학생들의 몰입을 유도할 수 있게 되었다는 것이 이 시대를 거치면서 얻은 미래적 소득이라고 할 수 있을지 모르겠다. 줌(zoom)상에서 직접 가르치거나 본인이 제작한 학습 동영상을 보여 주면서 즉석에서의 질의응답도 가능하게 되었다. 그러나 이제 문제는 각 가정에서 학습에 참여하는 학생들의 양상에 대한 해결이 어려움으로 부상되었다. 하나같이 모든 학생이 동참해 주면 좋으련만 여러 가지 이유로 그러지 못하는 부분을 해결하기 어려운 점이다. 이 부분에서 학생과 학부모의 불만과 고민이 있다. 학생은 이성과 행동이 따로 가는 고통, 즉 온라인상에서 학습에 참여해야 하지만, 조금 하다 보면 다른 사이트로 가서 수업 이외의 콘텐츠에 빠지는 행동을 하거나 수업에 진지하게 동참하지 않는 것에 대한 해결이 난제였다. 학부모는 자녀의 수업하는 시간이 더 이상 자유로운 시간이 아니었다. 자녀의 성실한 학습 참여나 수업 태도는 고스란히 부모의 몫으로 남게 되고, 그것이 안 되는 경우는 자녀의 학습 케어를 전혀 못하는 불가피함으로 남게 되었기 때문이다.

■■■

학교교육은 교과수업이 전부는 아니다. 교과별로도 학생 대상 각종 교육 활동이 있고, 진로교육, 동아리 교육은 물론 봉사활동도 학교교육의 한 영역이다. 진로 및 진학에 대한 교육 및 특강, 직업체험, 현장체험 등을 통해 다방면에 전인적 교육의 장이 펼쳐져야 하는 것이 학교교육의 영역들이다. 학부모 교육도 학생 교육에 맞물려 매우 큰 역할을 한다. 그러나 집합금지 차원에서 학부모 교육도 거의 홈페이지에 자료 게시를 통한 방법으로 갈음해 왔다. 당연히 그 효용성이 비교도 안 될 만큼 저조할 것임은 짐작하고도 남음이 있다. 교과수업도 그렇지만 비교과활동은 그룹별 협동과 배려, 협업과 공감 등이 더 많이 필요한 영역이다. 코로나 19는 학교교육에서 학생들의 이러한 배움을 거의 중단시켰다. 그로 인해 학교에서의 또래 교우관계 학습은 매우 큰 훼손을 입었다. 학생들은 아픔이 있을 때 의외로 또래 관계 또는 그들 간의 대화에서 상처 치유는 물론 극복 답안을 얻기도 한다.

대면 학교교육이 전면 중단되었던 2020년 초에 정서적 상처와 아픔을 가진 학생들이 매우 어려운 길로 접어든 사례가 많이 노출되었다. 통계를 보면, 코로나로 등교가 중단된 이래 학생들의 극단적 선택 사안이나 어려운 상황의 발생 건수가 유독 많이 증가한 것으로 나타났다고 한다. 가족 간의 갈등에서 오는 어려움을 간직한 학생들은 오히려 가정에서 보내야만 하는 이 시기에 상처가 더 깊어지고 갈등의 해결 방법을 몰라 힘들어했던 구체적 사례도 노출되었다. 격주로나마 등교를 하면서 이러한 심각한 문제가 불거졌고, 반쪽짜리 등교라도 학생들의 제반 교육적 여건은 전면 원격수업에 비해 훨씬 나아졌다. 모든 학생들이 등교하여 함께 배우는 과정의 소중함이 하나에서 열까지 속속들이 느껴지는 안타까운 교육 현실을 살아왔고, 이 상황은 아직도 진행 중이다.

■■■

준비가 안 됐지만 불가피한 상황에서 원격수업을 진행하면서 가시적으로 얻은 학교교육의 평가표는 학력의 하락과 기초학력 미달 학생의 양산이었다. 매년 한국교육과정평가원 주관으로 국가수준 학업성취도 평가(중3, 고2)를 통해 학생의 학력수준을 4단계의 수준으로 평가한다.

여기서 제1수준이 기초학력 미달에 해당하는 것으로, 작년 평가 결과는 중3은 전년도 대비 2.3~3.8%p, 고2는 전년도 대비 2.8~5.0%p로 그 비율이 증가한 것으로 나타났다[59]. 기초학력 미달 학생 증가는 단순하게 인원의 증가로만 해석할 것이 아니라, 크게 보면 대체적인 학력의 저하로 해석되고, 그만큼 학습력 약화, 학습기반 부실로 해석될 수 있는 부분이다. 학습기반의 부실과 학습력의 약화는 그것이 또 가속력을 얻어 전체적인 학력 저하의 심화를 불러올 수 있는 위기적 상황으로 치닫게 하는 것이다. 부정적인 가속의 힘을 막고자 할 때는 특단의 조치와 대처가 있어야 한다. 아직도 코로나 19의 상황은 끝나지 않았지만, 아이들의 학력은 놓고 갈 수가 없는 것이니, 주어진 여건 위에서 모두가 학생들의 학습력을 위해 총력을 모아야 한다. 물론 지금의 학력저하와 기초학력 미달 학생의 증가에 대한 원인은 당연히 복합적이나, 코로나 19로 이어지는 많은 상황들이 학습 여건을 약화시킨 것은 부인할 수 없다.

코로나 19는 언젠가는 어떤 방식으로든 종식이 될 것이다. 물론 코로나 바이러스가 전면적으로 자취를 감춘다는 확언은 아니다. 종식이라는 단어 사용이 애매하기도 하고 종식 선언의 기준 설정도 만만치 않다. 하지만, 국가 차원에서의 방역과 민생 영역의 제재가 어느 정도로, 어디까지일 수 있는지에 대한 적극적인 검토가 예상될 수는 있다고 본다. 전 국민 대비 일정 기준의 백신 접종률을 근거로 자율방역과 함께

---

59) 2020년 국가수준 학업성취도평가 결과가 발표되었다(2021.6.2. 교육부 보도자료). 〈2020년 국가수준 학업성취도평가 결과 및 학습 지원 강화를 위한 대응 전략 발표〉 중 별첨(2020년 국가수준 학업성취도평가 결과)의 '교과별 성취수준 비율표' 참고 (https:www.moe.go.kr/boardCnts/viewRenew.do?boardID=294&boardSeq=84597&lev=0&searchType=null&statusYN=W&page=43&s=moe&m=020402&opType=N).

가는 '위드 코로나(with covid19)'의 단계적 일상회복 시도도 잠시 있었다. 현재 학교는 델타(delta), 오미크론(omicron), 스텔스(stealth) 등 다양한 변이 바이러스에 대응하면서 몸살을 앓고 있지만, 철저한 방역을 전제로 한 등교수업과 학사운영 정상화는 최대한 빨리 모색되어야 하지 않을까 생각한다. 2년 동안 학교교육을 만족스럽게 소화해 내지 못한 학생들은 부족한 그 시기를 안고 계속 성장하고 진급하여 사회로 나가야 하나, 교육 기회 약화로 인한 이들의 교육 손실을 국가도 학교도 가정도 감당해 줄 수 없기 때문이다. 최근에는 정부의 감염병 대응책이 급박한 변화를 겪으면서 조만간 국가 차원의 방역 관리를 완화하고자 하는 계획이 발표되기도 했다. 코로나 19에 대한 감염병 등급을 1급에서 2급으로의 하향 조정 논의도 구체화되었다. 감염병으로 인한 교육 손실이 곧 해결될 것 같다는 전망을 해 볼 수 있는 것은 그나마 다행이다.

■■■

이번 코로나 19로 인해 불가피하게 동원된 원격수업 시행의 결과로 이제 본격적으로 미래 교육에 대한 논의가 봇물 터지다시피 나오고 있다. 미래 교육의 시의성, 필요성, 방안 등에 대한 발언들은 꽤 오래전부터 나오고는 있었으나, 거의 시대적 흐름을 타고 상식적 수순으로 논의되는 수준의 반응들이었던 것이 사실이다. 특별한 감흥 없이, 임팩트를 갖는 인식 없이 4차 산업혁명 시대를 운운하면서, 교육도 이제는 이러한 특성과 흐름을 반영한 시대를 맞이해야 한다는 당연하고 타당한 물결 차원에서 인식했을 것이다. 강력한 필요성 인식에 도달하기도 전에,

AI 시대를 교육에서 어떤 면에 어떻게 반영하고 연결해야 하는지에 대한 큰 공감과 구체적 방법을 논의하기도 전에, 전국의 학생들을 가정에 둔 채 원격수업을 가동하기에 이른 것이다. 수업을 준비하고 진행해야 하는 교사의 원격수업 추진 역량도, 가정에서 디지털 기기를 통해 학습을 해낼 수 있는 활용 역량도 준비하지 않고 콘텐츠를 온라인으로 연결하고 보니, 학습은 했다고 하지만, 제공한 측도 받아들인 측도 어설프기 짝이 없었지 않았나 싶다. 그것도 생각보다 긴 시간을 그렇게 보내면서 어찌 보면 이 시대가 곧 끝날 것이라는 희망적 기대감으로 그 불안감과 취약점을 해소한 것은 아닌지 모르겠다. 결국 학습 콘텐츠도 부실하고 수업 진행도 만족스럽지 못하고, 학습효과는 더욱 내놓을 게 없었다는 것이 그간 원격수업의 솔직한 고백이 아닐까 한다.

그러나 이 결과는 평가로만 남아서는 안 된다. 더구나 앞으로는 비대면 온라인의 세계가 현실을 대신하고 병행해야 하는 시대적 특징이 있다. 4차 산업혁명과 교육을 운운함과 동시에 좀 더 적극적으로 온라인 교육 시스템을 일찌감치 구축하는 노력을 했었더라면 하는 뒤늦은 후회도 있지만, 주어진 여건에서 갑작스러운 상황으로 어설프게 원격수업을 시행한 경험을 거울삼는 것도 좋은 교훈은 될 것 같다. 사실 예상 논리로 탄탄하게 준비해서 실전에 임할 때보다, 실전을 먼저 보고 그 결과를 토대로 준비하면 그 시스템이 더 단단해지고 핵심이 살 보이는 상섬도 있다는 것이 오히려 큰 위로가 될 만하다. 앞으로의 원격수업 시스템 구축은 비단 불가피한 온라인수업을 대비하기 위해서만 준비하는 것은 아니다. 미래는 모든 이의 삶의 시공간이 온라인과 병행되어야 하고 그로 인한 효율성 증대도 있을 것이기 때문이다. 바야흐로 미래의 온-오프라인의 병행 교육 시대를, 미래 교육 차원에서 제대로 준비해야 할 것 같다.

■■■

 전기를 발명하여 깜깜한 야간 시간을 산업화의 증폭 기제로 이용했던 것처럼 온라인 시대는 인간의 모든 활동 영역에서 시공간을 확장한다. 시공간뿐만 아니라 관계, 교우, 대화, 협업, 소통 등 모든 분야에서 그 양과 질을 확장해 줄 것으로 기대한다. 온라인과 디지털 기기만 있으면 상상을 초월하는 모든 관계와 작업이 이루어질 수 있다. 여기에 오프라인에서만 가능한 대면적 효과도, 성격과 질은 다르겠지만, 역시 가상공간을 통해 도달할 수 있다고 본다. 무엇보다도 공간적 제한을 뛰어넘는 만남이 가능하다는 데 큰 기대가 있다. 이미 몇몇 대학교에서는 코로나19 시대에 메타버스를 통해 입학식, 학교 소개, 수업까지 진행하고 있다[60]. 감각은 없겠지만, 만나고 눈길을 주고받고, 악수도 하고, 포옹도 할 수 있다. 여러 사람이 질서정연하게 모일 수도 있고 흩어질 수도 있으며 삼삼오오 모여 수다를 떨 수도 있다. 원격수업에서 실시간 쌍방향 수업으로 구체적 소통을 실현하는 것에서 이제는 다방향 소통과 토론이

---

[60] '메타버스(metaverse)'는 가상, 초월 등을 뜻하는 영어 단어 '메타(meta)'와 우주를 뜻하는 '유니버스(universe)'의 합성어로, 현실 세계와 같이 사회, 경제, 문화 활동이 이뤄지는 3차원의 가상세계를 말한다. 메타버스는 가상현실(VR)보다 한 단계 더 진화한 공간 개념으로, 인물들이 각각 아바타를 활용해 실제 현실과 같은 만남은 물론, 사회, 문화적 활동에 직접 참여할 수 있는 시스템적 공간이다. 교육 분야에서는 그간의 줌(zoom) 플랫폼을 뛰어넘어 이제는 메타버스 플랫폼을 활용한 수업 공간이 확장되었고, 여기서 교사와 학생은 다방향 소통과 만남으로 수업을 진행할 수 있는 수준까지 열리게 되었다. 네이버 지식백과 시사상식사전 '메타버스' 참고(https://terms.naver.com/entry.naver?docId=6226822&cid=43667&categoryId=43667).

가능한 수업이 이루어질 수 있을 것이다.

세계적인 유명세를 띠면서 호응을 받고 있는 미네르바 대학[61]은 요즘 핫한 관심사이다. 전 세계를 누비지 않아도 저명한 교수의 강의를 앉은 자리에서 충분히 듣고 질의응답과 토론이 가능한 교육 방식으로 유명하다. 특히 디지털 노마드 세대인 현재 학생들을 위한 맞춤형 셀프 학습 시스템이 전 세계적으로 많이 구비되어 있다. 이들의 일부는 한국에서 번역되거나 우리에 맞는 시스템으로 활용도를 높인 것들도 있어서 주목해 볼 만하다. 이 밖에도 스스로의 학습 수준을 점검해 가면서 실력을 쌓아 갈 수 있도록 만든 '칸 아카데미(khan academy)', 다양한 직업 세계와 진로의 궁금증을 풀어 줄 수 있는 '테드(TED-talk/ed)[62]', 언제나 어디서나 필요한 강의를 신청하여 들을 수 있는 '무크(MOOC, K-MOOC)[63]' 등의 온라인 시스템이 있어, 교과 수업 외의 다양한 진

---

[61] '미네르바 대학(minerva university, minerva school)'은 혁신적인 온라인 대학이다. 2011년 설립하여 2014년부터 신입생을 받아 운영해 온 대학 시스템으로, 졸업하면 학위도 주어진다. 미국의 종합대학인 이 스쿨의 운영 시스템은 줌 형식으로 수업이 진행되나, 매우 적극적이고 효율적인 운영 방법이 추가되어, 직접 대면하지 않아도 소통과 수업 진행이 원활하다고 알려져 있다. 가장 큰 강점은 전 세계의 석학이 온라인을 통해 강의할 수 있으므로, 석학을 찾아다니거나 그들을 한곳에 모아야 하는 제한이 없어 양질의 교육을 최대의 효과로 얻을 수 있다는 점이다. 학생들은 전원 기숙사 생활을 하면서 4년간 7개의 도시를 돌며 거주하고, 그 지역에 따른 특별한 과제가 부여된다고 한다.

[62] '테드(TED)'는 'Technology, Entertainment, Design'의 약자로, 미국의 비영리 단체에서 운영하는 기술, 오락, 디자인 등과 관련된 강연회를 말한다. 최근에는 과학에서 국제적인 이슈까지 다양한 분야와 관련된 강연회도 개최한다. 강연은 보통 18분 이내로 이루어지며, 강연 하나하나를 '테드 토크'라고 한다. 학생들의 진로교육 차원에서의 이용도 효용성이 있다. 아이들을 위해 애니메이션 방식으로 제작한 '테드 에드(TED-Ed)'도 있다.

[63] '무크(MOOC)'는 'Massive Open Online Course'의 약자로, 수강인원의 제한 없이(M), 모든 사람이 수강 가능(O)하며, 웹 기반(O)으로, 미리 정의된 학습목표를 위해 구성된 강좌(C)를 말한다(이하 테드, 무크 관련 주석은 『디지털 노마드 세대를 위한 미래교육, 미래학교』, 미디어숲, 2020, p.133, p172. 참조).
'K-MOOC(한국형 무크)'는 2015년 출범했고, 국가 평생교육진흥원에서 운영하고 있다.

로와 직업 세계, 학과 탐방이 매우 실감 있게 제공되는 콘텐츠를 누구든지 자유롭게 이용할 수 있다. 무대가 넓어지고 석학의 만남과 정보 영역이 마음대로 펼쳐지므로 학생들은 충족감은 물론 분야별 정보 이해력이 깊어질 것이다. 학교교육에서는 이러한 콘텐츠 접근을 꼭 원격 수업의 방식으로만 사용할 것은 아니다. 대면수업을 하는 중에도 일부 내용에서 이러한 콘텐츠를 함께 활용하면 수업의 질과 흥미를 높일 수 있고, 고급 자료의 수용을 함께 누리는 방법으로도 매우 유용할 수 있다. 경우에 따라서는 온라인 자료를 통한 프로젝트 보고서, 온라인 콘텐츠를 활용한 진로교육 등으로도 교육적 효과를 높일 수 있다. 무크 같은 경우는 교육과정으로 편성하여 교사와 함께 콘텐츠를 활용하면 훌륭한 수업이 될 수도 있고, 학생들의 콘텐츠 활용 역량을 키워 줄 수도 있을 것이다. 최근 지향하는 혁신 교육의 한 교수학습 방법에 융합수업이 있다. 특정 학급 수업 속에 융합적 단원 내용을 여러 과목의 교사들이 함께 지원하고 영역별 이해를 돕는 수업 방식이 그것이다. 그러나 이러한 융합을 꼭 오프라인을 통해 직접 할 필요는 없다. 온라인 자료를 활용하면 해당 분야에 최고의 석학을 통해, 우수한 강의력을 동원하여 학생들과 관련 내용을 직접 융합해 갈 수 있을 것이다. 온라인 콘텐츠는 교사와 학생이 함께 공유하고 교사는 더 진지하게 방향을 잡아 그 효용성을 증대해 갈 수 있을 것이다.

■■■

온라인 콘텐츠를 자유롭게 활용하기 위해서는 디지털 기기 사용에 대한 공부가 전제되어야 한다. 여기에는 기기를 다루는 초보적 기계 이해에서부터 사용 역량과 윤리까지를 포함한다. 기기에 대한 이해로 보면, 디지털 원주민이라고 불리는 현재의 모든 학생들은 오히려 기성세대보다 더 민첩하고 활용을 잘한다. 그러나 근원적인 기계 시스템과 공식은 잘 모르는 경우가 많다. 보통은 단순한 사용 경험에서 얻은 사용자 운용의 지식 수준에 머문다. 그러나 디지털이 우리 곁에서 떠날 수가 없고 학교교육에서까지 병행되어야 한다면 최소한 디지털 기기의 기계적 속성에 대한 기초 단계는 공부를 해야 하지 않을까 한다. 물론 '2015 개정 교육과정'은 이미 중학교 과정에 필수 과목으로 소프트웨어(SW), 코딩(coding)의 과정이 들어 있다. 현재는 고교의 경우도 정보 과목이 있지만, 선택 과목이므로 모든 학생들에게 제공되는 것은 아니다. 이제는 이 기기의 활용이 AI(인공지능), 사물인터넷(LOT)으로 확장되면서 '2022 개정 교육과정'에서는 고교 교육과정에 AI가 필수 과목으로 들어갈 전망이다. 이런 정도로 교육과정이 디지털 사용의 기초와 근원을 잡아 준다면 지금 현재의 학생들보다 훨씬 체계적이고 활발한 온라인 세계를 모두가 제대로 누릴 수 있을 것이다.

정보(SW, coding), 인공지능 등의 교육과정이 필수로 들어오는 것에 대해서는 매우 환영하며 매우 타당하다고 본다. 앞으로는 이 시대가 온-오프라인으로 함께 가고, 삶의 여건에서 그 누구라도 온라인의 세계를 벗어날 수 없다면, 기본과 필수 차원에서 이 분야에 대한 체계적 학습은 필요하기 때문이다. 진로의 다양성을 떠나서 학교교육에서 영어 과목은 이미 기초 및 필수가 된 지 오래고, 영어 역량 증빙 자료는 공인 인증시험의 결과로 제공하게 되었다. 수능시험에서도 영어는 한국사와 함께 이미 절대평가 영역으로 바뀌었다. 한 점 한 점 성적을 서열화해서 대입에 촘촘히 사용할 필요가 없다는 판단일 것이다.

그렇다면 이제 정보 영역은 어떨까? 온-오프라인이 함께 가는 이 시대에 정보 역량도 마치 영어 역량처럼 기본 역량과 자질로 판단되어야 하지 않을까 하는 생각을 해 본다. 누구에게나 정보 역량을 교육하고 취업에서는 필수 자격 조건으로의 기준 설정을 생각해 보는 것이다. 이 역량은 촘촘한 성적은 중요하지 않고, 다만 꼭 필요하기에 공인인증을 얻으면 되는 수준으로 가야 할 것 같다. 여기에는 다음에서 말할 사용 역량과 윤리 역량까지 포함해야 할 것임은 당연하다. 취업 분야에서 지금까지는 금융 분야, 즉 은행 취업의 경우는 거의 인문계열, 상과계열 학생들이 지원하는 분야였다. 올해 상황을 보니, 기존 선발 인원의 절반은 IT 분야로 뽑는다는 뉴스를 본 적이 있다. 갈수록 인문계 학생의 취업문이 좁아든다는 취지로 나온 기사였으나, 이는 꼭 그렇게만 생각할 것은 아니다. 모든 인문계열 학생들이 모두 IT 역량을 기본으로 가지고 있어야 한다고 생각을 전환한다면 대응이 달라질 것이다. 더 나아가 어느 직종이든 영어 역량의 인증이 필요하듯이, 앞으로는 정보 역량의 인증도 기본으로 하는 시대가 다가온다고 이해하면 될 것 같다.

■■■

여기에 한 가지 제안한다면, 정보 과목 담당자가 아닌 일반 모든 교사들의 정보기기 사용 능력에 대한 연수 지원이 필요하다는 것이다. 정보기기는 아무래도 배움이 효율적인 시기가 있는 것 같다. 한창 젊은 나이를 넘어서서 기기를 다루려고 하면 배움도 서툴고 자신이 없으며 실제 더듬거리기도 한다. 교사 자격을 얻기까지 대학 교육을 마쳤고 특히 전공에 대해서는 대학에서 배운 것과 현장 경험을 통해 얻은 것들을 가지고 퇴직할 때까지 충분히 이어 갈 수는 있을 것이다. 그러나 교육의 패러다임이 바뀐다든가 세상이 바뀌었다고 할 만큼의 시스템 변화를 겪고, 게다가 그것이 모든 교육의 수단이 된다고 했을 때는 반드시 이에 대한 보강 연수가 필요할 것이다. 디지털 기기 사용과 온라인 콘텐츠 활용 역량 교육은 거의 생애주기 차원에서 시행되면 좋을 듯하다. 선택의 연수가 아닌, 교사의 필수 연수로 만들어 진행해야 한다는 것이다. 학생을 가르치는 교사는 어떤 면에서든지 학생과 보조를 맞추는 것이 매우 필요하고 중요하기 때문이다.

디지털 기기 사용 역량에 대한 교육은 디지털 리터러시 교육과 유사한 맥락에서 접근할 수도 있다. 정보 홍수 속에서 바르고 바르지 않은 것, 유익하고 피해를 주는 것, 필요하고 불필요한 것, 핵심과 잉여적인 것 등을 가려내어 바른 정보를 효율적으로 사용하는 역량이 그것이다. 바르지 않은 정보에 접속하여 원하지 않는 영역으로 빨려 들어가 학습 태도나 삶의 자세를 바람직하지 않게 만드는 상황을 차단해 주어야 한다. 주제에 관하여 최적의 정보를 찾고, 우수한 자료를 선별하는 것도 사용 역량이다. 방법으로는 교사와의 콘텐츠 활용 연습이 가장 좋다. 공식적인 학교교육을 통하여 정보기기를 함께 다루고, 정보를 찾아 교실수업에서 활용하는 교육이 필요한 것이다. 부모도 간간이 자녀의 정보 콘텐츠 활용에 접근하지니 정보를 힘께 활용하는 경험도 필요하다. 이제는 기기를 통한 정보 검색과 활용이 일상생활에서 공개적이어야 하고 필수적인 것으로 교육받아야 하는 시대이다. 많은 학생들이 디지털 기기 사용에서 자칫 헤어 나오지 못하는 부분에 기기 사용의 시간과 게임 또는 불필요한 콘텐츠 접근이 있다. 교사와 부모가 함께하고, 학교 교육 등 공공의 시간을 통한 활용 교육은 많은 학생들의 디지털기기 사용 역량에 긍정적 영향을 미칠 것으로 확신한다. 바탕이 되고 근간이 되는 마인드 제고와 역량 교육이 없이, 사용상의 부정적 현상과 경향에 대하여 단순하게 대응하여 처방하거나 대증 치료로 다가가는 것은 노력만큼 큰 기대를 거두기가 어렵다. 이 부분은 스마트폰 사용 중독과 관련한 계도 부분으로, 현재에도 교육 기관 주도의 노력은 있지만 제한과 관여가 현실적으로 쉽지 않고 그 효용성도 낮은 편이다.

■■■

디지털 기기의 사용 윤리 또한 온라인 시대에 함께 가야 할 교육 요소이다. 디지털 기기를 이용한 사이버폭력이 심각한 문제 상황으로 논의된 지는 상당히 오래되었다. 세계관, 가치관의 정립이 아직 여물지 않은 학생들은 어른보다도 사이버폭력의 피해를 현명하게 대처할 수 있는 정신력이 약하다. 사진 유포, 합성 사진, 욕설 표현, 공연성 망신[64], 왕따, 집단따돌림 등은, 알고 보면 드러난 것보다 더 심각하고 강한 폭력으로 들어와 있는 실정이다. 디지털 기기 사용의 윤리 문제는 교육과 계도의 다중적 접근 방법이 중요하다. 다양한 교육적 접근과 이해를 바탕으로 최선의 노력을 할 수밖에 없다. 이는 디지털 기기 사용 역량 교육과 맥락을 같이해서 접근하면 그 효용성은 더 높아질 수 있을 것으로 본다.

---

64) '망신'은 명예훼손, 모욕 등과 관련이 있는 폭력의 장면이나 결과이고, '공연성'이란 이러한 망신적 장면과 상황이 제3자에게 노출되어 퍼져 갈 수 있는 것을 말한다. 공연성 여부는 폭력에 가담한 가해자가 복수인 것은 상관이 없으나, 그들 이외의 다른 사람들에게 폭력을 당하는 모습이 노출되고, 그것이 확산해 갈 수 있는 여지와 관계가 있다. 따라서 폭력 자체도 처벌 대상이지만, 그 폭력에 공연성이 있는 경우는 별도의 판단이 추가될 수 있다.

■■■

 디지털 원주민이라 불리는 요즘 학생들은 어른과는 다른 디지털기기 사용 방법이 특징화되어 있다. 스마트폰 문자 보내기의 엄청난 속도와, 양손의 엄지와 검지 사용뿐 아니라 눈으로 보지 않고도 문자를 쓰고 전송하는 기이함도 보인다. TV에서 〈세상에 이런 일이〉라는 프로그램에 나올 법한 수준의 공(ball) 묘기를 본 적이 있다. 거의 몸과 공이 하나가 되어 다양한 행동을 보이는 모습이 신기하기만 했다. 그렇듯이 디지털 원주민 중에는 스마트폰과 몸이 하나가 되어 보이는 아이들도 있다. 이 학생들의 특징은 정보 검색을 포털사이트가 아닌 유튜브를 통해서 하고 있으며, 재생 속도가 최소 1.5배속 또는 2배속이라는 점이다. 심지어 거기서도 부분씩 끊어 가면서 잘도 본다. 아이들의 또래 모임에서도 각자의 스마트폰 소지는 필수이다. 서로 모여 옆에 앉아 있기만 할 뿐 모두는 각각 자신의 스마트폰을 보고 있다. 이 아이들은 심지어 몸은 옆에 두고서도 소통은 사이버상에서 한다. 기성세대는 이해가 되지 않지만, 요즘 아이들은 이렇게 모임을 즐긴다.

 그러다 보니 이 아이들은 인쇄된 글자를 읽는 것이 갈수록 낯설어 가는가 보다. 글자가 낯설고, 다양한 단어가 어렵고, 문장 이해와 맥락 해석에 어려움을 느끼는 아이들이 많아져 가는 것 같다. 우리가 해당 나이대였을 때 알았다고 판단되는 단어에 대한 이해, 즉 어휘력이 현저히 낮다. 그럼에도 그에 대한 인식과 불편함을 느끼지 않는다. 교과서로 공부하고 독서를 통해 마음의 양식을 쌓아 가는 과정을 밟는 아이들이 얼마나 될까. 그러다 보니 많은 교육 자료도 만화나 웹툰, 심지어 영상으로 학습 자료를 만들어 제공한다. 교육을 해야 하니 아이들이 좋아하는 접근법으로 방향을 바꾸어 효용성을 높이겠다는 취지로 이렇게 되어 가는 것 같다. 물론 이 방식이 나쁘다는 것은 아니지만 그저 아이들의 성향을 따라가야만 할 것인가를 고민하게 된다. 영상으로, 고속 재생으로 얻을 수 없는 부분이 있고, 독서를 통해 행간을 이해하고, 내용을 음미해 보는 즐거움과 효용으로 얻는 것이 있을 것이다. 이 부분의 효용을 어떻게 접근해 주어야 할 것인가도 기성세대로서는 고민스럽다.

■■■

아주 오래전, 디지털 시대가 온다는 것을 적극적으로 예고하던 시절에, 디지털 시대야 말로 아날로그가 함께 해야 한다고 역설했던 평론가가 있었다[65]. 온라인 시대가 이 시대를 덮을 것으로 전망되는 미래의 온라인 시대에 오프라인 세상을 전적으로 내어 줄 수는 없다. 교육에서도 그렇다. 미래 교육의 여건과 아이템들이 하루가 멀다 하고 새롭게 논의되고 있는 이때 온라인에서 얻을 수 없는 오프라인의 접근 가치, 디지털에서는 맛볼 수 없는 아날로그의 맛깔남을 병행할 준비도 만만치 않게 필요하다고 본다. 어찌 보면 온라인 시대는 노력하지 않아도 온다. 적극성을 부리지 않아도 따라가게 되어 있는 면이 있다. 하지만 아날로그 세상은 붙잡지 않으면 디지털에 밀려 사라질 수 있는 형세에 있어 보인다. 대면으로 엮어지는 대화, 표정, 정감, 감각 등과 글, 어휘, 맥락의 이해를 통한 독서의 넓음과 깊이와 감흥 등을 시대의 흐름에서 놓치

---

65) '디지로그(digilog)'. 디지로그는 '디지털'과 '아날로그'의 신개념 합성어로, 평론가 이어령은 예견되는 디지털 시대에 아날로그 감성이 융합되어야 새로운 시대를 리드할 수 있다는 논리를 펼쳤다(『디지로그: 선언편』, 이어령, 생각의나무, 2006. 참고).

면 안 될 것 같다. 철학적 사고, 토론과 표현, 차분한 글쓰기, 글을 통한 세상 읽기 등이 교육의 기본이 되어야 할 것 같다. 언제 어디서든 사람살이에서 가장 중요한 것은 균형감 아니던가. 시대의 흐름에서도 도도한 새로운 문명의 밀물 속의 그 균형감이 진정한 생명력 유지의 가장 큰 힘이 될 것이다. 아이들을 교육함에 있어 적절한 오프라인의 기반을 놓치지 않음으로써 이러한 균형감을 잡아 주는 것은 온라인 시대에 현명하게 잘 살아가게 하는 큰 교육적 힘이 될 것이다.

05
성장교육을 위한 독서와 철학

　　　　　　　　　　지금은 조금 덜 하지만, 예전에는 모든 아이들이 반드시 학교교육을 받아야만 한다고 부모들은 인식하고 있었다. 학교교육을 받지 않은 경우는 가정적, 개인적으로 특별한 불운 상황이 있었던 결과로 생각하고, 그 자체를 하나의 결핍으로 이해하는 사람이 다수였다. 사정에 의해 검정고시를 통해서 대졸 인력으로 사회생활을 하더라도, 현상적으로 보이는 부족함은 그 이유를 오직 학교교육을 받지 못함에서 찾았고, 부족함이 드러나지 않을 때도 잠재적 부족함이 있을 것이라고 예단하여 사람을 평가하곤 했다. 그것은 학교교육 과정을 거치는 것이 정상적인 인간 성장의 한 코스라는 판단이고, 그것으로 그 어려운 자녀 교육의 과정을 위안 삼았던 것이 아닌가 생각한다. 이토록 지대한 학교교육에 대한 신뢰는 대안학교로 이동하는 학생들에 대해서도 그 이유를 오직 문제아 기질의 속성에서 찾았고, 이를 사회화 과정에서 보이는 심각한 결핍 요인으로 평가하던 시절이 있었다.

■■■

　다양성과 개성을 존중하고, 차별로 인식되었던 많은 것들을 차이와 다름으로 정당하게 이해하는 이 시대에는 교육의 방법도 자발적인 선택으로 다양화되어 간다. 스스로 학교교육을 중단하고 다른 방법의 교육으로 과감한 전환을 선택하는 학생과 부모도 있다. 학교교육에 대한 불신, 제도권 교육을 탈피한 개인적 차원의 효율성 증대, 자유로운 분위기에 대한 갈구 등 그 이유도 다양하다. 심지어 현재, 특히 고교의 경우, 유리한 대입전형에 목적을 두고 학교교육을 스스로 중단하는 경우도 생각보다 많다. 검정고시 시험의 과목별 난이도에서 학교교육을 일부 받았거나 교과 공부를 정상적으로 해 온 학생은 당연히 득점에서 유리할 것이다. 게다가 그 득점을 기반으로 한 검정고시 응시자의 대입전형 내신성적산출은 상당히 유리하게 되어 있다. 이는 애초 검정고시가 사회적 약자 또는 소외 계층을 위한 혜택이라는 저변에서 시작되었고, 그것이 사회적 통합과 책임으로 함께 가는 정책 차원에서의 합리성이 있기 때문이다. 그렇다고 학교교육을 박차고 이 유리한 조건을 자발적으로 선택하는 것은 과거에는 감히 생각하지도 못하는 것이었다. 학교교육을 받은 자와 받지 못한 자에 대한 차별과, 소외 계층에 대한 편파적 시선이 많았던 시절이었으니까. 그러나 지금은 그런 인식이 사라지고 필요하다면 과감히 제도권 교육을 스스로 벗어나기도 하는 시대이다 보니, 생각보다 많은 학생들이 이 길을 선택하여 가기도 하는 것이다. 심한 경우는 초등학교만 졸업하고, 그 이후로 계속 검정고시를 통해 대학까지 가고자 하는 경우도 보았다. 이런 풍조를 감지하고, 검정고시 합격자에 대한 대입전형 혜택성에 대하여 조정할 필요가 있다고 심각한 논의를 요청해 본 적이 있으나, 이 제도가 사회적 약자와 소외 계층을 위하고 있으므로, 이 혜택을 철회하기는 어렵다는 답변이었다. 부적절하게 이용하는 사람들은 마땅히 제제를 받아야 하겠지만, 이들로 인하여 오히려 혜택을 받아야 할 사람들의 기회를 뺏는 것이 더 문제라는 해석이었다. 다만, 대입전형의 유리함만을 위하여 제도권 교육을 스스로 포기하는 학생들이 전적으로 유리함만 얻었을 것인지는 더 깊이 생각해 보아야 할 문제이다. 그러나 제도권 교육이라고 해서 모든 학생이 반드시 코스를 밟아야 한다거나 무슨 일이 있어도 이탈을 할 수 없다는 경직성은 이제는 사라지는 추세라는 데 오늘날 교육의 특징이 있다.

자녀의 교육을 전적으로 학교교육에 의존할 필요는 없으나 독자적인 자녀 교육의 과정을 밟아 가는 것이 결코 만만치 않으므로 대다수는 역시 학교교육이라는 제도권 교육에 의존한다. 제도권 교육이 그 단계성, 효율성, 책무성, 체계성 등에서 가장 합리적인 과정을 밟고 있는 것은 부인할 수 없다. 부모의 입장에서는 믿고 맡길 수 있는 최선의 과정인 셈이다. 그러나 학교교육은 주로 인지적 영역의 교육을 기본 틀로 기획한다. 학령에 따라 상급학교로의 진학을 위한 전형 자료도 이전 단계 학교의 공식적인 성적자료에 기준을 둔다. 학년의 진급과 상급 학교 진학이 곧 아이의 성장 과정이 되고, 이것이 아이의 성장 과정에 대한 제도적 보증이 되기도 하는 것이다.

■■■

모든 사람에게 유사하게 나타나고 보편적인 공통 과정을 갖는 것은 바로 물리적, 생리적 성장 과정이다. 그러나 인간의 성장을 이루는 조건에는 이것들 외에 다양한 조건이 있다. 내면의 성장이라는 영역은 표면적으로는 잘 드러나지 않지만 매우 다양하고 그 개별적 차이도 크다. 인지, 정서, 역량, 관계, 사회, 세계, 가치 등 모든 성숙의 요소와 전인적 역량을 인간 성장은 포함하고 있다. 오히려 이런 것들이 한 인간의 진정한 성장 지표가 아닐까도 생각해 본다.

이러한 인간 성장을 가장 큰 힘으로 전인적, 총체적으로 돕는 것은 아마도 독서력일 것이다. 잘 된 독서는 독서력을 얻게 하고, 독서력이 생기면 다독과 흡수, 그리고 응용이 배가된다. 독서력은 독서하는 힘이라는 뜻인데, 이것이 무엇인지 곰곰이 생각해 볼 필요가 있다. 독서력이 없는 상태에서의 독서는 그 자체의 행위가 지속되기도 어렵거니와, 책을 읽었다 해도 무슨 내용인지 알기도 어렵고 얻은 내용도 매우 미약할 것이다. 이럴 경우 그 경험으로 다음 단계의 수준을 읽어 나갈 능력을 얻는다는 것은 거의 불가능에 가깝다. 독서력이란, 글로 펼쳐진 언어적 의미를 제대로 이해하는 것은 물론, 행간의 의미를 폭넓게 포착하고, 이것을 현재 자신의 배경적 요소, 즉 자아를 형성하는 총체와 상호작용 함으로써 저자의 생각 이상으로 내용을 재구조화하는 역량을 말한다. 그럼으로써 독자는 자기 세계를 확충하기도 하고 가능한 세계로까지 지평을 넓히기도 한다. 그러는 과정에서 또 다른 책을 읽어 소화할 수 있는 배경이 넓어지고 깊어진다. 중학교 때 심촌의 책을 읽어 보았으나 무슨 말인지 몰랐던 것을 고등학교 때 읽으면 이해가 되는 부분이 많아지고, 대학 때 읽으면 그 내용이 비로소 무슨 뜻인지 정확히 이해할 수 있게 되는데, 이러한 상황이 다름 아닌 배경 또는 배경지식의 영향력이고, 이렇게 단계적으로 확충되는 것이 바로 독서력인 것이다. 초등학교 때의 배경지식과 고등학교 때의 배경지식은 그 총량, 분야, 깊이 등에서 당연히 차이가 난다. 그간의 세월 동안 읽고, 듣고, 배우고, 경험한 다양한 생활들이 모두 총체적 배경, 즉 스키마가 되어 어떤 책을 읽어 이해하는 데 조작적(operant) 역할을 하는 것이다. 주어진 언어적 글을 자신의 스키마로 재정리, 재창조, 재구성을 해 가면서, 이해, 응용, 적용, 비판, 옹호, 수정, 보완 등의 결실을 얻는 것이다. 만약 의식하지 못하는 사이에 자신이 더 흥미를 느끼고 관심이 가는 분야를 더 읽고 더 깊게 생각해 보았다면, 그만큼 더 특정 분야의 스키마는 두터워질 것이다. 그로 인해 그 분야의 독서력은 강화에서 또 강화를 거쳐 독서를 통한 발전과 성장이 전문적인 영역까지 도달하는 길이 될 것이다.

■■■

사실 특별한 장치 없이, 물리적 성장과 함께 학교교육을 받게 되더라도 이러한 배경은 당연히 넓어지고 깊어질 수 있다. 그러나 독서교육을 충분히 함으로써 왕성한 독서 활동과 힘찬 독서력 증강의 과정을 겪은 것과는 그 결과에 현저한 차이가 날 것이다. 교육의 목적이 궁극적 성장이고, 그 성장이 인격과 어우러져 역량과 품성의 성장을 총체적으로 꾀하는 데 있다면 현재의 인지 역량 중심의 학교교육에만 의존할 수는 없다. 그래서 다양한 교육활동 중에 결코 빠지지 않는 것이 독서 활동이다. 독서는 마음의 양식을 쌓는 것이고, 독서라는 간접 경험을 통해 경험 세계의 총량을 확장할 수 있다는 것은 누구나 알고 있다. 이러한 독서의 효용을 모르는 바 없기 때문에 학교에서도 어렵게 시간을 쪼개어 다양한 교육활동을 하는 중에 독서 활동이 빠지지 않는 것이다. 다독자 시상, 독후감 대회, 독서토론 동아리 활동에 요즘에는 '선배와 함께 읽는 책', '독서와 함께하는 진로교육'과 같은 행사 등 학교에서 펼쳐지는 다양한 독서 활동이 신선한 아이템으로 들어오기도 한다.

그러나 이러한 독서 관련 교육활동은 독서에 대한 체계적인 교육이기보다는 독서를 장려하고 책을 많이 읽도록 계기를 주는 활동에 가깝다. 독서교육은 그저 시간을 주고 책을 자율적으로 읽도록 하는 것으로 기획되면 안 된다. 다시 말하면 독서는 진지하고 계획적인 '독서에 대한 교육'이어야 한다는 것이다. 독서를 교육으로 끌고 가야 하는데, 이 교육적 과정을 밟아 가는 것이 노력과 시간 등에서 시행의 여건이 결코 쉽지 않다. 계획과 단계에 의한 기획적인 독서교육은 차치하고라도, 독서를 위한 적극적인 시간 부여를 하는 학교도 실상은 많지 않다. 특히 대입을 준비하는 고교라면 그 어려움은 더 크다. 교과 공부를 해서 대입에 유리한 학과 공부를 하는 것만도 학생의 수면을 보장하기 어려운 상황이니, 아무리 독서교육이 필요하다 한들 현실적으로 이 독서교육에 할애할 충분한 시간을 계획하기는 어렵기도 할 것이다. 그래서 어떤 학교는 주당 1시간 정도를 독서 시간으로 사용하기도 하고, 어떤 학교는 아침 일과 시작 전에 20분 정도의 독서 시간을 규정함으로써 소위 '마중물 독서'를 시도하기도 한다. 마중물 독서의 아이템은 상당히 긍정적인 면이 있다. 20분은 짧은 시간이지만, 집중하여 독서를 했다면 읽었던 내용이 끌어당김으로 본인이 스스로 시간을 내어 읽고 싶은 자발적 독서의 여건이 만들어지기 때문이다. 20분이 독서의 총량 시간이라는 것이 아니라, 짧은 20분으로 긴 자발적 독서 시간을 마중한다는 의미이다. 그러나 현장에서는 어렵게 만든 1시간의 독서 시간조차도 교과 자율학습으로 시간을 보내는 학생들이 많고, 이를 교사는 결코 말리지도 못한다. 20분 마중물 독서의 효용을 직접 챙기는 학생도 많지는 않을 것이다. 왜냐하면 전적으로 학생이 스스로 독서 활동을 해야 하고, 다행스럽게도 내용이 자신과의 상호작용이 활성화되는 상황이라면 20분 이후에도 이어서 진지한 독서를 할 수 있겠으나 그렇지 못한 경우는 20분 이후에 다시 그 책을 들기는 쉽지 않을 것이기 때문이다. 다만 20분의 마중물 독서도 독서의 교육이 병행된다면 많은 학생들에게 그 효과는 몇 배 늘어날 수도 있을 것이다.

■■■

독서의 교육은 독서력 증진을 통해 독서의 효용성을 기대 이상으로 얻고, 궁극적으로 자신의 진로 분야를 자연스럽게 확인하면서 전인적 인격 품성 함양에 도달하도록 견인하는 장치로 매우 필요한 부분이다. 독서교육을 위해서는 먼저 대상 학생들에 대한 진단 독서가 필요하다. 조금 전 얘기했듯이 중학생이 삼촌이 읽는 책을 읽어 내지 못했던 것과 관련이 있다. 독서를 통해 배경지식을 확장하고, 언어 표현의 외적 행간 의미를 이해하기 위해서는 독서자의 수준에서 이해 가능하고 자신과의 상호작용을 통해 의미 확장을 할 수 있는 단계의 도서 선정이 중요하다. 이 수준이 완벽하게 맞아떨어지게 되면 독서 단계에서 흥미와 작용이 매우 왕성할 수 있다. 만약 도서의 수준이 독서자의 여건보다 낮다면 읽어 가는 내용이 이해는 되나 재미는 느끼지 못할 것이고 그에 따른 상호작용도 적을 것이다. 독서력을 증진시키는 힘도 약할 것이고, 무엇보다도 그 상승적 효용성 담보가 어려울 것이다. 반대로 도서의 수준이 너무 높은 경우는 읽어 가는 과정이 느릴 것이고 이해가 안 되어 상호작용 자체에 어려움을 느낄 것이다. 재미는 당연히 느낄 수 없으므로 지루할 뿐이며 독서 시간에 대한 무료함을 느낄 것이다. 독서교육에서 진단 독서를 통해 적정한 수준의 상호작용 대상의 도서를 연결해 주는 것이 무엇보다도 중요하게 선결되어야 하는 이유가 여기에 있다. 그런 이후 독서 행위가 주어졌을 때 그 효용성은 독서자가 자연스럽게 무궁무진하게 만들어 갈 수 있다.

진단 독서의 결과를 토대로 독서교육의 계획은 수립되어야 한다. 이 계획은 일단 연간 계획으로 가야 한다. 그래야 단계적 독서력을 전제로 예상 효용성을 감안한 연계적 기획이 가능하고, 통상적인 배경 확장을 예측하여 다방면의 상호작용을 통한 전인적 성장의 방향성을 그려 낼 수 있을 것이다. 이것의 수행 계획에서는 독서 활동 단계에서의 면밀한 구성이 가장 중요하다. 그 구성의 촘촘함과 독서 활동 진행을 위한 가상 시나리오의 세밀함이 결과에 대한 효용을 보장할 수 있기 때문이다. 적당량의 분량과 시간을 조정한 대상 도서를 통해 독서력을 다각도의 방법으로 확인하고 개인별로 상호작용한 효용적 결과를 여러 학생들이 공유하도록 여건을 만들어 주는 것도 좋은 방법이다. 때로는 교사나 전문가와의 대화를 통해 그것을 스스로 점검하고 상승시키는 기회를 주는 것도 한층 발전적인 효과가 있다. 독서 활동 후에 자신의 것이 된 느낌이나 이해하고 적용한 부분을 혼자 간직하는 데서 멈추거나 동료 수준에서만 공유하는 것은, 선배, 교사, 전문가 등과의 소통보다 효용성 확장 부분에서 미약할 수 있다. 확장을 도울 여건이 어려우면 부모도 그 역할은 할 수 있다. 행간을 읽어 내는 능력은 독서를 통해서만 얻어지는 것은 아니고, 기본적으로 긴 인생의 삶을 통해 누적되는 총량도 대단히 큰 것이기 때문이다.

■■■

한때 업무 추진 과정에서 학생들을 대상으로 이러한 과정의 적용을 시도해 본 적이 있었다. '하이클래스 독서 철학 성장 프로그램'이라는 명칭으로 시도했는데, 연간 계획에 의거 도서를 선정하고 이에 대한 독서의 교육을 해 본 것이다. 학생들은 주간 단위로 책을 읽어 오는 것이 기본 과제였고, 주말에 모여 독서 활동에 대한 효용과 그 상호작용을 공유하면서 내면화를 강화시키는 단계를 학습 시간으로 운영했다. 3시간 연속 학습이었는데, 첫 시간은 발제를 주관하는 학생에 의해 읽은 도서에 대한 내용을 상호 토론 형식으로 엮어 갔다. 이것을 시종일관 관찰하고 듣고 있던 교사 또는 전문가는 2·3교시를 통해 관련 내용에 대한 특강을 진행한다. 꼭 도서 내용과의 관련성을 강요하거나 내용을 언급하라는 것은 아니었다. 이 활동에 관심이 있는 전문가 수준의 중등 교사와 분야별 교수, 또는 작가들로 구성된 이들은 자기 분야와 중등 교육의 관련성에서 직접 책을 선정해 주었고, 어떤 경우는 본인 저서를 채택하기도 했다. 토론 내용을 들은 상태에서 관련 책을 중심에 놓고 학생들이 독서력을 발휘할 수 있는 포괄적인 영역과 내용으로 특강을 했다. 경우에 따라서는 도서 또는 토론 내용과 관련한 내용으로 전문가가 주제 특강을 하므로, 학생들은 배경과 상호작용을 얻은 상태에서 주당 관련 특강 하나씩을 듣는 결과가 되었다. 특강만으로도 지적, 가치적인 욕망을 채울 수 있을 터인데, 관련 내용으로 한창 상호작용이 일어나고 또래에서의 공유도 일어난 상황이니, 그 충족감과 지적, 세계적, 가치적 지평의 확대는 굳이 말하지 않아도 알 것이 아니겠는가. 그것이 인생 경험과 전문 분야의 연구가 선행된 강사들과의 상호작용 내용인데, 그 효용성을 더 말해서 무엇하겠는지 상상해 볼 일이다. 실제로 어떤 학생은 특강까지 들은 후, 지금까지 들었던 강의나 배움들과는 판이했으며 자신의 지적 고갈을 채워 주어 매우 만족스러운 색다른 경험이었다고 그 느낌을 말해 주었다. 물론 이 프로그램에 참여한 학생 모두가 지대한 효과를 얻었다고는 볼 수 없겠으나, 비교적 많은 학생들이 이 프로그램에 대하여 매력을 느꼈던 것으로 알고 있다. 연간 마무리로 특별히 흥미가 가고 재미를 느꼈던 도서와 관련해서, 관심이 가는 내용과 세부 영역을 대상으로 더 참고하고 알아낸 것 중심의 독서탐구 보고서를 자율적으로 작성하도록 했었다. 이 보고서는 산출물로서도 의미가 있겠지만, 산출물을 만들기 위한 자발적 탐구 과정에서 더 큰 확장과 성장이 있었을 것이라고 생각한다.

■■■

독서는 스스로 찾아서 읽고 즐거움을 느껴야 할 것이지만, 교육적 차원에서 독서를 독려하고 방법적 단계를 밟아 가다 보면 어느덧 학생들 스스로 삶에 대한 이해가 넓어지고 깊어질 수 있다. 이것이 바로 철학이다. 철학은 대학의 전공학과가 있어서 그런지는 몰라도 학생뿐만 아니라 일반이들도 매우 심오하고 어려운 학문이라고 생각한다. 더구나 산업화, 정보화로 치닫는 인류의 발전 과정에서 인문학은 삶의 전면에 직접적이지 않아 거리가 먼 이론적이고 추상적인 분야라고 많이들 생각해 오고 있다. 게다가 인문학 중에서도 철학은 가장 인문적인 영역이라고 생각하는 경향이 있어 보인다. 철학은 삶에서 직접적인 기술 측면에 대한 답을 주지는 않아도 가치, 방향, 이해, 인식 등에서 우리가 살아가는 이유와 태도를 설정하는 데에는 매우 중요하게 작용한다. 특히 자연과학 적용에 대한 윤리적 태도에 철학은 큰 역할을 하고, 실용 과학, 정보 시대라는 큰 흐름의 곳곳에서 적절한 균형을 잡아 주는 역할을 톡톡히 할 것이다. 시대의 방향성을 거스를 수 없고, 갈수록 경쟁으로 치닫는 사람살이에서 인간의 근원을 고민하는 철학적 역량은 오히려 필수적 요소가 될 것이다. 결국 가장 합리적이고 바람직한 삶의 태도에 대한 판단 기준은 자신이 가진 총체적인 철학에 의할 것이고, 그것이 곧 인격과 품성의 바탕이 될 것이기 때문이다. 바탕이라는 것은 굳건함의 조건이므로 바탕이 잘못되면 그 위에 쌓아 올린 모든 것이 물거품이 되거나 신기루의 허망한 결과로 사라질 수 있다. 물론 학문으로서의 철학은 어려울 수도 있겠지만, 삶의 철학은 쉽지도 어렵지도 않은 인간 품성으로서의 기본이며 바탕일 것이다.

■■■

학교교육에서는 여러 분야를 교과로 편성하여 가르치고 그 외의 다양한 교육활동을 추진하지만, 그것들보다 더 우선하고 중요한 기본은 역시 철학 교육이라고 늘 생각해 왔다. 이 철학 교육을 학생들에게 본격적으로 제공할 수 있는 현행 교육과정은 교양예술군 영역인데, 아무래도 입시를 염두에 둔 교육과정 편성에서 철학의 설강이 쉽지 않다. 그럼에도 철학 과목을 편성하는 학교가 있고, 보통은 3개년 6학기 중 한두 학기에만 적용하여 시행하고 있다. 교육과정 편성에 대한 해석과 관점도 다양하나, 최근에는 집중과 선택의 방식이 많이 적용되는 듯하다. 그러나 많은 시간이 아니더라도 철학 수업을 3년 6학기 내내 적용해서 학생들에게 고교 교육의 전체 시간을 통해 철학적 사고, 삶의 건강, 논리와 판단, 인생의 목표 등을 생각도록 하고 싶은 욕망이 있다. 그것도 전문적으로 철학을 연구하고 학교교육에 철학을 체계적으로 접근시킬 수 있는 교사와 함께, 학생들에게 단계적이고 지속적인 철학적 사고와 태도 형성의 길을 열어 주고 싶은 것이다.

■■■

미국의 한 고등학교에 가서 그들의 교육과정에 대한 브리핑을 들은 적이 있었다. 그 학교는 고교 전 기간에 라틴어를 지속적으로 교육하는 것을 대표적 우수 사례로 소개하면서, 큰 자부심을 가지고 얘기했던 것이 잊히지 않는다. 우리나라 사람들은 고교 교육과정에 대한 소개를 받으면 항상 대입과의 연관성 또는 대입 준비 차원에서의 질문을 많이 한다. 그 학교에서는 대입을 위한 별도의 준비는 하지 않으나 충실한 고교 교육과정 운영이 곧 대입의 길일 것이라는 답을 주었다. 대입전형에서 한 학생의 충실한 고교 교육과정 소화력을 그대로 평가해서 대학에서의 수학(修學) 역량을 평가해 준다는 뜻일 것이다. 여기에 또 질문이 이어졌다. 라틴어가 영어처럼 현재 사용하는 언어도 아니고, 대입에 큰 효용성이 있는 것도 아닌데 왜 굳이 긴 시간을 투자하면서까지 라틴어를 가르치는지와 그러한 학교 차원의 교육 계획에 대하여 학생이나 학부모로부터 특별한 이견이 없는지를 물었다. 라틴어를 통해 언어에 담긴 철학과 속성을 가르치는 것이고 이는 가르치는 학교나 배우는 학생, 그리고 학부모도 매우 만족한다는 답을 들었다. 새삼 언어와 사상 또는 철학에 대한 연관성을 간접적으로나마 재확인할 수 있었던 좋은 기회였다.

언어와 사상의 관계를 말할 때면 항상 떠오르는 것이 있다. 일제강점기 중 마지막 시기에, 일본이 결국 우리 민족성을 말살하고자 취한 정책이 한국어 사용 금지였음이 환기되곤 한다. 언어가 사라지면 민족의식과 사상이 사라진다는 논리가 전제되는 끔찍한 식민정책이었음을 안다면, 제국주의 국가였던 당시 일본의 언어말살정책이야말로 가장 몸서리쳐지는 혹독한 학대였음을 알게 될 것이다. 이런 이치를 기반에 두었다고 생각하는 문학작품에 『비명을 찾아서[66]』라는 작품이 있다. 역사의 허구적 상상을 통해 가상적인 드라마를 엮은 작품이다. 일제에 의해 우리의 언어가 말살된 이후 긴 세월이 흘러 한국이라는 나라의 존재 자체가 사라져 버렸고, 일본과 한국이 완전히 하나가 되어 버린 가상의 시대가 이 작품의 배경이다. 먼 미래의 우리 자손인 주인공이 우연히 발견한 한글(옛글)을 기점으로, 한국의 역사를 어렵게 찾아가고 민족의 뿌리를 인식해 가는 과정을 통해, 우리의 역사의식과 민족성을 단단히 강화시키고자 하는 작가의 몸부림을 느낄 수 있었다. 이 작품을 지금도 잊을 수가 없고, 당시 주위에 꼭 읽어 볼 만한 책으로 많이 권했던 기억이 있다.

■■■

시간이 흐르면 육체적 성장뿐 아니라 정신적 성장도 자연스럽게 이루어진다. 그러나 바른 방향성을 가지고 충분하게 이루어지게끔 노력하고자 하는 것이 자녀를 가진 모든 부모의 소망이고 이 소망을 국가 교육

---

66) 『비명을 찾아서』, 복거일, 문학과지성사, 1987)

이 담당해 주는 것이 학교교육 과정일 것이다. 이 교육과정 내 또는 교육과정 밖에서 정신적 성장을 증폭해 주는 것이 바로 독서와 철학임은 계속 말해 왔다. 철학은 별도의 과목으로도 접근할 수 있지만, 독서를 통한 모든 효용성은 바로 철학적 영역으로도 통한다. 다만 독서를 단순히 장려하거나 시간을 부여하는 방법으로 그 효과를 기대할 수는 없다. 독서처럼 교육적 계획과 체계를 필요로 하는 것도 없을 것이다. 이 과정은 굳이 길지 않아도 된다. 어느 정도의 과정과 경험이 주어지면 교육에 준한 독서법을 스스로 적용할 수 있게 될 것이다. 제대로 된 독서는 다양한 분야의 앎과 철학을 채워 줄 것이다. 학교교육에서 독서와 철학 과목을 편성하여 단계적 교육을 밟아 가는 것을 지금까지의 교육 경험을 걸고 진지하게 추천해 본다. 단, 현재 국어 교과 영역에서 편성되는 독서 과목은 여기서 말하는 독서교육과는 별개로, 이것은 독해를 위한 문학과 비문학의 작품이 주로 구성되어 있는 교과 과목명이다. 큰 틀에서 보면 독서교육과 무관하지는 않겠지만, 독서 과목은 입시 위주의 현실에서 주로 지문 연구를 통해 수능성적을 향상시키기 위한 방편으로 수업이 진행되고 있다.

■■■

독서교육만의 방법으로 초·중등과정의 학교교육이 대체될 수 있을까 생각해 본 적이 있다. 교실의 수업은 이미 가르침이 아니라 배움이며, 교사의 지식 전수가 배움이 아니라 본인이 읽고, 탐색하고, 탐구하고, 실험적인 프로젝트를 만들어 내는 것이 수업의 효용으로 정착된 시대가 이미 와 있다. 그간 교사는 아이들이 소화도 하지 않은 상태에서 하루에 7시간씩 다양한 분야에 대하여 알려 주는 시간을 가져왔다. 학생들은 피곤해하고, 졸고, 듣지를 않는다. 대화에서 상대방이 하는 말을 듣지 않은 이유는 무엇일까? 바꿔 물으면 상대방이 하는 말에 대하여 몰입하고 즐거워하는 이유는 무엇일까? 몰입은 상대방이 하는 말의 일부는 미리 알고 있고 거기에 관심 있는 새로운 정보가 추가되었을 때 가능하다. 이때 대화는 가장 활기 있게 이루어지고 대화의 기법이 제대로 실현된다. 이는 소위 '대화의 규칙'과도 상관이 있어 보인다. 상호 간 주고받는 대화에서 일부의 정보는 이미 공유하고, 그 이상으로 취하고자 하는 욕망이 내면에서 강하게 우러나오는 경우가 아니라면, 다시 말해 구정보(old information)가 전혀 없는 100% 새로운 정보(new information)는 흥미롭게 들을 수가 없다. 구정보의 바탕이 없으므로 무엇을 근거로 추가적 궁금증을 가질 수 있겠는가. 단편적인 문장도 아니고 50분간을 교사의 가르침과 전달로 주어지는 수업 내용인데, 이 낯선 내용을 어떻게 50분간을 듣고 상호작용을 하고, 재미를 느끼고, 소화해 낼 수 있겠는가. 어제까지 교사는 학생들에게 지식 차원의 많은 정보를 쏟아부었는데, 학생들은 그 정보를 전혀 소화해 내지 못해서 오늘 말하는 내용에 대한 바탕이 전혀 깔려 있지 않다면, 그것이 아무리 훌륭한 지식이고 정보라고 하더라도 듣는 학생 입장에서는 당연히 상호작용이 일어날 수 없다. 오직 그 시간이 고통이고 매우 불편하기만 할 것이다. 그러나 꼼짝없이 앉아 있으라는 규칙에 따라 학생들은 앉아서 졸고 있을 수밖에 없는 것이다. 그나마 열심히 듣거나, 졸다가 듣기를 반복하는 학생은 전날 밤을 새워 복습을 시도한 학생들일 터이다. 복습했으므로 대화에서 어느 정도는 상호작용이 일어날 수 있겠으나, 복습을 위해 정상적인 삶에서 필요한 수면 시간을 반납했다면 이 경우에도 물리적 여건의 어려움으로 졸고 듣기를 반복하고 있을 것이다.

배움의 과정에서 중요한 것은 교사의 전달이 아니라 학생의 수용이다. 수용의 과정에서 중요한 것은 독서력이다. 가르치는 것으로 끝나지 않으므로 학습이라는 것은 반드시 학생이 수업 내용을 다시 읽어 배경지식으로 넣어야 한다. 결국 학생으로서의 실력 향상도 독서를 통해서 일어나는 것으로 귀결된다. 제대로 된 독서를 통해 독서력을 증진하는 것이 궁극적으로는 대상을 자기 것으로 취하는 방법이다. 그런 이유에서 다방면의 도서를 단계적으로 잘 읽어 가면 총체적인 교육적 효과를 능히 얻을 수 있다는 가능성을 생각해 볼 수 있다. 물론 모여서 이루어지는 활동과 협업의 과정도 있고, 쌓인 배경에 대하여 조금 앞선 사람과의 대화 자극도 필요하다. 그러나 이것조차도 독서력을 통한 지식과 깨달음, 철학적 바탕과 사고가 단계마다 내재되었을 때 가능한 것이다.

■■■

학교교육은 교육청의 고민과 지원의 핵심 대상이다. 몇 년 전 교육청에서 감당하고 챙겨야 하는 교육의 방법은 어디까지일까를 토론해 본 적이 있다. 대안교육은 이미 교육청 안으로 들어온 것 같다. 여기에 홈스쿨링(home schooling)도 한 영역으로 들어올 때가 머지않을 것을 토론했던 기억이 있다. 홈스쿨링은 말 그대로 아이를 학교에 보내지 않고 가정에서 단계적, 장기적 교육을 시도하고, 그 행정적 보증은 학력 인정 시험을 통해 얻어 가는 방법이다. 홈스쿨링의 핵심은 학력의 행정적 보증이 아니라 조금은 다른 부모의 교육관에서 학교교육에서 하지 못하는 부분을 충족하고, 학교교육에 못지않은 교육적 효과를 달성하기 위한 대책일 것이다. 이것을 시도하는 사람들에게 이에 대한 정보와 도움을 주는 역할이 교육청으로 들어올 시대가 올 것이라는 전망을 거의 10년 전쯤에 했다는 것은, 교육 방법의 다양성과 교육청의 역할을 상당히 미래지향적으로 논했다는 점에서 큰 의의가 있었던 것이라고 생각한다.

이러한 홈스쿨링의 대전제는 바로 독서의 효용성이다. 큰 계획은 부모가 전문적인 자문을 통해 마련하겠지만, 학생이 교육의 과정을 밟아 가는 궁극적인 활동과 힘은 바로 독서가 주된 과정이라고 볼 수 있다. 꼭 필요한 개념이나 주요사항은 누가 되었든 교사의 역할이 있을 것이나 학교교육보다 스스로 읽고 이해하고 내면화하는 과정은 훨씬 많고 깊을 것이다. 독서는 교과서 이외의 도서만을 대상으로 하지는 않는다. 교과서를 읽고, 관련 자료를 찾아서 이해해 가며 지식과 다양한 배경을 넓혀 가는 학교교육 대체 프로그램의 효용이 가능한 것이다. 이러한 과정에서 학력과 실력은 물론, 총체적 가치와 철학도 구축해 갈 수 있을 것이다. 아울러 가장 중요한 역량인, 책을 읽어 나가는 독서력이 무궁무진 성장할 것임을 확신한다.

■■■

독서와 철학, 이는 상관적이며, 모든 교육의 궁극적인 귀결점이고 동시에 수단이 된다. 독서를 통해 철학이 고양될 것이고, 단계적으로 상승하는 철학적 소양은 다음 단계의 독서력을 더 향상시킬 것이다. 교육에서 가장 중요한 것은 학생의 독서력이다. 수업보다는 자율학습을 요구하는 학생들의 소망이 바로 이것을 반영한다. 내면에서 독서 활동과 그것의 수용성을 요청하는 것은 이 독서가 바로 궁극적인 교육의 본질이기 때문이다. 학교교육의 교과학습이 이것을 기반으로 진행된다면 독서의 교육적 접근을 시급히 도입해야 할 것이며, 독서의 효용과 상통하는 철학의 교육적 시행도 중요하게 받아들여야 할 것이다. 자녀교육의 방법이 다양화되는 요즘, 그 다양하게 추구되는 방법들은 '스스로', '체험', '내면화', '자생력'이라는 단어들과 연관되어 있다. 그 모든 것을 아우르는 구체적 활동은 바로 독서이고, 독서로 깊어지는 것은 당연히 철학이다. 이것으로 얻어진 힘은 어디에 어떤 모습으로 존재하든지 바르고 굳건하게 설 수 있는 삶의 지지대가 될 것이다.

CHAPTER 5

진화하는 교육 현장, 그 방향의 모색

01. 수업과 평가, 그 권한과 책임
02. 학생의 대입전형자료 제작자인 교사
03. 대입제도 개선 방향 모색
04. 교육공동체를 위한 학부모 역할
05. 지역 교육은 지역민이 만들어 간다

01
수업과 평가, 그 권한과 책임

　　　　　　　　　　교사를 하다 보면 잦은 교육과정의 변화에 따라 교육의 방향과 구성을 새롭게 설계하여 학생 교육에 투입하곤 한다. 그래도 교사의 수업은 개편 교과서를 중심으로 충실하게 수업하면서 교육의 방향성 실현을 위해 열심히 노력해 가면 되었다. 그러나 '2015 개정 교육과정' 시행을 준비하는 과정에서는 교육 설계 자체가 많이 달라졌다. 이는 주어진 교과서에 들어가 있는 분량과 내용 모두를 그대로 가르치는 것이 아니라, 교사가 지역, 학교, 학생의 특징과 상황을 고려하여, 교과서를 중심으로 하되 이를 재구성하여 가르치도록 하였다. 쉽게 말하면 주어진 교과서의 내용을 처음부터 끝까지 그대로 가르치는 것이 아니라 발췌, 재편집, 추가 등 교육 내용과 범위에 대한 교사의 재량권이 부여된 것이다. 과거에는 학기 또는 학년이 끝나면 교사는 교과서의 분량과 진도를 의무적으로 떼야 했다. 그러나 '2015 개정 교육과정'은 교과서의 내용을 총체적으로 재구성해서 가르치는 것이므로, 다른 교사들이 가르친 것을 어떤 교사는 안 가르쳐도 되고, 다른 교사가 가르치지 않은 것을 어떤 교사는 더 중점적으로 가르쳐도 된다.

물론 이러한 설계는 학교 단위이어야 하므로, 최소한 학교의 동일 학년 교사는 이에 대한 설계를 면밀한 협의를 통해 준비한다. 교과서 내용을 무조건 충실히 가르쳐 준 것에 익숙한 학부모는 이러한 체제에서도 특정 교사가 진도를 다 끝내 주지 않은 것에 대하여 항의하기도 하고, 심지어 학생들도 이를 교사의 불성실이라 불만을 표출하기도 한다.

교사는 오히려 이러한 체제에 대하여 불편과 불안을 느끼기도 한다. 본인이 재구성한 내용에 대한 신뢰와 타당성에 대하여 불안하기도 하고, 아직은 사회적으로 익숙하지 않은 것에 대하여 할 수 있는 것을 하고 있음에도 항의와 지탄을 받을 수 있다는 불안감이 있는 것이다. 하라는 대로 하는 것처럼 편한 것이 없고, 남들과 똑같이 하는 것이 무리가 없다는 말이 실감 나는 현실이다. 설령 본인이 더 고민해서, 미래지향적으로 방향을 잡더라도 남들이 그렇게 하지 않으면 그 자체로도 공격과 책임이 따를 수도 있기 때문이다.

또 학교교육은 수업과 함께 평가를 해야 한다. 학교의 학년 단위 시험에서 동일한 범위의 수업 내용에 대하여 모든 학생에게 동일한 평가지가 주어져야 하므로, 학년 단위 동일 과목 교사들은 이 부분이 적잖이 신경이 쓰이는 부분이기도 하다. 이러한 교육 시스템 운영과 함께 가는 것에, 교사의 전문적 학습공동체가 있다. 이 전문적 학습공동체는 많은 시간들을 교육과정 재구성 협의에 할애하고, 연간 계획을 검토하여 수업에 대한 구체적 단원과 내용을 확정해 간다. 이러한 과정은 꽤 긴 시간의 연속적 협의가 필요하고 여러 날의 집중된 기간의 노력이 소요될 수밖에 없다.

이런 과정을 제대로 밟기 위해서 새 학년도 출발 이전 기간에 집중적 협의에 대한 필요성 논의가 이어진다. 즉 2월에 학생이 학년말 방학으로 가정에 있을 때, 교사는 출근하여 집중적으로 교과 협의, 업무협의, 학사운영 협의, 연간 교육활동 협의 등을 해야 한다는 얘기다. 사실 1월에 졸업식과 종업식을 시행하는 학교는 바로 이와 같은 본격적이고 진지한 교육계획 수립 준비를 2월에 집중할 계획을 염두에 둔 것이라 볼 수 있다.

■■■

학교별, 교사별로 교육과정을 재구성해서 가르칠 수 있다는 것은 교육의 계획과 수업, 평가, 그리고 그 성적 활용이 해당 학교에서 끝난다는 전제로 가능한 얘기다. 즉 상급학교 진학 시에도 그 학교의 내신성적이 그대로 활용되고 그 이상은 필요하지 않을 때 가능하다는 얘기다. 중학교의 경우 이미 교과의 학생평가가 성취평가(절대평가)로 정착되어 있으니 성적에 대한 논의는 더 수월해진다. 그러나 설령 상대평가라 하더라도 학교 내신은 석차백분율을 사용하기 때문에 학생들을 성적으로 서열화한다는 문제점만 들추지 않는다면 대외적으로는 학교 단위 내에서의 성적을 그대로 인정하므로 큰 어려움은 없어 보인다. 그러나 고교의 경우, 대입에 대하여 예민하지 않을 수 없는데, 현행 대입제도는 내신과 학생부평가가 있지만, 수능의 영향력을 무시할 수 없다. 수능은 해당 학교별로 소속 교사가 출제하는 것도 아니고, 교육부 관할 한국교육과정평가원에서 전국 단위의 문항을 만들어 시행하므로, 학교별, 교사별로 주어진 교과서를 재구성해서 뺄 것은 빼고 보탤 것은 보태면서 학교와 학생의 특성을 고려한 수업 설계를 한다는 것이 현실적으로 어렵고 무리가 있다. 무엇보다도 이러한 대입제도는 교육과정을 재구성해서 가르치겠다는 의지를 가지는 교사가 존재할 수 없게 만드는 여건이 아닐 수 없다. 수능 시험에 어떤 단원 내용을 근거로 어떤 문항이 나올지 모르는데 무슨 책임을 지려고 교사가 교육 내용 가감에 대하여 학교 특수성과 자의성을 발휘하겠는가? '2015 개정 교육과정'은 학생 중심, 현장 중심의 교육과정임을 밝히고 있지만, 적어도 고교에서는 이것이 전혀 맞지 않는 얘기다. 공교육, 미래 교육, 핵심 인재, 주도적, 선택적 등 다양한 수식어로 새로운 교육과정 모델을 말하고는 있지만, 대입제도가 과거로부터 지금까지 똑같이 이어지고, 수능이라는 거대한 전국 단위 시험이 있는 한, 그리고 그 수능의 영향력이 정시뿐 아니라 수시에서도 당락을 결정하는 중요한 도구가 되고 있는 한, 학교 내 교육과정의 변화는 체제의 이름일 뿐 현장에는 사실상 적용되기 어렵다. 교육의 변화, 새로운 교육모델, 교육과정 재편 등의 시대에 맞는 다양한 대응에도 불구하고 고교 현장에서 이와 발맞출 수 없는 것은 바로 대입제도, 즉 수능시험 때문이다.

■■■

교육과정 재구성과 연계하여 동반되는 것은 수업에 따른 '평가' 영역이다. 학교 내에서의 평가 자료는 그대로 상급학교 진학 자료가 되므로 평가의 예민성은 갈수록 심각해진다. 가르친 내용에서 문항을 만들고, 40% 이상의 수행평가가 있으며, 지필평가 중에도 최소 30%는 서술형 문항을 출제해야 한다. 명백한 정답을 추구하는 선다형 문항에서도 그 타당성에 대하여 이의신청이 그치지 않고 있는데, 서술형 문항과 수행평가 영역의 채점에 대해서는 어땠겠는지 상상해 볼 수 있을 것이다. 서술형 문항은 서답형 정답과 달리 서술의 내용과 방식, 문장과 문맥의 의미 등을 고려하여 배점 내에서 부분 점수의 부여가 가능하다. 이러한 판단은 출제교사가 하는 것이 당연하나, 그 판단에 대하여 객관성을 요구하고 있는 것이 교과 학생평가의 어려운 점이다. 그런 이유로 좋은 취지에서 만들어진 서술형 평가가 서답형으로 가거나 어떤 방식으로든 객관적으로 일치하는 답안을 작성하여 채점의 무리수를 없애려는 취지로 가고 있기도 한다[67]. 수행평가의 경우, 비교적 높은 기본점수 설정, 차등 구간 및 구간별 점수 격차의 최소화 등 가급적 이로 인해 학생 성적이 큰 영향을 받지 않도록 노력하고 있다. 과목별 성적에 수행평가가 큰 영향력을 주지 않도록 노력하는 것이다. 교사의 평가권에 대한 자존심을 가지고 답안지를 읽으면 정확한 평가는 당연히 가능할 것이다. 어쩌면 두 번 보아도 동일한 평가점을 줄 자신은 있겠지만, 이에 대한 객관성 시비가 있으면 그 해결 과정이 결코 쉽지 않다. 더구나 평가해야 하는 대상이 한 학급이 30명이고 학년으로 보면 담당 학급 수에 따라 100명 가까이 될 수도 있는 상황이다. 이 여건이다 보니 정답의 확정과 채점 결과에 대하여 크게 이의가 없는 선다형 문항의 점수가 과목의 성적을 결정하도록 하는 것이다. 사고력과 문제해결력, 창의력과 잠재력을 키우고 평가하는 방향으로 가는 것이 미래인재 역량을 키우는 학교교육의 방법임은 분명하다. 이미 교육과정도 그렇게 가고 있으니

---

[67] 서술형 평가 문항은, 답안을 한 개 이상의 문장으로 기술하는 것이고, 서답형 평가 문항은 답안을 단답형으로 명사 또는 어절로 기술하는 것이다. 서답형은 선다형에 준한 답을 고르는 것 대신 직접 답안을 적는 것에 불과하다. 서술형 평가를 의무화한 것은, 사고의 유연성과 다른 방향의 생각으로 접근하는 것을 인정하고 그러한 사고의 중요성을 반영하기 위한 것인데, 문제는 낸다고 하더라도 채점은 객관성을 요구하므로 서술형 문항 개발과 적용에 어려움이 많다.

평가도 지식을 암기해서 그것을 더 많이 드러내는 것이 실력이 된 양하는 평가 방법은 지양해야 맞다. 그러나 대입을 위한 내신성적을 만들어 가는 정기고사의 성적은, 예민하고, 이의가 많고, 많은 설명을 요구하는 것이 다반사이다. 그 이의에 대한 부담을 줄이려는 교사의 태도에 대하여 평가문항 작성 방법과 효율적 배점에 관한 교육 원론을 운운하는 것은, 매우 타당한 지원 논리임에도 불구하고, 현실적으로는 큰 의미가 없음을 부인할 수는 없을 것 같다.

고입의 경우는 어려움이 훨씬 덜하다. 예전처럼 고교 입학에서 경쟁률이 치열해서 불합격자가 많이 나오고 명문학교가 있던 시절이라면 그 예민성도 무시할 수 없었을 것이다. 그러나 지금은 고교 입학이 특목고, 자율고, 마이스터고 등을 제외하고는 거의 평준화로 배정을 하고, 비평준화학교라도 당락이 심각하지 않은 상황으로 가고 있다. 학령인구가 줄고 고교가 무상교육이 되면서 점차 자연스러운 진급처럼 고교 진학이 큰 경쟁 구도 없이 보편적으로 이루어지고 있다. 이러한 상황이므로, 고입 내신자료 생성이 있긴 하지만 중학교는 '2015 개정 교육과정'에 의해 교육과정 재구성과 그에 대한 수업과 평가는 비교적 학교 현장의 노력으로 큰 무리가 없이 가능한 상황이다.

현재 고교의 내신성적 처리 방법은 성취평가를 적용하되 병행할 뿐이고 실제 활용하는 싱직은 9등급 싱대평가이다. 그리고 이 등급을 활용하여 대입 수시전형이 이루어진다. 학종 평가라고 하더라도 학생이 가장 많은 시간을 공들여 노력한 부분의 결과로 보이는 부분이 교과 성적이다. 내신성적, 즉 과목별 등급은 수시에서 수능 최저등급이 걸려 있지 않다면 교과전형이든 학종전형이든 내신성적 영향력이 거의 절대적이다[68]. 이 내신등급의 활용은, 같은 등급이라도 학교별 규모 즉 수강자 수에 따라서 석차백분율이 다른 것은 다 알고 있을 것이다. 100명 집단의 1등급과 200명 집단의 1등급은 당연히 후자가 내신 활용에서는 우위의 평가를 받는다. 또 등급이라는 것은 한 문항 차이로 등급이 위아래를 넘나들 수도 있다. 그런 이유로 문항의 오류 여부, 동일 학년의 서로 다른 교사의 수업, 서술형 문항의 채점 등 고교는 곳곳에서 내신성적 산출의 어려움이 도사리고 있다. 그러함에도 교육 당국에서는 미래 교육 차원에서 교육과정이 변하고, 그에 대한 학교교육도 달라져야 한다고 교사들에게 그 방향성을 설득한다. 교육과정 재구성과 수업, 그리고 평가 역량을 지원하기 위한 교사 연수도 많았다. 전문적 학습공동체 등 다양한 여건을 제공하고 교사의 협의와 노력을 지속해서 요구하고 있다. 그러나 입시라는 현실적인 문제가 감히 뛰어넘을 수 없는 높은 벽을 치고 있으니 학교는 그 방향성에서 속절없이 어려움에 빠지거나 무기력하다.

■■■

고교의 '2015 개정 교육과정'이 홍보되면서 많은 노력 중의 하나가 이러한 현실적인 입시 문제를 함께 고민하는 과정이었다. 소위 '교육과정 재구성-수업-평가-기록의 일체화'의 테마가 그것이었는데, 그 어느 때보다도 고교의 대학입시가 교육과정 안내와 연수에서 적극적으로 포

---

68) 수능 최저등급이 적용되어 있어도, 그것의 충족은 합격여부를 선정하는 1차 자격조건이므로, 수능 최저등급이 만족된 지원자 중에서 합격자 판정은 교과내신 또는 학종평가로 결정된다.

함된 특이한 사례였다고 보인다. 교육과정 재구성과 평가는 정책적 틀의 맥락에서도 당연히 연계적으로 이해되는 부분이다. 그러나 이번에는 여기에 '기록'이라는 고민의 한 영역이 추가된 것이다. 이 기록이란, 학교생활기록부의 기록을 말한다. 특히 대입에서 학종전형이 자리 잡은 이후, 학교의 교육과정 편성 및 각종 교육활동 영역이 중요하다는 것은 이미 알고 있었지만, 이런 것들의 최종 효용성은 그것의 유용한 기록에서 마무리되기 때문에 기록 문제가 전면적으로 논의되었을 것이다. 엄밀히 기록이라는 것은 상급학교 진학 자료로서의 효용이지, 그 기록 여부가 재학 시절 교육적 효용이나 성장 과정으로 이해해서 특별히 강조하는 것은 아닐 것이다. 굳이 말한다면 설령 기록이 안 되었어도 그 기간의 과정을 통해 정상적인 교육과정을 밟았고, 매우 적절한 교육활동들을 거쳤다면 궁극적인 성장과 발달, 역량 등은 당연히 키워졌을 것이다. 그런데도 '2015 개정 교육과정'을 안내하고 그 운영을 논의하는 과정에서 기록 영역을 강조하고, 급기야 교육과정 운영과 수업 및 평가와 함께 하나의 맥락에서 이 부분이 논의된 것은, 특히 고교에서는 학생부 기록이 현실적으로 중요하다는 것을 공식화한 것으로 이해된다.

■■■

학생부 기록에 관한 권한은 전적으로 교사에게 있다. 교과생활, 행동발달상황, 창체활동 등 다양한 영역에서 해당 교사가 바라보고 판단한 내용을 오직 학생에 대한 이해와 평가 차원에서 기술해 놓으면 된다. 그러나 교육과정 논의와 관련하여 학생부 기록을 말하는 것은, 오직 학생을 위하고, 더 궁극적으로 말하면 대입전형에서 유리하게 평가받기를 목표로 기록에 대한 면밀성과 효용성을 생각하라는 것으로 해석된다. 이렇게 되면 본질적인 차원에서 교사의 학생평가가 가능할지는 더 생각해 보아야 할 문제이다. 이것도 역시 대입과 관련한 예민한 문제이므로, 전적으로 교사에게 부여된 학생의 학교생활 기록이, 그 기록의 궁극적인 이유는 사라진 채 오직 대입전형자료 생성이라는 쪽으로만 기능과 역할을 대체하는 것이 되었다. 즉 교사가 작성한 자료로 학생의 대입 당락이 결정된다는 기묘한 상황이 만들어지고 만 것이다. 상급학교 진학이란, 온전히 학생 본인의 역량으로 평가받아야 하고, 본인의 노력으로 결과를 얻어야 하는 것이다. 그런데 학종전형이 나온 이후, 시작하게 된 취지야 그렇지 않았겠지만, 교사가 학생의 대입전형자료를 만들고 그것에 따라 학생은 대입의 성공 여부를 바라보고 있어야 하는 상황이 된 것이다. 이는 교사들에게는 엄청난 부담이 될 수밖에 없다.

■■■

수업과 평가는 교사의 몫이다. 몫이라는 말은 책임과 의무를 포함한 권한이라는 의미이다. 교사는 수업 설계를 통해 과목별 교육과정을 운영하고, 그에 따라 학기별 평가를 시행해야 한다. 권한을 제대로 실현했을 때, 책임감도 강하게 느끼고 그에 따른 고민과 반성도 한다. '2015 개정 교육과정'의 특징대로 교사가 자신의 판단과 방향성에 의해 교육과정을 재구성해서 가르칠 수 있는 현실적 여건이 만들어진다면 교사는 자신의 역량을 총동원하여 진지한 교육력을 내보일 수 있을 것이다. 그러나 줄곧 말해 오고 있듯이 입시라는 현실이 이를 가로막고 있다. 교재의 내용 전체를 아우르고 시간에 쫓겨 가며 그 내용을 그대로 가르치고 보면, 주어진 대로 가르쳤으니 그 내용 밖의 것이나 추가사항에 대해서는 고민할 필요도 없고, 그에 대한 책임감을 갖지 않아도 된다는 마음도 가능할 수 있다. 평가도 마찬가지다. 창의적인 사고를 묻는 문제, 과정중심 평가와 단계별 이해에 대한 성취 부여, 서로 다른 방향에서의 문제 접근과 해결에 대한 유의미성 등이 미래인재 역량에 도움이 되지만, 교과 성적이 상급학교 진학 자료가 되는 이유로 누군가의 이의가 전혀 없어야 하는 문항 발굴과 채점에 준하여 구태의연한 시험이 만들어진다. 공정하고 객관적인 면에 치우친 평가 문항이므로 오히려 책임성은 쉽게 벗어날 수 있을 것 같다. 채점도 오히려 간편할 것이다. 교육과정의 본령은 아니지만, 함께 논의되고 있는 학생부 기록에 대해서도 교사는 학생을 보고 정당한 평가 내용을 기술할 수 있어야 한다. 그것이 긍정적이든 부정적이든, 성취했든 성취의 과정에 있든, 어떤 방향으로 해석되든지 교사는 사실과 판단의 평가를 기록할 수 있어야 하고 그것이 교사의 학생부 기록의 본령이어야 한다. 그래서 교사의 평가는 그대로 교사의 권한이 되고 기록은 신뢰의 자료가 되어야 한다. 그러나 학생부의 입시자료 생성의 성격은 그 기록을 본질로부터 멀어지게 하고, 교사에게는 또 다른 목적 실현을 위해 과도한 업무를 짊어지게 하고 있다.

그렇다면 새 시대에 맞는 개정 교육과정을 개발하고 정책회의여, 미래인재를 양성하기 위해 교육의 현장에 제공하는 이 방향성은 그 효용을 어떻게 구현해야 할까? 입시가 없거나 크게 영향 받지 않는 초등학교나 중학교에서만 실현하면 될 것인가? 입시가 있는 고교라고 하더라도 교육과정 운영, 교육활동 등이 모두 과거에서 벗어나지 못하는 것은 아닐 테지만, 새로운 방향으로 힘차게 나가지 못하는 것이 한계이고,

이론과 현실이 다르므로 이원화된 운영이 불가피한 것도 어려움인 것이다.

  교육 수혜자인 학생이 교육적으로 성장하고 자신의 미래를 구체적으로 설계하여 꿈을 성취하게 하는 시대적 전략과 방향성은 새로운 교육과정 방향이 마련해 줄 것이다. 교육전문가와 석학들이 분석하고 고민해서 만들어 낸 이러한 개정 교육과정의 정상적인 운영과 효율적인 성과를 위해, 학교 현장에서 진지하게 적용할 여건과 현실을 마련해 주는 일은, 교육과정을 발굴해 내는 일만큼이나 중요한 것임을 보여 주어야 할 것이다.

02
학생의 대입전형자료 제작자인 교사

학생의 고교 교육과정 운영의 충실도와 진로 중점의 탐구 및 성장 과정을 대입전형에서 평가하기 시작한 것은 '2009 개정 교육과정' 이후로 기억된다. 대입전형을 수시와 정시로 모집 시기를 구분하고, 수시에 이러한 학생부평가를 반영하기 시작한 때부터인 것 같다. 수시 제도가 시작되면서 그 대표적 전형으로 만들어진 모델이 입학사정관제 전형이다. 이때부터 대학에 입학사정관이라는 입시전문가가 등장했는데, 2008년 몇 개 대학의 선도적 운영에 이어 2009년에는 많은 대학이 입학사정관을 통한 수시전형에 본격적으로 돌입하게 되었다. 그래서 수시의 본격적인 전형 방식은 입학사정관제 전형이 되었다. 입학사정관제도는 수시전형에서 수능, 내신성적 등의 정량적 평가 자료의 활용을 최소화하고, 대신 전문적인 입학사정관의 안목을 통해 학생부를 다각도의 관점에서 종합적으로 평가하기 위해서 만들어졌다. 입학사정관들은 성취 결과도 중요하지만, 이루어가는 과정과 노력에 의미를 부여하고, 창의력, 잠재력, 발전가능성 등을 중요한 평가 요소로 보면서 학생부의 기록들을 연계적으로 해석하는 전형을 담당했다.

입학사정관 전형은 학생이 자신의 진로에 따라 학교생활에 능동적으로 참여하여 많은 탐색과 탐구를 통해 진로를 성숙시키고 자신을 성장시키는 과정에 의미를 부여했다. 학생부기록으로 이러한 사항을 평가받으려면 그렇게 판단할 수 있는 실적과 과정들이 중점적으로 기록되어 있어야 한다. 봉사활동도 진로와 맞닿아 있다면 연간 20시간이 아니라 3개년 200시간이 훨씬 넘는 실적으로 진로 방향을 강하게 대변할 수 있었다. 그 당시 봉사활동의 특화된 이력으로 수시전형에 합격한 것이 공공연한 성공 사례로 논의되기도 했다. 다른 학생이 하는 것보다 한발 더 높고 더 많고 더 이색적인 자료는 그만큼 효용이 높았다고 생각하기에, 봉사활동도 굵직한 것을 선호하거나 해외 봉사활동 이력이 큰 효용성을 발휘하기도 했다. 2009년쯤, 전국의 모든 고교에서 전교생의 일괄적 체험으로 '꽃동네' 봉사활동이 앞다투어 진행되었고, 이 봉사활동 일정을 잡기 위해 온라인 신청이 개통되는 시간에 미리 대기해야 성공했던 일이 선명하게 기억된다[69]. 1분 내에 마감되어 버리는 봉사활동 신청에 성공해서 학생들에게 꽃동네 봉사활동 기회를 만들어 주는 것도 교사의 능력이 되었던 해프닝 같은 과거가 있었다. 이러다 보니, 학생들은 고교의 정상적인 교육활동에 참여하는 것에 중심을 두기보다 학교 밖에서 상대적으로 더 우월하고 빛나는, 도드라진 활동들을 하는 것에 무게를 두게 되었다. 이렇듯 고교 생활을 대입전형에 초점을 맞추다 보니, 정상적인 학교생활에 충실하기보다는 학교 밖 스펙 쌓기에 몰두하는 것이 사회 문제화가 되는 정도까지 치닫게 되었다. 급기야 2013년

---

[69] '꽃동네'는 1976년 오웅진 신부에 의해 설립된 사회복지시설이다. 충북 음성군에 위치하고 있으며, 걸인, 무의탁 심신장애자의 요양 시설이고, 많은 인력이 자원봉사자에 의해 운영된다.

대입전형 간소화 정책과 함께 대입제도 개선이 모색되었다.

■■■

학생부종합전형은 2015 대입부터 적용되었다. 입학사정관 전형이 학생부종합전형으로 이름을 바꾸면서 문제적인 전형의 세부 방향을 바꾼 것이다. 개선의 이유와 방향은 그 명칭에서 명확하게 드러난다. 즉, 개선 방향의 핵심은 학생부기록 내용에 대한 제한성이다. 학생부의 모든 기록은 오직 학생이 학생 수준에서 할 수 있는 범위로 한정하도록 한 것이다. 그래서 모든 학생 활동은 학교의 교육과정 운영 내에서, 학교에서 기획하고 추진하는 것만을 인정하는 것이 기본 틀이었다. 다만 입학사정관의 학생부기록을 보는 안목과 평가권은 그대로 유지된다. 그러나 수험생들은 정성평가에 불안이 많아 학종전형 평가에서 공정성을 끊임없이 요구한다. 정성평가 영역에 객관적 공정성을 요구하고 그 근거를 제시하라고 하면, 원론적으로 그 답은 매우 어렵고 타당하지도 않다. 근거는 오직 탁월한 입학사정관의 안목이면 되는 것이기 때문이다. 그러나 이 객관적 공정성 담보를 위해 대학에서는 한 학생의 학생부자료를 몇 명의 입학사정관이 조를 짜서 각각 평가하고 그 평가점을 서로 견주도록 되어 있다. 특정 입학사정관에 의해 평가점이 특이하게 나타나면 그에 대하여 면밀한 협의와 토론이 이루어지는 것으로 알고 있다. 학생부전형의 교과전형은 공정성으로 보면 매우 확실하다. 이는 오직 수치화된 내신성적만을 가지고 전형 점수를 산출하기 때문에 거의 컴퓨터식 평가가 된다. 그러나 내신은 고교 내에서 상대평가로 만들어진 성적이므로, 대학에서는 수능 최저등급 충족 요건을 걸기도 하고 면접을 실시해서, 모든 고교를 포괄적인 대상으로 놓고 전형을 하는 방법을 구안하기도 한다.

■■■

 상급학교 진학은 본인의 역량과 잠재력 및 발전가능성을 직접 평가받아 결과를 얻어 내는 것이 원칙이어야 하는 것은 당연할 것이다. 대입을 치르는 대상은 학생이다. 대학은 지원자의 역량을 평가할 수 있는 평가도구를 만들어 그 학생이 직접 자신의 역량을 평가받아야 하는 것이 입시시험의 원칙일 터이다. 입학시험은 본인이 응시하여 결과를 얻고, 면접을 치르고, 자기소개서도 본인이 직접 작성해서 참고하도록 한다. 본인의 내재된 역량을 시험 당일 발현해 내는 것은 어찌 되었든 본인이 겨루고 본인이 얻어 내야 하는 것이다. 그래서 학생의 역량을 직접 평가하는 대학별 고사가 이치로 보면 타당성이 있다. 그러한 이유로 한때 대학별 고사가 전성을 이루었지만, 그로 인한 고교생의 삶과 사교육 만연이 사회문제로 치달으면서 점차 대학별고사에 제동이 걸린 것이다. 대학을 가려는 경쟁도 심하지만, 대학별로 우수한 학생을 선발한다는 명분으로 그 시험의 수준이 도를 넘어선 것이 이러한 결과를 가져온 이유이기도 했을 것이다. 이 대학별 고사의 학생 부담이 절정에 달했을 때 나온 말이 '죽음의 트라이앵글'이었던 것은 이미 앞에서 언급했다.

■■■

 그러나 이러한 것들이 개선된 현행 우리나라 대입의 수시 학종전형은 학생의 대입 겨룸을 교사의 기록으로 경쟁을 붙이고 있는 현실이다. 물론 학생의 교육활동 성취와 과정에 대하여 교사의 눈으로 바라본 것을 객관적으로 기록하라고는 하지만, 교사의 시야가 학생의 모든 면을 언제든지 볼 수는 없고 교사의 특정 안목이라는 것도 반영되지 않을 수 없다. 게다가 우리나라는 한 명의 교사가 지도하는 학생 수가 과다하다. 학급당 인원이 보통 30명이고, 과목별로 학년을 담당하는 것을 고려하면 과목 지도는 100명이 넘는다. 학생을 면밀히 바라보고 관찰하여 특장점을 찾아내는 것에는 분명 한계가 있다. 교사의 눈에 잘 들어오는 학생이 있고 안 들어오는 학생이 있다. 학생 성격에 따라 교사와 친화적인 학생도 있고 그렇지 않은 학생도 있다. 학생의 많은 외형적인 활동을 보기도 하고 못 보기도 한다. 특히 많은 과정을 통해 내면화된 영역, 긍정적으로 변화된 가치, 자기만의 계획으로 꾸준히 밟아 가는 추진력 등은 교사와의 만남과 대화를 많이 가질수록 잘 드러날 수 있는 것이다. 그런 과정을 거치지 않는 경우는 교사가 알아차리기 힘들다. 물론 최근에는 학생에 대한 교사의 평가와 판단은 적지 말고 팩트 중심으로 간략하게 기록하라는 학생부 기록 지침이 있지만, 팩트를 찾는 것에서부터 적절한 팩트를 취사선택하여 연결 짓는 것도 교사의 학생에 대한 판단이 전제될 것이다. 또, 바라보고 아는 부분이라고 해도 개인별 학생부의 항목별 글자 수도 한정되어 있고, 교사의 열정과 **표현 방식**도 조금씩은 다를 수 있는데, 오직 기록권이 교사 전권으로 주어진 학생부의 기록을 가지고 학생의 대입을 치르라는 것은 기본부터가 오류라는 생각이 든다. 물론 학생부 기록이 단순히 한 학생의 학교생활 기록으로서의 기능만 한다거나 참고자료가 된다면 그것은 옳다고 본다. 특정 교사의 눈으로 바라본 학생의 모습이고 평가 내용이지만, 이 기록이 얻어 내어야 하는 목적과 영향력을 배제한 관찰 평가이므로 이는 객관적인 기록이라고 볼 만하다. 그런 차원에서 교사에게 기록의 전권을 줄 수 있는 것이다. 가끔 연예인이나 사회 명사의 과거 수십 년 전의 학생부기록을 근거로, 어렸을 때 있었던 일을 알게 되는 경우가 있을 것이다. 그것은 한 교사의 눈으로 바라본 기록이지만 그것을 객관적인 관찰과 평가로 이의 없이 받아들이고 그 내용이 작위적인 편견일 수 있다는 생각은 전혀 하지 않는다. 그러나 요즘의 대입전형을 위한 학생부 기록은 목적성과 영향성이 예민하고 학생이 대학에 합격을 해야 한다는 현실 상황에서 어찌 되었든 학생부 기록을 잘 만들어 주어야 한다는 부담감이 교사에게는 내재되어 있다. 그러므로 요즘의 학생부는 대입전형 자료가 되기 이전의 원초적인 학생부 기록에서와 같은 객관적인 관찰 기록 자료라고 보기는 어려워졌다. 내용 자체는 객관적이고 팩트이나, 그것을 선택하고 엮어 내는 취지와 방향성이 객관적이지 않다. 우리나라처럼 대입의 욕망이 강하고, 선호하는 대학의 서열이 명확한 곳에서 그 대입전형 자료가 학생 본인이 아닌 교사의 기록에서 합격의 운명이 갈린다는 것은 매우 아이러니하다.

■■■

고교의 교사는 학생과 학부모에게 전형 자료를 잘 만드는 사람과 그렇지 못한 사람으로 단조롭게 구별되기도 한다. 단조롭다는 것은 대상을 바라보고 판단하는 기준이 여러 가지일 필요가 없고 오직 한 가지면 된다는 얘기일 수 있다. 학급담임과 교과 교사를 잘 만나야 대학을 잘 간다는 말도 공공연하게 한다. 대입 지도를 다년간 해 온 옆 반의 교사를 부러워하는 학생도 있다고 한다. 학생을 순수하게 관찰하고 격려하는 관점에서 교사를 바라보는 것이 아니라, 일반고의 교사는 오직 대입전형에서 학생부평가가 어떻게 이루어지는지를 잘 알고, 어떤 기록을 어떻게 작성해야 평가가 유리한지에 대한 지식과 정보의 양, 그리고 누적 이력으로 평가되어 버린다. 따라서 책임 있는 교사의 역량은 학생을 가르치고 케어하는 것 외에, 대입에 대한 분석과 방향 제시, 그리고 방향성 있는 학생부 기록 수준으로 평가되기도 한다.

■■■

교사는 학생의 성장을 돕고, 학습역량 강화와 진로 설계를 지원하는 데 혼신의 노력을 하면 된다. 그리고 기록이라고 하면, 교사가 바라본 학생의 특성과 특이사항을 있는 그대로 남기면 된다. 그 기록의 목적과 가치가 순수할 때 기록도 객관적이고 인상적인 내용이 될 수 있다. 교사 한 개인이 바라본 관찰과 평가이지만 그 내용이 객관적인 것이라고 인정할 수 있는 그 순수함이 학생부 기록의 본래 취지가 아닌가 한다. 우리가 살아가면서 하는 모든 일에서 순수함이 배제되거나 사심이 배어 들게 되면 그 본질이 흔들리고 결국은 엉뚱한 방향으로 치닫거나 전혀 예상치 못하는 결과가 만들어지는 경우가 허다하다. 공교육을 살리고 대입이 간소화되기를 희망하면서 만들어 낸 것으로 알고 있는 학종전형이 오히려 엉뚱한 방향에서 교사의 순수한 평가의 의미를 흔들어 놓는 결과가 된 이유는, 바로 그것이 학생의 운명을 쥐는 대입전형 자료가 되었기 때문이다. 작성은 교사가 하고, 대학은 학생이 가게 되는 이 시스템은 아무리 뭐라고 변명해도 주객전도인 상황임은 부인할 수 없을 것이다. 그것을 알고 있기에 올해도, 내년에도 학생부 기록 지침은 또 바뀔 것이고, 그런 만큼 더 경직되고 제한적인 방향으로 갈 것이다. 그럴수록 교사의 진정한 평가권의 농도는 낮아진다. 촘촘한 지침에 따라 기록은 팩트 나열이 되어 갈 것이며, 그만큼 생생하거나 생동감 있는 기록에서는 멀어질 수 있을 것이다. 결국 교사의 평가 자율권은 없으나 교사 전권인 학생부 기록이 될 것이다. 엄밀히 말하면, 가시적이고 객관적인 팩트 기록은 평가가 아닐 수도 있다. 문제를 내고 정답 여부를 채점하는 평가는 객관적 평가가 가능해도, 역할과 안목을 인정받은 교사가 학생의 학교생활 전반을 평가할 때는 교사에 의한 판단과 생각이 평가의 기준이 된다. 학생부 기록에 대하여, 기록하라는 것만 기록하는 것이지 평가하라는 것은 아니라고 말한다면 그 이상은 논할 것이 없다. 그렇다면 학종평가 이전의 학생부 기록과는 완전히 궤를 달리하는 학생부가 되는 것이다. 원초적인 학생부는 학교생활을 함께한 교사가 학생에 대하여 아주 간단하고 인상적인 총괄 평가를 기록으로 남긴 자료였다는 것을 상기할 필요가 있다.

■■■

그러함에도 현재 대입제도에서 가장 호응을 얻고 시대적 추이에 맞는 적절한 방식이라고 긍정적으로 논의되는 것은 학종전형이다. 무결점 정책이거나 반대 논리가 없는 것은 아니며, 금수저 전형이라는 우려와 비난은 지금도 내포되고 있다. 이것이 그래도 호응을 얻는 이유는 현장의 학교교육 운영을 바탕으로 충실한 학교생활을 반영하고, 교육과정 운영의 정상화와 맞닿아 있기 때문이다. 게다가 4차 산업혁명 시대, 미래 교육의 방향성, 곧 적용되는 고교학점제의 운영 특성이 그대로 학생부 기록에 들어오고, 그것을 근거로 학생의 고교 생활이 평가되는 시스템이기 때문이다. 학생의 충실한 학교생활 적응과 진로 성숙도를, 교사의 기록이라는 제3자의 거름망 장치를 하나 두고 통과한 기록이라고 할지라도, 이 방식이 학교를 보여 주고 학생의 고교 생활을 낱낱이 볼 수 있는 장치이기 때문일 것이다.

학종전형이 그래도 긍정적인 평가 쪽으로 기울어지는 다른 이유는 수능과 대비한 상대적 특징과 우월함에 기인한 면도 있어 보인다. 1994년부터 시작해서 무려 30년 가까이를 지탱해 온 수능시험은, 학력고사의 건조한 지식 위주 문항을 극복하여, 사고력과 논리력을 가미한 문항 개발로 시작했다. 이후 한동안은 소위 '수능형 문항'이라는 긍정적 평가를 받기도 했었다. 그러나 시대가 흘러가면서 이 수능형 문항도 열린 사고를 지향하는 데는 한계가 있고, 대입전형의 중요한 역할을 하다 보니 한 치의 오류도 없는 객관적 정확성을 지향한 문항을 개발해야 하는 방향으로 갔다. 좋게 말하면 객관화된 문항이라고 하지만 나쁘게 말하면 사고의 확장보다는 누구라도 이견을 낼 수 없는 명백한 단답형 또는 정답 지향의 문항이 되고 만 것이다. 그러니 새로운 시대에 다양성과 창의성, 새로운 길과 방향을 모색하는 도전, 상상의 결론에서 과정으로 내려오는 학습 등이 수능 대비 중심으로는 안 되는 것이다. 그래서 이 시대에 수능시험은 미래인재 역량 함양에는 어울리지 않는 것으로 낙인되는 실정에 있다. 급기야 수능폐지론이 나오는 것은 이 시대의 흐름과 미래지향성에서 부합되는 면이 상당하다. 그러함에도 수능시험은 최근 다시 강화되고 있고 학교교육과 교육과정 개정은 수능 시험의 특성과는 정반대로 가속되는 느낌이니, 이 이율배반적인 대입전형의 양 축에 대하여 둘 중의 하나를 고른다면 당연히 학종전형일 수밖에 없지 않겠는가. 이것이 매우 훌륭하고 흠이 없어서가 아니고, 수능시험에 대한 반향에서 학종전형 평가는 그런대로 선호되고 앞으로도 갈 만한 방향인 것 같기는 하다.

■■■

그런 이유에서 학종전형은 더 많이 수정 및 보완되어야 하고, 적어도 교사의 기록 역량으로 학생의 대입 당락을 책임지는 부분은 해결되어야 한다고 본다. 학생부 기록에 투자하는 교사의 시간과 열정을 교육 본령에 쏟아, 학교교육의 정상적 과정에 있는 교사와 학생의 신뢰 관계를 회복하는 방향에 길을 열어야 할 것이다. 대상을 전체로 보고, 제도에 대한 손질은 큰 범위에서 해야 할 것이다. 발언권이 있거나 논의하고 있는 사람들의 조건과 개인 차원의 의견을 듣고 몰리거나 쏠려서도 안 될 것이다. 현실적으로 어렵다면 변화될 제도에 대하여 시행 유예를 두고 공표하는 방법도 관철을 위한 한 방법은 될 것이다. 미래를 살아갈 학생들에게 새로운 시대를 마음껏 열어 주기 위해서라도 시대에 맞는 교육과 그에 어울리는 대입제도를 만드는 것은 무엇보다도 중요하다. 그리고 대입전형의 평가는 고교 교육 기간을 통해 흡수하고 체화된 자신의 모습이 그대로 전형 요건이 되어 평가받을 수 있어야 한다. 그 전형 평가 자료가 절대로 교사의 작품이 되어서는 안 되는 것이다.

03
대입제도 개선 방향 모색

　　　　　　　　　　시대의 변화에 따라 추구하는 미래인재상이 달라지고 학교교육은 이에 따라 교육의 방향과 가치가 달라져야 한다. 그것이 국가 교육과정의 변화 이유이다. 기성세대들은 과거 자신들의 학교교육 당시를 떠올리며 오늘날 자녀들 교육 현장의 모습에 격세지감까지 느낄 것이다. 지식 저장보다는 활용 능력이, 혼자 채우는 것보다는 공유하고 협업하는 것이, 책보다는 체험이, 문자보다는 영상이, 한 방향보다는 마주 보는 쌍방이 오늘날 학교 현장의 교육 모습이다. 교육은 교사의 가르침이 아니라 학생의 배움이며, 교사는 지식 전수의 전능자가 아니라 스스로 배움의 조력자라는 말도 기성세대는 쉽게 이해가 안 될지도 모르겠다.

　이렇듯 새로운 시대의 미래 인재상을 구현하기 위해 발 빠르게 대처하는 국가의 개정 교육과정이 학교에 들어오면, 그 개정 내용의 타당성과 현실성의 이해에도 불구하고 즉각적으로 반응하는 물음은 현행 대입제도와 그것이 맞아 들어가느냐는 반발성 의문이다. 교육과정의 변화 대응은 내용으로 보았을 때 참으로 순발력 있고 매우 고무적인 방향이다. 그러나 대입제도는 변화하는 교육과정과 맞지 않음을 넘어 정반대로 가고 있다. 개정 교육과정이 가속적으로 시대를 따라잡고 있으나 우리의 대입제도는 항상 제자리걸음이거나 오히려 시대에 역행하곤 하기 때문이다. '2022 개정 교육과정'이 코앞으로 다가왔고, 이미 고교학점제 적용 운영을 구체적으로 발표했다. 준비도 문제이거니와, 고교학점제와 현행의 대입제도가 완전한 엇박자라고 여기저기서 크게 반발을 하고 있어도 그에 대한 해결책은 아직도 나오지 않고 있다. 수능 문항의 일부를 서술형으로 출제하고 공정한 채점 시스템을 만든다는 것은 고교 교육을 걱정하는 많은 사람들의 우려에 대한 답은 절대 아니다. 수능 체제를 그대로 놓고 서술형 문항을 일부 개발한다는 제도 개선 처방도 궁극적 해결이거나 신뢰적 기대로는 보이지 않기 때문이다.

■■■

지금도 그렇고, 예고된 '2022 개정 교육과정'도 학생들의 자율적인 과목 선택과 학생참여형 수업이 강조된다. 학생들은 과목을 다른 학생들과 동일하게 선택할 필요는 없고, 수강자 수가 몇 명이 되든 자신의 진로를 위해 선택한 과목을 중심으로 충실한 고교 교육과정을 밟아 가면 된다.

그런데도 대입제도는 여전히 지식 측정 중심의 수능 비중이 높고 그 촘촘한 성적 자체가 대입 당락을 쥐고 있으므로, 대학을 포기하지 않는다면 온전히 자율적으로 과목을 선택하기는 힘들다. 수시에서 아예 수능성적을 반영하지 않는 대학도 있지만 경쟁력이 높은 중상위권 대학은 아직도 수능성적이 확보되지 않으면 대학 가기가 힘들게 되어 있기 때문이다. 수능 선택과목도 학교교육에서 학생 개개인이 다양하게 선택하는 모든 과목이 수능 선택과목에 포함되어 있지 않다. 사탐, 과탐, 직탐으로 포함된 일반선택의 특정 과목들 중에서만 수능 응시 과목을 골라야 한다. 수능 선택과목으로 고르면, 그 과목은 시험 보는 날까지 혼신의 힘을 다해서 매달려야 경쟁적 성적을 얻을 수 있고, 그래야 대입 당락을 스스로 책임질 수 있다.

수능과는 이질적이고 어떤 면에서는 상반된 미래형 교육과정과, 상위권 대학을 중심으로 강화한 수능 중심 대입제도가 공존하고 있다. 게다가 우리나라 학생은 대다수가 대학 진학에 매진하고, 그것도 서열 우위의 대학이나 학과를 위해 시간과 노력을 아끼지 않는다. 고교 교육과정을 마무리하면서 치르는 이들의 대입 시스템은 극명한 엇박자로 학생들의 미래를 열도록 펼쳐져 있는 것이다.

여기에 학교 구성원들을 힘들게 하는 부분이 또 있다. 현행 대입제도는 수시와 정시로 나뉘어져 있고, 수시에 합격하지 못하면 정시에 다시 도전할 수 있다. 그러나 수시는 수능의 최저등급 제한이 있다고 해도 주된 전형 방법은 학생부전형이다. 교과전형과 종합전형이 있는데, 교과전형은 학교별 내신 자체로 경쟁하므로, 내신이 완벽한 학생들에게만 허용된 그들만의 리그 전형이고, 그렇지 않은 학생들은 종합전형으로 도전해 봐야 한다. 교과전형도 3학년 1학기까지 줄곧 전 과목(대학과 계열에 따라서는 주요 과목)의 내신성적이 계산되어야 하므로 5개 학기 중 어느 한 학기도 성적이 처져 있으면 안 된다. 다시 말해, 이는 결과론적으로 고교 3년간을 통해 전혀 내신의 흐트러짐이 없는 최종 내신의 계산에서 선택할 수 있는 것이다. 그러니 처음부터 자신은 교육활동에 신경 안 쓰고, 수능도 관계없이 오직 학생부교과전형으로 가겠다고 작정할 수 있을까? 그러므로 모든 학생은 교과내신도 신경 써야 하고, 동시에 새로운 교육과정에 따른 적극적 교육활동, 진지한 참여수업, 진로성숙형 학교생활 등에 많은 노력을 해서 학종전형도 아울러 대비해야 한다는 것이다. 그러면서 수능 최저가 걸린 수시라면 수능시험 공부에 매진해야 수능 최저등급 확보라는 자격도 얻을 수 있는 것이다. 만약 수시에 실패하면 그다음은 당연히 40% 이상의 인원이 할당된 정시로 수능전형을 치러야 한다. 물론 정시 40%는 상위권 대학에 한하지만 말이다.

자신의 진로에 따라 과목을 선택함과 동시에 수능에 유리한 과목 선택도 고민해야 한다. 학교교육 과정을 정답보다는 과정과 성취를 위한 질적인 성장의 시간으로 충실하게 엮어 학종도 대비해야 한다. 내신성적도 3학년 1학기까지 조금도 빈틈을 주지 않아야 한다. 동시에 이해와 암기가 방법인 수능성적 향상을 위해 교육과정 시스템과는 엇갈린 노력을 수면을 반납하면서까지 해야 한다. 이제 수능에서 서술형 문항도 개발하여 제공한다고 하니, 앞으로는 수능 서술형 문항 답안지 작성 대응 학습도 아마 추가되어야 할 것 같다. 개선책으로 논의되는 수능 서술형 문항개발이지만, 학생들 편에서 보면 차라리 선다형 수능으로만 가는 것이 도움이 될 성싶기도 하다. 어쨌든 3년의 고교 생활을 해야 하는 학생들은 이렇듯 3가지 또는 4가지 영역을, 그것도 연계성이 없는 부분까지도 끌어안고 치열한 시간을 보내야 하는 운명을 앞에 두고 있는 것이다[70].

---

70) 3가지 영역이란 학생부교과전형, 학생부종합전형, 수능전형을 말하고, 4가지 영역이란 2008 대입개선안의 예정대로 수능서술형 문항이 추가적으로 시행된다고 가정했을 때 이 3가지에 수능서술형 답안 작성 준비가 하나 더 포함된다고 본 것이다. 고교 3년 동안의 결과에 어떤 변수가 나올지 몰라 대입전형의 모든 것을 준비해 가야 하는 고교생의 대입 준비 실정을 말한 것이다.

■■■

　국가에서 수능을 없애지 못하는 이유부터 생각해 보면 아마 역으로 그 해결책이 보일지도 모르겠다. '2015 개정 교육과정'이 야심차게 학교로 들어오고 교육 현장에서는 그에 따른 준비를 유독 많이 시켰던 것으로 기억한다. 그 관심과 기대만큼 이 교육과정이 새로운 시대에 학교에 제대로 정착되기를 소원하면서, 학교 구성원들은 수능이 이 교육과정과 완전히 반대 방향으로 가기에 이제 진실로 수능이 없어져야 한다고 외쳤다. '2015 개정 교육과정'을 강하게 미는 만큼 이제는 수능을 없애 주리라 타당성 있는 기대도 있었다. 그러나 논의 결과는 상상을 초월한 놀라움이었다. 당시 정시 인원 비율은 30%였으나 2023년 대입까지는 이 비율을 오히려 40%로 확대하라는 발표가 2019년에 있었다. 이것은 비단 정시 40%에서 끝나는 것이 아니고, 상위권 대학의 정시 강화, 즉 수능강화 정책인 것이다. 모든 사람살이 일이 그렇지만, 대학도 수능전형이 늘어난다는 기조를 받아들이면 눈에 보이는 공식적인 범위뿐만 아니라 눈에 보이지 않는 부분까지도 교묘하게 수능 영향력을 강화하게 된다. 그렇게 되면 시행을 미리 하는 경우도 생긴다. 또한 전형 설계에서 실제 수능전형이라고 말할 수 있는 범위는 잘 따져 보면 40%가 넘을 수 있다는 예측도 나온다. 대학의 우수 학생 선발 욕망은 예로부터 수능성적에 그 기준을 두어 왔기 때문에 이러한 예측이 가능한 것이다. 사실 특정 대학의 수능 최저등급기준의 조건에서 합불 사례를 두고 보면 수시조차도 수능에서 당락이 결정되어 버리는 대학의 교묘한 전형 설계도 많이 보여 왔다.

■■■

결과적으로 이 시대에 수능전형이 오히려 늘었다. 그것은 국민들의 대입전형에 대한 공정성 요구 때문이었다고 한다. 우리나라 사람들은 대입에 대한 열망이 대단하다. 그리고 원하는 대학의 입학은 곧 인생 성공을 예고한다고 생각하는 흐름도 있다. 그러므로 대입제도에 대하여 대입전형의 공정성 담보를 가장 중요한 요소로 보는 것이다. 미래인재 역량 교육도 필요하고, 고교 교육 정상화도 알고는 있지만, 대입에 대하여는 그 어떤 것보다도 철저하고 가시적인 공정성 보장을 가장 큰 해결안으로 생각하는 것이다. 현 대입제도에서 공정성을 가장 잘 보장하는 것이 수능성적이라고 판단하기 때문에, 수능을 대체하는 다른 전형요소로 대입 당락을 결정하는 것에 대하여 용인이 쉽지 않았던 것이라고 이해는 된다. 그것이 단순 지식측정이라고 해도, 미래인재 역량과 조금 거리가 먼 방법이라고 해도, 수능성적이 높으면 일단 실력이 있다고 학생이나 대학이 공히 인정하기 때문이다.

이러한 생각은, 고교 4학년, 5학년이라는 시쳇말을 만들어 내기도 했다. 이는 서열 우위의 대학 또는 학과를 기필코 잡기 위한 무한대의 노력으로, 대입 재수, 삼수를 하는 성향의 수험생을 지칭하는 말이다. 게다가 대입 전략과 분석의 궁극적 대상은 이미 재학생이 아니고 재수생, 삼수생이 되어 가는 현실을 몇 년 전부터 실감하고 있다. 이들은 바로 오직 수능성적으로 다시 승부를 걸겠다는 수험생들이다. 내신성적, 학교생활 기록에 신경을 쓰며 수능을 처음으로 준비해서 시험 보는 학생은 재수, 삼수를 통해 오직 수능시험만 매달리며 실력을 쌓는 학생들의 수능성적을 따라잡기가 결코 쉽지는 않을 것이다. 재학생을 기반에 두고, 재수, 삼수를 해서 상대적 성적을 확보해 원하는 대학에 기필코 합격하겠다는 상위권 대학 목표 수험생들이 해를 거듭할수록 많이 나온다. '2015 개정 교육과정'의 운영에도 불구하고, 수능전형 비율의 확대 결론을 내린 배경에는 이런 현상의 요구가 은연중에 반영되지 않았을까 생각도 해 본다.

■■■

수시전형이 시작되면서 대교협은 대학의 여러 재정 지원 사업을 통해 수시전형 확대를 강하게 권고함으로써 수시제도의 안착에 박차를 가했다. 이에 따라 대학에서는 다음 해의 전형설계안을 만들면서, 수시로 들어온 학생과 정시 즉, 수능으로 들어온 학생들의 학교생활 적응도를 다각도로 분석하고 평가하는 자료를 만든 일이 있었다. 대학에서는 소위 실력 있는 학생들을 뽑고 싶어 하는데, 분석 결과로 보니 역시 수시보다 정시, 즉 수능으로 들어온 학생들이 실력이 좋다는 것이었다. 그러나 수시로 들어온 학생은 상대적으로 학교생활이 건강하고, 만족도가 높고, 활기찬 학교 적응을 해 가는 반면, 정시 즉 수능으로 들어온 학생들은 학교 만족도가 떨어지고, 뭔가를 적극적으로 해 보려는 의지가 상대적으로 낮았다고 분석했다. 그리고 대학에서 가장 중요히게 생각하는 것 중의 하나가 입학한 학교에 끝까지 다니는 것이었는데, 수시로 들어온 학생들은 거의 학교생활을 끝까지 유지하는 데 비해 수능으로 들어온 학생은 반수, 또는 자퇴를 선택하는 학생들이 많았다고 했다. 이러한 분석은 통상적으로 이해하기에 그다지 어려운 것은 아니다. 수시 전형요소가 그렇고, 수능의 특성이 그것을 그대로 말해 줄 수 있다고 판단된다. 그리고 수능성적에 관한 한, 다시 공부해서 시험을 한 번 더 보면 성적이 올라갈 수 있다는 희망과 기대는 항상 내포되어 있는 것 같다.

대학의 전형설계를 위한 대입전형 자문위원회에서의 일이다. 한때 대입전형 요소에 인성평가 영역을 넣으라는 강력한 요구가 있었다[71]. 이 인성평가를 어떤 방법으로 넣어야 할까에 대하여 모든 대학에서 엄청난 고민을 하게 되었다. 고교에서는 학생부에 이 인성평가 부분에 포착될 항목을 기록해 주는 것이 학생부 기록의 트렌드가 되었다. 그러나 이것이 평가요소가 되기 위해서는 학생부 기록의 내용이 공인되어야 하지 않느냐는 것에까지 학생 인성평가의 방법들이 구체적으로 확장되어 가고 있었다. 인성은 문제를 통해 확인하거나 검증할 수 없으므로 이것을 대입전형 설계에 넣기가 만만치 않았다. 논의만 하다가 별 뾰족한 답이 없이 흘러가게 되었고, 아마 법령 수준에서 학생부 기록 자료가 최소한의 평가 요소가 되긴 했었던 것 같다. 지금은 종합평가라는 범위로 모든 것이 들어오게 되었으니 별도 논의할 필요는 없을 것이다. 이때 특정 대학에 수능 문항만 잘 맞힌다고 실력자가 아니라 가능성, 잠재력, 문제해결력, 창의력, 인성 등이 모두 실력인데, 왜 대학에서는 수능전형 인원을 그렇게 늘리고 수시에서도 수능최저기준을 과도하게 높게 설정하느냐는 토론을 한 적이 있었다. 대학에서는 실력 있는 학생을 뽑고 싶어 하는 것은 너무 당연한 것 아니겠느냐, 그 실력을 보여 주는 것은

---

[71] 대입전형요소의 인성평가 영역은, 2014년 12월에 국회를 통과하고 2015년 7월부터 시행한 '인성교육진흥법'과 관련이 있다. 대학에서는 2016년 대입에 본격적으로 이를 반영하기 위해 2015년 한창 대입전형 설계안 마련에 고민이 많았다. 면접을 통해 어떻게 진실한 인성을 구별하느냐의 문제에 봉착한 것이다. 인성이라는 정성적 영역을 어찌됐든 최대한 정량화해서 객관적 공정성을 얻어야 하는 문제가 있었고, 인성이 대입을 위한 스펙으로 이력을 모아야 하는 요소라는 부분에 많은 사람들의 설득이 어려웠던 점도 있었다.

수능성적 이상은 없다고 말하는 대학 측의 강변을 들은 기억이 있다. 미래인재 양성의 실현은 여러 곳에서 동시에 협조해야 가능하다는 것을 또 한 번 실감했었다.

■■■

　수능과 실력, 이 관계를 한번 봐야 할 것 같다. 수능성적이 높으면 실력이 있고, 수능성적이 낮으면 그만큼 상대적으로 실력이 낮다는 판단이 이 관계성이다. 여기서 우리가 면밀하게 생각해 보아야 하는 것은 실력이 무엇이냐의 문제이다. 실력은 단순히 지식 보유의 개념으로만 보아도 될 것인지 아니면 실천의 문제로까지 확장해야 하는 것인지를 고민하고 결정해야 할 것 같다. 삶을 살아가는 데 있어서 우리는 실력자를 추구한다. 삶은 이론이 아니라 실전이고 실전은 행동이다. 그리고 삶이라는 영역은 혼자가 아니고 여러 사람이 엮이고 함께하는 공간이고 여건이므로 이는 결국 관계 영역인 것이다. 삶에서 해결해야 하는 문제는 기존의 지식을 대입해서 해결되는 것은 거의 없고, 그것을 응용해야 하는 새로운 차원의 문제가 속출하는 곳이다. 그래서 미래역량은 문제해결력, 창의력, 협업 능력이 요구된다. 물론 이러한 역량을 실현하는 데 반드시 간과해서는 안 되는 것이 있다. 바로 기초지식, 어느 정도의 지적 영역의 보유가 필수이다. 하는 일의 유형, 종류, 수준에 따라 그것을 해결하기 위해 동원되는 기초지식의 양과 수준은 매우 다를 수 있다. 그렇지만 아무리 높은 수준의 영역이라도 보유한 최대 지식의 양이 그대로 투입되어 해결되는 일은 없을 것이다. 다시 말하면 어떤 수준의 영역이라도 해당 관련 지식을 토대로 그것을 엮어 응용하고, 종합하여 해결하는 창의적 역량과 협업이 필요하다는 것이다. 수능성적이 응용, 종합, 창의, 협업의 역량까지 보여 준다고 볼 수 있을까. 모두에게 적용되는 것은 아니지만, 고교생활에서 높은 수능성적을 얻기 위해서 투자하는 시간은 많을수록 성적 결과가 높게 나올 것이다. 그렇다면 높은 성적을 얻으려면 책과의 싸움을 통하고, 지식과 이해 수준의 노력에 올인(all in)해야 한다. 그러다 보면 학교라는 공간과 집단의 다양한 인간관계 속에서 이들과의 관계성, 합의, 조정, 성숙을 위한 경험의 시간은 상대적으로 적을 수 있다는 것이고, 그렇다면 얻은 지식을 활용하기 위한 다양한 고민과 활동의 영역은 그만큼 더 적었을 것이라는 생각이 된다. 쉽게 말하면 옆에서 무슨 일이 일어나든 상관하지 않고 책만 파고드는 학생은 당연히 성적이 높고, 오만 가지 일에 오지랖을 자랑하며 온갖 분야를 섭렵하는 학생은 인기는 있으나 성적은 비교적 낮지 않을까 생각할 수 있다. 그러함에도 우리나라 대입의 수능 반영은 한 문제까지도 그 영향력을 무시할 수 없는 점수 지향으로 이루어지고 있다. 수시의 수능최저등급도 이러한 설명에서 자유로울 수 없고, 어떤 면에서는 그 한 문제가 더 혹독하고 억울하게 등급 이동 역할을 하기도 한다.

■■■

기초지식과 실력의 문제를 동시에 해결하는 수능성적 활용 방법이 있다. 온 국민이 그렇게 열망하는 공정성 담보에서도 크게 어긋나지 않는다. 뜻있는 교육정책 입안자와 학교교육의 선봉에 있는 현장 교사들의 미래인재 역량 강화 교육의 욕구도 충족할 수도 있다. 궁극적으로 대입전형은 새로운 교육과정 운영의 충실성에서 평가하는 것이 가장 좋으니까 말이다. 그것은 바로 수능을 치르되 수능성적을 액면가 그대로 제공하지 말고, 몇 단계로 제공하여 그 수준만 가지고 활용하도록 하는 것이다. 3단계 정도가 좋을 것 같지만, 4단계 정도의 허용도 논의해 봄직하다. 이는 수능성적을 대입전형을 위한 기초지식의 수준으로 활용하는 안이다. 3단계로 수준을 나눈다면, 대학 또는 학과별로 수능성적의 수준 단계를 하나의 자격 수준으로 놓을 수 있다. 이는 원래 수능이 나오게 된 취지와 배경에도 오히려 잘 맞는다. 이 시험은 특정 학생이 대학 또는 학과에 들어와서 수학(修學), 즉 공부를 해낼 수 있는 바탕 능력이 있느냐를 검증하는 시험이라는 의도에서 '대학수학능력시험'이라고 명명되었다. 따라서 이 시험은 애초 시작된 의도와 명명으로 보면, 대학에서 공부해 나갈 기본 역량 자료로 쓰면 되지, 한 문제라도 더 맞힌 사람은 대학에 들어와 공부하기에 적합하고 그렇지 못하고 상대적으로 밀린 사람은 대학에서 공부할 자격이 없거나 수준이 안 된다고 판단하는 시험은 아니었다. 그렇다고 해서 이러한 기초적 지식도 무시한 채 고교 생활의 자료로만 가지고 대학수학능력을 평가하라고 대학에 요청할 수는 없다. 물론 고교 내신도 있기는 하지만, 고교의 상황과 여건이 천차만별이어서 그 내신으로 모든 것을 판단하기는 어렵다는 대학 또는 일반인들의 의견을 감안하면 오히려 국가 차원의 수능시험을 기초 지식의 수준으로 활용하는 것은 의미가 있다고 생각할 수 있다.

  수능으로 3단계 정도의 기초 수준을 설정한 단계에서 본격적인 대입전형은 학종평가를 통해서 하면 된다. 학종에는 교과내신도 반영된다. 어차피 학종은 대학의 입학사정관의 몫이므로, 대학별로 교과내신의 활용과 반영 방법은 그들의 방법에 맡기면 된다. 이렇게 되면 미래인재 역량을 위한 고교의 교육과정 운영과 학생들의 적극적 교육활동 참여는 보장될 것이다. 현재의 촘촘한 수능성적을 활용하는 방식은 한 문제라도 더 맞혀야 하므로 수능 공부에서 숨을 돌릴 수 없지만, 몇 단계 구간으로 자격을 부여하면 수능 준비의 여유로움을 고교 교육과정의 충실로 돌릴 수 있다. 그래서 고교 교육의 정상화 속에서 진정 실력자가 되기 위한 다양한 영역의 활동들을 진지하게 경험할 수 있을 것이다. 진로결정을 토대로 개별적 과목 선택을 통해 진지한 경험을 하도록 하는 고교 학점제도 이런 여건을 만들어 주면 배경과 의도 이상으로 그 효과는 높아질 것이다. 이런 것들이 모두 대입전형의 평가 기준이 됨으로써 교육정책을 생산하는 계획과 소비하는 실천이 잘 맞아 들어갈 수 있다. 대학도 수능 수준으로 기초지식을 보장한 가운데, 진정한 실력자를 가릴 수 있는 합당한 학생부전형을 시행할 수 있을 것이니 말이다. 온 국민이 열망하는 공정성 문제도 이런 정도면 해소될 수 있지 않을까 한다. 한 문제 한 문제의 촘촘한 점수지향의 전형이 공정성의 최고라고 말한 사람들도 사실 한 문제의 점수가 곧 그만큼의 실력을 구별 짓지 않는다는 것 정도는 알 수 있을 것이고 그 점수가 미래지향적 실력은 아니라는 것도 잘 알고 있을 터이기 때문이다. 수능을 준비하되, 그 중요도와 영향력이 높지 않기 때문에 일정 수준에 들어온 학생들이 더 이상 성적으로 경쟁은 하지 않을 것이다. 교실은 이제 경쟁으로 몰리는 공간이 아니고 협업과 협동이 가능한 능동적 참여 공간이 될 수 있을 것이다. 친구를 밀치고 내가 앞장서야 하는 냉정한 현실적 공간을 벗어나, 동료의 학업을 돕고 함께 꿈꾸며 공동체를 이해하는 협력과 관계의 장(場)이 될 것이다.

■■■

　수능성적의 단계적 수준 활용을 전제로 이제 대입전형의 학종평가를 논의해 본다. 학생의 학교생활에 대한 전반적인 평가를 학생부 기록을 대상으로 하는 것에 타당성이 없는 것은 아니다. 다만 너무 많은 항목과 너무 많은 내용으로 기록을 유도하고, 교사가 작성한 그 긴 기록이 그대로 학생의 전형자료가 된다는 것이 문제인 것이다. 현재는 교과세특의 기록 전쟁을 제외하고는 많이 단순화되었다. 기록을 보면 학생들이 이렇게들 열심히 참여하고 적극적으로 활동하는 교실수업이 이루어지나 할 정도로 교과세특의 내용은 풍요롭고 활기차 있다. 요즘 학교의 교실은 반은 엎드려 잠을 자고 있다는 부정적 풍속도가 있음에도 학생부기록의 교과세특은 매우 건강하고 활발하여 오히려 아이러니를 느끼게 한다. 정말 교과수업을 이렇게 했다면 그러한 수업 과정의 모습이 중요한 것이 아니라 이러한 과정을 통해 학생이 배우고 성숙하여 체화된 모습으로 증명되어야 하지 않을까 한다. 학생부 기록은 단조롭게 하고, 실제 이들의 역량과 결과는 체화된 자료, 즉 그들이 직접 작성한 주제 및 그에 관한 글을 통해 확인해 보는 방법이 오히려 더 타당할 것 같다. 대입전형의 대상은 학생이므로 어떤 방법으로든 학생이 전형을 통해 직접 그 우수함을 보어 주어야 한다고 생각된다. 교사의 기록 내용이 참고는 될 수 있을지언정 전형의 최종이고 결과이어서는 안 될 것이라는 뜻이다. 다행히 수능에서 서술형 문항이 개발되고 있다고 하니, 선다형 문항이 있음에도 같거나 비슷한 내용을 서술형으로 또 물을 것이 아니라 아예 주제글 작성 문항으로 만들어 이것을 기술적으로 채점하면 되지 않을까 하는 제안을 해 본다.

다른 나라의 대입전형은 거의 고교 교육과정 이수의 정도를 활용하는 경우가 많다. 국가 차원의 졸업시험과 같은 유형의 시험을 치르고 그 결과를 대입전형 자격으로 삼거나 또는 단계적 전형에 활용하기도 한다. 우리나라의 수능은 엄밀히 말하면 고교 졸업시험의 맥락이라기보다는 대입전형용이다. 굳이 더 자세히 말한다면, 형식은 고교 졸업시험 같으나, 실제 활용은 대입시험용이 되는 것이다. 어떤 나라는 고교 졸업수준과 대입전형의 시험으로, 둘 다의 효용으로 활용하는 경우도 있지만 고교 졸업수준으로 대입을 치르는 경우가 더 많아 보인다[72]. 우리나라의 대입제도를 굳이 이 대목에서 평가해 보면 학생부는 졸업시험이고 수능은 대입전형용 시험이 될 수 있을까? 하지만 학생부는 엄밀하게 이수증명이고 졸업시험 맥락은 아니다.

■■■

수정해도 개선해도 만족스럽지 않고, 고교 교육과정과는 오히려 더 상충되어 가는 대입제도를 극복하기 위해 '미래형 대입제도안'을 상상해 보고자 한다. 어디까지나 상상이니, 이 안이 또 다른 더 나은 상상과 제안의 토대가 되면 그것으로도 만족할 수 있을 것 같다. 아래 건의안은

---

[72] 이미 오래전부터 논의되어 온 내용이지만, 수능시험이 고교졸업시험이라면, 학생별 선택이 아니라 모든 고교 졸업예정자가 모두 응시해야 하고, 성적 처리도 졸업학력 기준 차원에서 나와야 할 것이다. 그리고 무엇보다도 시행 주관이 고교이어야 하고 출제도 고교 교사가 해야 하며, 감독교사도 고교 교사들이어야 한다. 만약 대입전형용 시험이라면, 응시는 필요에 따라 선택적이어야 하고(현재의 수능처럼), 주관과 출제가 대학이어야 한다. 그리고 성적은 대입전형에서 이용할 것을 고려한 방식으로 나와야 한다. 지금의 수능은 그 경계가 모호하고, 운영 방식도 혼재되어 있다. 출제는 교수가 주도권을 가지고 있으며(이는 졸업이냐 입시냐의 기로에서 가장 중요한 항목), 시행은 고교에서 주관하고 있다.

현행 대입제도를 충분히 활용해 본 것이다.

[미래형 대입제도안]

○ 대입전형의 기조는 수능(수능Ⅰ, 수능Ⅱ)과 학생부평가
○ 수능Ⅰ은 선다형으로 기초학력 활용(3단계), 수능Ⅱ는 서술형(에세이)
○ 수능Ⅱ 서술형은 '미니 바칼로레아' 형태
○ 학생부는 최대한 단순 기록 지향(정량화)
○ 1단계는 수능Ⅰ(자격 부여), 2단계는 학생부평가와 수능Ⅱ 합산 전형
○ 수시와 정시는 2단계 항목별 적용 비율 상이(학생부 중심/ 수능Ⅱ 중심)
○ 수시와 정시의 동시 지원, 수능 이후 12월 초

※ 수시와 정시의 원서제출 일정이 동일하나, '학생부전형' 또는 '수능Ⅱ 전형'의 선택만 다르므로, 모집시기 구분을 삭제하고, 전형명 구별로 변경 가능

대입전형은 학생부자료와 수능시험(수능Ⅰ, 수능Ⅱ)을 기조로 한다. 수능은 선다형 시험(수능Ⅰ)과 서술형 시험(수능Ⅱ, 에세이)으로 구분하여 선다형은 기초학력을 측정하여 대입 지원 자격으로 활용하고, 학생부는 학종평가로 전형의 핵심을 이룬다. 여기에 대학에서는 서술형 수능(수능Ⅱ)의 성적과 학종평가(학생부)로 대입전형의 중요한 자료로 삼는다.

먼저 수능에 대하여 세부적인 제안을 해 본다. 현재 진행 중인 수능시험의 문항을 반으로 줄여 오전에 실시한다(문항 수 축소 및 난이도 조정). 이것을 수능Ⅰ 영역으로 하고, 서술형 문항을 오후에 실시하며 이를 수능Ⅱ 영역으로 한다. 수능Ⅰ의 성적은 기초학력 성취 수준으

로 3단계로 결과를 제공한다. 대학에서는 전형 설계 시, 이 자격 단계를 명시할 수 있다. 수능Ⅱ 영역은 서술형 문항으로, 엄밀히 말하면 미니 바칼로레아(에세이) 시험으로 대응해 볼 수 있다. 3개년 교육과정의 결과 학생별로 체화된 졸업 역량을 주제글로 풀어내고, 그 결과처리를 통해 교사가 아닌 학생의 기술 자료를 통해 학생의 역량을 직접 평가하는 것이다. 이미 서술형 수능을 위해 채점 시스템을 준비하고 있으니 이 평가의 공인적 채점은 가능하리라고 본다. 다만 선다형과 유사한 지식 위주의 문항을 서술형 문항으로 낼 필요는 없고, 바칼로레아와 같은 종합적, 철학적, 가치관적 개념과 종합, 응용, 실천적 역량을 가늠할 수 있는 삶과 세계의 주제를 다루면 좋을 것 같다. 분량은 1,500자 정도로, 2시간 또는 2시간 반 정도의 시간이면 가능할 것 같다. 지식과 근접하거나 어려운 주제의 문항이 나오면 이에 대응하느라 엄청난 사교육 시장이 또 부풀 것이다. 프랑스의 바칼로레아가 긴 세월 동안 무리 없이 진행되고 있음과 지금까지 나온 글쓰기 주제의 검토를 통하면 문항 제시와 채점이 그렇게 어렵지만은 않을 것이다. 그리고 대학입시 차원은 아니지만, 몇 년 전 제주특별자치도교육청과 대구광역시교육청에서 국제 바칼로레아(IB)를 한국어로 도입하는 데 합의하여 추진하고 있는 것으로 알고 있다[73]. '2015 개정 교육과정' 또는 '2022 개정 교육과정'과 함께 갈 수 있는 맥락이고 무엇보다도 그 교육과정이 미래인재 역량과 매우 부합되기 때문일 것이다. 국제학교의 교육과정을 일반 학생들에게도 적용하는 기회를 주고자 시작했던 것이 제주특별자치도교육청의 출발점이었던 것 같다. 이러한 노력과 연계해서 고려해 봄 직한 이

---

[73] 이에 대한 내용은 〈제주, 대구 교육청 국제바칼로레아(IB) 한국어로 도입한다〉(한겨레신문, 2019.4.17.) 기사 참고.

수능Ⅱ에 대한 타당성은 전형의 핵심이 되는 학생부평가가 교사의 기록 역량이 학생을 평가하는 것으로 전이되는 치명적인 문제점에 대한 보완이기도 하다. 그렇다면 학생부 기록에 대한 지침과 보완은 더 단순화되어야 하고, 현재 기승을 올리고 있는 교과세특마저도 단순화되어야 할 것이다. 그래야 학생의 학교생활이 있는 그대로가 기록될 것이고, 교사의 학생평가 자료는 오직 종합의견에 반영한 최종적인 교사 의견으로, 상호 간에 편하고도 합리적인 기록이 될 수 있을 것이다.

■■■

학생부기록을 단순화하면 교사의 의도나 의지가 최대한 덜 반영되고 학생의 있는 모습 그대로가 기술될 것이라는 것 외에 추가적인 효과가 또 있다. 대입전형 일정을 맞추다 보니 고3 학생의 정상적인 학사와 교육과정 운영이 정상화되기 어렵다. 교육 당국에서는 공문을 통해 고3 학생들의 수능 이후 정상적 교육과정 운영에 대하여 지도 관리를 하고 있지만, 학교 현장에서는 3학년 1학기의 내신성적이 나오고 수능이 치러지면 학생들은 어떤 말을 해도 학교생활을 충실히 하라는 말은 소화되지 않는다. 결석도 감수하고 졸업 가능 여부로만 그 기준을 잡고 행동하는 경우도 적지 않다. 이러한 입시제도가 생긴 이래 고교 학생부를 떼어 보면, 3학년 1학기까지 충실한 학교생활을 했으나 2학기 들어 미인정 결석이 많아지고, 3학년 2학기 성적이 그간의 성적에 비해 현저하게 떨어진 학생들이 보일 것이다. 이러한 현상이 나중에 취업할 때 좋은 자료가 될 수 없다고 해도 학생들은 그 심각하고 중요한 상황을 당시에는 잘 이해하지 못한다. 이러한 학교 현장의 어려움이 있다는 것을 심각하게 생각하고, 가능한 여건을 만들어 학생들의 성실한 고교 생활을 구제해 주는 방법이 바로 학생부 기록의 단순화가 될 수 있다는 것을 밝히고 싶다. 대학에서 충분한 전형 기간을 요청한 이유로, 고교 학사운영의 어려움이 있음에도 수시 원서제출 일정을 빨리 잡은 이유는 바로 입학사정관의 학생부종합평가를 위한 절대적 시간의 필요를 고려해서이다. 상상을 초월한 수시의 지원율에 대응하여 모든 학생의 학생부를 꼼꼼히 읽고 그 연계성을 평가하여 종합적인 평가를 내려야 할 것이니, 그 시간의 확보를 위해 차라리 고교 교육과정 운영의 양보를 선택한 것이 아닌가 한다. 이 종합평가가 그토록 중요하고 예민한 대입 당락을 결정하는데, 현실적으로 적은 날수에 이것을 해내라고 하면 그 일정 자체에서 전형 신뢰도가 당연히 무너질 것이다. 따라서 학생부 기록을 선별적 팩트 기술로 거의 정량평가 수준으로까지 단순화하면 이에 대한 평가 일수는 대폭 줄어들 수가 있다. 그리고 그만큼 단순한 기록이므로 그 신뢰도의 예민함도 줄일 수 있다. 그러면 수시 대입원서의 제출일을 훨씬 뒤로 미룰 수 있다. 수능일도 현재의 11월 셋째 주 목요일에서 12월로 미룰 수 있지 않을까 한다. 무엇보다도 고교 교육과정 운영의 정상화를 확실하게 되찾을 수 있을 것 같다.

■■■

이렇게 되면 대입을 꼭 수시와 정시를 구분하여 치러야 하느냐는 일부 궁금증도 풀어질 수 있는 길이 보인다. 수시는 학생부, 정시는 수능으로 전형의 방법이 정리가 되어 왔는데, 모든 학생에게 학생부와 수능을 공히 적용하여 전형을 하게 되면 수능일을 최대한 늦추면서 대입 원서 제출일을 뒤로 뺄 수도 있지 않을까 한다. 다만, 모집시기에 기준을 둔 수시와 정시의 구별은 전형의 특성인 학생부와 수능Ⅱ의 적용 비율을 선택하는 방식으로 바꾼다. 모집시기의 구별이 전형유형 선택의 구별로 바뀌는 것이다. 학생부와 수능Ⅱ의 선택 비율 조정은 70:30%의 설정이 적절할 것 같다. 예를 들어, 본인이 원서제출 시, '학생부 유형'을 선택하면 학생부 70%에 수능Ⅱ 30%로 전형하고, 반대로 '에세이 유형'을 선택하면 학생부 30%에 수능Ⅱ 70%로 전형하는 것이다. 수능시험 결과가 통상적으로 3주 후에 나왔으니, 서술형이 추가된다고 해도 한 달 정도 후면 나올 것 같다. 수능성적처리 기간 중에 단순화된 학생부평가를 마치고 12월 말 정도면 대입 합불 처리가 되지 않겠나 싶다. 그리고 1월 중에 추가합격자 발표가 순차적으로 이루어질 수 있다. 이어서 2월에 추가모집을 할 수도 있을 것 같다. 물론 원서를 몇 개를 쓸 수 있느냐는 면밀한 정책 검토가 필요할 것이다.

■■■

이는 어디까지나 제안이지만, 현행 제도를 근간으로 학교 교육과정 운영과 온 국민의 정서를 고민하고, 입시 평가에서의 교사와 학생의 모호한 평가대상의 오류까지를 검토한 것이니 참고할 만은 하지 않을까 한다. 다만 대입제도를 논의할 때, 정책입안자, 대학 관계자, 학계 전문가 등의 다양한 의견들이 수렴되고 있지만 고교 현장 관계자의 의견이 실질적으로 많은 비중으로 반영되기를 바란다. 교사의 의견은 교사 자신의 역할에 따른 의견이기도 하지만, 일부는 학생의 입장, 일부는 학부모의 입장을 대변할 수 있기 때문에 그 반영정도는 꽤나 높아야 할 것이다. 교사의 의견은 교육 소비자의 생각 그대로이므로, 교육정책을 생산하는 사람들은 소비자의 소비력과 소비 효용의 의견을 당연히 매우 중요하게 수용해야 할 것이다. 그래야 그 생산품의 효용과 가치가 높아지는 것이다.

04
교육공동체를 위한 학부모 역할

최근 몇 년 동안 교육의 동향이 변하면서 학교 현장에서는 교육의 방향성과 방법론에 대한 논의가 신선하게 바뀌어 왔다. 한 단어로 응축하면 '교육 혁신'인데, 이는 학교에서 일어나는 모든 일들에 대하여 민주, 공동, 합의의 방법을 기본 질서로 전제하는 특징이 있다. 학생은 교육의 대상이되 동시에 교육의 주체가 되며, 모든 교육활동은 교육공동체 즉, 학생, 학부모, 교사가 함께 만들고 추진해 가는 모형으로 진행된다. 이러한 교육공동체를 주창하게 된 배경은, 과거 아이들의 교육이 정작 중요한 대상인 학생들은 교육의 피동체였으며 주도적인 교육권은 교사가 쥐고 있었던 것에 대한 반성적 인식이다. 학부모도 교육 현장에서 큰 역할을 하지 못할 뿐 아니라 학교 교육에 대해 거의 알 수 있는 여건도 아니었다. 과거 시대의 학부모는 자녀를 학교에 보낸 이상 교육을 전적으로 학교 즉, 교사에게 믿고 맡겼다. 교육 혁신을 통해 변모된 교육 현장은, 학교와 교육의 주인공인 학생이 능동적, 자발적, 참여적 활동 속에서 자신을 성장시켜 갈 수 있도록 교육 여건을 제공한다. 학부모도 더 이상 학교교육에서 멀리 떨어진 존재는 아니다. 구체적 교육 현안에 대하여 잘 알아야 하고, 의견을 내는 것은 물론, 중요한 의사결정에 동참함으로써 교육공동체를 이루어 가는 학교교육의 적극적 구성원이다.

■■■

학생자치를 통해 학생들은 참여와 실천, 인권과 인성을 배운다. 학습권 속에서 교사의 가르칠 권리와 학생의 배울 권리를 동등하고 상호적으로 이해할 줄 알며, 기획과 시행 등의 학생 중심 활동에서 협의와 존중을 실천해 가는 방법을 배운다. 처음 자치를 열었을 때는 지금까지 본격적으로 역할을 해 온 바가 없어 미숙하고 방안 모색이 어려웠지만, 몇 년의 이해와 경험을 통해 이제는 제법 자치적 학교 운영에 익숙해 있다. 아무리 훌륭한 교육적 모델이라도 이해와 경험이 없으면 효용을 얻을 수 없을 것이나 최근 몇 년의 민주적 학교 운영을 통해 학생들의 자치역량은 많이 신장되었다.

교사들이 보기에는 학생들이 어리고 사회적 경험이 적어, 그들의 가능성을 인정하고 책임감과 함께 자율적인 의사결정권을 부여하는 데에는 많은 연습이 필요하다고 생각해 왔다. 긴 세월 동안 교사는 학생을 주도적으로 가르치면서, 학생은 그 교육의 과정들을 잘 수용해야 배움의 효과를 얻어 다듬어진 인간의 모습이 구현될 것이라는 생각으로 교직에 임했을 것이다. 사상을 바꾼다는 것은 쉬운 일은 아니므로, 학생교육 현장에서 가르치는 것과 배우는 것을 동등하게 놓고, 교사와 학생의 관계를 수평적으로 인식해 가는 과정이 한순간에 바뀔 수 있는 것은 아니었을 것이다. 그래서 학생인권 교육 시대에서 교권과 대치되거나 첨예한 갈등이 파생되는 일이 잦았던 것인지도 모르겠다. 이렇게 본다면 누가 옳고 누가 그르며 누구를 벌하고 누가 책임을 지느냐의 결론적 판결보다는 그 과정을 위한 아픔으로 시간을 좀 내어 주는 것도, 과도기를 보내는 현명한 방법이 될지도 모르겠다는 생각이 든다. 사상과 행동의 문제에서 너무 급진적인 전환의 결과를 얻으려 하는 만큼, 반목이나 오류의 가능성은 불가피할 수밖에 없을 것이다. 어쨌든 이제 교사는 수업이든 교육활동이든 학생의 의견을 존중하고 학생과 함께 협의해 가며 의사결정을 하는 것에 익숙해져 가고 있다. 긍정적이고 바른 방향으로 교육 현장은 비교적 잘 움직여 가고 있다고 본다.

■■■

교육공동체 구성에서 학생, 교사 다음으로 큰 역할을 해야 하는 주체가 학부모이다. 학부모는 더 이상 자녀들의 교육에 관하여, 학교에서 하는 대로 바라보고 있거나 특별한 사항이 있을 때만 문의를 하는 수준의 주변인이 아니다. 학부모는 학생을 학교에 보냄과 동시에, 학생, 교사와 동등하게 자녀의 교육을 적극적으로 담당하는 주체적 역할을 이미 부여받은 교육공동체의 구성원이다. 따라서 학생자치회, 교사자치회가 있듯이 학부모자치회도 구성되어 있다. 이전에 있었던 학부모회의 역할과는 그 존재 이유와 성격이 다르다고 볼 수 있다.

학부모가 학부모자치회를 통해 학교교육에 대한 교육공동체로서의 역할을 충분히 하기에는 어려움이 많은 것은 사실이다. 학생과 교사는 학교라는 공간이 일상적 생활 공간이고, 생각과 몸도 항상 교육 현장 안에 있어서 다양한 교육활동에 대한 판단과 의견을 제시하는 것이 어렵지 않다. 그리고 무엇보다도 학생과 교사는 매일 학교교육의 구체적 내용과 모습에 항상 맥락을 같이한다. 교육 현안과 방향, 추진하는 구체적 교육활동 등을 몸소 체감하고 그 효용성을 그대로 받아들이고 있으므로 이 두 주체는 추진하는 학교교육에 대하여 많은 것들을 비교적 정확히 알고 있다. 그러나 학부모는 가정생활을 꾸려야 하고, 다른 공간에 직장이 있으며, 하는 일도 교육과는 다른 업무에 몰입하고 있는 경우가 대부분이다. 학교에 특별한 사안이 있어 의견을 제시하거나 협력을 할 때, 해당 사업이나 활동, 업무들에 대하여 전후 맥락을 정확하게 알지 못하는 경우가 대부분이고 그렇게 하기에는 별도의 마음과 시간을 필요로 한다.

■■■

보통 교육공동체로서 의견을 수렴하는 방법은 설문통계 방법을 많이 활용한다. 사업 계획이나 업무 추진, 교육 계획 등에 관하여 그 자체를 객관적으로 제대로 아는 그룹은 교사 집단이다. 의견을 낸다는 것은 일단 사안에 대하여 정확하게 알고, 진지하게는 그 건에 대한 이전 현황, 배경, 추세, 경향은 물론 인근 학교 현황, 미래지향성 등 함께 고려해야 할 사항이 많다. 교사 집단은 비교적 이런 주변적이고 복합적인 상황을 가장 잘 알고 있다.

그다음으로 이해가 가능한 그룹은 학생 집단이다. 어찌 보면 학생은 자신들의 교육에 관한 사항들이므로 의견에 대하여는 가장 중심적인 역할을 해야 한다. 하지만 아쉽게도 그 사안에 대하여 교사만큼은 명백하게 알 수가 없는 부분도 있다. 중요한 것은, 교사든 학생이든 교육적 상황과 내용에 대하여 더 정확하게 알고 있든 그렇지 않든, 흔히 설문에 대하여 개개인의 의견을 내놓을 때는 각자 개인의 기준 성향에 따라 답을 하곤 한다는 것이다. 교육 사업이 학생들을 위하여 긍정적인 일이라는 것은 인정하나, 그 주변에 대한 어려움 때문에 반대하기도 하고, 학생들 자신을 위해 타당한 것은 알고 있으나 본인 개인의 열정 부족으로 반대 의견을 내놓을 수도 있다. 그래서 다수의 경향을 합의된 의견으로 간주하기도 하지만, 다수의 의견이라는 것도 여러 가지 각도에서 해석할 수도 있고, 의견의 저변 의도도 엉뚱한 맥락에서 나올 수도 있는 것이다.

 이런 결론의 오류를 방지하는 가장 좋은 장치는 최대한 많은 구성원들이 의견에 동참해 주는 것이다. 많은 사람의 의견을 모으면 다수의 의견이 한 경향으로 해석되었을 때, 그것은 어느 정도의 타당성으로 이해될 수 있는 여지가 높아진다. 정확한 이해와 판단, 그리고 그것을 토대로 한 의사결정 동참 인원의 확대가 결정적 교육 방향의 질적 우수성을 담보하는 것이다. 자녀 교육의 옳은 방향과 우수한 교육정책의 추진을 위해 학부모가 어려운 여건에도 불구하고 적극적으로 동참해야 하는 이유가 여기에 있다.

 다수의 의견을 모아 의사결정을 하는 민주적 절차에서 학부모 집단의 의견도 동등한 비중으로 의견을 수용하게 된다. 그러니 실제 여러 사안에서 학부모 의견의 설문을 얻고 보면, 참여율 자체가 통상적으로 20% 정도에 그치는 경우가 많다. 이는 초등학교, 중학교, 고등학교 학부모의 편차도 있다. 대체로 고등학교 학부모의 참여가 가장 저조한 편이다. 아마도 자녀를 키우면서 처음으로 학교에 보내었던 부모의 관심도가 점차 낮아져 가는 경향을 생각해 볼 수도 있겠다. 또는 중, 고등학생이 되면서 학생 자신들의 의견이 가정에서 부모의 의견을 대체하는 경향이 높아지는 것을 생각해 봄직도 하다. 어쨌든 참여율이 이 정도인 것도 여러 차례 안내와 독려를 반복한 결과인 것으로 보면, 그 참여율도 아쉽지만 이렇게 되고 보면 의견의 방향에 대한 신뢰는 더욱 어렵지 않은가 한다. 하나의 교육 사업을 한다든가, 학교 시설 문제, 교육과정 및 교육활동 문제 등에 대하여 의견을 수렴할 때, 이런 것들에 대한 맥락을 충분히 알고, 장단점, 효용성, 문제점, 기반, 가능성 등 그 주제에 대하여 심도 있게 알아야 하는 것들일수록 교육공동체의 의견 수렴이 더 필요한 부분이다. 하지만 가뜩이나 참여율도 적은데, 이들의 의견이 이런 것들을 충분히 고려한 후 소중한 의견을 제시하는 것인지 궁금할 때가 많다. 그러함에도 요즘에는 학교에서 어떤 교육 사업을 추진할 때 반드시 교육공동체 3주체에 대한 의견은 설문을 통해서 응답한 참여자의 빈도와 비율로 확정하고, 그것을 토대로 학교 운영의 방향을 결정하게 되어 있다.

■■■

이렇게 중요한 것이므로, 교육공동체에서 학부모의 소중한 의견 제안과 그들의 의미 있는 의견 수렴을 위해서, 이 시대 학부모의 교육적 역할에 대하여 진지하게 관심 가져 주기를 바라는 마음이 간절하다. 중학교의 경우, 자유학기제 운영의 방향, 진로연계학기 운영 방법, 교육활동 수행에 대한 결과 처리 등은 물론, 그것들의 효용성과 개선 사항 등의 문제를 함께 고민하여 반영해 주어야 한다. 고교의 경우 고교학점제 운영에 대한 실무적 운영 문제 등은 기본이고, 대입제도에 대한 안내 및 대입전형의 특성과 학년별 준비 사항의 상호 협조는 매우 중요하고 필수적인 일들이다. 물론 기본 차원의 학년 초 설명회 운영과 안내 자료 배포의 과정이 있었겠지만, 여러 가지 사정상 깊이 있는 접근 기회가 어렵기도 하고, 전후 맥락까지 알면서 관여하기에는 역부족일 수 있다. 그렇지만 학부모는 학교 운영과 방향의 결정을 위한 의견을 제시해 주어야 한다. 코로나 시대에 학생 현장체험학습 운영에 대한 의견, 급식 관련 특이사항에 대한 의견 등은 비교적 일상적 수준에서 답변이 가능한 부분도 있다. 그러나 고교학점제 운영을 위한 준비로 교실 공간 구성을 어떻게 할 것인가, 과목 선택을 어떻게 효율적으로 추진할 수 있을 것인지에 대한 의견은 상당히 전문적인 내용과 배경 이해가 필수적이다.

그 외에 학년 초 연간 교육 계획에 관한 설명회, 진로진학 특강, 학생생활지도 관련 교육, 학교폭력예방 교육, 인터넷도박 예방교육 등 많은 설명회, 특강, 교육 등의 프로그램이 있다. 작년과 올해는 코로나로 인해 집합 자체가 금지되어 온라인 또는 유인물 자료로 대신하고 있으나 가능한 시대의 집합 교육은 적극적으로 참여해야 교육공동체의 역할이 가능해질 것으로 보인다. 그래야 관련 사안에 대한 신뢰성 있는 의견수렴이 가능해진다. 학교 교육 현장에서 더 이상은 주변인이 아닌 학부모이므로 어려운 여건이지만 최대한 학교에서 어떤 일이 일어나는지, 교육이 어떤 방향으로 가야 하는지를 충분히 알고, 적극적이고 책임감 있는 의견 제시가 이루어질 수 있기를 바라는 것이다.

시간이 넉넉지 않으므로 학교에서 실시하는 교육이나 특강에 참여하지 못하는 경우는, 다른 경로로 이해를 위한 노력도 필요하다. 교육부나 학교의 홈페이지를 보면 많은 교육 현안에 대하여 최소한의 정보와 이해는 구할 수 있다. 그러나 학교에서의 교육활동이 어떤 것들이 있는지, 구체적인 내용은 어떠한지, 이런 것들을 바르게 추구하는 방향은 무엇인지, 학교 현장에서 가장 바르고 합리적으로 추구할 수 없는 이유는 무엇인지 등에 대한 자료는 쉽게 접근하도록 만들어진 것이 없다. 이러한 성격의 자료들이 많이 나와야 학부모의 학교교육에 대한 이해가 가능하고, 그러한 이해를 토대로 교육공동체의 진실한 참여가 가능해질 것이다.

■■■

교육공동체로서 학부모가 의견을 주고 그것을 취합하여 학교 교육의 방향을 정하는 데에서만 학부모의 교육적 역할이 끝나지는 않는다. 학교교육에서 학생들의 돌봄을 함께 고민하듯, 가정에서도 자녀의 교육적 케어를 위해 학교교육의 일부를 담당하거나 함께 고민해야 할 부분이 있다. 시대에 따라 달라지는 학생들의 관점과 성향이 있고, 그들이 중시하거나 추종하는 그들 세계의 특징적 흐름이 있다. 요즘 아이들은 이러한 대체적인 흐름과 경향이 그들 개인의 생활 패턴과 결코 무관하지 않다. 오히려 이러한 경향에 함께 묻혀 가지 않으면 안 되는 것처럼 의식하는 정도가 강하다. 이러한 흐름 속에서 학생들의 행동과 교우 관계의 특성이 학교에는 노출되었으나 학부모에게는 노출되지 않는 경우도 있다. 관여해야 하는 상황이 발생했을 때는 학교에서만 역할을 하기보다는 가정에서 학부모와 함께 접근하면 아이들이 품고 있는 문제 해결이 더 쉽고 원활하게 이루어질 수도 있다. 이렇듯 학생들의 또래 생활과 특성에 대한 것도 학부모가 학교교육과 함께 갔을 때 그 교육적 효과는 더 크고 더 넓게 갈 수 있는 것이다.

■■■

학교폭력도 사이버 폭력으로 심각하게 옮겨 가고 있고 그것이 학생들 대부분에게 노출되어 있다는 점을 학교는 학부모에게 어떤 방법으로든 알려야 한다. 정도의 차이는 있으나 인터넷 도박이 고교생 중심으로 많은 학생들에게 열려 있다는 것도 학교는 학부모에게 알리고 대처를 함께 해야 한다. 인터넷 도박으로 인해 발생한 감당하지 못할 빚 문제로 학생이 극단적 선택을 하는 경우가 간혹 뉴스를 타고는 있지만, 이러한 상황은 어찌 보면 모든 자녀들로부터 그렇게 멀리 있는 것은 아닐 수 있다. 한 교실에서 함께 수업을 받고 있는 동료의 사안이므로 자신의 자녀도 가까이 보고 있는 만큼 연결고리는 항상 열려 있다고 보아야 한다. 직접 돈이 개입되어 있느냐의 차이, 사이트만 들랑거리느냐의 차이, 관련 학생들의 사안을 어느 정도로 공유하고 있느냐의 차이 등은 있을 수 있다. 학교 공간에서는 간혹 분실 사건이 발생하기도 한다. 과거의 분실 사건은 단순히 특정 물건에 대한 필요 또는 소유 욕망에서 그러한 잘못된 행위를 하는 사안이 발생한 경우가 대부분이었다. 그러나 요즘 아이들은 특정 물건에 대한 호기심이나 소유 욕망으로 그러한 일을 벌이는 사례는 거의 없다. 문제는 돈이 필요한 경우이고, 돈이 필요한 이유는 그 돈을 부모로부터 타당하게 요구하지 못하는 씀씀이가 있다거나, 어찌하다 보니 과다한 금액 수위를 감당하기 어려운 상황을 해결하기 위한 경우가 많다. 이러한 사례에서 요즘에는 인터넷 도박으로 연결되는 특성들이 나타난다. 분실과 단순 절도 사건을 파헤치다 보면 아니나 다를까 인터넷 도박으로 연결되는 일이 다수 있는 것으로 알고 있다. 어떤 학생이 자신의 값비싼 물품을 분실했을 때 아이들은 바로 당근마켓을 뒤지고 곧바로 자신의 물건을 찾아내기도 한다. 이건 바로 부득이한 돈의 필요 상황이 이미 학생들에게는 공공연하게 감지된 현실일 수 있다는 것이다. 이러한 과정이 학교도 부모도 모른 채 더 진행되면 해결이 어려운 상황으로 치달을 수도 있다. 이러한 관계가 중학교의 일부 학생들과의 관련이나 확장 현상도 감지된다. 이러한 상황을 학교는 학부모 교육을 통해 안내해야 하고 학부모는 이 실태를 반드시 알아야 한다. 학교도 물론 충분한 노력을 하고 있지만, 학부모도 학생의 동향과 흐름을 알고 교육에 동참해서 학생을 보호해야 하는 역할을 해야 한다. 이러한 학부모 교육과 노력의 필요성은 비단 폭력, 도박 등에만 걸려 있는 것은 아니다.

■■■

학교교육의 기본은 학업에 두고 있음을 부인할 수는 없지만, 정작 학업이 중요한 것이 아닌 학생들이 있다. 심리와 정서의 상처가 극심한 학생들은 학교생활뿐 아니라 삶 자체에 대하여 고민하고 방황하는 학생들이 많다. 문제는 이것을 적시에 알아차리고 이에 대한 해결을 시도해야 하는 점이다. 이 학생들에 대한 관리는 관찰이 우선이다. 관찰은 학교에 있는 시간에 교사에 의해서만 할 수 있는 것은 아니다. 게다가 교사의 눈에 노출된 학생은 특정 학부모와의 상담으로 방향을 모색할 수 있지만, 교사의 눈에도 드러나지 않은 학생에 대한 특별한 관찰 노력이 필요하다는 것이 중요하다. 이론적으로 말하면 이 학생들은 분명 징후가 있다. 이 징후에 대한 학부모 교육이 또 필요한 부분이다. 학교와 가정에서, 교사와 학부모가 함께 아이들을 지켜보고, 관찰하고, 삶을 다독여 보아야 한다. 이것을 위한 것이 학부모 교육이고 교육공동체로서의 학부모의 역할이라고 생각한다. 그런 이유로 학교에서는 다양한 내용으로 학부모 교육과 특강 등을 시행한다. 그러나 실제 학부모의 동참은 매우 저조한 것이 사실이다. 생활이 바쁘고 시간 내기가 어렵겠지만, 자녀를 학교에 보내어 학교교육의 교육공동체가 된 이상 학부모들도 자녀의 교육에 적극적인 권한과 의무로 동참해 주어야 한다.

■■■

교육활동에의 학부모 동참과 학부모 역할은 물론, 효율적인 교육과정 운영을 위해 학교에서도 적극적으로 노력할 부분이 있다. 학부모교육, 각종 설명회, 특강 등 교육공동체 운영을 위한 집합 행사를 학부모가 최대한 많이 참석할 수 있는 여건을 만들어 동참을 유도하는 것은 매우 중요하다. 가능하다면 오전보다는 오후의 늦은 시간을 활용하거나 아예 저녁 이후의 시간을 활용하는 것도 참석 유도의 적극적 방법이 된다. 주말을 이용하는 것도 여건이 된다면 생각해 봄 직한 일이다. 그러면 교사들의 업무 스트레스와 과도한 초과근무 명령이 될 수도 있는 문제가 또 있다. 서로 상충되는 조건이므로 어떤 방향으로 가야 한다고 딱 잘라 규정할 수는 없으나 상호 간에 가능한 정도에서 조금씩 융통성을 발휘하여 교육을 위한 교육공동체의 역할에 뜻을 모아 보는 것이 우리 교육을 함께 만들어 가는 길일 것이다.

05
지역 교육은 지역민이 만들어 간다

　　　　　　　　　　2022년 3월 9일, 우리나라는 20대 대통령을 선출했다. 이어서 6월 1일에는 지방자치단체장과 교육감을 선출한다. 각각의 예비 후보들은 한창 자신을 알리고, 소신적 정책과 호감의 이미지로 국민들에게 다가가기 위해 바쁜 나날을 보내고 있을 것이다. 그 과정에서 간혹 상대 후보를 향한 비난과 공격도 만만치 않게 나오고 있어 관심 있는 국민들은 신문과 방송, 온라인 등을 통해 바른 정보를 얻기 위해 노력해야 할 것으로 안다. 민생과 교육을 위한 유권자적 선택을 해야 하기 때문이다.

　국민 또는 지역민의 직접선거 제도를 선택한 우리나라에서는 한 표라도 더 얻은 후보가 당선되므로, 결국 그들의 수장은 그들이 뽑게 되는 것이다. 나중에 당선자의 정치적 행보나 역할에 실망하는 상황이 와도 결국은 그 후보에게 다수의 표를 던진 자신들을 탓하거나 그들이 감당해야 한다. 그럴 줄 몰랐다고 말하면 안 되는 것이, 그 이면과 특성을 제대로 알고 표를 주어야 하는 책임과 의무는 결국 유권자인 국민과 지역민들에게 있기 때문이다. 그런 이유로 대통령과 지역 단체장이 임기를 채 마치기도 전에 탄핵이 되는 사태가 있다면 그것은 해당 정치인의 문제에서 기인하는 것이 당연하겠지만, 표로써 그만큼 지지를 보낸 유권자들도 어떤 방법으로든 책임을 져야 마땅한 이치가 아닐까 생각한다.

■■■

교육감을 선거를 통해 지역별 유권자가 직접 뽑은 지가 벌써 12년이 되어 간다. 정부 주도의 전국 단위 교육을 일률적으로 시행한 것보다 교육은 어떤 면에서는 많이 발전되기도 하고 그 이상의 가능성이 보이기도 했다. 그것은 각 지역별 교육감의 역량과 그들의 역할이 큰 공을 세운 것이라고 평가할 수 있다. 그러나 당선된 구체적 인물별로 그 경향과 방식이 조금씩은 달랐고, 그에 따라 해당 지역의 교육정책과 방향은 상이했다. 그리고 지역의 교육정책과 실행에 그 개성적 특성이 매우 강하게 작용되는 곳도 없지 않았다. 물론 그 내용은 긍정과 부정의 양면성이 공존했을 것이다. 그 지역의 주민들이 다수의 합의로 교육감을 선출하고, 그 교육감에 의해 교육은 이전과는 사뭇 다르게 추진될 수 있다. 이는 어쩌면 교육감 개인 성향도 있겠지만 사실은 그들을 선택한 주체인 지역민의 요구와 인식의 방향이라고 해석해서 안 될 것은 없다고 본다.

지자체의 장, 교육감의 선택과 지방의회 구성은 지역민의 합의된 의사로 직접 만들어 가는데, 교육감은 정치인의 선거와는 좀 다른 점이 있다는 것을 말하고 싶다. 교육감은 그 지역의 유·초·중·고의 교육을 담당한다. 그러나 정작 특정 교육감을 통한 교육의 대상인 유·초·중·고 학생들에게는 투표권이 없다. 일부의 고교 재학생은 유권자가 되기도 하지만, 대체로는 고등학교 졸업 이상인 지역민이 유권자가 되어 교육감을 뽑는다. 그 성인들이 뽑아 준 교육감에 의해 지역 아이들의 교육이 재설계되어 그에 따른 교육적 수혜를 받는 것이다. 사실, 초·중등학교에 다니는 자녀가 있는 가정이라면 조금은 가깝게 교육의 현안과 추진되는 정책 방향을 구체적으로 고민할 수 있겠지만, 이 학령의 자녀가 없는 가정이라면 교육의 관심도와 현황 이해의 정도는 조금 달라질 수 있다. 앞으로 학교에 다닐 아이를 가까운 시일에 두게 될 가정과 이미 졸업을 해서 대학생 이상인 자녀가 있는 가정은 또 생각과 관심 정도가 다를 것이다. 그렇지만 결국 해당 지역에 사는 아이들의 교육은 진실로 지역 주민이 선택하고 실시하게 된다는 것은 잊어서는 안 되는 중요한 문제이다.

■■■

교육감이 지자체의 장과 다른 이유는 또 있다. 정치인은 현재 수준의 지역민의 각종 생활 특성을 직접 정책화해서 인기와 호응을 얻고 그 추진과 효용성도 즉각적으로 감지되지만, 아이의 교육정책은 현재에 바로 나타나기보다는 미래의 성과로 성취되고, 한 인격과 꿈을 만들어 가는 과정을 담당하는 특징이 있다. 그리고 이 과정은 각 단계의 성과가 누적되어 가는 것으로서 기반과 중간 단계 등이 소홀하거나 방향성이 잘못 선택되면 그 미래의 결과는 나중에 결코 고쳐서 될 일이 아닌 경우가 많다. 정말 훌륭한 교육정책과 단계적 실행 과정에서 미래의 충만한 고양을 전제로 만들어진 교육 방향이라면 본인이 소망한 것 이상의 기대를 누릴 수 있겠지만, 그렇지 못한 경우는 어린 한 인격의 꿈, 성장,

희망이 본인의 계획과는 다른 길로 치닫게 될 수 있다. 아이의 입장에서 보면, 자신도 모르는 사이에 꿈의 실현이 무산될 수도 있고 여건이 제대로 무르익지 않을 수도 있는 것이다. 심하게는 꿈의 영역이 매우 좁아질 수 있거나 꿈조차도 꾸지 못하게 되는 경우도 발생할 수 있다. 정치인의 영향력은 4년에서 끝난다고 볼 수 있지만, 교육감이 아이들에게 미치는 영향력은 4년이 아니라 반드시 그 이상이며 경우에 따라서는 영원할 수도 있다.

그런 이유로 지역의 아이들을 교육하고 미래의 인재로 자라나게 할 희망을 제대로 심는 교육적 차원에서, 표를 가진 지역민들은 교육감의 교육정책과 실현 과제들을 꼼꼼히 살펴 선택해야 할 것이다. 선택한 후에도 시행 과정을 세심하게 바라보고 검토하여 오직 교육적 역량과 역할을 따져 지역 아이들의 교육을 함께 끌고 나간다는 자세로 지속해야 할 것이다.

■■■

교육감은 아이의 성장 과정에 큰 영향력을 가지고 관여하므로, 재임 기간 업무를 추진할 때, 아이들의 인생과 꿈을 중심으로 정책을 펼쳐야 한다. 한 인간의 인생은 인성, 도덕, 가치, 태도 등 인성, 인품 영역도 중요하고, 동시에 현실적 삶에 대한 구체적 추구도 중요하다. 무엇이 되고 싶은가와 어떤 사람이 되고 싶은가는 한 인간의 성장에서 동전의 양면처럼 함께 구비해야 할 복합적인 것이다. 그래서 교육감의 철학과 소신, 심지어는 취향과 성격이 특정 영역에 있다고 해서 그쪽으로만 몰입하고 다른 쪽에 대해서는 교육적 역할을 소홀히 하면 안 된다. 큰 틀의 교육정책과 지역성을 살린 세부적 교육 방향의 조화도 교육 수혜자인 아이들에게는 매우 중요하다. 아이들은 특정 지역에서 그 방향과 특성에 따른 교육적 혜택을 받지만, 최소한 초·중등 교육을 벗어나면 지역을 달리하여 자신의 진로에 따라 크고 넓은 길을 찾아가야 하기 때문이다. 특정 지역에서 초·중등 교육을 받았다 해도 그다음 코스는 전국 단위로도 진행할 수 있도록 충분한 바탕을 쌓도록 도와야 한다. 미래를 기약하고, 다음 코스를 계속 연계해 가야 하는 아이들이기에 확장과 개방, 그리고 넓은 선택지를 항상 염두에 둔 교육을 해야 하는 것이다. 정치인은 소신과 철학으로 삶의 정책을 마련하고 적용하거나 시행할 수 있다. 그것은 교육과는 달리 즉시적이고 금방 바꿀 수 있는 생활 현장이기 때문에 교육에 비해 설득과 이해를 얻을 수 있어 보인다. 기반을 쌓아 가는 속성인 교육은 그 영향력은 누적되고, 누적의 힘만큼 인생의 방향을 바꿔 주는 경향이 강해지므로 아이들의 교육은 공정하고 다수의 현실적 소망도 담아 주어야 하는 것이다. 더구나 그 소신이 편협하거나 아직 시기상조라면 당연히 교육자적 책임으로 그 적용에 대하여 깊은 고민이 있어야 한다.

■■■

 교육의 방법과 방향성, 인재의 기준, 성취의 준거 등은 과거에 비해 많이 달라졌다. 지식 중심의 지필평가 결과만이 실력이 아니며, 관계, 인성, 태도, 가치는 물론, 응용, 협업, 창의 등의 능력과 역량도 실력 평가의 요소가 됨을 인지하고 있다. 지금의 교육은 학교수업에서도 지식을 전수하고 암기하는 것보다는 이해, 응용, 적용을 위한 학습을 유도

하고, 필요한 지식, 근거, 방법을 찾아내는 능력을 배양한다. 최근 이러한 방향으로의 교육적 변화는 매우 힘 있게 시도되고 있다. 따라서 사회에 대한 비판적 이해, 세계에 대한 바른 인식과 태도, 공동체적 삶의 가치와 적용 등에 대한 학습과 더불어 민주시민 의식이 교육에 힘입어 많이 확장되고 있다.

그러나 교육은 통합적이고 전인적이므로, 그 많은 교육적 요소들도 균형감 있게 모아져서 한 인격체를 만들어 가야 한다. 건강하고 바른 의식의 성장이 있는 반면, 기초학력이나 인지적 학습 영역에 부족한 면이 노출된 부분은 반드시 해소되어야 할 것이다. 온전한 인격체는 균형감으로부터 나올 수 있다는 것을 아이들 교육 차원에서 반드시 염두에 두고, 균형과 조화는 전인적 교육의 테마임을 잊지 말아야 한다.

■■■

모든 시작점은 생각과 욕심이 앞설 수 있다. 그래서 몇 번 경험해야 무리수가 조정되고 본질적 특성을 고민하면서 안착의 길로 간다. 그러나 무리수가 계속 조정되어 가는 과도기에 교육적 수혜가 적은 상태에서 다음 단계로 넘어가야 하는 아이들은 그 기간의 아쉬운 수혜와 방향성에 대하여 누가 어떻게 보전할 수 있을지 깊은 책임감으로 교육을 고민해 보아야 한다. 그래서 바람직한 방향, 지나침의 배제와 균형감, 교육의 본질, 아이들의 성장과 성취의 과정적 특성을 십분 고려하여, 어린 인생을 그들의 꿈과 함께 성장시킬 교육의 장을 지역민이 선택해 주어야 한다. 그러기 위해서는 현재 추진되고 있는 교육 현안과 그 특성들, 관심 있는 사람들의 다양한 영역에서의 목소리, 공시적 측면에서의 타 지역 교육 현장의 모습들, 미래지향적 교육의 방향 등에 대한 이해의 기반도 필요하다. 이러한 이해가 없는 판단은 정확한 판단이 아니며, 판단을 하고서야 실행이 가능하다. 지역의 교육과 우리 아이들의 다양한 성장과 성숙, 그리고 인재 양성은 지역민 모두의 책임과 선택임을 되새겨야 한다. 지역민의 성숙이 곧 교육의 성숙이고, 아이들의 성숙임을 잊지 않아야 할 것이다.

에필로그(Epilogue)

1983년, 교직에 첫발을 디딘 이후로 40년 정도의 세월을 교육에 몸담고 있다. 공교롭게도 일반계 고교에서 줄곧 아이들 교육에 전념해 왔는데 교사, 교육전문직, 학교 관리자 등을 거치면서도 그 영역은 항상 고교 교육이었다.

그간 국가 차원의 교육과정 개정도 많았고, 숱한 대입제도의 변화도 있었다. 교육전문직을 하면서도 고입, 대입, 수능 업무로 고교 교육의 현실적인 상황과 떨어질 수가 없었다. 교사 시절에도 나에게 주어진 부장 경력은 학년부장, 진학부장으로만 채워졌으니, 나에게 교직은 고교 교육과 진학지도로 그려진 셈이다. 교사 마지막쯤에는 대교협 소속 대입상담 교사단에 참여해서 전국 단위의 상담도 해 보았다. 17개 시·도를 대표하는 교육청 업무담당자로 교육부, 대교협, 평가원, 교육개발원 등을 다니면서 교육 현안에 대한 제안과 문제점에 대한 고민도 많이 했던 것 같다.

교육에 관한 한, 이론과 실제가 항상 비켜 갈 수밖에 없었던 것은, 우리나라 사람들의 교육에 대한 열정, 그것도 앞다투어 취하고자 하는 대입의 욕망 때문이 아닌가 한다. 거의 국민의식이 되어 버린 듯한 대입의 열정과 욕망은 우리나라 대입제도를 이들의 욕망을 수습해 가는 패턴으로 보이게 한다. 정상적인 교육과정 운영을 응원하는 학생부전형(학종)은 금수저 전형의 오명과 의심에서 자유로울 수 없다. 미래인재 양성을 위한 '개정 교육과정'과 부합되지 않는다는 수능전형의 확대는 대입의 공정성 강화 방안이라는 이유로 전면에 나오면서 시대와 엇나간다는 비판을 받고 있다.

고교 교육은 이렇게 상반된 이중의 방향성을 가진 대입을 위해 몸살을 앓고 있다. 대입제도 개선안이 추가될수록 고교 교육의 부담은 가중되고 교사나 학생 모두 초인적인 대입 준비의 현장에서 녹초가 되어 가고 있다.

어쩌면 기성세대의 욕심을 하나만 거두면 될 것도 같고, 부모와 자녀의 세계는 엄밀히 다르므로 진정한 '과제 분리'만 해도 될 것도 같다. 대입 욕망을 전제로, 공정성을 담보한 대입제도를 만들어 가기보다는, 원초적인 공정성까지 요구하는 사회의 모습을 바꾸는 것이 대입제도를 풀어 가는 궁극적인 방안일 수도 있겠다는 생각이 든다. 무엇이든 하고 싶은 것을 하면서 만족할 수 있는 사회, 명성 있는 대학을 나오지 않아도 자기를 실현할 수 있는 사회를 먼저 실현하면 될 것이다. 그러면 대중적 처방 같은 대입제도 개선을 계속 만들어 가지 않아도 될 것이다. 무엇보다도 고교 교육과정 속에서 대입을 치열하게 준비하지 않아도 되는, 고교 교육의 정상화가 이루어질 수 있을 것이라 기대할 수도 있다.

개정 교육과정은 미래 시대에 대한 이해와 미래인재 양성의 목표로 그 교육의 방향성이 정확하게 그려지고 있다. 그런데도 이러한 교육을 실현하는 데 지장을 주거나 방해를 받는 것이 불가피하다면, 그 교육과정은 허황한 것이 된다. 고민해도 답을 찾기가 쉽지는 않으나, 미래의 대한민국을 위해 교육과 사회는 근원적인 처방을 위한 노력을 함께 모색해 가야 할 것이다.

2022년 5월
송영주